CRH 动车组系列教材

动车组空调系统检修与维护
（第 2 版）

顿小红　编著
何成才　主审

西南交通大学出版社
·成都·

内容简介

根据国家职业教育的要求和我国高速动车组检修技术专业人才培养的需要，本书从高职教育的角度出发，以动车组空调系统检修工作过程为主线，以动车组空调系统检修实际任务为载体，按照项目教学的要求组织全书内容。

本书全面、系统地介绍了动车组空调系统的基本概念、基本原理、组成结构、技术特点；详细介绍了 CRH1、CRH2、CRH3、CRH5、CRH380A、CR400AF 动车组空调系统的基本结构、工作原理、技术特点、使用保养方法及检修技术。以 CRH2、CRH1 动车组空调系统为主线着重介绍了空调机组检查与清洁、滤网更换、数据下载等动车组一、二级检修作业及空调显示设定器的操作、空调变频装置的维护保养、制冷系统检修高级修作业等实践内容，同时还介绍了动车组修程、空调制冷装置故障检查与处理、空调应急故障处理等相关内容。

本书可作为铁路高职院校动车组检修技术专业、城市及城际轨道交通车辆类专业的专业课教材，也可供广大动车组运用管理人员、相关工程技术人员及大专院校和中等职业学校相关专业师生参考。

图书在版编目（CIP）数据

动车组空调系统检修与维护 / 顿小红编著. —2 版. —成都：西南交通大学出版社，2019.6（2025.1 重印）

高等职业教育"十三五"规划教材　CRH 动车组系列教材

ISBN 978-7-5643-6912-5

Ⅰ. ①动… Ⅱ. ①顿… Ⅲ. ①动车－空调－维修－高等职业教育－教材　Ⅳ. ①U266

中国版本图书馆 CIP 数据核字（2019）第 124773 号

CRH 动车组系列教材

动车组空调系统检修与维护

（第 2 版）

顿小红　编著

*

责任编辑　李　伟
封面设计　严春艳
西南交通大学出版社出版发行
四川省成都市金牛区二环路北一段 111 号西南交通大学创新大厦 21 楼
邮政编码：610031　发行部电话：028-87600564
http://www.xnjdcbs.com
成都蜀通印务有限责任公司印刷

*

成品尺寸：185 mm×260 mm　　印张：22.5
字数：574 千
2019 年 6 月第 2 版　2025 年 1 月第 10 次印刷
ISBN 978-7-5643-6912-5
定价：67.00 元

课件咨询电话：028-87600533
图书如有印装质量问题　本社负责退换
版权所有　盗版必究　举报电话：028-87600562

第 2 版前言

随着我国高速铁路的迅速发展，我国动车组保有量急剧上升。动车组的维护与检修工作至关重要，动车组的安全运行需求也使得社会对动车组检修技术人才的需求量不断加大。同时，各种新技术在高速动车组上不断得到应用，对动车组检修人员的技术技能也提出了更高的要求。

为了适应并推动高等职业教育发展，使所培养的动车组检修技术人员能尽快掌握动车组空调系统的结构特点和检修技术，我们走访了动车组制造、运用、检修企业，与企业相关工程技术人员和专家交流，收集了大量来自现场一线的相关资料，并于 2011 年编写出版了此书的第 1 版。第 1 版书出版至今得到了大家的认可，为众多开设动车组检修专业的高职院校师生和铁路职工在岗学习、技术培训及社会学习者使用提供了便利。

为适应我国动车组技术的不断更新，及时反映动车组的最新技术及检修工艺，满足广大读者的需求，现编写出版本书第 2 版。第 2 版保留了第 1 版的总体特色，同时对相关内容做了进一步梳理，也增加了许多新的内容，具体如下：

（1）全书以项目编写，项目的设计符合认知规律，即总-分-总的结构：项目一是动车组空调系统的总体介绍，项目二至项目五是对各组成子系统的深入展开，项目六是对空调系统检修规程及工艺的全面概括。

（2）全书对动车组空调系统的理论知识与实践内容进行了有机整合，每个项目既包含相关基本理论知识，又包含具体设备的检修技术、方法、工艺等实践操作，适合高职院校理实一体教学。

（3）本书 6 个项目涵盖了 CRH1、CRH2、CRH3、CRH5、CRH380A、CR400AF 等动车组空调技术；覆盖了 CRH1、CRH2、CRH3、CRH5、CRH380A 等动车组空调检修规程及一、二级检修工艺，高级修检修工艺和空调制冷装置故障检查处理方法，动车组空调应急故障处理等实践内容。理论知识深入浅出，实践操作直观易懂。

（4）每个项目设置有"项目引入""项目要求""相关知识""项目实施""项目拓展"5 个部分，并附有项目小结和一定数量的思考题。在"项目实施"及"项目拓展"中又分别编写了 3~5 个不同的具体任务，涉及不同的车型，以方便不同地区的院校选用相应的任务载体进行教学。

本书的参考学时为 72 学时，参考学时分配见下表：

项　　目	课程内容	学时安排（理论、实训一体化）
项目一	动车组空调系统整体认知	10 学时
项目二	动车组空调通风系统检修	8 学时
项目三	动车组空调制冷系统检修	16 学时
项目四	动车组空调供热系统及电气装置检查与维护	8 学时
项目五	动车组空调控制系统运用与维护	16 学时
项目六	动车组空调系统专项检修	14 学时
总　　计		72 学时

本书由武汉铁路职业技术学院顿小红编著，何成才担任主审，武汉铁路职业技术学院曹毅、蔡磊老师参与了本书的编写。其中，顿小红编写项目一、项目三、项目五，曹毅编写项目二、项目四，蔡磊编写项目六，全书由顿小红统稿。在此感谢武汉铁路职业技术学院2016级动检专业郭英杰、孙羽翀同学参与本书部分资料及思考题的整理。

本书在编写过程中得到了武汉动车检修基地、武汉动车运用所、武汉高铁训练段、青岛四方机车车辆股份有限公司、长春轨道客车股份有限公司等单位的大力支持，并得到了许多同仁和同学的热心帮助，在此一并致以诚挚的谢意。

由于作者水平有限，书中难免有不足之处，敬请广大读者批评指正。

作　者

2019年2月

前　言

随着我国高速铁路的迅速发展，我国动车组保有量急剧上升。为了保障动车组安全运行，动车组的维护与检修工作至关重要，这使动车组检修技术人才的需求量不断加大。同时，各种新技术在高速动车组上的广泛应用，对动车组检修人员提出了更高的要求。

为了适应并推动高等职业教育发展，使所培养的动车组检修技术人员能尽快掌握动车组空调系统的结构特点和检修技术，我们走访了动车组制造、运用、检修企业，与企业相关工程技术人员和专家交流，收集了大量来自现场一线的相关资料，进而编写了此书。

本书对动车组空调系统的相关理论知识与实践内容进行了有机的整合，详细介绍了动车组空调系统的基本知识及我国4种型式动车组空调系统的结构与不同技术特点，着重介绍了动车组空调通风系统检修、空调制冷系统检修、空调供热系统与电气装置检查与维护、空调控制系统运用与维护及CRH2型动车组二级检修作业、动车组修程等内容。书中每个项目都附有小结和一定数量的思考题，以帮助学生进一步巩固基础知识。

本书的参考学时为72学时，参考学时分配见下表：

项　目	课程内容	学时安排（理论、实训一体化）
项目一	动车组空调系统整体认知	10
项目二	动车组空调通风系统检修	8
项目三	动车组空调制冷系统检修	16
项目四	动车组空调供热系统及电气装置检查与维护	8
项目五	动车组空调控制系统运用与维护	16
项目六	动车组空调系统专项检修	14
总　计		72

本书由武汉铁路职业技术学院顿小红、何成才及奚进编著。项目三、项目四、项目六由顿小红编写，项目一、项目五由何成才编写，项目二由奚进编写。本书在编写过程中得到了武汉动车检修基地、武汉动车运用所、青岛四方机车车辆股份有限公司等单位的大力支持，得到了许多同仁的热心帮助，在此一并致以诚挚的谢意。

由于时间仓促，加之编者水平有限，书中难免有不足之处，敬请广大读者批评指正。

作　者
2011年3月

目　录

项目一　动车组空调系统整体认知 ... 1
项目引入 ... 1
项目要求 ... 1
相关知识 ... 2
　　一、动车组空调系统基本概念 ... 2
　　二、空气调节基本原理 ... 9
　　三、CRH2型动车组空调系统概述 ... 19
项目实施 ... 28
　任务一　CRH2A客室空调机组检查与清洁 ... 29
　任务二　CRH2A司机室空调装置检查 ... 32
　任务三　CRH2A空调系统整体结构认知 ... 34
项目拓展 ... 37
　任务一　CRH3型动车组空调系统认知 ... 37
　任务二　CRH5型动车组空调系统认知 ... 43
　任务三　CRH1型动车组空调系统认知 ... 47
　任务四　CRH380AL空调系统简介 ... 52
　任务五　CR400AF空调系统认知 ... 56
项目小结 ... 68
问题与思考 ... 68

项目二　动车组空调通风系统检修 ... 70
项目引入 ... 70
项目要求 ... 70
相关知识 ... 71
　　一、通风系统概述 ... 71
　　二、气流组织 ... 80
　　三、CRH2型动车组通风系统 ... 86
项目实施 ... 94
　任务一　CRH2型动车组通风系统保养基准认知 ... 94
　任务二　CRH2型动车组室内过滤网的检查与保养 ... 96
　任务三　CRH2型动车组室外过滤网的检查与保养 ... 98
　任务四　CRH2型动车组车厢内送风机的检查与维护 ... 99
　任务五　CRH2型动车组室外送风机的检查与维护 ... 101
　任务六　CRH2型动车组送风机电动机轴承的更换 ... 103
　任务七　CRH380A动车组端部新风滤网清洁 ... 104

| 任务八　CRH380A 动车组滤网清洁 | 106 |

项目拓展 109
任务一　CRH1 型动车组通风系统 109
任务二　CRH3 型动车组空调通风系统 116
任务三　CRH5 型动车组通风系统 120
项目小结 123
问题与思考 123

项目三　动车组空调制冷系统检修 125

项目引入 125
项目要求 125
相关知识 126
　　一、制冷原理与制冷剂 126
　　二、制冷系统简介 138
　　三、CRH2 型动车组制冷系统 159
项目实施 163
任务一　CRH2 型动车组空调制冷系统检查与维护 164
任务二　空调制冷装置故障分析与处理 172
任务三　制冷系统检漏与充注制冷剂 181
项目拓展 185
任务一　CRH1 型动车组制冷系统 185
任务二　CRH3 型动车组制冷系统 191
项目小结 196
问题与思考 196

项目四　动车组空调供热系统及电气装置检查与维护 198

项目引入 198
项目要求 198
相关知识 199
　　一、供热系统简介 199
　　二、典型动车组供热系统 205
项目实施 213
任务一　电加热器罩安装与电加热器维护 213
任务二　动车组空调电气装置检查与维护 214
任务三　CRH2 型动车组空调装置加热器故障应急处理 215
项目拓展 217
任务　空气加湿系统 217
项目小结 219
问题与思考 219

项目五　动车组空调控制系统运用与维护 ... 220
项目引入 ... 220
项目要求 ... 220
相关知识 ... 221
一、空调自动控制系统简介 ... 221
二、CRH2 型动车组空调控制系统 ... 224
项目实施 ... 243
任务一　CRH2 型动车组空调显示设定器操作 ... 243
任务二　CRH2 型动车组空调变频装置的保养与检修 ... 259
任务三　空调显示设定器的初次通电操作 ... 265
任务四　空调显示设定器的维护与检查 ... 267
项目拓展 ... 270
任务一　CRH1 型动车组空调控制系统 ... 270
任务二　CRH5 型动车组空调控制系统 ... 275
项目小结 ... 281
问题与思考 ... 281

项目六　动车组空调系统专项检修 ... 282
项目引入 ... 282
项目要求 ... 282
相关知识 ... 283
一、动车组检修周期与检修范围 ... 283
二、CRH2 型动车组一、二级维修 ... 283
三、CRH1 型动车组一、二级维修 ... 284
四、CRH5 型动车组一、二级维修 ... 285
项目实施 ... 286
任务一　CRH2 型动车组空调系统二级检修 ... 287
任务二　CRH2 型动车组空调系统四级检修 ... 294
任务三　CRH1 型动车组空调系统二级检修 ... 296
项目拓展 ... 310
任务一　CRH5 型动车组空调系统一级检修 ... 310
任务二　CRH2 型动车组一、二级检修范围与检修流程 ... 329
任务三　CRH2 型动车组空调装置分解检修技术要求 ... 338
任务四　CRH5 型动车组空调系统常见故障处理 ... 340
任务五　CRH380A（L）空调机组检查与清洁 ... 342
项目小结 ... 348
问题与思考 ... 348

参考文献 ... 350

项目一 动车组空调系统整体认知

 项目引入

随着我国高速铁路的发展,高速动车组已成为我国旅客出行和旅游选择乘坐的首要交通工具。同时,随着我国铁路高速客运网的初步建成和不断扩大,动车组已经成为经济发达地区与人口稠密地区的主要交通运输工具。为了满足广大旅客的需要,动车组把车辆客室内的空气调节作为改善乘车环境的主要手段。从技术角度来看,动车组空调技术是动车组引进的十大配套技术之一,是现代轨道交通车辆先进技术的重要体现。

 项目要求

本项目通过动车组空调系统的基本概念、系统结构及整体布局、设备认知及状态检查等内容,提高学习者对动车组空调系统的学习兴趣;通过动车组空调系统的整体认知项目学习,使学习者初步了解动车组空调系统的作用、整体结构、类型、特点,理解动车组空气调节的基本原理,熟悉动车组空调系统工作状态的检查方法。

【知识要求】

(1)了解动车组空调系统的功能与组成。
(2)了解动车组空调系统的类型与特点。
(3)了解动车组对车内空气参数的要求及参数的标准。
(4)理解空调制冷的基本概念。
(5)理解空气调节的基本原理。
(6)熟悉 CRH1、CRH2、CRH3、CRH5、CRH380A、CR400AF 动车组空调系统的结构及整体布局。

【能力要求】

(1)能在现场对动车组空调系统设备进行认识和操作(以 CRH2 型动车组为主)。
(2)能在现场对 CRH2 型动车组空调机组进行检测与清洁操作。
(3)能在现场解说不同类型动车组的空调系统布局及结构特点。
(4)能在现场观察及判断动车组空调系统的工作情况。
(5)能在现场对动车组空调系统进行试验操作。

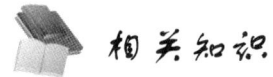 相关知识

一、动车组空调系统基本概念

环境是以人类为主体的外部世界,即人类赖以生存和发展的各种因素的综合体。人类环境可分为自然环境和人工环境。

动车组车内环境属于典型的人工环境,它是以车厢围护结构为边界,一切与乘车人相关的周围事物的总称。

动车组车内环境是人们按照自己的意志所创造出受控室内环境,它既受人为的干预与控制,以达到乘客所需求的舒适度,同时也受自然环境的制约,因为列车不是独立于自然环境的孤立系统。动车组车内环境系统包括光环境、声环境和空气环境,要使动车组的车内环境达到规定的要求,就必须有一整套的设备及相应的控制系统加以保障。

动车组车内空气环境控制系统(动车组空调系统)是使车内空气环境达到预期要求的所有设备的集合体。动车组空调系统的主要作用是在任何气候和行驶条件下,通过强迫通风、人工制冷和人工采暖等方式,调节车内空气的温度、相对湿度、气流速度、洁净度、压力波动等,从而为旅客提供舒适的车内环境。

(一) 动车组车内空气环境概述

动车组车内空气环境主要由热环境、湿环境和空气品质等部分构成。热环境的好坏由空气温度的高低来判定,湿环境的优劣主要由空气的相对湿度来表征,空气品质主要取决于新风量的多少及空气的洁净度。动车组因其高速运行、车窗密闭,其车内空气环境具有如下特点:

列车内的人员密度大,二氧化碳(CO_2)及人体异味排放量大;车厢空间相对狭小,加上车内设施布置紧密,因此不利于空气流通,难以达到合理的气流组织;各种健康状况的人员在相对较长的时间内保持近距离接触,易发生病菌传播;列车单位空间的外表面积大,与外界的热交换量大,靠近车厢壁面处空气的温度梯度较大,所以车厢内不易形成均匀的温度场;车窗所占比例相对较大,易受阳光直射,因此由辐射热引起的空调负荷较大。

因此,要使车内环境达到相应要求,在空调系统的设计中必须充分考虑以上特点。

1. 影响车内旅客舒适度的空气参数

对于空调客车,要求车内创造既卫生又舒适的条件,以保证旅客的身体健康,减少旅途中的疲劳。

在正常的气象条件下,健康的人只要能够使身体内所产生的热量与散发到外界的热量保持平衡,就会感到舒适。

一般情况下,人体产生的热量主要靠皮肤和呼吸器官散发到周围空气中去,这种散发热量

的方式有辐射、蒸发、对流和传导。而周围空气的温度、相对湿度、流动速度则是影响这几种散热效果的主要因素。

空气中的氧气是人们生存所必需的。在客车内，由于人的呼吸，CO_2 含量将增加，当其增加到一定浓度后会影响人的健康。此外，车内还可能产生其他有害气体，使车内空气变得污浊。相对于车内空气而言，车外空气是新鲜的。因此，必须不断更换车内的空气，使车内空气保持一定的新鲜程度。当然，外界空气中也有灰尘和其他有害气体，这就要求对吸入的外界空气进行净化。

同时，对列车运行及空气调节系统工作所产生的噪声也应尽可能地降低或消除。

根据人们的生活实践和人体卫生的要求以及车内的特点，可以得出影响车内人体卫生和舒适度的主要因素有：车内空气的温度、相对湿度、流动速度、洁净度和车内壁面的表面温度。

2. 我国空调客车车内空气参数标准

本书以夏季为例对我国空调客车车内空气参数标准进行介绍。

（1）温度。

卫生学家的实际试验证明，我国人民对高温的适应性一般以 28～29 °C 为感觉舒适与感觉不舒适的分界点，这也是人体生理活动由正常到开始恶化的分界点。因此，可以把 28～29 °C 作为我国夏季空调客车车内空气参数调节的基础。

在夏季，调节车内空气温度时，对车内外温差也有一定的限制。尤其在我国南方的许多地区，车外气温经常很高，这时，过大的车内外温差将使人很不适应。因此，对车内空气的温度建议按下述关系进行调节：设 t_H 为车外空气温度，t_B 为车内空气温度，则

$$t_B = 20 + 0.5(t_H - 20)\ (°C)$$

在夏季调节车内温度时，还要考虑客车车型、用途和定员。如对一般的座车，因定员多，对车内温度标准就不能要求过高，否则会给制冷、供电设备的选择带来困难。然而对某些专用车、公务车、卧车，适当提高车内温度标准是允许的，也是必要的。

（2）相对湿度。

在夏季，人体周围的相对湿度较大，将影响人体的蒸发散热，使人们感到闷热。卫生学的观点认为：当人体周围空气温度在 26.7 °C 以下时，湿度对人体的影响不甚明显；但是，当温度在 28 °C 以上时，空气的相对湿度对人的影响就较为明显了。一般来说，使人感到不舒适的相对湿度的极限值近似为 70%。考虑到以上因素，车内相对湿度最大允许值可取 70%，一般应在 45%～65%。

（3）空气流速。

车内空气流速的增大可以加速人体表面的对流散热，尤其是在人体周围空气的温度和相对湿度都较高的情况下，增大空气流速会促进人体表面汗液的蒸发，从而增强散热效果，给旅客造成一种舒适的感觉。通过试验，夏季人体对空气流速感觉的极限速度为 0.15～0.25 m/s。

（4）CO_2 含量。

客车车内按照 CO_2 含量不超过一定限度的要求，每人必须有 20～25 m^3/h 的新鲜空气量。

（5）含尘量。

车内空气的含尘量应不大于 1 mg/m^3。

我国空调客车车内空气参数参考值如表 1.1 所示，其中涉及空气品质的指标为含尘量、CO_2

含量及新鲜空气量。

表 1.1 我国空调客车车内空气参数参考值

空气参数	参考值	
	夏季	冬季
温度范围/℃	24~28	18~20
相对湿度/%	≤70	≥30
空气流速/(m/s)	≤0.25	≤0.20
新鲜空气量/[m^3/(h·人)]	20~25	15~20
客室空气中含尘量/(mg/m^3)	≤1	≤1
客室空气中 CO_2 容积浓度/%	≤0.15	≤0.15

世界上不少国家根据各自的气候特点及生活习惯对车内空气参数都有自己的规定。表 1.2 列出了一些国家规定的车内空气参数。

表 1.2 部分国家的车内空气参数

参数	美国		俄罗斯	日本	瑞士	德国	英国	法国
	正常外气	特殊情况						
外气温度/℃			27~35	33	30	35	—	40
车内温度/℃	22~24	21.1~26.7	24~28	28	26	20~23	21~24.5	27
车内相对湿度	30%~70%		35%~65%	55%	—	—	—	50%
车内空气流速/(m/s)	0.127~0.38		≤0.25	<0.4	<0.3	0.07~0.3	0.07~0.3	0.07~0.3

3. 车内空气品质控制

车内空气中存在大量的低浓度污染物，除含尘量及 CO_2 外，比较易见的严重影响空气品质的因素如下：

① 一氧化碳（CO）。CO 为燃烧产物，车内 CO 主要来源于吸烟、餐车内燃料燃烧及车外污染物。

② 空气微生物。列车中空气中细菌来源于乘客人体、卫生间等。此外，在空调机组蒸发器周围形成的高湿度条件下容易繁殖大量的细菌。

③ 甲醛。甲醛为挥发性有机物，对人体有害。它来源于列车内各种建筑装饰材料，如胶合板、保温填料、海绵、各种塑料贴面、织物等。

④ 臭气。臭气包括体臭、烟臭、食品腐坏时产生的臭气、卫生间以及空调机组蒸发器处高温环境繁殖细菌时产生的臭气等。

⑤ 负氧离子。负氧离子是空气中一种带负电荷的空气微粒，对人体的生命活动有重要影响。负氧离子浓度越高，空气越好，负氧离子浓度达到一定程度可起到保健、治疗疾病、抑制空气中细菌产生的功效。

解决空调客车车内空气品质方面的问题是一个十分复杂而长期的问题，我国主要从以下几个方面加强控制，取得了一定的效果。

（1）制定车内空气参数标准。

空气参数标准的制定取决于对空气品质问题的认识程度，认识程度越深，控制的空气参数就越多，标准就越高。

（2）应用负氧离子发生器。

国内外广泛的研究已证实：负氧离子对人体的生命活动有重要影响，对人体有保健和辅助治疗作用。海滨、瀑布、森林或雷电后的空气特别清新，就是由于这些环境中拥有相当丰富的负氧离子。此外，负氧离子对空气中的灰尘、各种气体污染物及臭气等有很好的吸附作用，有一定的杀菌作用，负氧离子达到一定的浓度可抑制细菌的生长。大量的负氧离子可由负氧离子发生器产生，一般是利用电晕发电法使空气离子化。通过在空调机组送风口或客室内设置负氧离子发生器可提高车厢内空气的品质。

（3）加强新风效应。

新鲜空气对人类总是有利的，对空气品质要求越高，新风量就越大。但新风量越大，消耗的能量就越多。受空调机组制冷能力的限制，增加新风量会使客室温度升高，造成热舒适方面的问题。目前，主要是突破新风"量"的约束而考虑新风的"质"，从单独设置新风入口、选择适当的送风口位置以及减少新风污染等方面来加强新风效应。

（二）动车组空调系统的组成

动车组空调系统的任务是将一定量的车外新鲜空气和车内再循环空气混合后，经过过滤、冷却（或加热）、减湿（或加湿）等处理，以一定的流速送入车内，并将车内一定量的污浊空气排出车外，以实现对车厢内空气环境的控制。

为完成上述任务，动车组空调系统通常由通风系统、空气冷却系统、空气加热系统、空气加湿系统以及自动控制系统五大部分组成。

通风系统的作用是将车外新鲜空气吸入并与车内再循环空气混合，在滤清灰尘和杂质后，再压送分配到车内，同时排出车内多余的污浊空气，以保证车内空气的洁净度以及合理的流动速度和气流组织。通风系统通常由通风机组、空气过滤器、新风口、送风道、回风口、回风道以及排废气口等组成。

通风系统工作时，在通风机（蒸发风机）的作用下，车外新鲜空气经新风口、新风道、新风滤尘网进入混合室，与通过回风滤尘网、回风口、回风道的室内再循环空气混合。经蒸发器降温除湿或电预热器预热，被通风机吸入加压，再通过软风道、主送风道和车顶送风孔板，均匀地送入室内。与室内空气交换后的另一部分空气经设在车厢顶部或底部的废排装置排出车外。

空气冷却系统（也称制冷系统）的作用是在夏季对进入车内的空气进行降温、减湿处理，使夏季车内空气的温度与相对湿度维持在规定的范围内。为保证制冷系统安全、有效地工作，制冷系统除了有压缩机、蒸发器、冷凝器、节流装置四大件外，还配有储液器、干燥过滤器、气液分离器等辅助设备。

夏季，通风机将吸入的车内外的混合空气经蒸发器冷却后送入车内，以达到降温的目的。由于蒸发器表面的温度通常低于空气的露点温度，空气中的部分水蒸气就凝结成水滴。因此，空气在通过蒸发器冷却的同时也得到了减湿处理。

空气加热系统的作用是在冬季对进入车内的空气进行预热和对车内的空气进行加热，以保证冬季车内空气的温度在规定的范围内。空气加热系统通常由空气预热器和地面空气加热器组成。空气预热器有温水空气预热器和电热空气预热器两种。

冬季，通风机将吸入的车内外的混合空气经过空气预热器的预热后送入车内，同时，车内地面式加热器对车内空气加热，以补偿车体和门窗的热损失。

空气加湿系统的作用是在冬季车内空气相对湿度较低时对空气加湿，以保证冬季车内空气的相对湿度在规定的范围内。目前，我国在一般车辆的空调装置中不设加湿系统，仅在某些有特殊要求的车辆上才设此系统。最简单的加湿方法是采用电极加湿器。

自动控制系统的作用是控制各系统按给定的方案协调地工作，以使室内的空气参数保持在规定的范围内，同时对空调装置起自动保护作用。电气控制系统一般由各用电设备的控制电器、保护元件以及仪表等组成。

（三）动车组空调系统的类型

1. 按空调系统的供电方式分

客车空调按空调装置的供电方式可分为本车供电式和集中供电式。

本车供电是指空调系统由本车车轴发电机组或单车柴油机组供电。

集中供电是指全列车空调装置由列车中编挂的发电车集中供电或由地面电站通过接触电网或第三轨集中供电。由地面电站供电的通常是指电气化铁路运行区段的列车或电动车组。集中供电式更符合铁路发展的要求，我国和谐号系列、CRH380 系列和复兴号系列动车组空调系统都采用集中供电式。

2. 按空调系统的安装方式分

（1）分体式空调系统。

分体式空调系统由两部分组成：一部分装于车辆顶部，为空气处理、输送与分配单元，与车顶送风道相连；另一部分装于车下，为压缩冷凝单元。

分体式空调系统是每节客车上只安装一套空调装置，且将制冷压缩机、冷凝器、冷凝风扇、储液器集中装在一个箱中，并悬挂在车底架下；而将蒸发器、通风机、膨胀阀、空气预热器等安装在车顶内部，用铜管将制冷系统的各设备连接起来，组成封闭的循环系统。送风道布置在车内顶棚中央，其上均匀地设置送风口。电气控制柜安装在乘务员室内。图 1.1 所示为分体式空调系统原理图。

这种形式使车辆重心降低，但因体积大，使拆装困难和检修不方便，而且制冷管路长，接头多，容易产生泄漏。CRH1 型动车组客室空调系统采用分体式空调系统。

（2）单元式空调系统。

单元式空调系统是指将压缩机、冷凝器、节流装置、蒸发器、通风机、冷凝风机以及空气预热器等安装在一个箱内，组成一个完整的单元，通常安装在车顶。根据车型不同，每辆车上可安装一台或两台单元式空调机组。送风道布置在车内顶棚的中央或两侧，电气控制柜也是安装在乘务员室内。单元式空调系统多采用全封闭式压缩机。由于这种形式结构紧凑，制冷量大，质量轻，管路短而不易泄漏，不占用车下空间，我国 1981 年后生产的空调客车均采用此种形式，但这种形式提高了车辆重心。

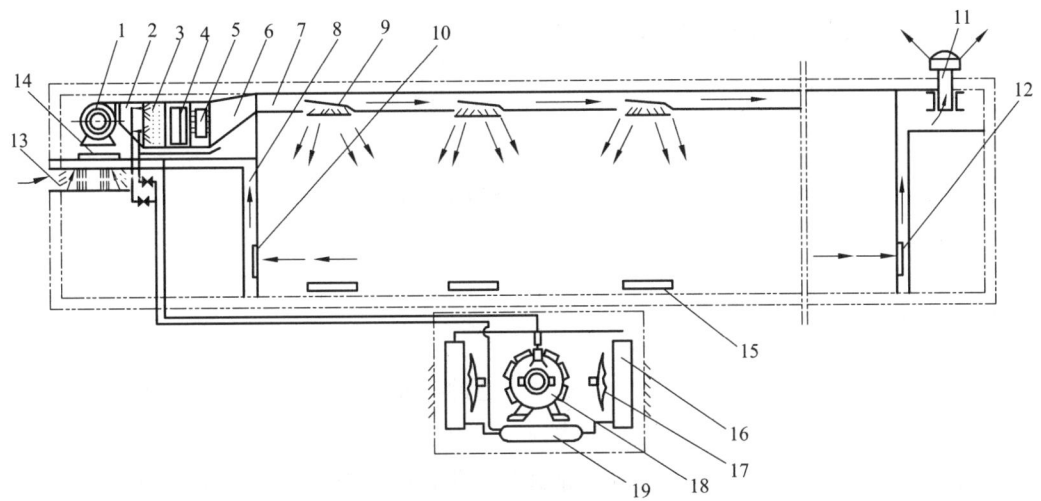

图 1.1 分装式客车空调系统原理图

1—通风机；2—渐扩风道；3—蒸发器；4—水分离器；5—电预热器；6—渐缩风道；7—主风道；
8—回风道；9—送风口；10—回风口；11—排风扇；12—排风口；13—进风口；14—滤尘器；
15—补偿电热器；16—冷凝器；17—冷凝风扇；18—压缩机；19—储液器

图 1.2 为单元式空调系统的结构原理图。CRH3 型、CRH5 型动车组客室空调系统都采用单元式空调系统。

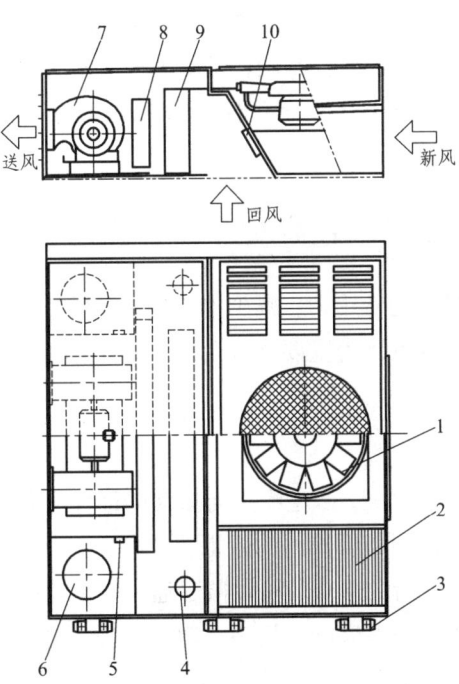

图 1.2 40.7 kW 平底前出风单元式机组结构图

1—冷凝风扇；2—冷凝器；3—安装座；4—气液分离器；5—压力控制器；6—压缩机；7—通风机；
8—蒸发器；9—电预热器；10—新风过滤器

（四）动车组空调系统的特点

1. 高可靠性

高速动车组空调系统必须具有高可靠性，除选用可连续工作的机组或零部件外，还要考虑机组出现故障时，有备用机组可以代替工作。

2. 高舒适性

高速动车组的车内空气参数应符合卫生、舒适的标准。车内空间应有良好的气流组织，其温度场、速度场与压力场分布合理。车厢内应设置有温度控制旋钮。

空调自动控制系统应能根据外气温度条件的变化自动控制空调制冷量，使车内温度保持在规定范围内。

3. 适应车内外压力波的变化

行车速度超过 200 km/h 时，车辆表面压力会依各种运行条件发生剧烈的变化。特别是当列车错车或通过隧道时，车体外表面压力变化可达 2.6 ~ 5.32 kPa。这种压力变化会给旅客造成很不舒适的感觉。

为了适应车内外压力波变化，高速动车组空调装置的进、排气口应在低压或涡流区之外，并加装间歇或连续作用式的进、排气控制阀，以便在车内外压力变化时调节进、排气口工作状态，以防止车内空气压力变化过大，保持不小于 30 Pa 的正压。同时，还可以保证新风机、排风机、冷凝风机的电机均正常工作。

4. 适应高速车辆小型轻量化要求

高速动车组为减少对线路的作用力，减少加、减速度所需的动力，应尽可能减轻自重。在选择空调机组时，应将机组自重作为重要指标。

5. 低噪声与振动

空调机组是客车的噪声源之一，产生噪声与振动的部件主要是离心式和轴流式风机。减少叶轮直径和降低转速都可以达到降低噪声的效果。

夏季，适当提高蒸发器前后的焓降，可以减少通风量，减小风机型号。提高换热器的换热效率，减少风道长度与风道内的涡流能量损失，增大各进、出风口（或风道）面积，都可以降低噪声。因此，在选择空调机组形式时，应考虑噪声尽可能低（有些国家的空调机组噪声已低于 60 dB）。在考虑机组安装时，应使通风阻力尽可能小。

此外，随着变压变频调速技术的出现，性能先进的涡旋式制冷压缩机已得到采用，其运动部件少、噪声低、使用寿命相对更长。

二、空气调节基本原理

（一）空气的组成及其主要状态参数

在热工学中，我们把含有水蒸气的空气叫作湿空气。在大气中永远包含一定量的水蒸气，所以绝对干的空气在自然界中是不存在的。而在一般空调研究中，把干空气作为一个整体，对它的组成成分不作详细讨论，因此，我们就可以认为：

湿空气 = 干空气 + 水蒸气

空调就是空气调节，也就是将外界空气（湿空气）经过一定的处理并用一定的方式送入室内，使室内空气的温度、相对湿度、气流速度和洁净度等保持在一定范围内。湿空气是空气调节的对象，湿空气的状态通常用压力、温度、相对湿度、含湿量及焓等参数来度量和描述，这些参数称为湿空气的状态参数。

1. 压 力

地球表面的大气层对单位地球表面所形成的压力称为大气压力。空气对容器壁面的实际压力称为绝对压力。在空调系统中，空气的压力是用仪表测出的，仪表上指示的压力称为工作压力。它是以当地大气压作为参考点，所以测得的工作压力不是绝对压力，而是绝对压力与当时当地大气压的差值，也称为表压力。压力的单位是帕（Pa）或千帕（kPa）。

工作压力与绝对压力的关系为

绝对压力 = 当地大气压力 + 工作压力

只有绝对压力才是湿空气的状态参数。凡未指明是工作压力的，均应理解为绝对压力。由于湿空气是由干空气和水蒸气所组成的混合气体，所以湿空气的压力即为干空气分压力 P_g 与水蒸气的分压力 P_s 之和，即

$$P = P_g + P_s \tag{1.1}$$

在空调工程中所处理的湿空气就是大气，湿空气的总压力 P 就是当地的大气压力 P_b，即

$$P_b = P_g + P_s \tag{1.2}$$

为了对湿空气的压力，特别是对其中水蒸气的分压力有进一步的认识，必须了解饱和空气和未饱和空气的概念。

饱和空气：在一定的温度条件下，空气中水分子的含量越多，水蒸气的分压力就越大。如果空气中水蒸气的含量超过某一值时，空气中就有水析出。这说明在一定温度条件下，湿空气中容纳的水蒸气的数量是有一个最大限度的。也就是说，湿空气中水蒸气分压力有一个最大值，这个最大值就称为该温度下的饱和水蒸气分压力 P_{sb}。在大气中，如果蒸发为水蒸气的水的数量与空气中水蒸气凝结为水的数量相等，此时大气中所含的水蒸气数量达到最大限度，即水蒸气处于饱和状态。这种湿空气就是干空气和饱和水蒸气的混合物，称为饱和空气。

未饱和空气：若湿空气中水蒸气的分压力低于其相同温度下饱和空气的水蒸气分压力，这时的水蒸气就处于过热状态，这种湿空气就是干空气和过热水蒸气的混合物，称为未饱和空气。

由此可见，在一定温度条件下，湿空气中水蒸气分压力的大小，是衡量水蒸气含量即空气干燥或潮湿的指标。温度相同的情况下，水蒸气分压力越高，说明空气中水蒸气的含量就越多；水蒸气含量相同的情况下，温度越高，水蒸气的分压力就越大。

2. 温 度

空气的温度是表示空气冷热程度的物理量，它是分子动能的宏观结果。温度的高低用"温标"来衡量，目前常用的温标有绝对温标、摄氏温标和华氏温标。

绝对温标也称热力学温标或开尔文温标，简称开氏温标，符号为 T，单位符号为 K。三种温标的换算关系为

$$T = t + 273.15 \approx t + 273 \quad (\text{K}) \tag{1.3}$$

$$t = 5/9(t_F - 32) \quad (\text{°C}) \tag{1.4}$$

式中　　T —— 绝对温度，K；

　　　　t —— 摄氏温度，°C；

　　　　t_F —— 华氏温度，°F。

温度是空气调节中的一个重要参数。当空气受热后，其内部分子动能增大，空气则表现为温度升高。湿空气是干空气和水蒸气的混合物，所以湿空气的温度就是干空气的温度，也是水蒸气的温度，即

$$T = T_g = T_q \tag{1.5}$$

3. 湿 度

湿度是表示空气中所含水蒸气多少的物理量。根据用途，湿度可用以下几种方法表示。

（1）绝对湿度。

每立方米湿空气中所含水蒸气的质量，称为空气的绝对湿度，用 v 表示。

绝对湿度只能说明湿空气在某一温度下所含水蒸气的质量，不能直接反映湿空气的干、湿程度。水蒸气的饱和程度与温度有关，温度低，水蒸气易达到饱和点；温度高，则饱和点也高。因此，同一绝对湿度的空气在不同的温度下其吸收水分的能力是不同的，故在空气调节中常采用相对湿度和含湿量来表示空气的湿度。

（2）相对湿度。

相对湿度是空气中水蒸气分压力与同温度下饱和水蒸气分压力的百分比，用 φ 表示，即

$$\varphi = P_v/P''_v \times 100\% \tag{1.6}$$

式中　　P_v —— 空气中水蒸气分压力；

　　　　P''_v —— 饱和水蒸气分压力。

从式（1.6）中可看出，相对湿度反映了湿空气所含水蒸气的量接近饱和的程度，相对湿度越小，说明空气越干燥，吸湿能力越强；反之，相对湿度越大，说明空气越潮湿，空气的吸湿能力越弱。当相对湿度为 100%时，指的是饱和湿空气；反之，相对湿度为 0 时，指的是干

空气。故相对湿度也可称为饱和度。

（3）含湿度。

在空调工程中，调节空气中水蒸气的含量是经常要遇到的问题。但用什么量来表示水蒸气的含量最为方便呢？若以绝对湿度来表示，当空气温度变化时，其体积也随之变化，虽然其中水蒸气的绝对含量不变，但单位体积即每立方米体积内含有的水蒸气量相应地发生了变化，绝对湿度的数值也就不同了。若用单位质量即 1 kg 湿空气中所含水蒸气质量来表示，虽然不会受空气温度变化的影响，但湿空气在其状态变化过程中，由于水分的蒸发或水蒸气的凝结，不仅水蒸气的含量发生了变化，而且因为 $m = m_a + m_q$，湿空气以体积或质量作为计量标准，都会给计算带来麻烦。但可以看到，无论湿空气的状态如何变化，其中干空气的质量总是不变的。为了计算方便，就采用 1 kg 干空气作为计算的标准。

随 1 kg 干空气同时存在的水蒸气质量（g），称为湿空气的含量，用符号 d 来表示，即

$$d = m_v / m_a \quad (\text{g/kg}) \tag{1.7}$$

式中　m_v——水蒸气质量；

　　　m_a——干空气质量。

要注意：这里是以 1 kg 干空气作为标准，而不是 1 kg 的湿空气，湿空气的质量应是 $(1 + d/1\,000)$ kg。

相对湿度和含湿量都是表示空气湿度的参数，但意义却不相同。相对湿度能表示空气接近饱和的程度，却不能表示水蒸气的含量多少；而含湿量能表示水蒸气的含量多少，却不能表示空气接近饱和的程度。

4. 焓

在空调工程中，湿空气的状态经常发生变化，也经常需要确定此状态变化过程中的热交换量。例如，对空气进行加热和冷却时，常需要确定空气吸收或放出多少热量。湿空气的焓是以 1 kg 干空气作为计算基础的。含有 1 kg 干空气的湿空气即 $(1 + d/1\,000)$ kg 湿空气的焓 h 是 1 kg 干空气的焓 h_a 和 d（g）水蒸气的焓 h_q 的总和，即

$$h = h_a + h_q \tag{1.8}$$

从热工学的基础知道，在压力不变的情况下，焓差值等于热交换量。而空调工程中对空气加热或冷却都是在定压条件下进行的，故空气定压过程中热量的变化量等于空气状态变化前后的焓差，即

$$q = h_2 - h_1 \tag{1.9}$$

（二）湿空气的焓湿图

空气的主要状态参数包括 t、d、B（大气压力）、φ、h、p。在空调工程中，为了避免烦琐的公式计算，在设计和运行时需要有一个线算图，它既能联系以上 6 个参数，又能表达空气状态的各种变化过程，这就是下面要介绍的焓湿图。

线算图有各种形式，我国现在使用的是以焓和含湿量为纵横坐标的焓湿图，也叫 $h\text{-}d$ 图，

如图 1.3 所示。为了更好地掌握和运用它，下面先介绍该图的绘制过程。

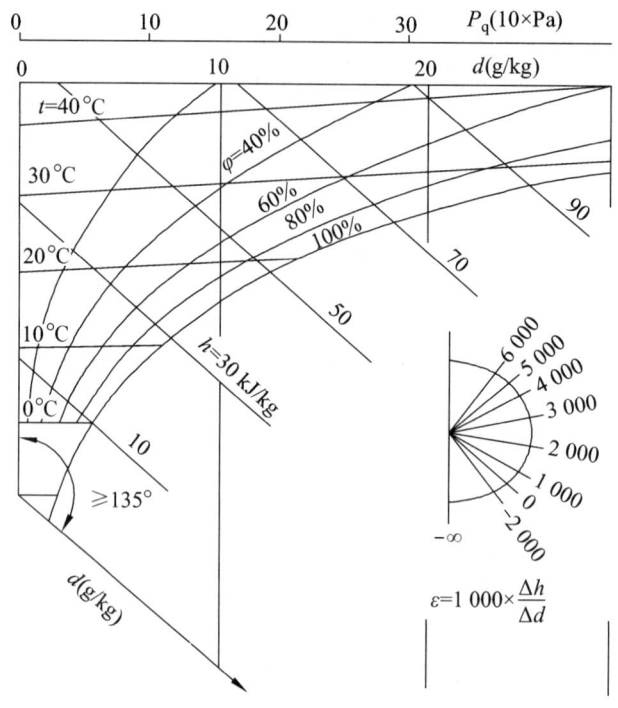

图 1.3 湿空气的焓湿图

一般平面图形只能有两个独立的坐标，而湿空气的状态取决于 t、d、B 三个基本参数，因此应该有 3 个独立的坐标。然而可以选定大气压力 B 为已知（在空气调节中，空气的变化过程可以认为是在恒定压力下进行的），这样，只剩下 t 和 d 两个坐标参数，就可以进行图形绘制了。但是，因为焓 h 与温度有关，为了便于使用，用焓代替温度 t。因此，选定焓 h 为纵坐标，以含湿量 d 为横坐标建立坐标系。为使图面展开，线条清晰，两坐标轴之间的夹角由常用的 90°扩展为大于或等于 135°。为了避免图面过长，又常取一水平线画在图的上方代替实际的 d 轴。

1. 等焓线和等含湿量线

确定坐标比例尺之后，就可以在图上绘出一系列与纵坐标平行的等 d 线及与横坐标平行的等 h 线。$t=0$ 和 $d=0$ 的干空气状态点为坐标原点。

2. 等温线

等温线是根据公式

$$h = 1.01t + (2\ 500 + 1.84t)d \tag{1.10}$$

制作而成的。由此可见，当温度等于常数时，公式为直线方程，h、d 相对应，因此，只需要已知两个点即可绘出等温线。若温度常数值分别为 $-5\ ℃$，$0\ ℃$，$10\ ℃$，$20\ ℃$…时，则得到一系列对应的等温线。

显然，等温线为一组不平行的直线。公式（1.10）中 $1.01t$ 为截距，$(2\,500+1.84t)$ 为斜率。由于 t 值不同，因而每一等温线的斜率是不相同的。但是，由于 $1.84t$ 远小于 $2\,500$，温度对斜率的影响不明显，因此，等温线又近似于平行直线。

3. 等相对湿度线

根据公式

$$d = 0.622\varphi P_s/(p - \varphi P_s) \tag{1.11}$$

可以绘出等相对湿度线。在一定的大气压力 p 下，当相对湿度 φ 为常数时，含湿量 d 就取决于 P_s，而 P_s 又是温度 t 的单值函数，其值可从水蒸气性质表中查出。因此，给定不同的温度 t，可求得对应的 d 值，根据 t、d 值，就可以在 h-d 图中找出若干点，连接各点即成等相对湿度线。等相对湿度线是一组发散形曲线。$\varphi = 0\%$ 的等相对湿度线即是纵轴线，$\varphi = 100\%$ 的线是饱和湿度线。公式表明，等相对湿度线为曲线，因此，对应点取得越多，曲线就越准确。

以 $\varphi = 100\%$ 线为界（见图 1.3），曲线以下为过饱和区，由于过饱和状态是不稳定的，通常有凝结现象，所以又称为"有雾区"；曲线以上为湿空气区，又称为"未饱和区"，在湿空气区，水蒸气处于过热状态。

4. 水蒸气分压力线

公式（1.11）可变换为

$$P_s = pd/(0.622 + d) \tag{1.12}$$

当大气压力 p 为定值时，式（1.12）为 $P_s = f(d)$ 的函数形式，水蒸气分压力 P_s 仅取决于含湿量 d。因此，可在 d 轴的上方设一水平线，标上 d 值所对应的 P_s 值即可。

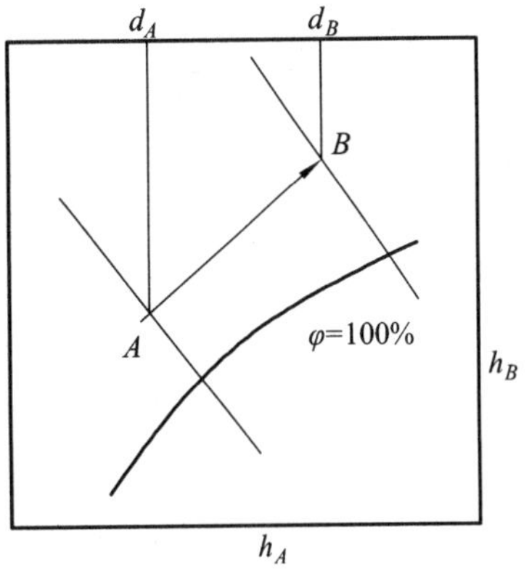

5. 热湿比线

在空调工程中，被处理的空气常常由一个状态变为另一个状态。在整个过程中，如果空气热湿变化是同时进行的，那么，在 h-d 图上由状态 A 到状态 B 的直线连线就代表空气状态变化过程线，如图 1.4 所示。为了说明空气状态变化的方向和特征，常用状态变化前后焓差和含湿量差的比值来表示，称为热湿比 ε，即

图 1.4 空气状态在 h-d 图上的

$$\varepsilon = (h_B - h_A)/(d_B - d_A) = \Delta h/\Delta d \tag{1.13}$$

将式（1.13）分子、分母同时乘以总空气量 G，将得到

$$\varepsilon = \Delta h/\Delta d = G \cdot \Delta h/G \cdot \Delta d = Q/W \tag{1.14}$$

由式（1.14）可见，总空气量 G 在处理过程中所得到（或失去）的热量 Q 和含湿量 W 的

比值，与相应 1 kg 空气的比值 h/d 的变化值是完全一致的。式（1.13）、（1.14）中，d 的变化值和 W 是以 kg 为单位的，若改用 g 为单位，则有

$$\varepsilon = (h/d)/1\,000 = (Q/W)/1\,000 \tag{1.15}$$

由式（1.13）、（1.14）可见，ε 就是直线 AB 的斜率，它反映了过程线的倾斜角度，故又称"角度数"。斜率与起始位置无关，因此，起始状态不同的空气只要斜率相同，其变化过程线必定互相平行。根据这一特征，就可以在 h-d 图上以任意一点为中心作一系列不同的 ε 标尺线。实际应用时只需要把等值的 ε 标尺线平移到空气状态点，就可以绘出该空气状态的变化过程了。

（三）空气的干、湿球温度和露点温度

1. 干、湿球温度

在空调运行中，经常使用干、湿球温度计来测量空气的温度。干、湿球温度计是由两支相同的温度计组成的。其中一支的感温包裹上脱脂棉纱布，纱布的下端浸入盛有蒸馏水的玻璃小杯中，在毛细作用下纱布经常处于润湿状态，将此温度计称为空气的湿球温度计。使用时，在热湿交换达到平衡，即稳定的情况下，所测得的读数称为空气的湿球温度。另一支未包裹纱布的温度计相应地称为干球温度计，它所测得的温度称为空气的干球温度，也就是实际的空气温度。以后分别用 t 和 t_s 表示空气的干球温度和湿球温度。

湿球温度计的读数，实际上反映了湿纱布上水的温度。但是，值得注意的是，并不是任一读数都可以认为是湿球温度，只有在热湿交换达到平衡，即稳定条件下的读数才称为湿球温度。下面用传热传湿原理分析空气流经湿球表面时所发生的热湿交换过程。

当空气的相对湿度 φ <100%时，纱布上的水必然产生蒸发现象。若水温高于空气的温度，蒸发所需要的汽化热必然首先取自水分本身，因此，纱布上的水温下降。湿球温度计上的读数开始高于干球温度上的读数，随后下降。无论原来水温多高，经过一段时间后，水温终将降至空气干球温度以下。这时，也就出现了空气向水面的传热，此热量随着空气与水之间温差的加大而增加。当水温降到某一数值时，空气向水面的温差传热恰好补偿水分蒸发所吸收的汽化热，此时，水温不再下降。如果湿球纱布上最初水温低于湿球温度，则空气向水面的温差传热一方面供给水蒸发所需的汽化热，另一方面使水温升高。随着水温的升高，传热量减少，最终仍将达到温差传热与蒸发需热相等，水温稳定并不等于空气湿球温度。在空气相对湿度不变的情况下，湿纱布上水分蒸发可以认为是稳定的，从而蒸发所需的热量也是一定的。

当空气相对湿度较低时，湿球纱布上的水分蒸发快，蒸发需要的热量多，水温下降得也越多，因而干、湿球温差大。反之，如空气相对湿度大，则干、湿球温差小。当 φ = 100%时湿纱布上的水分不再蒸发，干、湿球温度也就相等了。由此可见，在一定的空气状态下，干、湿球温度的差值反映了空气相对湿度的大小。

根据传湿原理，可知水分蒸发时，在湿球纱布表面上首先形成一层温度等于饱和空气的边界层。如果该饱和空气边界层的水汽分压力大于周围空气的水汽压力，饱和空气边界的水汽分子就要向空气扩散，而水中的分子也不断脱离水面进入饱和边界层，即不断向空气蒸发。这一过程即为空气与水之间的湿交换过程。

另外，应该指出的是，由于水与空气之间的传热过程及水的蒸发过程都与湿球周围的空气流速有关。因此，在相同的空气污染条件下，空气流经湿球表面的流速不同时，所测得的湿球温度也会产生差异。当空气不流动或流速很小，热湿交换不充分时，出现的误差较大。空气的流速较大，传热与蒸发进行得越充分，湿球温度越准确。实验证明，当空气流速大于或等于 2.2~4 m/s 时，空气流速对热湿交换过程的影响已不显著，湿球温度趋于稳定。因此，要准确地反映空气的相对湿度，应使湿球周围的空气流速保持在 2.2 m/s 以上。

2. 湿球温度在 h-d 图上的表示

由前述可知，当空气流经湿球时，由于空气与水之间存在热湿交换现象，而在湿球周围形成一层与水温相等的薄饱和蒸汽层。该饱和空气状态为 B，原空气状态为 A。空气由状态 A 变为状态 B 的过程中，传给水的热量又由水以潜热的形式带了回来，因而空气的焓值基本不变，$A \to B$ 可近似认为是等焓过程。在 h-d 图上由点 A 作等焓线与 $\varphi = 100\%$ 饱和线交得 B 点，该点的温度即是湿球温度 t_s。

但是严格地说，空气的焓值并非不变，而是略有增加。这是因为水蒸发到空气中去的过程中，除带进汽化热外，还带进了水本身的汽化热，此时空气增加的焓为

$$\Delta h = h_s - h_A = \Delta d \cdot c \cdot t_s \quad (\text{kJ/kg}) \tag{1.16}$$

式中 Δd—— 每千克干空气增加的含湿量，kg/kg。

$$\Delta d = d_s - d_A \quad (\text{kg/kg}) \tag{1.17}$$

因而 A 状态的空气达到饱和时，其状态变化过程的热湿比为

$$\varepsilon = \frac{\Delta h}{\Delta d} = \frac{\Delta d \cdot c \cdot t_s}{\Delta d} = c \cdot t_s = 4.19 t_s \tag{1.18}$$

式中 c—— 水的质量比热，$c = 4.19$ kJ/(kg·K)。

即状态 A 的空气沿热湿比 $\varepsilon = 4.19 t_s$ 过程线达到饱和状态 s，实际湿球温度是 t_s 而不是 t_B。因而 $\varepsilon = 4.19 t_s$ 线又称为空气的等湿球温度线。但在空气调节中一般 t_s 小于等于 30 ℃，$\varepsilon = 4.19 t_s$ 的等湿球温度线和 $\varepsilon = 0$ 的等焓线非常接近，而且当 $t_s = 0$ ℃时，两线完全重合。因此，以等焓线代替湿球温度线在工程上是允许的。

3. 露点温度

前已叙及，空气的饱和含湿量随着空气温度的下降而减小。现把不饱和状态的空气 A 沿等含湿量线冷却。随着空气温度的下降，对应的含湿量减小，而实际含湿量并未变化，因此空气相对湿度增大。当温度下降至 t_1 时，相对湿度达到 100%，这时空气本身的含湿量也已饱和，如再继续冷却，则会有凝结水产生。由此可见，t_1 为空气结露与否的临界温度。空气沿等含湿线冷却，最终达到饱和时所对应的温度为露点温度，而饱和点 C 称为露点。显然，空气的露点只取决于空气的含湿量，但含湿量不变时露点温度也为定值。

由于含湿量和水蒸气分压力呈对应关系，因此，露点温度也可以理解为饱和水蒸气分压力所对应的温度。

在空气调节中，常用等湿冷却将空气温度降到露点温度，再进一步冷却使水蒸气凝结，从而达到干燥空气的目的。

（四）空气焓湿图在空调技术中的应用

1. 空气状态变化过程在 h-d 图上的表示

由前述可知，h-d 图不仅能确定空气的状态参数，还能显示空气的变化过程。其变化过程的方向和特征可用热湿比 ε 来表示。图 1.5 所示为空气状态变化的几种典型过程，现分述如下：

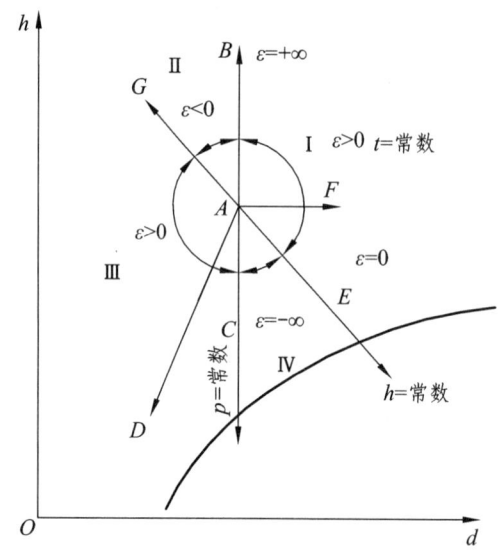

图 1.5 几种典型的空气状态变化过程

（1）等湿（干式）加热过程。

空气调节过程中常用电加热器来处理空气。当空气通过加热器时获得了能量，提高了温度，但含湿量并没有变化。因此，空气状态变化是等湿升温过程，如图 1.5 中过程线 $A \to B$ 所示。在状态变化过程中 $d_A = d_B$，$h_B > h_A$，故其热湿比 ε 为

$$\varepsilon = \Delta h / \Delta d = (h_B - h_A)/(d_B - d_A) = (h_B - h_A)/0 = +\infty \tag{1.19}$$

（2）等湿（干式）冷却过程。

如果用表面式冷却器处理空气，其表面温度比空气露点温度高，则空气将在含湿量不变的情况下冷却，其焓值必相应地减少。因此，空气状态为等湿降温过程，如图 1.5 中过程线 $A \to C$ 所示。由于 $d_A = d_C$，$h_C > h_A$，故热湿比 ε 为

$$\varepsilon = (h_C - h_A)/(d_C - d_A) = (h_C - h_A)/0 = -\infty \tag{1.20}$$

（3）减湿冷却过程。

如果用表面式冷却器处理空气，当冷却器的表面温度低于空气的露点温度时，空气中的水蒸气将凝结为水，从而使空气减湿（或称为干燥），空气的变化过程为减湿冷却过程或冷却干燥过程，如图 1.5 中过程线 $A \to D$ 所示。因为空气焓值及含湿量均减少，故热湿比 ε 为

$$\varepsilon = (h_D - h_A)/(d_D - d_A) = (-\Delta h - \Delta d) > 0 \tag{1.21}$$

如果用水温低于空气露点温度的水处理空气,也能实现此过程。

(4)等焓减湿过程。

用固体吸湿剂(如硅胶)处理空气时,水蒸气被吸附,空气的含湿量降低,空气失去潜热而得到水蒸气凝结时放出的汽化潜热使温度增高,但焓值基本没变,只是略微减少了凝结水带走的液体,空气近似按等焓减湿升温过程变化,如图1.5中过程线 $A \rightarrow G$ 所示。其 ε 值为

$$\varepsilon = (h_G - h_A)/(d_G - d_A) = 0/(d_G - d_A) = 0 \tag{1.22}$$

(5)等焓加湿过程。

用喷水室循环水处理空气时,水吸收空气的热量而蒸发为水蒸气,进入到空气中使空气含湿量增加,潜热量也增加。由于空气失掉显热,得到潜热,因而空气焓值基本不变,所以,称此过程为等焓加湿过程。由于此过程和外界没有热量交换,故又称为绝热加湿过程,如图1.5中过程线 $A \rightarrow E$ 所示。此时,循环水将稳定在空气的湿球温度上。由于状态前后空气的焓值相等,因而 ε 为

$$\varepsilon = (h_E - h_A)/(d_E - d_A) = 0/\Delta d = 0 \tag{1.23}$$

此过程和湿球温度计表面空气的状态变化过程相似,严格地讲,空气的焓值也是略有增加的,其增加值为蒸发到空气中的水的液体热。但因这部分热量很少,故近似认为绝热加湿过程是等焓加湿过程。

(6)等温加湿过程。

如图1.5中过程线 $A \rightarrow F$ 所示,这也是一个典型的状态变化过程,是通过向空气喷蒸汽实现的。空气中增加水蒸气后,其焓和含湿值都将增加,焓的增加值为加入蒸汽的全热量,即

$$\Delta h = \Delta d \cdot h_q \quad (\text{kJ/kg}) \tag{1.24}$$

式中 Δd —— 每千克干空气增加的含湿量,kg/kg;

h_q —— 水蒸气的焓,其值根据 $h_q = 2\,500 + 1.84 t_q$ 计算。

此过程的 ε 值为

$$\varepsilon = \Delta h / \Delta d = (\Delta d \cdot h_q)/\Delta d = h_q = 2\,500 + 1.84 t_q \tag{1.25}$$

如果蒸汽的温度为100 ℃左右,则 $\varepsilon \approx 2\,690$,该过程线与等温线近似平行,故为等温加湿过程。

以上介绍了空气调节中常用的6种典型空气状态变化过程。从图1.5中可看出 $\varepsilon = \pm \infty$ 和 $\varepsilon = 0$ 这两条线将 h-d 图平面分成了4个象限,每个象限内的空气状态变化过程都有各自的特征,详见表1.3。

表1.3 空气状态变化的4个象限及特征

象限	热湿比	状态变化的特征
I	$\varepsilon > 0$	增焓加湿升温(等湿降温)
II	$\varepsilon < 0$	增焓减湿升温
III	$\varepsilon > 0$	减焓减湿降温(等湿升温)
IV	$\varepsilon < 0$	减焓加湿降温

2. 两种不同状态空气混合过程的计算

在空气调节系统的计算过程中，经常遇到不同状态的空气相混合的情况，为此，必须研究空气的混合规律。

假设质量流量为 G_A(kg/s)、状态为 $A(h_A、d_A)$ 的空气和质量流量为 G_B(kg/s)、状态为 $B(h_B、d_B)$ 的两种空气相混合，混合后空气质量流量为 $G_C = G_A + G_B$(kg/s)，状态为 $C(h_C、d_C)$。在混合过程中，如果与外界没有热湿交换，根据热平衡和湿平衡原理，可以列出下列方程式：

$$G_A \cdot h_A + G_B \cdot h_B = G_C \cdot h_C \tag{1.26}$$

$$G_A \cdot d_A + G_B \cdot d_B = G_C \cdot d_C \tag{1.27}$$

将 $G_C = G_A + G_B$ 带入式（1.26）和式（1.27）中，得

$$G_A \cdot h_A + G_B \cdot h_B = (G_A + G_B) \cdot h_C \tag{1.28}$$

$$G_A \cdot d_A + G_B \cdot d_B = (G_A + G_B) \cdot d_C \tag{1.29}$$

用 G_B 除以式（1.28）和式（1.29），并经整理后可得

$$G_A/G_B = (h_B - h_C)/(h_C - h_A)$$

$$G_A/G_B = (d_B - d_C)/(d_C - d_A)$$

综合两式可得

$$G_A/G_B = (h_B - h_C)/(h_C - h_A) = (d_B - d_C)/(d_C - d_A) \tag{1.30}$$

$$(h_B - h_C)/(d_B - d_C) = (h_C - h_A)/(d_C - d_A) \tag{1.31}$$

由前述可知，在 h-d 图上 $(h_B - h_C)/(d_B - d_C)$ 是直线 BC 的斜率，而 $(h_C - h_A)/(d_C - d_A)$ 是直线 CA 的斜率，两条直线的斜率相同。因此，直线 BC 和 CA 平行，但又有 C 为公共点，因而 $A、B、C$ 三点必然在一直线上，如图 1.6 所示。

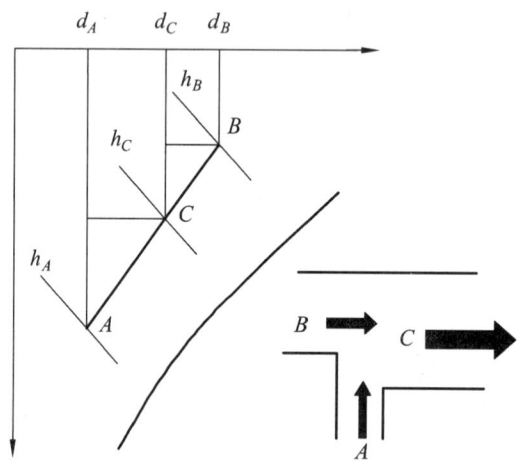

图 1.6 两种状态的空气混合

下面进一步分析混合点 C 在 AB 线上的位置。根据三角形相似原理及式（1.18），从图 1.6 可得

$$\frac{CB}{CA} = \frac{d_B - d_C}{d_C - d_A} = \frac{h_B - h_C}{h_C - h_A} = \frac{G_A}{G_B} \quad (1.32)$$

式（1.32）表明混合点 C 将线段 AB 分成两段，两段长度之比和参与混合的两种空气的质量呈反比，混合点靠近质量大的空气状态一端。

以上即为"混合规律"。利用混合规律可以很快地求出混合空气状态点，即只要已知参与混合的两种空气状态及质量就可按质量反比分割其连线，分割点即为混合状态点，状态参数可查图求出，也可以根据已知条件列出相应的比例式来解出。

如果混合点 C 出现在"有雾区"，这种空气状态只能是暂时的，多余的水蒸气立即凝结为水从空气中分离出来，空气仍恢复到饱和状态。空气的变化过程为 $C \rightarrow D$，如图1.7所示。

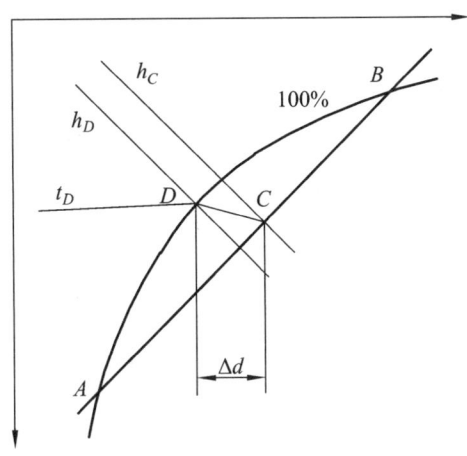

图 1.7 过饱和区空气状态变化过程

因为空气在变化过程中，凝结水带走了水的显热（即液体热），因此，空气的焓值略有降低（$h_D < h_C$）。h_D 与 h_C 间存在下列关系：

$$h_D = h_C - 4.19 \Delta d t_D \quad (1.33)$$

式中，h_D、h_C、t_D 是三个相互关联的未知数。要确定 h 值，必须通过试选法，从 C 点引出很多过程线，分别与 $\varphi = 100\%$ 的饱和线交于不同的 D 点，从其中找出一组 h_D、h_C、t_D 值正好符合公式（1.33）的恒等关系，则该 h_D 即为真正的饱和空气焓，D 点就是所求的混合空气状态点。

实际上，由于水带走的显热很少，因此，空气变化的过程线也可近似看作等焓过程。

三、CRH2 型动车组空调系统概述

（一）总体构成

CRH2 型动车组空调系统主要由空调机组、进排气一体化连续换气装置、通风系统、空调显示设定器、温度传感器等构成。客室内的制冷由空调机组中制冷系统完成，客室内的制热由内置于空调机组内的电预热器实现，客室内的通风换气主要是由通风系统完成。为了降低车体的重心适应动车组高速运行,空调机组和主要风道分别设置在地板下及地板中间。

1. 空调装置及换气装置的布置

CRH2型动车组每1节车厢客室在车底安装两台空调装置和一台用于提供新风和排出废气的连续换气装置,与设置在车体内部的风道相连接,在车厢、通过台设出风口及回风口。车内的排气则通过在车厢、通过台及驾驶室的排气口导入到车底排气风道排出。

驾驶室设单独的空调装置及车内压释放阀。动车设有牵引电动机冷却用电动送风机及风道。卫生间内设置直排车外的废排通道。供热采用装入空调系统的电加热装置。

头车空调系统的结构示意图如图1.8和图1.9所示。

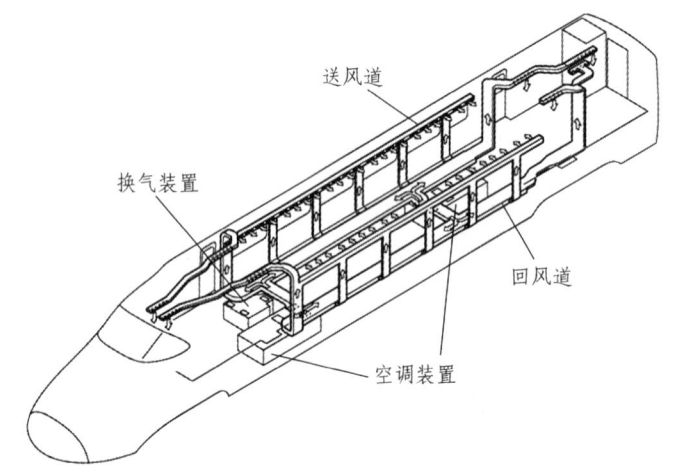

图1.8 空调装置、换气装置及风道的布置

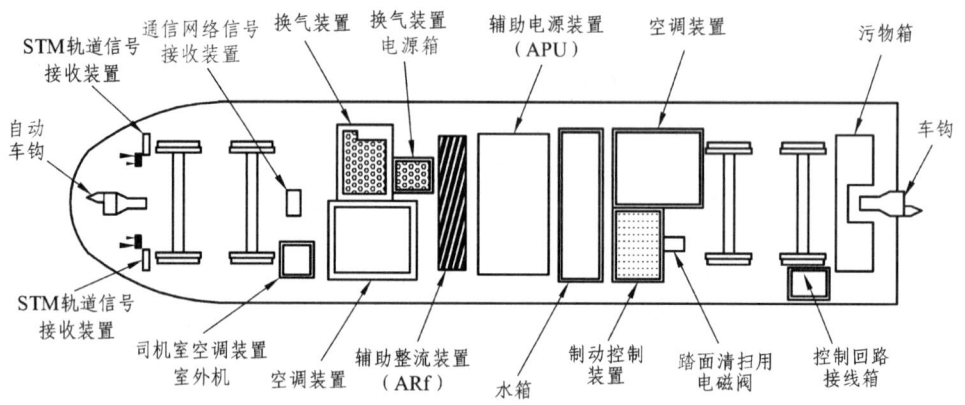

图1.9 司机室空调、客室空调及换气装置在底架下的位置

2. 通风换气

CRH2型动车组为了降低动车组会车或进出隧道时车外压力变化对车内压力波动的影响,在车底设备舱设置了一台供排气一体化连续换气装置。换气装置通过变频器控制风机的运行速度,动车组运行速度高于160 km/h时,风机高速运行;低于160 km/h时,风机低速运行,通过提高风机的静压性能,更好地抑制车内压力波动,同时确保换气要求。

动车组通风系统主要由风道、风口、温度控制器等部分组成。其中在车底铝地板与车内铝蜂窝地板之间设置有 5 条纵向通长风道，分别作新风风道（FA）、送风风道（CA）、回风风道（RA）、和废排风道（EA）；风口由回风装置、送风口组成；温度控制器安装在送风口及回风口位置处。

空调机组安装在车下，空调机组的送风口与车下送风道相连，车下送风道又与布置在地板中的送风风道连通，送风口设在客室两侧顶送风道上，顶送风道通过窗间风道与设在客室地板中部的送风风道连通；回风口设置在回风道上，回风道通过车下风道与空调机组的回风口连通。

车底盖板内的外部空气作为新鲜空气被吸入。为了降低新鲜空气温度，新鲜空气吸入口横侧的侧裙板上设置有整流板。

对于地板中间的新鲜空气风道，为防止车厢地板下方的风道内流体激振引起的振动传递，应尽量扩大风道面积、降低风道内的流速。

另外，针对带卫生间的车厢，结构上把卫生间排气风道和新鲜空气风道一体化，通过风道内的隔板将新鲜空气和卫生间排气分开，通过分别扩大各风道的面积、降低管道阻力损失，使安装作业更为简化。

车厢排气是从座席置脚台部分的排气口导向地板中间的返回风道。通过台的排气是通过设置在配电盘横侧等的排气口导入地板下的返回风道。地板下返回风道回风的一部分被导向车底的连续换气装置排出车外。

为确保返回风量，尽可能扩大配电盘横侧等的排气口的面积。通风系统完成动车组空调系统在夏季制冷送风、冬季采暖通风和过渡季节通风的任务。

（二）客室空调装置

1. 总体布置

客室空调系统是设置在客室地板下部的 2 台小型、轻量化的空调装置。空调装置的外观如图 1.10 所示。空调装置的送风口与设在客室地板下部的送风道连通，并与顶板位置处的送风口连通；回风口与吸入车内空气的回风道连接。

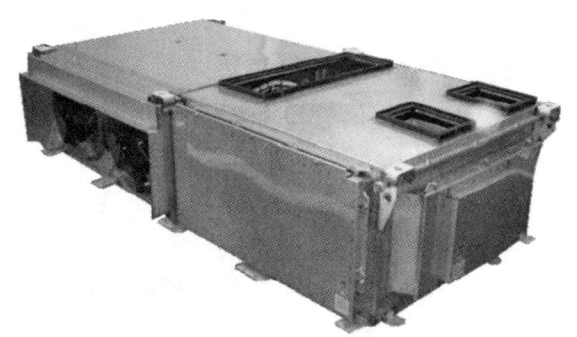

图 1.10　客室空调装置外观

输送冷气时，从回风道吸入的客室内空气与从换气装置通过送风道送入的新鲜外气混合，通过设置在空调装置回风口的车厢过滤器，与室内热交换器进行热交换，冷却为冷气。该冷气从车体两侧风道出风口吹入客室，向乘客提供冷风。输送暖气时，从回风道吸入空气时同样与新鲜外气混合,通过设置在空调装置回风口的过滤器,由电热器加热,通过与冷气相同的路径,向乘客提供暖风。

为便于检修,空调下部设检查口,检查口和排水托盘为一体化设计,以便于室内热交换器、室内回风过滤网、排水托盘、排水泵的清洗。另外,为防止室外热交换器的污损,安装了室外过滤网。室内回风过滤网、室外过滤网均采用无纺布材料。

2. 基本技术规格

(1)型号:EU651(结构见图1.11)。

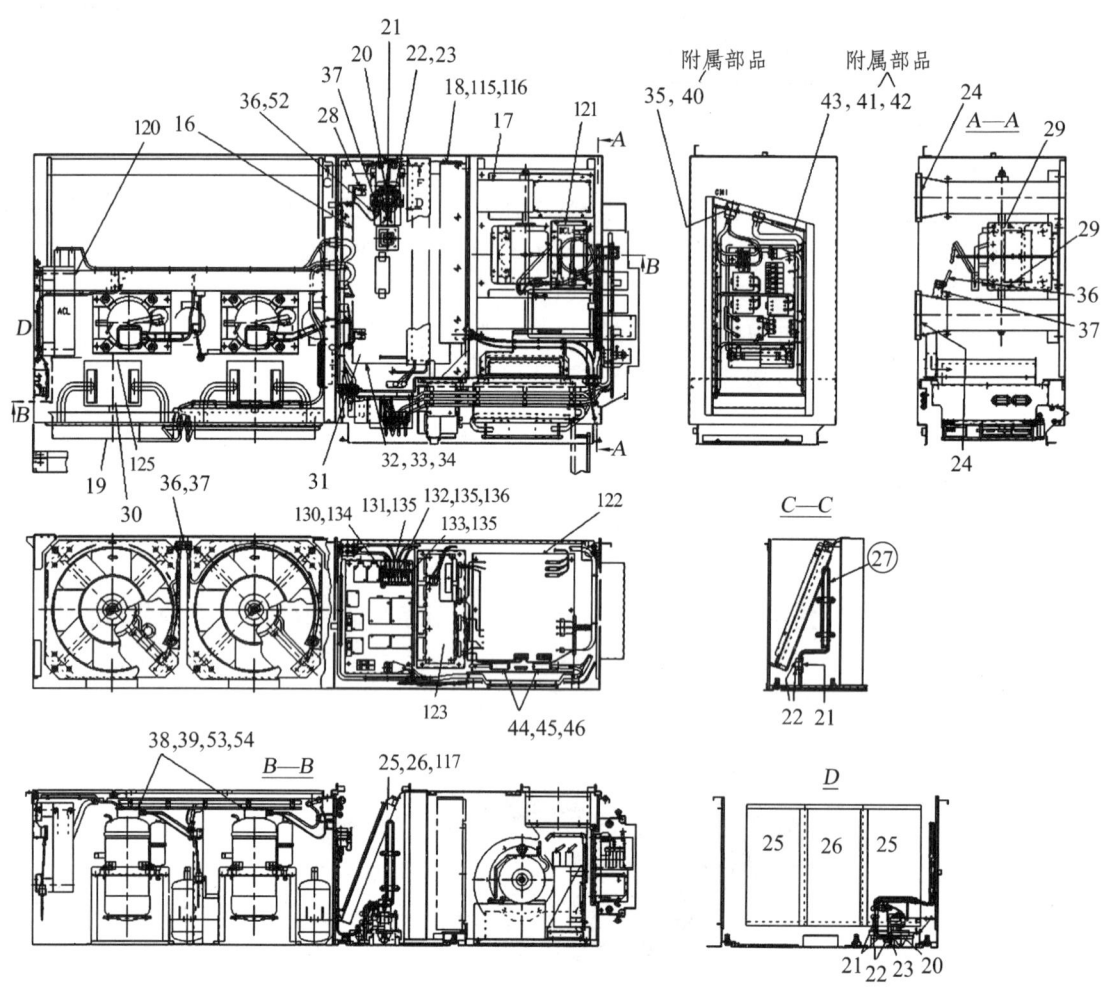

图 1.11 EU651 型空调装置结构

16—橡胶盖;17—室内送风机;18—加热器;19—室内送风机;20—排水泵;21—硅软管;22,23—软管皮带;24—密封垫;25—室内过滤器;26—室内中央过滤器;27—排水管;28—漂浮开关;29,30—轴承;31—密封垫圈;32,33,34—密封垫;35,40—配线用连接器栓托座(4芯);36—插头;37—插座;38,53—橡胶衬套;39—软管夹钳;41—配线用连接器栓托座(27芯);42—密封插头;43—配线用连接器栓托座;44,130,131,132,133—连接器;45—插孔触头;46—防止误插入销;52—密封插头;54—软管夹钳;115—室内热交换器;116—排水泵;117—回风过滤网;120—交流电抗器;121—直流电抗器;122—逆变器单元;125—轴承;134,135,136—触头

（2）安装方式：准集中式、底架下安装。
（3）电源：
- 主电路：单相交流，50 Hz，$400^{+24\%}_{-37\%}$ V（变频器输入，电加热器输入）。
- 变频器 1（VVVF）输出：3 相，40 Hz/125 V ~ 70 Hz/200 V（压缩机用）。
- 变频器 2（CVCF）输出：3 相，60 Hz/200 V，65 Hz/215 V（送风机用）。
- 控制电路输入：单相交流、50 Hz、$100 \times (1 \pm 10\%)$ V；直流 $100 \times (1 \pm 10\%)$ V。

（4）冷气控制方式：逆变器频率控制及压缩机运行台数控制。
（5）暖气控制方式：电热器多级控制。
（6）冷气能力：
① 当标准条件为以下条件时为 37.21 kW/台以上。
- 客室热交换器吸入空气干球温度：(28 ± 1.0) °C；
- 客室热交换器吸入空气湿球温度：(23 ± 1.0) °C；
- 客室外热交换器吸入空气干球温度：(33 ± 1.5) °C。

② 当超负荷条件为以下条件时为 29.07 kW/台以上。
- 客室热交换器吸入空气干球温度：(35 ± 1.0) °C；
- 客室热交换器吸入空气湿球温度：(28 ± 1.0) °C；
- 客室外热交换器吸入空气干球温度：55 °C；
- 无须因冷媒压力过大的保护动作。

（7）暖气能力：24 kW/台以上。
（8）循环风量：65 m^3/min（以 65 Hz 运行时）；
　　　　　　　60 m^3/min（机外静压 490 Pa，以 60 Hz 运行时）。
（9）输入功率：制冷时，约 20.0 kW；制热时，约 22.0 kW。
（10）制冷剂：R22。
（11）质量：约 730 kg。
（12）喷漆颜色：
- 主框架、外罩：不锈钢制，无喷漆；
- 室内送风机：蒙赛尔色（Munsell）7.5BG-6/1.5；
- 室外送风机：黑色；
- 压缩机：黑色；
- 变频器、冷凝器：无喷漆；
- 接触器盘 1、2：无喷漆。

（13）其他。
① 夏季，在气温为 33 °C、湿度为 80%及 M2 车 150%乘车时（150 人乘车时），客室温度可保持在 26 °C 以下；在气温为 40 °C、湿度为 55%及 M2 车 100%乘车时（100 人乘车时），客室温度可保持在 28 °C 以下。
② 冬季，在气温为 –15 °C 时，客室温度可保持在 20 °C 以上。
③ 对客室外热交换器设置防污损用过滤器。
④ 采用便于进行客室外热交换器的清扫和便于拆卸排水泵的结构。
⑤ 对故障的保护动作，采用无须手动复位操作的自动复位方式原则。

3. 空调装置主体设备构成及规格

（1）电动压缩机（2台）。
- 形式：全封闭型涡旋压缩机（2极）；
- 额定功率为3.7 kW，线圈电阻为0.38×（1±5%）Ω（20 ℃）。

（2）室外电动送风机（2台）。
- 形式：电动机直接连接轴流型，FP51G-01；
- 风量：约150 m³/min；
- 静止压力：176 Pa；
- 额定功率：1.5 kW；
- 电流：约6.1 A；
- 转速：约1 720 r/min（4极）。

（3）室内电动送风机（1台）。
- 形式：电动机直接连接离心型，BFD-28GTA06；
- 风量：约65 m³/min；
- 静止压力：784 Pa；
- 额定功率：1.5 kW；
- 电流：约6.5 A；
- 转速：约1 885 r/min（4极）。

（4）室外热交换器（1个）。
- 形式：交错排列，翅片管；
- 散热片：铝制；
- 冷却管：内面带沟槽的铜管。

（5）室内热交换器（1个）。
- 形式：交错排列，翅片管；
- 散热片：铝制；
- 冷却管：内面带沟槽的铜管。

（6）电加热器（1个）。
- 额定功率：24.0 kW（8/8/8 kW 3挡）；
- 元件：带散热片的护套型加热器。

（7）高压压力开关（2个）。
- 型号名称：FNS-C135Q001（自动恢复型）；
- 动作压力：OFF（3.04±0.05）MPa；
- 开闭压力差：$0.06^{+0.06}_{-0.05}$ MPa。

（8）低压压力开关（2个）。
- 型号名称：LCB-JB24（自动恢复型）；
- 接通电路：（0.03±0.03）MPa；

- 断开电路：（0.10±0.03）MPa。

（9）制冷剂干燥器（2个）。干燥材料：分子筛。

（10）止回阀（2个）。型号名称：NRV-16S。

（11）电磁阀（2个）。型号名称：NEV-603DXF。

（12）电磁接触器（3个，即HK1、HK2、HK3）。
- 型号名称：SD-N35；
- 线圈：直流，100 V，119 Ω（20 °C）；
- 辅助接点构成：2a2b。

（13）电磁接触器（2个，即CFK1、CFK2）。
- 型号名称：SD-N12；
- 线圈：直流，100V，1 359 Ω（20 °C）；
- 辅助接点构成：2a。

（14）电涌吸收器（5个，SD-N12、SD-N35用）。型号名称：UN-SA25。

（15）电磁接触器（3个，即CHK、CPK1、CPK2）。
- 型号名称：SD-N50；
- 线圈：直流，100V，547 Ω（20 °C）；
- 辅助接点构成：2a2b。

（16）电涌吸收器（2个，SD-N50用）。型号名称：UN-SA725MH。

（17）电磁接触器（1个，即IVK）。
- 型号名称：SD-N95；
- 线圈：直流，100 V，408 Ω（20 °C）；
- 辅助接点构成：2a2b。

（18）电涌吸收器（1个，SD-N95用）。型号名称：UN-SA725MH。

（19）过电流继电器（2个，即CPOCR1、CPOCR2）。
- 型号名称：TH-N60KF；
- 加热器电流：42 A。

（20）过电流继电器（3个，即EFTH、CFTH1、CFTH2）。
- 型号名称：TH-N12TP；
- 加热器电流：9 A。

（21）空气过滤器（3个，回风用）。过滤网材料：VILEDON FS-1710（带褶加工品）。

（22）空气过滤器（3个，室外热交换器用）。过滤网材料：VILEDON FS-1705（带褶加工品）。

（23）排水泵（1个）。
- 型号名称：CJV-0935A；
- 额定电压：AC 100×（1±10%）V。

（24）漂浮开关（2个，排水高度检测用）。型号名称：FSA-0801-CS3-A。

（25）配线用连接器插座（和车体侧面装配线连接用），具体参数如表1.4所示。

表 1.4 配线用连接器插座参数

型号名称	个　数	用　途	接点大小
GTC2A-32-M9PC	1	主电路用	#4×4 芯
JL06-2A28-M1PC	1	控制电路用	#16×27 芯

（三）司机室空调装置

1.总体布置

司机室设置了专用的空调装置，如图 1.12 所示。图 1.13 所示为其系统图。该制冷装置采用逆变器方式，作为输入电源接收 400 V 交流电，与主回路控制回路一起在装置内进行直流变换驱动。空调装置由室外机、2 台室内机、电源箱、变压器、控制面板 5 个部件构成。

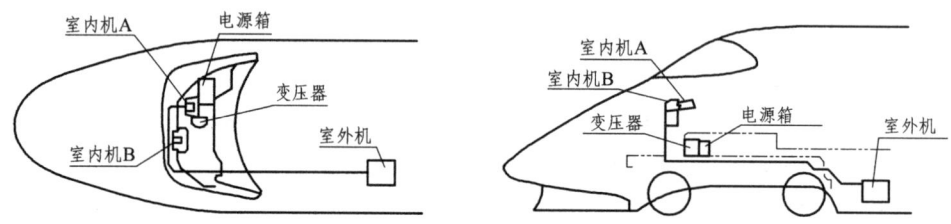

图 1.12　司机室空调装置布置

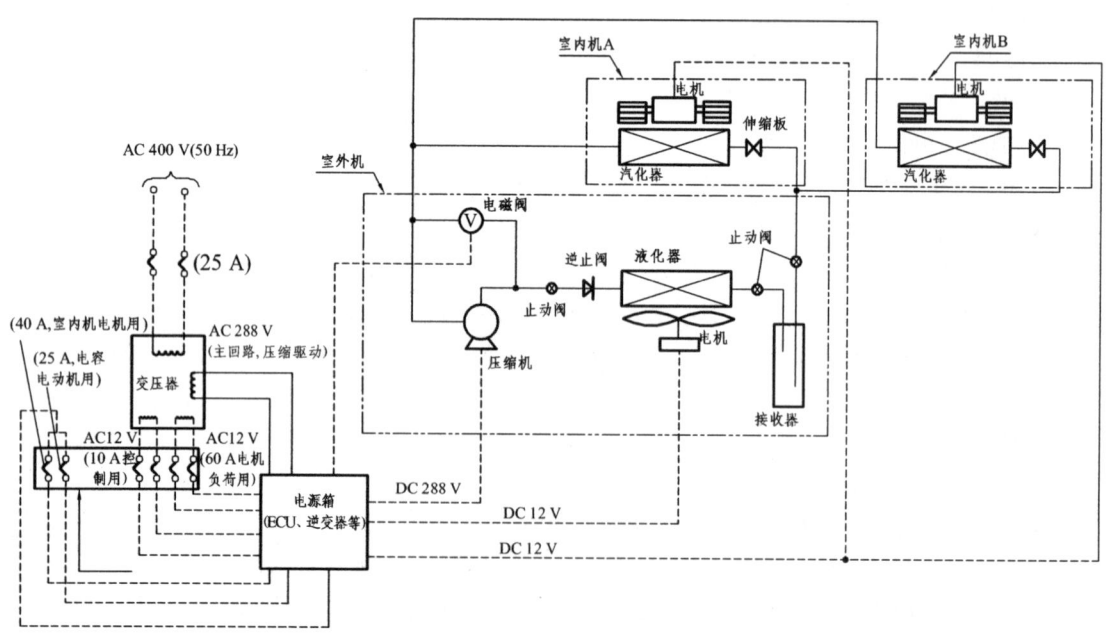

图 1.13　司机室空调装置系统图

电源是由主变压器辅助（3次）绕组供给的单相电（400 V/50 Hz），通过司机室的空调主断路器（CabUCN）输入到用于司机室空调的变压器。用于司机室空调的变压器将输入的电压降压至单相交流 288 V、12 V，分别输出到各个逆变器，变换为直流电。具体电源种类及负荷如表1.5所示。

表 1.5　电源种类

电源种类	电压	负荷
主电路	DC 228 V	用于驱动压缩机
控制电路	DC 12 V	用于控制冷凝器、通风机电机、冷却风扇等

通过控制面板的风量切换开关，可以进行三级的风量切换（High、Medium、Low），并可使用温度调节钮设定温度。对司机室空调的控制在电源箱内的控制装置中进行，是在对由热敏电阻（THF1、THF2）得到的室内机吹风口的空气温度和由控制面板提供的设定温度进行比较后实施控制。

2. 司机室空调装置规格

司机室空调装置额定规格及性能如表1.6所示。

表 1.6　司机室空调装置额定规格及性能

项　目		性　能	备　注
主回路		单相 AC 400 V、50/60 Hz→DC 288 V	压缩机驱动用
控制回路		单相 AC 400 V、50/60 Hz→DC 12 V	送风机、继电器驱动用
制冷	容　量	3.54 kW×2 = 7.08 kW	室外热交换器吸入温度 33 ℃；室内热交换器吸入温度 28 ℃；相对湿度 65%
	输入（逆变器部）	约 2 kW×2 = 约 4 kW	

司机室空调制冷能力为 7.08 kW/台以上，制暖能力约为 2 kW/台。制冷剂为 HFC134a（R134a），制冷时循环风量为 5.5 m³/min 以上，暖气时循环风量为 2.0 m³/min 以上。

夏季在气温为 33 ℃、湿度为 80%时，司机室温度可保持在 26 ℃ 以下；冬季在气温为 -15 ℃ 时，司机室温度可保持在 20 ℃ 以上。

3. 车内压力释放阀

为了保持车内的气密性，提高了换气装置的静压，但有时会发生车内外压差的情况，所以在驾驶室罩内气密壁上设置有车内压力释放阀，其结构如图1.14所示。车内压力释放阀是用圆盘状的阀来开闭的。其构造速度截止于 30 km/h，在此以下就会开放车内压。该动作由气缸驱动来完成。

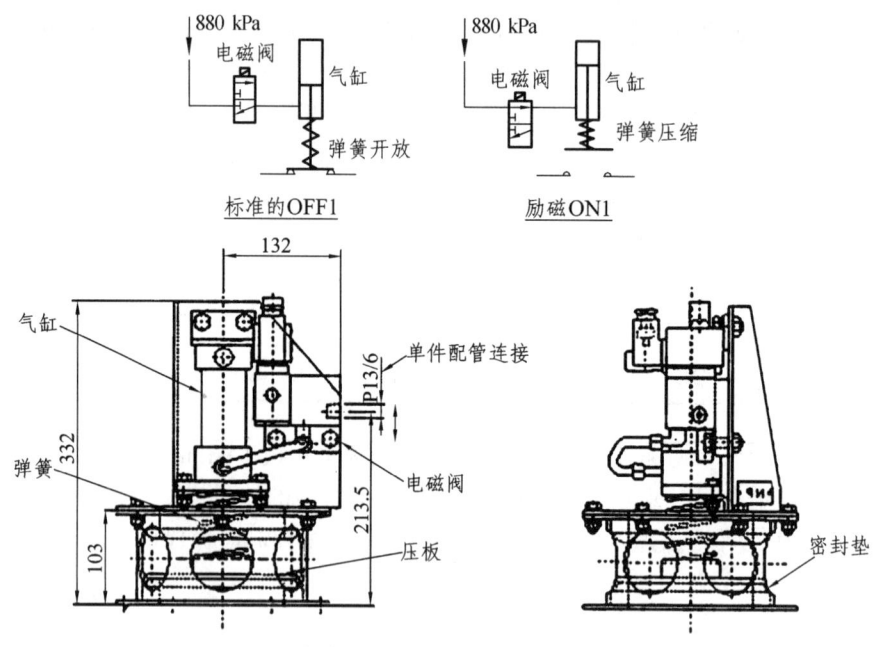

图1.14 车内压力释放阀结构及动作示意图

(四) CRH2型动车组空调系统的特点

（1）空调系统采用轻量化设计，空调系统主要设备都安装在车底设备舱，降低了车辆重心。
（2）采用了供排气一体化连续换气装置，静压风机，抑制压力波动。
（3）在列车空调系统上第一次使用变频控制技术。
（4）通风系统比较复杂，厕所和通过台纳入空调范围，卫生间内设置直排车外的废排风口。
（5）采用了排水盘及检查盖一体化设计，方便维护。
（6）采暖方式采用内置于空调机组的电加热装置。
（7）主电路输入：单相交流 50 Hz、$400_{-37\%}^{+24\%}$ V。国内客车通常为三相交流 50 Hz、380 V。

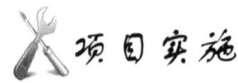项目实施

【实施条件】

实施地点与要求：拥有 CRH2 型动车组的实训场地或动车组运用所，设备完好。
实施时间：最好在气温合适的季节或动车运用所库内进行二级检修的时段。
教学组织：学生分成学习小组，5~6 人一组，每小组一节车厢；由指导老师进行讲解与现场示范，学生分组进行操作。
安全要求：学生佩戴安全帽、手套等防护用品，确认接触网断电、受电弓已降、止轮器已设并设置安全号志才能作业。

【实施步骤】

任务一　CRH2A 客室空调机组检查与清洁

一、作业准备

维修周期：4月—10月，30 000 km/30 天；11月—次年3月，30 天。
修程：二级修。
车号：1、2、3、4、5、6、7、0。
作业人员：机械师 2 名。
作业时间：30 min/辆。
供电条件：无电，外接电源。
作业工具：基本工具、棘轮扳手、扭矩扳手、毛刷、高压清洗装置。

二、注意事项

（1）作业人员按规定穿戴工作服、防护鞋、安全帽等劳保用品。
（2）作业人员按规范携带对讲机、手电筒、"车统-15"本、记录笔等随身工具。
（3）"车统-15"本、检修台账使用蓝黑钢笔或中性笔填写，禁止使用圆珠笔、铅笔及其他颜色的笔填写。
（4）作业前确认动车组安全号志按规定设置，动车组满足作业条件，确认作业工具校验不超期，物料型号正确，未过期；作业中作业工具、材料及配件定置摆放，规范使用联控用语，小组内作业人员同步作业，加强互控；作业完毕及时清理现场，做到"工完、料尽、场地清"。
（5）作业时应严格遵守现场的安全规定。
（6）禁止触摸发热部。

三、作业程序

1. 劳保穿戴、工具物料确认

（1）1、2 号作业者相互确认工作服、防护鞋、安全帽等劳保用品按规定穿戴。

⚠ 工具超期风险：扭矩扳手校验不超期。

（2）2 号作业者领取工具材料，检查扭力扳手（见图 1.15）校验不超期，扭力扳手力矩范围符合标准。

图 1.15 扭力扳手

2. 车组状态确认

（1）1号作业者确认接触网已断电；

（2）1号作业者确认停放制动已施加、受电弓降下、真空断路器（VCB）断开；

（3）1号作业者确认动车组已放电完毕，确认"禁动牌"已设置于出库端司机室牵引手柄上；

（4）1号作业者确认防护号志已插设；

（5）作业前1号作业者报告工长经同意后方可作业。

3. 拆卸空调相应裙板装置及外观状态检查

（1）2号作业者拆卸空调装置对应部位的裙板、底板，清理裙板和底板（见图 1.16）；确认进、出风口格栅无松动、损坏；目视裙板、底板表面无灰尘及杂物。

图 1.16 空调底板和裙板

4. 空调装置检查

（1）1号作业者确认空调装置箱体外观及安装状态良好，悬挂件状态良好，固定螺栓防松标记清晰、无松动，各柜门安装状态良好。

（2）2号作业者拆卸空调装置冷凝器和蒸发器过滤网（见图 1.17），并进行清理，如有破损或变形则进行更换。

 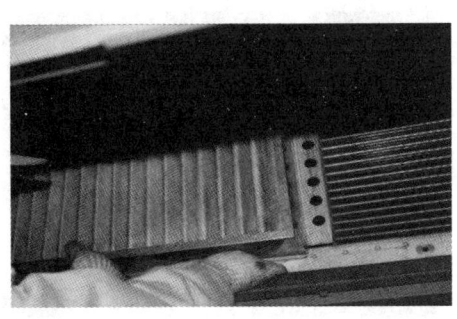

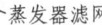

图 1.17 蒸发器过滤网

（3）1号作业者打开蒸发器托水板排水堵排水，再打开托水板，并清理底板。

（4）1号作业者检查空调装置冷凝器和蒸发器有无脏堵，有积污时进行清理；确认管路无泄漏。

（5）1号作业者静态检查空调装置冷凝器风机（见图1.18）状态，检查是否转动平稳、无异音；表面如有积尘时进行清理；确认各固定螺栓防松标记清晰、无松动。

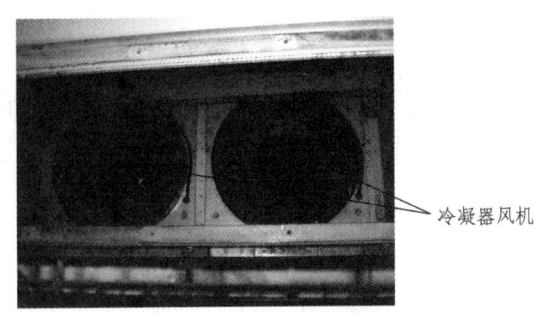

图 1.18 冷凝器风机

（6）1号作业者打开接触器盒，检查各部连接线外观状态是否良好，接触器箱内各配件安装是否牢固，接线端子有无变色。

5．安装裙板、底板

（1）1、2号作业者安装各部滤网、空调托水板、接触器盒柜门，并确认状态良好，螺栓扭力符合要求。

（2）1、2号作业者安装对应位置处的裙板和底板，并确认其安装状态。

6．通电试验

（1）1号作业者做好外接电源供电准备，连接外接电源线，确认动车组供电完毕。

（2）2号作业者在本车服务配电盘上合上空调装置控制断路器（NFB）（见图1.19）。

（3）1、2号作业者在车体两侧对空调装置进行状态试验，确认设备工作正常，转动部件无异常振动，送风量符合要求。

（4）1号作业者检查车上空调出风口处的温度传感器（见图1.20），打开外罩清理灰尘，确认探头安装牢固。

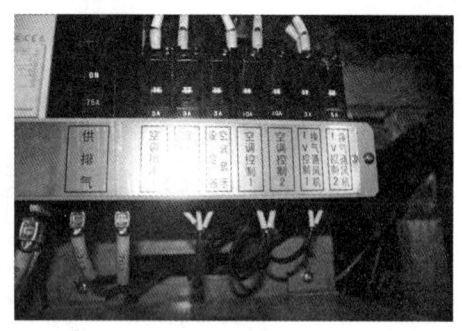
图 1.19　空调装置空气开关

图 1.20　出风口温度传感器位置

（5）2号作业者将空调打到"强冷"位，工作10 min后，通过空调显示设定器确认压缩机工作电流符合30~60 A。

7. 完工确认

1、2号作业者作业完毕后，应做到工完、料净、场地清并及时通知工长。

任务二　CRH2A 司机室空调装置检查

一、作业准备

维修周期：4月—10月，30 000 km/30天；11月—次年3月，30天。
修程：二级修。
车号：1、0。
作业人员：机械师2名。
作业时间：30 min/辆。
供电条件：无电，升弓供电。
作业工具：基本工具、棘轮扳手、扭矩扳手、毛刷、高压清洗装置。

二、注意事项

同任务一。

三、作业程序

1. 劳保穿戴、工具物料确认

1、2号作业者相互确认工作服、防护鞋、安全帽等劳保用品按规定穿戴。

2. 车组状态确认

（1）1号作业者确认接触网已断电；
（2）1号作业者确认停放制动已施加、受电弓降下、真空断路器（VCB）断开；
（3）1号作业者确认动车组已放电完毕，确认"禁动牌"已设置于出库端司机室牵引手柄上；
（4）1号作业者确认防护号志已插设；
（5）作业前1号作业者报告工长经同意后方可作业。

3. 开启底板

（1）1、2号作业者用棘轮扳手卸下对应处的底板（见图1.21），确认底板无变形；
（2）2号作业者用毛刷对底板进行清洁作业，确认底板上无明显灰尘及杂物。

图1.21　驾驶室室外机对应处底板

4. 空调装置检查及清洁

（1）1号作业者检查空调装置室外机外观及安装状态是否良好，确认固定螺栓防松标记清晰、无松动。
（2）1号作业者检查管路有无泄漏，配线有无破损（见图1.22）。
（3）2号作业者检查冷凝器有无脏堵，如有，则对其进行清理或用中性洗涤剂清洗（见图1.23）。

图1.22　司机室室外机制冷管路　　　　图1.23　冷凝器

（4）1号作业者手动转动冷凝风扇，确认转动平稳、无异音。
（5）1号作业者检查室内机外观及安装状态是否良好，排水管路是否畅通（见图1.24）。
（6）确认配线管路无松动、碰磨，端子无变色。

5. 恢复作业

（1）用扭力扳手恢复对应处的底板，扭矩为25 N·m。
（2）检查底板安装状态，确认安装螺栓牢固，无丢失。

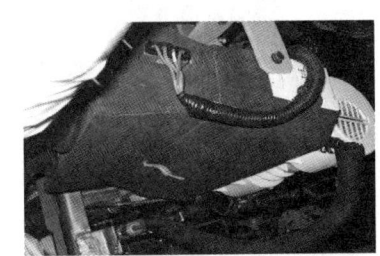

图1.24　司机室空调室内机

6. 通电检查

通电后，确认设备工作正常，风机转动无异音，送风状态良好。

7. 完工确认

作业完毕后，应做到工完、料净、场地清并及时通知工长。

任务三　CRH2A 空调系统整体结构认知

一、司机室空调布局

（1）观察司机室专用的空调装置的布置（见图1.12）。
（2）观察司机室空调装置室内布局（见图1.25）。

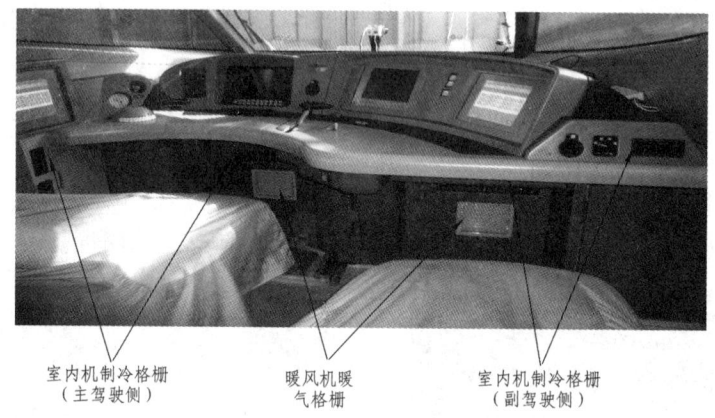

图1.25　司机室空调装置室内布局

（3）观察司机室空调控制面板布局（见图1.26）。

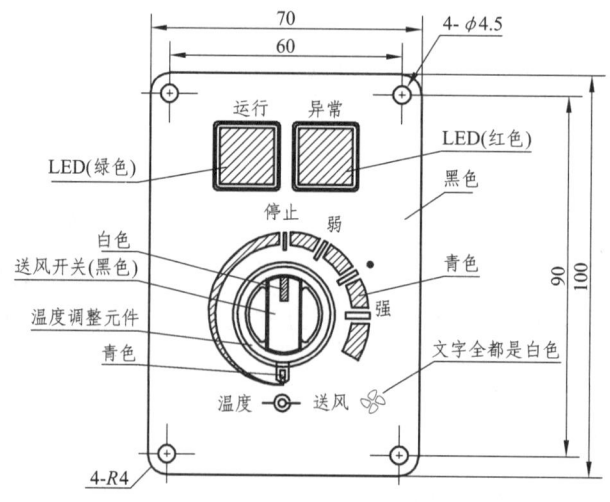

图1.26　司机室空调控制面板布局

风量转换开关可以在强（压缩机转速 6 000 r/min，功率 7.1 kW，风量 10 m³/min）、中（压缩机转速 4 000 r/min，功率 6 kW，风量 8.8 m³/min）、弱（压缩机转速 2 500 r/min、功率 5 kW，风量 7.4 m³/min）之间转换。

要求：能在现场指出司机室空调的组成部件安装位置，室内冷、暖出风口位置，说明部件名称、风量转换及冷暖调节方法。

二、客室空调布局

（1）观察客室空调装置及换气装置在车底的布置（见图 1.8、图 1.9 及图 1.27）。

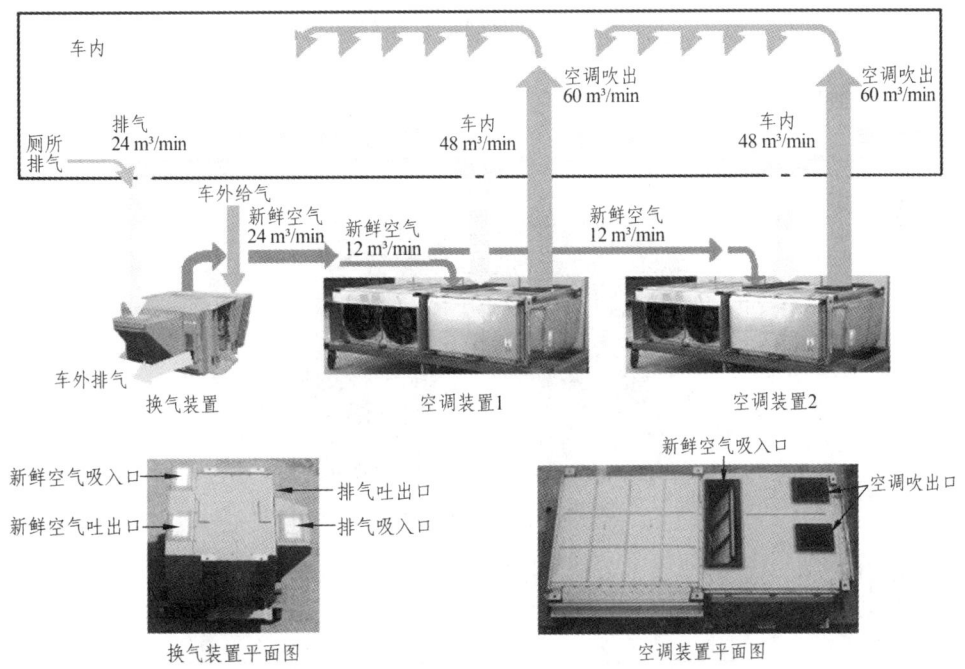

图 1.27 客室空调装置及换气装置在车底布置

（2）观察空调装置外形及结构（见图 1.28 及图 1.29）。

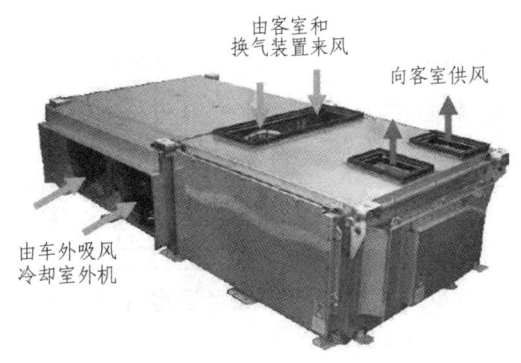

图 1.28 空调装置外形图

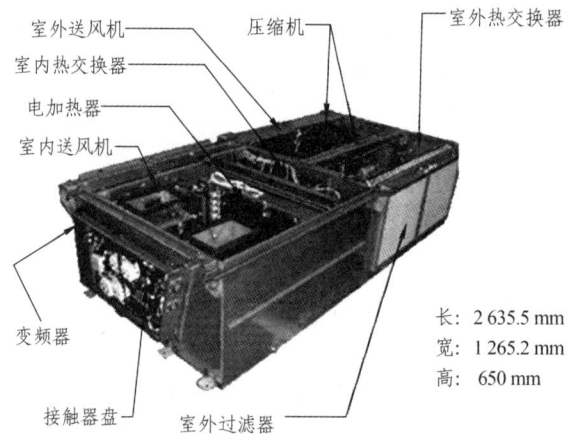

图 1.29 空调装置结构图

（3）观察换气装置结构（见图 1.30）。

图 1.30 换气装置结构

（4）观察服务配电盘上空调显示设定器界面（见图 1.31 和图 1.32）。

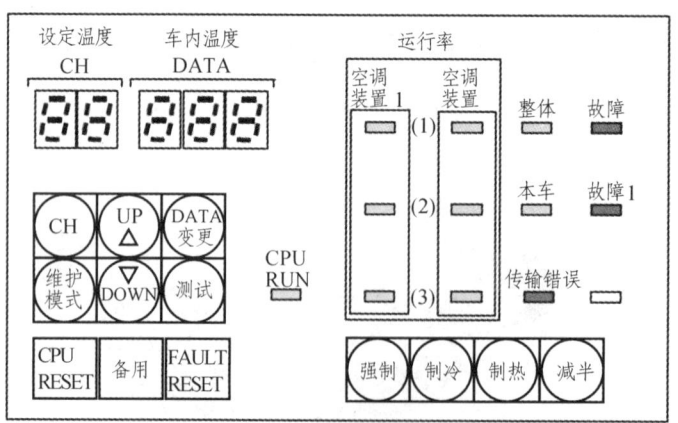

图 1.31 CRH2 空调显示设定器操作界面

· 36 ·

图 1.32 CRH2A 辅助配电盘中空调系统断路器及空调显示设定器位置

项目拓展

任务一 CRH3 型动车组空调系统认知

一、CRH3 型动车组空调系统的组成及部件分布

CRH3 型动车组客室空调系统采用的是车顶单元式空调机组,其主要由供热通风与空气调节(Heating Ventilation and Air Conditioning,HVAC)单元包、混合箱、门廊风扇加热器、温度传感器、压力波传感器、控制面板、风道、电动阀门的变压器、压力波保护新鲜空气格栅等组成,各组成部件及单元在每节车厢上的数量及分布如表 1.7 所示。司机室空调系统采用的是分体式空调。

表1.7 CRH3型动车组空调系统组成及部件分布

零件	CRH3车厢类型							
	头车	中 间						尾车
	EC 01	TC 02	IC 03	BC 04	FC 05	IC 06	TC 07	EC 08
HVAC单元包	1	1	1	1	1	1	1	1
混合箱	2	2	2	2	2	2	2	2
排气单元	1	1	1	1	1	1	1	1
紧急反用换流器	1	1	1	1	1	1	1	1
门廊风扇加热器	4	4	4	4	4	4	4	4
控制面板	1	1	1	1	1	1	1	1
温度传感器	8	8	8	8	8	8	8	8
压力波传感器	2	—	—	—	—	—	—	2
压力波保护新鲜空气格栅	2	2	2	2	2	2	2	2
供风道组成	1	1	1	1	1	1	1	1
回风道组成	1	1	1	1	1	1	1	1
电动阀门的变压器	1	1	1	1	1	1	1	1

CRH3型动车组包括5种不同的车,即端车(头车和尾车)、变压器车、中间变流器车、便餐车和一等车,其定义如表1.8所示。

表1.8 CRH3型动车组5种不同车型的定义

代 号	定 义
EC 01/08	端车01/08
TC 02/07	变压器车02/07
IC 03/06	中间变流器车03/06
BC 04	便餐车04
FC 05	一等车05

CRH3型动车组空调系统各部件在车上的分布如图1.33所示。

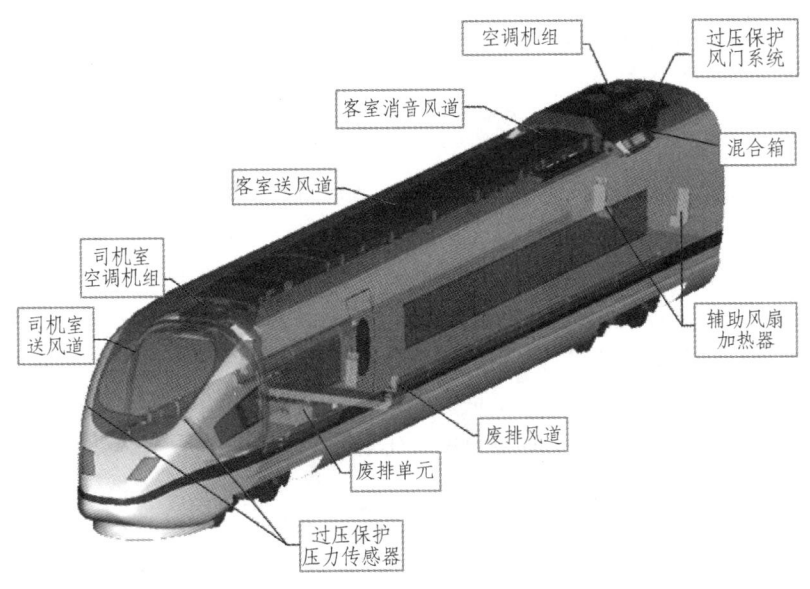

图 1.33　CRH3 型动车组空调系统各部件分布

CRH3 型动车组空调系统使用了 T1~T6 六种温度传感器，其中 T1 为排风口的室内温度传感器，T2 为回风温度传感器，T3 为外温温度传感器，T4 为供风温度传感器，T5 为通过台温度传感器，T6 为卫生间温度传感器，其在车上的分布如图 1.34 所示。预冷和预热时，空调系统主要由回风温度传感器（布置在回风口）来控制，因此时废排装置不工作；制冷和制热时，空调系统主要由室内温度传感器（布置在废排风口）来控制；通过台门开启时，空调系统主要由室内温度传感器（布置在废排风口）来控制。

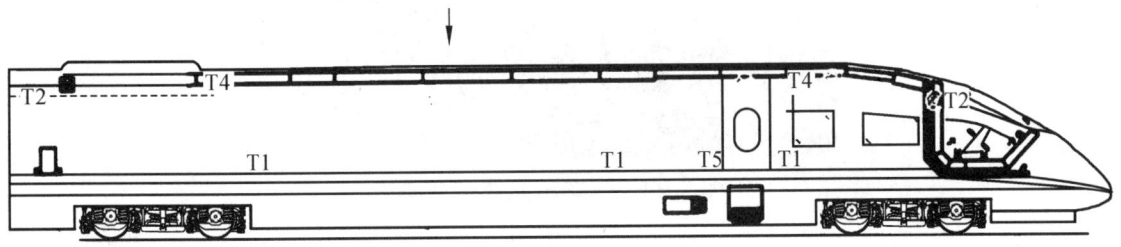

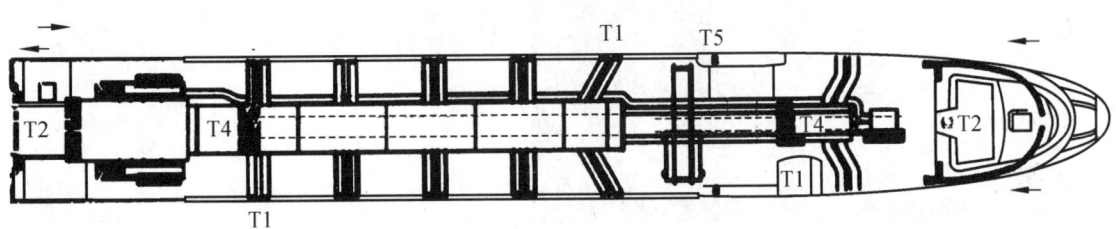

图 1.34　CRH3 型动车组空调系统的传感器

二、客室空调系统

1. 功　能

CRH3型动车组客室空调系统采用的是车顶单元式空调机组,在车体两侧各有一个新鲜空气格栅,在新鲜空气格栅和HVAC单元侧面之间有两个空气混合箱。新鲜空气经过外部两个新鲜空气格栅进入空气混合箱,回风主要通过位于空调机组后部的走廊天花板的空气格栅进入空气混合箱,回风和新鲜空气在两个混合箱中混合。混合空气由两边进入HVAC单元,在内部通过蒸发器盘管和电加热器处理,制冷剂气体膨胀制冷或经过电阻式加热器加热。处理后的空气再经过供气管系统进入旅客车厢,通过底框的排气装置排出,并通过排风管系统连接到旅客车厢,使车厢内降温或升温。为保持温度,在车厢的门廊处还设有风扇加热器,为这些区域供暖。

系统调节由位于门廊电柜的电子控制器执行。控制器读取新鲜空气、回风、补给空气和旅客车厢的温度传感器值,决定不同部件的运行。

此外,系统装备有两个压力波传感器,安置在尾车的车身壁两边,每一列车共安置4个传感器。传感器激活关闭/打开排气装置和新鲜空气格栅的阻尼器的信号,目的是进入隧道时保护旅客,防止压力波动。

客室单元式空调机组安装位置如图1.35所示。空调机组外形如图1.36(a)所示,在车顶上的安装位置如图1.36(b)所示。

图1.34　客室单元式空调机组

（a）

（b）

图1.36　单元式空调机组外形

2. 空调机组主要组成部件

（1）电动压缩机（2台）。
- 形式：全封闭型涡旋压缩机；
- 型号：ZR16M3E-TWD（Copeland）；
- 额定功率：22 kW。

（2）冷凝风机/电机（2台）。
- 风机形式：多叶片型轴流风机；
- 型号：1ZL-35°（Multiwing）；
- 转速：1 140 r/min；
- 流量：7 500 m^3/h；
- 电机形式：密封型；
- 供电电压：440 V，60 Hz。

（3）蒸发器风机/电机（2台）。
- 风机形式：单进风离心风机；
- 叶片形式：前倾弯曲叶片式；
- 转速：1 680 r/min；
- 风量：2 250 m^3/h；
- 电机形式：密封型；
- 功率：1.3/0.65 kW；
- 电压：440 V，三相；
- 频率：60 Hz；
- 绝缘级别：F级；
- 保护等级：IP54。

（4）冷凝器（2台）。
- 管道/换热片材料：铜铝涂层；
- 管/肋片材料：铜/镀铝；
- 框架：不锈钢；
- 肋片（间隔）：2.8 mm；
- 管：直径3/8英寸（1英寸 = 2.54 cm）；
- 尺寸：1 400 mm × 600 mm；
- 液化温度：约54 ℃。

（5）蒸发器盘管（1个）。
- 管道/换热片材料：铜/铝涂层；
- 机架材料：不锈钢；
- 管道：直径1/2英寸；
- 片距：2.3 mm；
- 管路：2路交叉式；
- 蒸发温度：2.5 ℃。

（6）电加热器（2组）。
- 形式：不锈钢外壳；
- 机架材料：不锈钢；
- 电压：440 V/60 Hz，三相；
- 容量：35 kW；
- 保护等级：一级——1个温度控制器 90 °C 动作，自动复位。
  二级——2个温度控制器 165 °C 动作，手动复位。

（7）高压压力开关（2个）。
（8）低压压力开关（2个）。
（9）干燥过滤器（2个）。
- 框架类型：实心焊接；
- 材料：硅胶/活性氧化铝；
- 适应能力：32.5 kW；
- 液体温度：-40 ~ +70 °C。

（10）热力膨胀阀（2个）。
- 类型：外部补偿焊接合；
- 连接：5/8″-7/8″焊接；
- 制冷剂：R134a；
- 容量：25 kW；
- 最高温度：100 °C。

3. 主要技术参数

（1）制冷能力：44 kW。
（2）加热能力：35 kW。
（3）总空气流量：制冷时 4 500 m³/h；
              加热时 2 500 m³/h。
（4）新鲜空气流量（冷却）：1 600 m³/h。
（5）回风空气流量（冷却）：2 880 m³/h。
（6）制冷剂：R134a，充注量 5.5 kg/制冷系统。
（7）交流电源：440 V，60 Hz，三相。
（8）直流电源：DC 110 V（DC 77 ~ 135 V）。

三、司机室空调系统

CRH3 型动车组司机室空调系统采用的是分体式空调机组。为降低中心、节省顶部空间及降低车内噪声，空调机组的空气处理单元安装在车内顶部，而压缩冷凝单元安装在车底，之间用管路连接，如图 1.37 所示。司机室空调采用全封闭活塞式制冷压缩机。

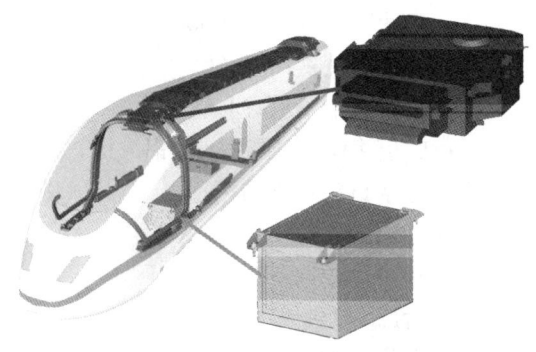

图 1.37 司机室空调系统

司机室空调采用不锈钢蒸发器机架和碳钢冷凝器机架,空调机组的控制开关板装在压缩冷凝箱上,其中还包括断路器继电器和接触器。蒸发器箱如图 1.38 所示,压缩冷凝器箱如图 1.39 所示。

图 1.38　蒸发器箱

图 1.39　压缩冷凝器箱

CRH3 型动车组空调系统有 HVAC 关闭模式、霜冻防护模式、超温防护模式、HVAC 应急模式、洗涤过程模式静止和准备模式、紧急通风模式、HVAC 调节模式、隧道模式、能源管理模式等。

任务二　CRH5 型动车组空调系统认知

CRH5 型动车组空调系统为单元式空调系统,包含客室单元、司机室单元、废排风箱、温度传感器、压力保护系统、紧急逆变器等。

CRH5 型动车组空调系统具有制冷、制热、通风、预冷、预热和应急通风的功能。CRH5 型动车组空调系统在额定工况下的制冷量为 40 kW(外界为 40 ℃ 时,车内达到 27 ℃,相对湿度 50%);制热量为 29 kW(外界为 -25 ℃ 时,车内达到 24 ℃)。制冷剂为 R134a。在 CRH5 型动车组中,客室和司机室的供暖均采用电热空气预热加侧墙电加热辅助供热的形式。

一、CRH5 型动车组空调系统的特点

1. 新风量可调

空调机组新风量根据外界温度可以动态调整。一般情况下,当外界温度为 -5 ~ 26 ℃ 时,每人的新风量为 20 m³/h,其他状态下为 15 m³/h。新风量的动态调整是通过软件自动实现的,它可以在保证乘客舒适性的前提下,最大限度地降低能耗,降低空调的负荷。

2. 双制冷系统

空调内部装有两个压缩机,每个压缩机都由必要的元器件和铜管构成一个回路并可以独立工作。当一个系统出现故障时,另一个系统还可以继续工作。双制冷系统使得空调可靠性更高,影响营运的可能性更小。

3. 整体噪声小

在车厢内部客室中央，距离地板 1.2 m 处噪声为 55 dB；在通过台距离地板 1.6 m 处噪声为 65 dB。

在车厢外部，距离车辆中心轴 7.5 m，轨道上方 1.2~3.5 m 处噪声等级为：所有辅助设备运行时为 65 dB；空调机组全冷运行时为 64 dB；车内条件稳定且空调机组处于运行状态时为 60 dB。

4. 具有防止车内压力波动的功能

当通过隧道或两车交会时，强烈的压力变化会使乘客感到非常不适。为避免这种现象，空调机组设有全自动压力波动保护装置。

5. 更多的安全保护

为了保障冬季电加热的正常运行，除了电加热本身带有两级保护外，在通风机的出风口还设有压力传感器和出风温度传感器，用于监控通风机和电加热器的运行状态。

另外，制冷回路内设有压力传感器，时刻监视压缩机的运行状态，任何压缩机的异常都会得到反映，以防止压缩机的损坏。

6. 先进的控制系统和网络通信功能

采用 MVB Class 2 与车辆网络进行通信，可进行大批量的上行和下行数据交换，使司机能够及时了解所有空调机组的运行状态，或直接控制空调机组的运行。

此外，通过网络控制，车厢与车厢之间的空调系统会定时交换运作信息以互相调节运行状态，使各车厢的温度均衡。同时，在一个车厢内的空调部件出现故障的情况下，该空调系统可自动接收邻近车厢的运行状态和负载等信息来作为依据继续运行，使空调机组不至于停机，从而最大限度地保障了车辆的正常运行。

7. 采用先进的涡旋压缩机和环保型制冷剂

涡旋压缩机具有更高的可靠性，因其运动部件少，在抗振动和噪声方面尤为突出。此外，空调机组采用环保型制冷剂。

二、司机室空调系统

1. 总体布置

司机室空调系统受客车空调系统的控制器控制。该系统通过进气格栅吸入外部的空气并通过安装在司机室天花板上的格栅使空气进行再循环。空气在系统内经过过滤、加热或冷却后，通过风道被吹入司机室。空气通过两个喷口吹入两侧窗户和风挡下面。部分气流可以送向地板。地板每个喷口的气流可单独进行控制。为保证各种情况下新鲜空气的量，送风道安装了鼓风机。

司机室内增加的空气量通过后墙上的电子柜流向通过台。司机室有轻微的过压,通过控制开关,司机可以选择空调风扇的四种风速。在第五挡上风速最大,也可能只进行通风冷却。

司机室空调预热器安装在空调机组内部,两侧墙上安装有 1 500 W 的电热器,并且在司机室台内侧装有两个 370 W 的小型电热器。电热器的供电是 230 V 交流电,在电热器内部安装了一个 +70 ℃ 的恒温器。电热器罩的表面温度不会超过 +60 ℃。驾驶台下的踏脚处有表面温度较低(大约 +30 ℃)的电热器,一个安装在侧板的后面,一个安装在踏脚板下面。

通过空气分配可保证司机室内的温度平均分配。当列车速度为 200 km/h 或环境温度为 36 ℃ 时,内墙板的温度不会比司机室的温度低 5 ℃ 以上。

2. 主要技术参数

- 制冷能力:4 kW;
- 供电电压:AC 380 V,50 Hz;
- 制冷介质:R134a;
- 总风量:(480±90) m³/h;
- 最大新风量:(180±15) m³/h。

三、客室空调系统

CRH5 型动车组每个客室空调系统包含以下组件(见图 1.40):一个安装在车顶的客室空调机组;一个安装在车顶的控制客室内噪声的静音器;车顶安装的处理风与循环风的风路;一个控制面板,位于一个机柜内,并在每个车辆的通过台,便于车务人员操作;司机室内的控制面板,能启动和停止整列车的所有单元;位于车辆最后端的排气箱;一套地板加热器,沿着车辆侧;一套通过台和卫生间的地板加热器;一套吧车的地板加热器;一套温度传感器;压力保护系统。

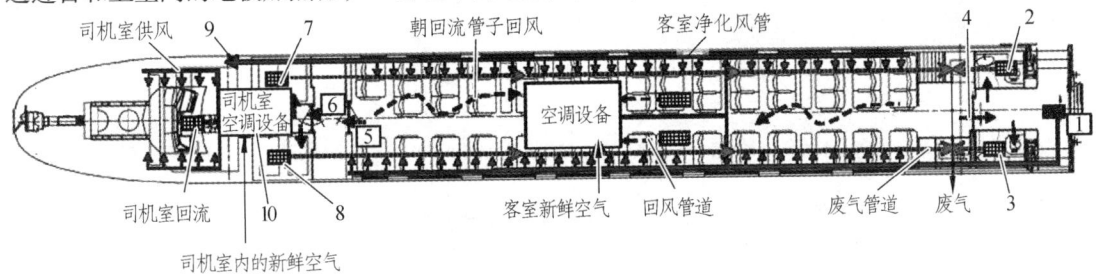

图 1.40 CRH5 型动车组空调系统示意图

客室空调系统采用车顶单元式空调机组,其结构如图 1.41 所示,采用制冷剂为 R134a。客室、通过台和卫生间的空调系统有两个独立单元,包括安装在各车厢内的空气处理单元和各车厢车顶的两个压缩机组件。送风风道和回风风道也布置在车顶,处理的空气通过装在行李架后面的纵向风道传遍车体,并通过行李架下部设置的部件分散至客车分割间。排气口位于车辆最后端,废气由卫生间和电器柜排除。

客室空调设备是互为备份的,由两套独立的冷却回路构成,以确保设备发生第一次故障时还能保持 50% 正常运转。

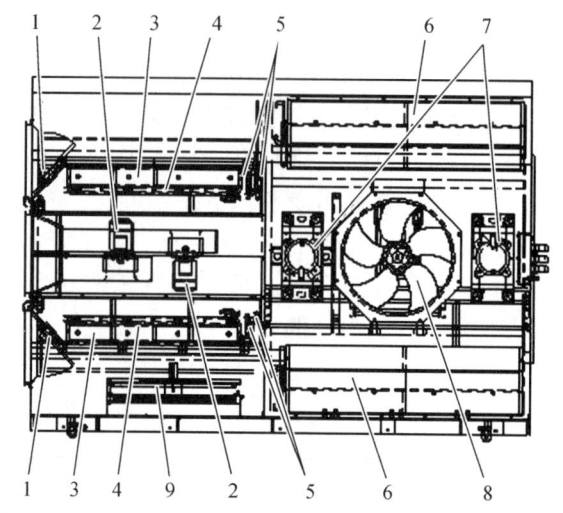

图 1.41 CRH5 型动车组客室空调机组总体构成图
1—回风阀门；2—蒸发风机；3—蒸发器；4—电加热器；5—膨胀阀；
6—冷凝器；7—压缩机；8—冷凝风机；9—新风阀门

空调出现故障时，可实现自然通风，使客车分割间内的空气质量得以改善。该系统还配有一个压力自动保护系统，当外界压力波动超过允许值时，自动关闭出入的气体滑片，使乘客在列车通过隧道或两车交会时免受压力冲击。系统还可通过关闭空调系统的新风口和排风口，保证动车组外部压力波不在车内传播。司机可手动操作司机台上的按钮控制风口。

客室供暖采用电热空气预热与侧墙电加热辅助供热相结合的形式。客室电热空气预热器安装在空调机组内部，每车两组，制热能力分别为 9.7 kW 和 19.3 kW，总制热能力为 29 kW。两组辅助加热器在车体内侧的两侧侧墙下，每组辅助加热器的制热能力为 6 kW。此外，在通过台两侧装有两组辅助加热器，功率分别为 800 W 和 400 W。每个卫生间安装有一台 400 W 辅助加热器。空气预热器产生的暖气通过与冷却输送相同的通道送入室内，电加热器产生的热量通过热对流的方式散发到室内空气中。

2. 主要技术参数

CRH5 型动车组客室空调系统技术参数如表 1.9 所示。

表 1.9　客室空调机组技术参数

	制冷量	42 kW
	供电电压	AC 380 V，50 Hz
	总风量	4 400 m³/h
	新风量	900～1 800 m³/h
	耗电量	5 kV·A
	制冷剂	R134a
车内参数	温度	夏季 27 ℃，冬季 24 ℃
	相对湿度	车外 50%
	空气含尘量	0.5 mg/m³
	应急时新风量	10 m³/(h·人)

任务三　CRH1 型动车组空调系统认知

一、系统概述

CRH1 型动车组每辆车都设有一个单独的空气调节系统，包括一个安装在车顶上的空气调节单元和一个安装在车体底架上的压缩机冷凝器单元。空气调节单元为双向气流型，通过法兰盘上的螺栓固定在车体顶中央位置，如图 1.42 所示。其结构如图 1.43 所示。压缩机冷凝器单元位于车体底架的中央位置，如图 1.44 所示，其结构如图 1.45 所示。空气调节单元下方、底架和车顶组成之间的制冷管（三管路系统）位于车体侧墙内，管路通过法兰盘和垫片进行连接和密封。

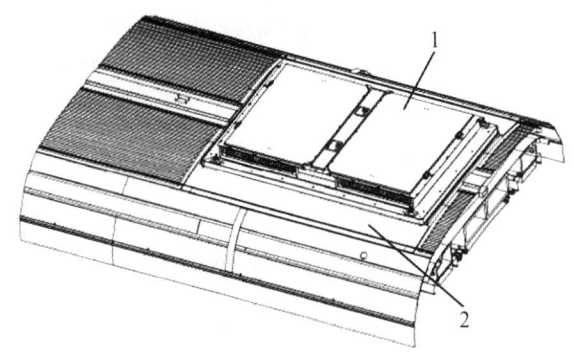

图 1.42　空气调节单元的布置
1—空气调节单元；2—车顶

图 1.43　空气调节单元结构

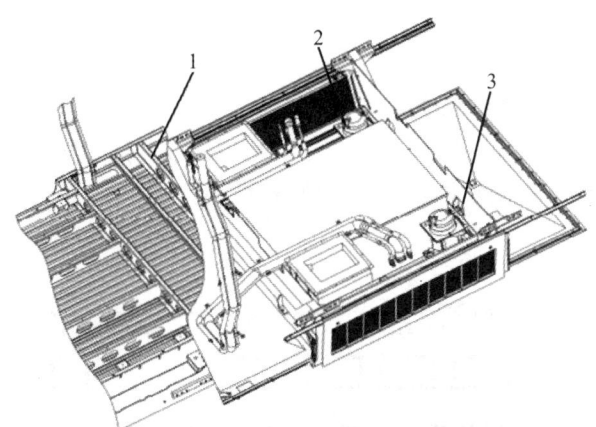

图 1.44　压缩机冷凝器单元的布置
1—安装座；2—压缩冷凝单元；3—压缩机

图 1.45　压缩机冷凝器单元结构

压缩机冷凝器单元包括压缩机、冷凝器等。空气调节单元包括电加热器、蒸发器等。空调系统中有两条独立的制冷剂循环路径，使用 R407c 制冷剂。空气调节单元在进风口和回风口处通过密封垫圈连接到车体管路系统上。

空气调节系统向位于车顶和顶板（顶板带有散流板）之间的风道系统提供经过处理的空气，

向客室提供适宜的温度和湿度。在司机室车顶上装有一个单独的紧凑型空气调节单元。

每辆车有两个废排单元,分别位于每辆车的两个端部的车顶和顶板之间,如图 1.46 所示。

客室空气调节装置由数字控制器 FPC 24 和 DIO 8 模块控制。DIO 8 模块和其他的电气件如接触器、继电器、断路器等一同安装在控制面板上。控制面板位于车内,通过 WAGO 端子板与列车电缆连接。数字控制器 FPC24 用于控制客室空气调节单元,如图 1.47 所示。

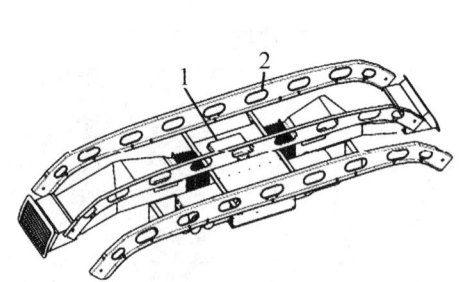

图 1.46 废排单元布置

1—废排单元;2—车体

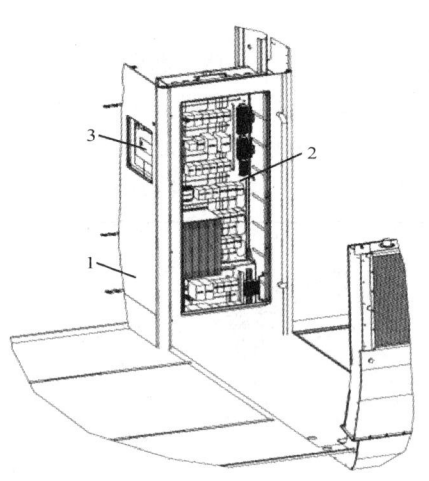

图 1.47 控制面板的位置

1—车;2—控制面板;3—FPC24

二、客室空调系统

1. 总体布置

客室空气调节系统是分体式空调系统,空气调节单元安装在车顶板中央位置,而压缩机冷凝器单元安装在车体底架中部的设备舱内,如图 1.48 所示。客室空气调节系统运行所需的电气和电子部件,如接触器、继电器、紧急逆变器和控制模块安装在车内通过台的一个配电柜中。

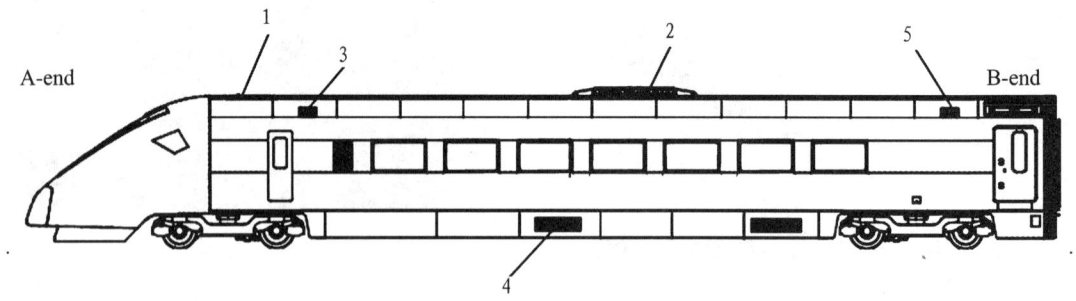

图 1.48 部件在车内的安装

1—司机室单元式机组;2—客室空气处理单元;3,5—废排格栅;4—压缩机冷凝器单元

安装在车端部的两个废排单元用于提供新风和排出废气,以及用于新风的紧急通风。通过废排单元中废排气流的调整以及空气调节单元中新风气流的调整,可确保车内空气压力在正常范围内。

空气调节单元将空调空气（包括新风和回风）吹到单元的两端。送风通过风道系统送到整个车辆的各个部分。风道系统包括一个三角形主风道和一个二级风道，分别如图1.49和图1.50所示。

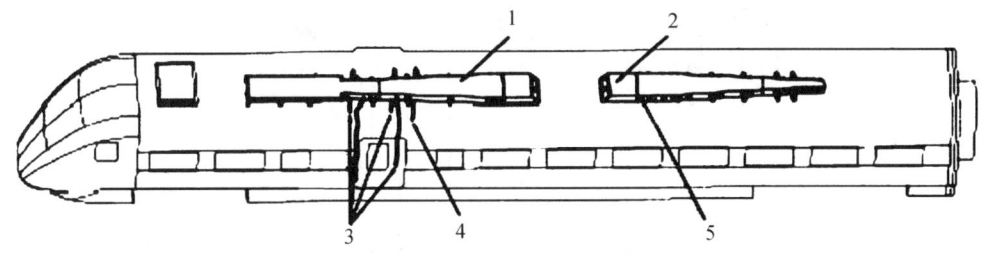

图1.49 主风道系统

1—送风风道；2—消音器；3—送风通过台加热器；4—送风入口；5—到送风装置的出口

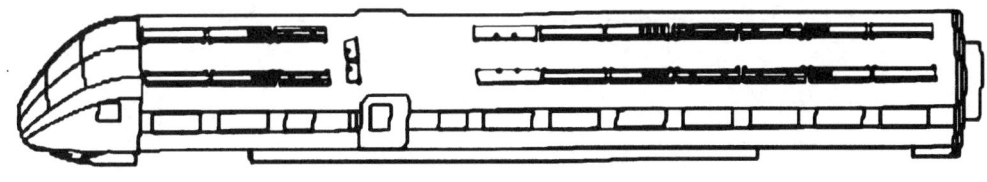

图1.50 二级风道系统

二级风道通过软管连接到主风道上。二级风道底部罩有顶板孔板。

送风将依据外部温度环境进行调整，进行加热或者冷却，确保冬季车内温度最低为20 ℃，而在夏季室外气温达到 +40 ℃的时候，车内温度保持在27° C。

在加热模式下，来自空气调节单元的送风将只加热到约20 ℃，以补偿来自新风部分的热负荷。车辆传导造成的热量损失通过安装在车窗下侧墙上的静态对流加热器（通过再循环空气发挥作用）进行补偿，并通过空调系统控制器进行控制。侧墙加热器布置在车体纵向侧墙内侧，窗口上面安装有散热格栅，制热能力为30 kW。不同位置的电热器由其附近的室内温度传感器进行控制，每一个电加热器由一个超温保护器进行温度控制。

回风和废排空气通过行李架上方的侧顶板孔板进入到顶板上方的车顶区域。来自小客室的回风将经过一个风道系统，从小客室的车顶部分被导入到空气调节单元内。大客室回风部分也将进入到一个风道内，这个风道被连接到空气调节单元回风入口上。

废排空气将从大小客室上方车顶部分被吸入到对应的废排单元内。小客室的废排单元也将吸收来自司机室、卫生间、热水器以及电气柜的废气。废气通过一个与送风风道安装在一起的风道系统被导入到废排单元内。空气调节单元新风通过水分离格栅直接被吸入空气调节单元内。司机室新风从Mc车外门旁的牵引电机冷却水分离格栅吸入。空气调节系统连接到MVB上。MVB用来管理电源，传送温度信息，并接收每辆车的空气调节系统以及子部件的状态信息和诊断信息；通过测量每个空气调节单元的外部温度，对客室温度进行控制。平均温度将通过列车微机进行计算，并作为外部温度的参考值。每个乘客间的室内温度都将得到测量（客室、卫生间、通过台）。

2. 客室空调系统的主要部件

客室空调系统空气调节单元主要部件如图1.51所示，压缩机冷凝器单元主要部件如图1.52所示。

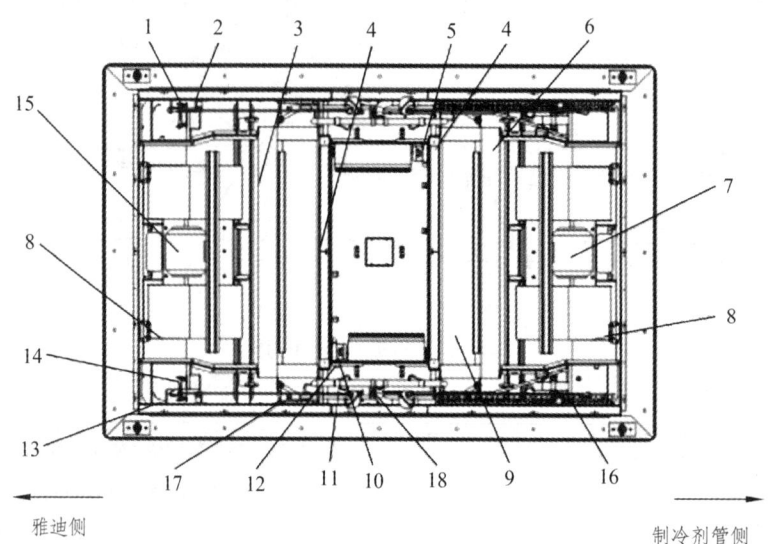

雅迪侧　　　　　　　　　　　　　　制冷剂管侧

图 1.51　空气调节单元主要部件

1—雅迪电力连接器 X02（1个）；2—终端盒 X02（1个）；3—电加热器 2-1,2-2（1个）；4—混合空气过滤器（2个）；
5—回风和新风气门 1（3个）；6—电加热器 1-1,1-2（1个）；7—进气风扇（1个）；8—进气温度传感器（2个）；
9—蒸发器（2个）；10—回风和新风气门 2（1个）；11—回风温度传感器（1个）；12—新风温度传感器（1个）；
13—终端盒 X04（1个）；14—雅迪电力连接器 X04（1个）；15—进气风扇 2（1个）；16—新风格栅（4个）；
17—膨胀阀（4个）；18—冷量调节阀（2个）

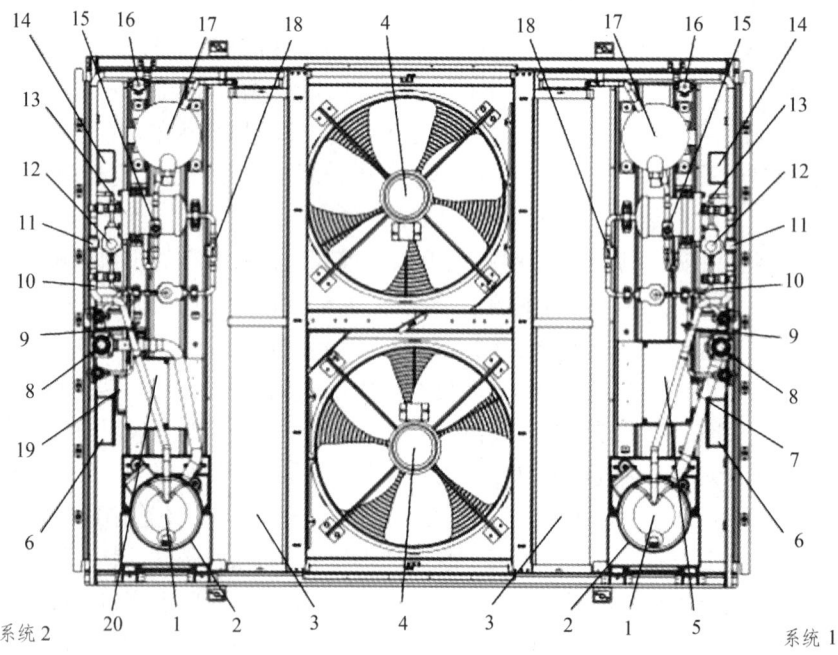

系统2　　　　　　　　　　　　　　　　　　　　系统1

图 1.52　压缩机冷凝器单元主要部件

1—压缩机（2个）；2—曲轴箱加热器（2个）；3—冷凝器（2个）；4—冷凝风机（2个）；5—终端盒 X01（1个）；
6—高/低压力开关（2个）；7—雅迪电力连接器 X01（1个）；8—吸气管路球阀（2个）；9—热气旁通球阀（2个）；
10—液态管路电磁阀（2个）；11—检查阀（2个）；12—热气旁通电磁阀（2个）；13—过滤干燥器（2个）；
14—冷凝风机压力开关（2个）；15—液态管路球阀（2个）；16—充液阀（2个）；17—储液器（2个）；
18—检查门/湿度显示器（2个）；19—雅迪电力连接器 X03（1个）；20—终端盒 X03（1个）

3. 主要技术参数

CRH1 型动车组客室空调机组技术参数如表 1.10 所示。

表 1.10　客室空调机组技术参数

	制冷量		54 kW（40℃/50%）
	供热量		4×7.5 kW
	送风量		2×3 100 m³/h
	新风量		1 590 m³/h
	冷凝器风量		2×12 000 m³/h
	总电源		AC 400×（1±5%）V，50×（1±1%）Hz，三相
	控制电源		DC 110 V
耗电量	总耗电量		35.49 kV·A
	压缩机电机		16.35 kW
	冷凝风机电机		2.2/1.1 kW
	蒸发风机电机		1.1/0.55 kW
	制冷剂		R407c
	充液量		2×18 kg
尺寸	空气调节单元	长度	2 506 mm
		宽度	1 658 mm
		高度	639.5 mm
		质量	最大 480 kg
	压缩机冷凝器单元	长度	2 262 mm
		宽度	1 800 mm
		高度	620 mm
		质量	最大 610 kg

三、司机室空调系统

1. 总体布置

司机室空调系统采用单元式空调机组。司机室区域内的空调系统具有回风功能，并在通过过滤器进入蒸发器之前将其与新鲜空气混合。进入司机室区域的供风气流通过消音器和置于车顶与天花板之间的风道进行分配。

空调单元安装在车顶凹进处，通过螺栓和单元法兰安装在车顶。废气通过安装在乘客区的排风扇排出司机室。为控制司机室的空气环境，在司机室天花板上安装有可调节的送风器，可根据需要改变送风气流和方向。热风或冷气均由空气传播，通过天花板和地板内的风道系统进行分配。司机室还安装有地板加热器。

2. 主要技术参数

司机室空调机组技术参数如表 1.11 所示。

表 1.11 司机室空调机组技术参数

制冷量		5 kW
供热量		4 kW
送风量		800 m³/h
新风量		60 m³/h
耗电量		5 kV·A
制冷剂		R407c
质量		175 kg
外形尺寸	长度	1 000 mm
	宽度	1 450 mm
	高度	350 mm
车内参数	温度	夏季 28 ℃，冬季 20 ℃
	相对湿度	夏季 40%～50%，冬季≥30%
	最大灰尘含量	1 mg/m³
	正压力范围	10～30 Pa

任务四 CRH380AL 空调系统简介

CRH380AL 动车组空调系统的整体结构与设备与 CRH2A 型动车组空调系统基本一致，主要的区别在于其改进的端部新风系统和使用了应急通风系统，前面相似的部分不再赘述，以下重点介绍其端部新风系统和应急通风系统。

一、端部新风系统

CRH2 动车组的新风入口位于车下设备舱内，纸滤结构进风口更换维护周期较短。为了改善新风质量，降低维护工作量，CRH380AL 动车组采用了端部新风系统。该系统由防雨式风口、端部新风道、新风滤网、地板中新风道和车下新风连接风道组成。新风入口设置于车端端墙上，新风通过端部新风道、地板中新风道，然后通过车下风道与换气装置新风口连接，最终进入空调装置参与空气循环。1 车端部新风设置在二位端墙靠一位侧，T2 车新风装置方式和 T1 相同，其余各车新风口设置于一位端墙靠二位侧，分别见图1.53和1.54。

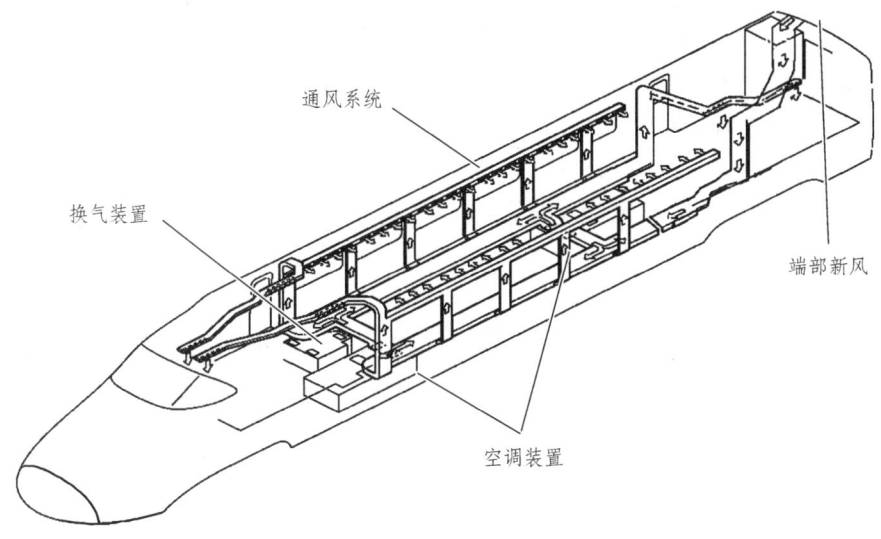

图1.53　1车通风系统结构

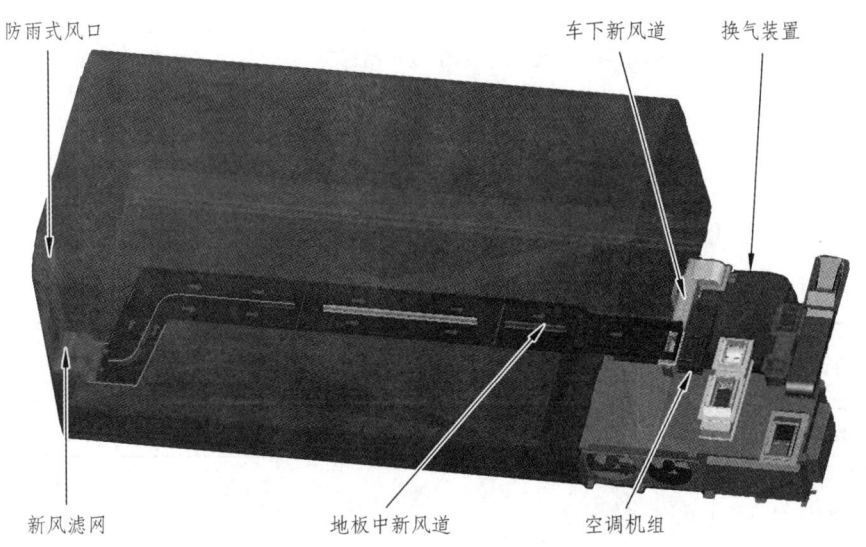

图1.54　2号车、7号车端部新风方案图

对端部新风系统新风滤网进行清扫时，只需松开固定新风滤网的螺栓（滤网位置见图1.54所示），竖直向下拉出滤网。新风滤网1个月清理一次（周期视情况可以适当缩短或延长）。

二、应急通风系统

1. 概　述

CRH380AL16辆编组动车组，设计了应急通风系统：在动车组行驶途中发生故障停止，空调电力供应出现中断时，该系统可以通过蓄电池供电，驱动进、排气风扇电机与气密阀的通风装置，使客室内的通风换气系统能继续正常运转，持续时间约 2 h。

应急通风系统是在一位端及二位端外端墙上开风口，在开口位置设有气密阀机构、风机及通风格栅。送风及排风采用相同的结构，送风与排风的区别为风机进出风方向不同，进风时风机从外端墙往车内送风，排风时风机从车内向车外通过外端墙排风。该系统可保证通风量大于 9.3 m^3/min。在应急通风系统工作时，各车内端门、司机室后端门（视具体情况开启）、机械师室座椅后控制柜门等都要处于打开状态，利于通风。

该系统主要由通风机、气密阀及其管路、风道和风滤尘网组成。

2. 基本技术参数

当列车出现故障停车，空调系统失去电源时，应急通风系统气密阀打开，通风机通过蓄电池提供电力为客室内提供新风，本系统可为每车提供 9.3 m^3/h 以上的新风量。

（1）额定电源：蓄电池电源输入，DC 100 V。

（2）应急通风送风风机组成：

尺寸：纵向 216 mm×横向 506 mm×高度 660 mm；

质量：约 10 kg。

（3）应急通风排风风机组成：

尺寸：纵向 216 mm×横向 506 mm×高度 660 mm；

质量：约 10 kg。

3. 设备选择

（1）通风机型号如表 1.12 所示。

表 1.12 通风机型号

风机型号	额定电压 /V	使用电压范围 /V	额定电流 /A	功率 /W	最大风量 /(m^3/h)	最大静压 /Pa	噪声 /dB	质量 /kg
W1G180-AB47-01	48	36-57	2.2	100	15.4	700	69	1.8

通风机如图 1.55 所示。

图 1.55 通风机

（2）气密阀。

气密阀的动作原理为：当电磁阀闭合时，气密阀的气路通，通过压缩空气将气密阀打开；当电磁阀关闭时，气路不通，同时气密阀内的气体排出，气密阀通过自身的弹簧作用将风口闭合。气密阀如图 1.56 所示。

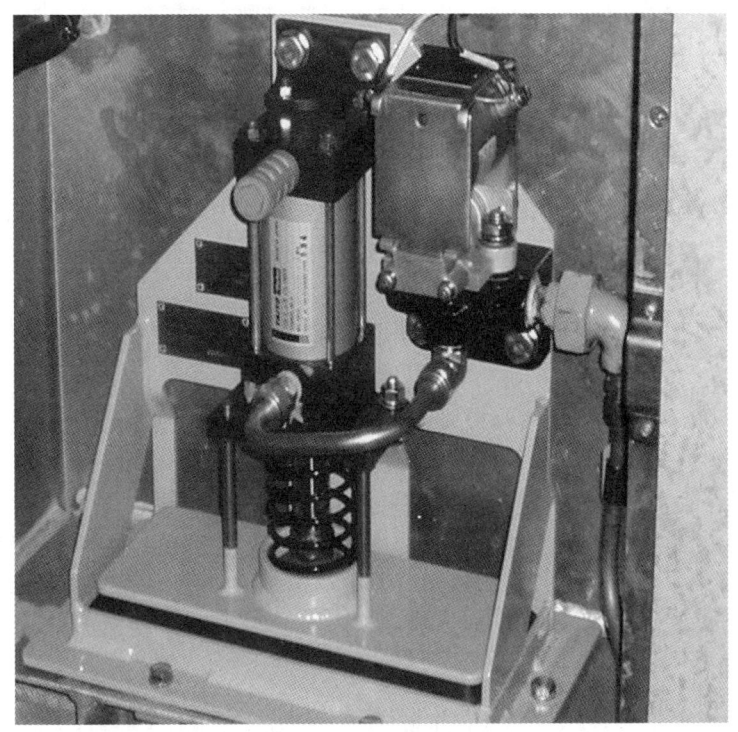

图 1.56　气密阀

气密阀动作原理图如图 1.57 所示。

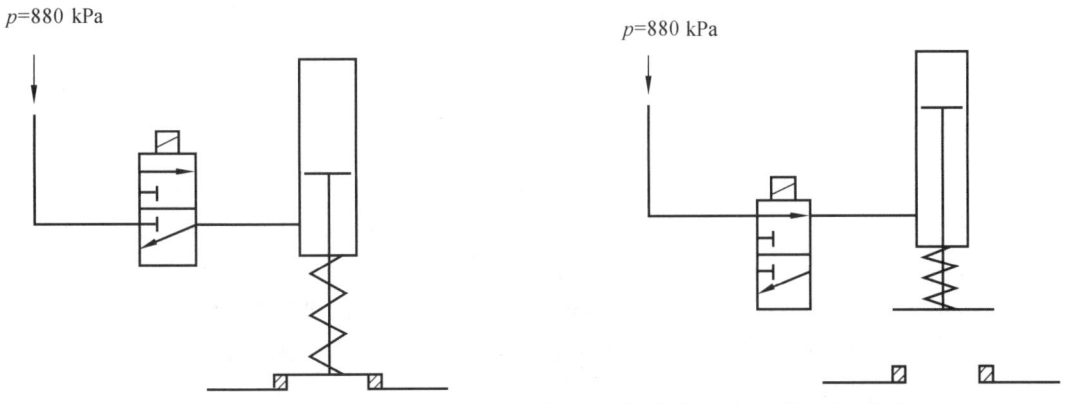

图 1.57　电磁阀处于断开（左图）、闭合（右图）时的气缸状态

4. 数量及配置

每列车的应急通风送风风机组成及应急通风排风机组成数量及配置见表 1.13。

表 1.13 风机数量及配置

序号	部件名称	每辆车数量								每列车数量
		T1	M1	M2	M3	M4	M5	M6	T2	
1	送风机组成	1	1	1	1	1	1	1	1	8
2	排风机组成	1	1	1	1	1	1	1	1	8

5. 检修维护

该系统主要由通风机、气密阀及其管路、风道和滤尘网组成。风道和滤尘网与端部新风共用，在运营中应定期清扫维护。由于该系统属于不常用部件，每月定期检查确定正常即可。

风机和气密阀检查：例行检查中若发现风机、气密阀动作不良，或者动作异常，需要对风机进行详细检查。

（1）应急风机检修在车内部进行：松开固定检查门的螺栓，取下检查门，可对风机进行检查。

（2）一位端部新风风道内气密阀检修：将位于一位端墙靠新风风道上的检修活门螺栓松开并取下，对气密阀进行检查。

二位端部气密阀检修在车内进行，与应急风机检修方式相同。

（3）T1 车一位端应急风机和气密阀、T2 车二位端应急风机和气密阀位于司机室内，可以直接进行检修。

任务五 CR400AF 空调系统认知

一、概　述

1. 空调通风系统介绍

CR400AF 标准动车组空调通风系统主要包括客室空调机组、废排装置、压力波保护装置、空调控制柜、司机室空调、司机室暖风机、风扇电加热等零部件。每节车厢端部车顶设置 1 台空调装置，车下设备舱设置 1 台废排装置，空调控制柜设置在空调机组下方，空调通风系统通过送风道、回风道、废排风道调节车厢各部位对送风量、回风量和新风量的需求，达到控制车厢内环境的目的，如图 1.58 所示。客室空调机组内、消音风道以及通过台设风扇电加热器，为冬季采暖提供必要的热量。

客室内靠近客室两端一位侧和二位侧设 2 个客室温度传感器，每个通过台设置 1 个风扇温度传感器，在消音风道内设置 1 个送风温度传感器，在新风口（右混合箱）处设置 1 个新风温度传感器，通过以上传感器控制车内温度的舒适性。

头尾车设分体式司机室空调机组以及暖风机，司机室空调室内机安装在驾驶室前舱，室外机安装在车下设备舱内，司机室暖风机安装在操纵台前端以及司机座椅后方配电柜位置，以保证司机室的舒适性。头尾车分别设置一个压力波检测和控制装置，用于控制车内压力波动。

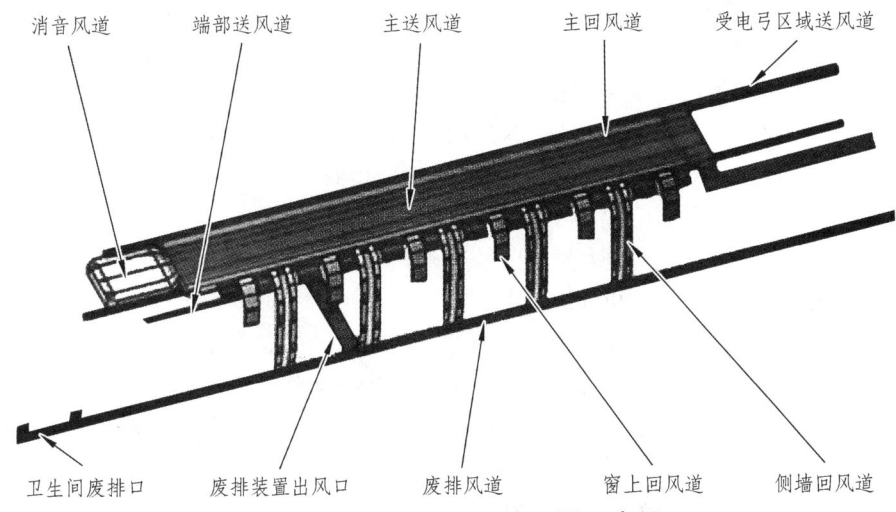

图 1.58　空调通风系统配置示意图

空调通风系统配置清单如表 1.14 所示。

表 1.14　空调通风系统配置清单

名　称	数　量							
	TC01	M02	TP03	MH04	MB05	TP06	M07	TC08
客室空调装置	1	1	1	1	1	1	1	1
废排装置	1	1	1	1	1	1	1	1
风道系统	1	1	1	1	1	1	1	1
空调控制柜	1	1	1	1	1	1	1	1
风扇电加热器	1	4	4	4	3	4	4	1
司机室空调装置	1							1
司机室暖风机	2							2
压力波控制装置	1							1
新风温度传感器	1	1	1	1	1	1	1	1
客室温度传感器	2	2	2	2	2	2	2	2
送风温度传感器	1	1	1	1	1	1	1	1
风扇温度传感器	1	2	2	2	2	2	2	1

2. 空调通风系统主要设计参数

（1）动车组使用自然环境。

气温条件：$-25 \sim +40\ ℃$；

相对湿度：$\leqslant 95\%$（该月月平均最低温度为 25 ℃）。

（2）动车组环境控制要求。

《时速350千米中国标准动车组暂行技术条件》中规定了车内空气清洁度、车内湿度、车内空气流速、车内平均温度、应急通风量等满足《高速电动车组整车试验规范》，参照EN13129《主干线机车车辆用空调》标准执行。

客室内环境主要参数：夏季平均相对湿度≤65%，其余与表1.1相同。

室内空调微风速：客室微风速满足EN13129《主干线机车车辆用空调》附录B要求。

司机室内微风速满足UIC651《机车-车辆-动车组和带有控制台拖车的司机室布置》要求，室内风速≤0.3 m/s（司机头部位置）。

动车组每节车厢均设置应急通风功能，应急通风设备由车载蓄电池供电。应急通风量不少于10 m³/(h·人)，时间不小于90 min。

客室预热：在车门关闭、车上无乘客、内部照明打开、车辆未暴露于太阳下等条件下，制热系统能够在内外温度为0 ℃时，在70 min内将车内温度增加到+18 ℃。

客室预冷：在车门关闭、车上无乘客、内部照明打开、车辆暴露于太阳下（800 W/m²）和周围温度+30 ℃的条件下，空调系统能在70 min内将客室的内部空气温度从40 ℃降至28 ℃。

司机室空气清洁度、空气流速、平均温度等按客室要求，参照UIC 651《机车-车辆-动车组和带有控制台拖车的司机室布置》执行，其中新风量按30 m³/(h·人)。

司机室内温度分布：≤10 K。

司机室内温度变化范围：±2 K。

司机室预热：在车门关闭、车上无司机、车辆未暴露于太阳下的条件下，加热系统能够在内外温度为0 ℃时，在70 min内将内部温度加热到+18 ℃。

司机室预冷：在车门关闭、车上无司机、内部照明打开、车辆暴露于太阳下（800 W/m²）和周围温度30 ℃的条件下，空调系统能保证将司机室的内部空气温度在70 min内从+40 ℃降至+28 ℃。

定员条件下，正常通风为10~20 m³/(人·h)，新风量根据外气温度的变化可以调节，当温度在T_e>40 ℃或T_e≤−20 ℃时，新风量为850 m³/h；当温度在26 ℃<T_e≤40 ℃或−20 ℃<T_e≤−5 ℃时，新风量为1 300 m³/h；当温度在−5 ℃<T_e≤26 ℃时，新风量为1 700 m³/h。

整车采用被动式压力保护系统：进入隧道时，可通过安装在头尾车的压力波传感器将压力波动信号传输给控制单元，快速关闭新风和废排阀门，实现对车内压力波动的控制；当可通过ATP系统获取隧道信息时，在动车组进入隧道前关闭新风和废排阀门，实现对车内压力波动的控制。车内空气压力变化应同时满足：1 s内的最大压力变化不大于500 Pa，3 s内的最大压力变化不大于800 Pa，10 s内的最大压力变化不大于1 000 Pa，60 s内的最大压力变化不大于2 000 Pa。

二、空调通风系统构成

1. 客室空调装置

客室空调主要由压缩机、蒸发风机、冷凝风机、冷凝器、干燥过滤器、视液镜、液管电磁阀、蒸发器、热力膨胀阀、电加热器、压差控制器、混合风滤网、混合箱等部件构成（见图 1.59）。

图 1.59　CR400AF 客室空调装置

（1）压缩机。

压缩机吸入来自蒸发器的低压低温气体并对其压缩，从而将其转化为高温高压气体，进入冷凝器开始制冷循环。

本装置所采用的是全封闭卧式涡旋压缩机（见图 1.60），其振动和声级较低，可耐受制冷系统中常见的液态淤渣、带液启动和碎屑引起的应力。

图 1.60　压缩机

两压缩机均安装在一个压缩机托盘上，通过 4 个减振器与框架相连。

制冷检测装置安装在各压缩机附近。这些控制器包括各压缩机针对高压和低压的两个压力开关，以及针对高压和低压的两个压力传感器。

压力开关是在制冷剂压力降到低于最低值（低压）或者超过最高值（高压）时开始运行的安全装置。这种运行方式可确保压缩机和系统均工作在安全极限范围内。经触发后，开关即开启（断流）。当压力回到适当限度内时，开关即关闭（接通）。

压力传感器监控吸气和排气压力，并形成与相应的压力成比例的模拟信号。当吸气压力低于参考值或者当其高压超过参考值时，温度控制器即可在达到断流极限前执行冷却调节。

压力开关和压力传感器均不可调节且不能现场维修，所以在其损坏时必须更换。

（2）冷凝器。

每个制冷回路有一套冷凝器，高温高压气体从压缩机出来后，到达冷凝器。由于该气体温度大大高于环境气温，其热量在其通过换热器时遂散发到空气中。该气体温度降低以冷凝。

（3）冷凝风机（见图1.61）。

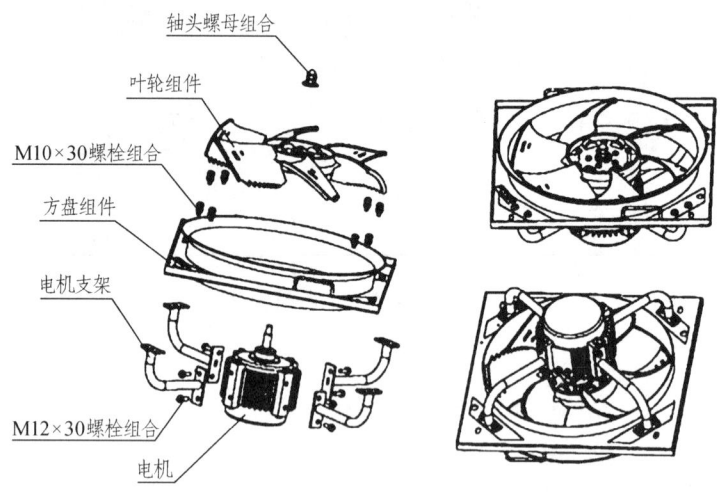

图1.61　冷凝风机

为获得换热器热交换表面更好的分配，来自外部的空气由两台风扇经冷凝器导入。

冷凝风机上安装有防冻温控器，温控器检测到可使冷凝器风扇叶片上结冰的温度时，向控制器发送一个数字信号，以阻止风扇在低于0 ℃的外部温度下运行。

（4）干燥过滤器（见图1.62）。

图1.62　干燥过滤器

干燥过滤器的用途是截留可能存在于管道系统中的任何固体微粒（污垢、锈或焊接微粒等），而且它还必须截留可能阻塞制冷剂回路的水分和酸。

空调机组的各制冷回路均在冷凝器出口处的液体管路上安装有一个干燥过滤器。该过滤器由一个用分子筛和活性氧化铝制造的实心脱水滤筒及一个金属过滤器组成。

（5）视液镜（见图1.63）。

视液镜位于液管上干燥过滤器出口下游，具有两个基本功能：通过对水分变化敏感的变色元件显示系统中的湿度水平。当系统中没有水分时,颜色显示为绿色,但是当系统中水分含量增加时其颜色即变成黄色。当指示器显示深黄色时,即意味着系统中水分过量,需要更换过滤器。

图 1.63 视液镜

允许通过视镜清晰地观察制冷剂流,以便在出现泡沫时易于观测。泡沫的存在即表明出现了异常情况,如制冷剂充注不足、制冷液体冷却不充分、排出压力较低或者制冷液体管路堵塞。

(6) 液管电磁阀(见图 1.64)。

客室空调机组中包括两个位于膨胀阀上游的电磁阀,各电磁阀含有一个线圈,当其通电时即可控制电磁阀体正常闭合和开启。

(7) 旁通电磁阀(见图 1.65)。

旁通电磁阀安装在压缩机的旁通管路中,将来自压缩机的热气体注入热力膨胀阀和蒸发器,它们可调节压缩机容量,以使其与蒸发器充注量相适应。

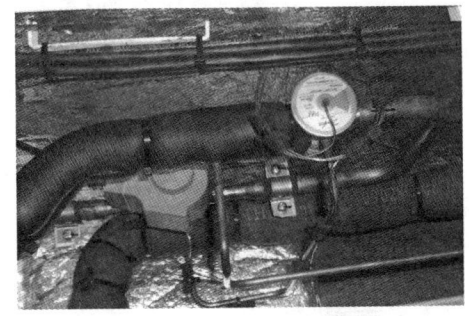

图 1.64 液管电磁阀

图 1.65 旁通电磁阀

(8) 蒸发器。

蒸发器形式为铜管铝翅片,制冷剂在管内循环,当其蒸发时铝片和铜管即被冷却,在此处循环的空气也被冷却,然后被吹入车厢。

换热器分为相交织的两个系统,各由一个热力膨胀阀馈给,该膨胀阀通过蒸发器的蛇形管内部液体分配器的小孔来分配制冷剂。由此会出现压降,制冷剂温度也会降低。

(9) 热力膨胀阀(见图 1.66)。

热力膨胀阀的作用是允许液体以适当的量进入换热器,以便制冷剂在出口处适当蒸发。同时,它还可确保制冷系统的高压和低压侧保持足够的压差。

图 1.66 热力膨胀阀

为此目的,该阀门含有一个通过一根毛细管与一颗测温包相连的阀体,该阀体安装在液体管路上,测温包则安装在吸气管路上的蒸发器出口处。

测温包可容纳一定量的制冷剂。测温包中的空闲空间、毛细管以及阀门上方的空闲空间均充满饱和蒸汽,其压力与测温包温度相适应。膜片下方的空间与蒸发器相连,所以这里的压力即为蒸发压力。

该阀门的开启度由作用于膜片上方的测温包充气温度引起的压力,以及膜片下方的压力决定,即蒸发压力加上作用于膜片下方的弹簧压力之和。所以,热力膨胀阀依靠蒸发器中的蒸汽压力和测温包中的充气压力之间的压差来工作。由于测温包与吸气管路接触,所以测温包上的压力取决于该管路的温度,这便于对其进行控制。

热力膨胀阀配有与蒸发器出口相连的压力平衡管路,其位置靠近测温包,其功能是补偿分配器和蒸发器表面引起的压降。液体分配器的作用是实现对换热器的均衡馈给。

(10)电加热器。

客室空调机组内设有电加热器,电加热器安装在蒸发器与蒸发风机之间,可以提供 30 kW(15 kW + 15 kW)加热功率。电加热器设有一级温度保护开关和二级手动复位开关。

(11)蒸发风机(见图 1.67)。

经处理的空气由左、右两台蒸发风机吸入并送入车厢。

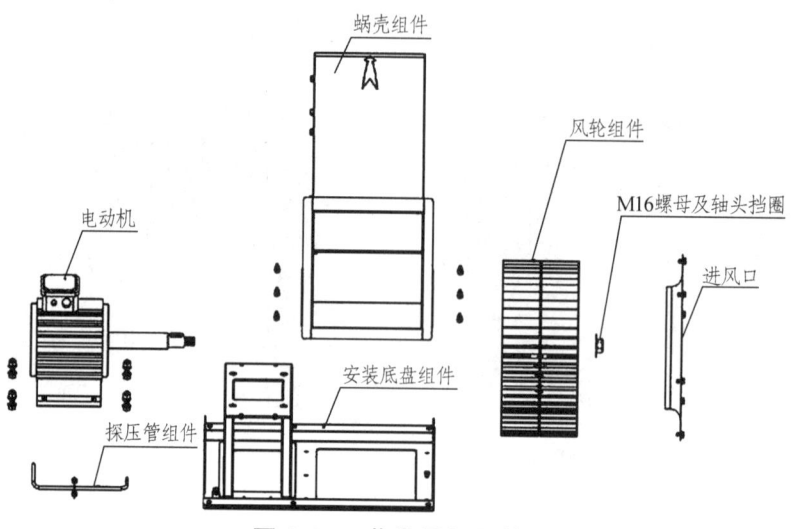

图 1.67 蒸发风机组件

(12)压差控制器(见图 1.68)。

压差控制器是监控蒸发风机差压的安全装置。开关将差压转化成因空气压力差异而变化的模拟信号。模拟信号被发送到微处理器,后者将其收到的信号与内部参照对比。如果模拟信号大于内部参照,则表明蒸发风机气流速度正确,空调控制器单元(ACCU)可操纵空调机组。

每台废排装置中设置有相同的压差控制器。

(13)混合风滤网(见图 1.69)。

客室空调机组蒸发器进气口处有 4 个混合风滤网,滤料过滤

图 1.68 压差控制器

等级为 G3，其主要作用是防止灰尘、污垢或固定微粒（蒸发器和风道的污染物）进入蒸发腔，并卡在换热器翅片之间，阻碍空气流通，从而引起系统故障，如吸气压力下降、车厢空气调节效率降低等。

图 1.69　混合风滤网

（14）混合箱（见图 1.70）。

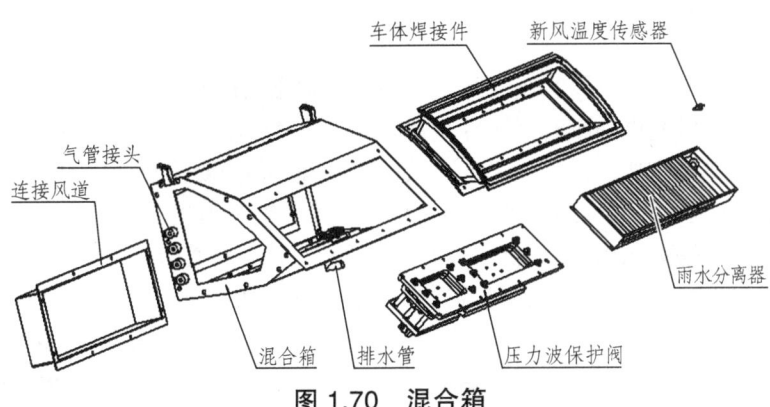

图 1.70　混合箱

每节车厢的空调系统包含两个混合箱，混合箱均安装在空调机组的进气口处，通过连接风道与客室空调机组连接。

每个混合箱设有一个压力波保护阀，用于调节新鲜空气流，同时可以避免列车经过隧道时产生的强烈压力变化传入车内，引起乘客不适。

另外，混合箱设有雨水分离器，可以将雨水从新风中分离出来，防止雨水被吹入车厢，分离出来的雨水经过混合箱底部的排水口排出车外。

混合箱分为两种类型：左、右混合箱，除了右混合箱设有新风温度传感器外，二者其余结构对称。

2. 司机室空调装置

司机室空调机组为分体式，由 1 台室外机（见图 1.71）和 2 台室内机（见图 1.72）组成。控制系统由头尾车客室空调控制柜进行控制。空调机组的室外机安装在车下，室内机安装在驾驶室操纵台下部；室内机和室外机的制冷系统通过冷媒配管连接在一起，形成封闭的制冷循环回路。出风口分别安装在司机室操纵台两侧以及前窗玻璃下方，出风口与送风格栅连通，送风格栅可回转以改变风向。

图1.71 室外机

图1.72 室内机

空调机组的箱体由不锈钢制成，制冷管路均采用铜材料，管路得到可靠的支撑和固定，可承受列车的振动和冲击。空调机组采用R407c环保制冷剂。室内机的后部设有两个排水口，可保证在其中一个排水口堵塞时，另一个仍能将冷凝水排出。

（1）司机室室外机。

司机室室外机主要由冷凝器、全封闭式压缩机、轴流风机、干燥过滤器、旁通阀等组成。

高温高压气体从压缩机排出后到达冷凝器。由于该气体温度高于环境气温，其热量在通过冷凝器盘管时散发到空气中。该气体温度降低以致冷凝。各冷凝器盘管带有铝翅片，且均由一组直径为$\phi 9.52$、平行排列、具有等距间隙、横跨气流的铜管组成，铝片与管道垂直排列。

压缩机吸入来自蒸发器的低压低温气体并对其压缩，从而将其转化为高温高压气体。本装置使用的是全封闭式压缩机，使用装有减振器的不锈钢壳体，从而减少振动和噪声的传输。电动机安装在内部，外壳是从上端和下端焊接而成的，从而避免任何油液或制冷剂渗漏，并能防止任何气体、湿气或污染媒介物进入压缩机。压缩机安装在四个减振器上，可以减少振动和噪声的传输。

轴流风机将室外的空气吹走，流经冷凝器盘管，更好地分配在盘管的热交换面上。该组件有一个轴向风扇，其出口直径为400 mm，风扇是由一个1 440 r/min的异步电动机带动的，电动机上有IP-56保护装置和F级绝缘。

干燥过滤器的用途是截留可能存在于管道系统中的任何固体微粒（污垢、锈或焊接微粒等），而且它还必须截留可能阻塞制冷剂回路的水分和酸。

空调机组的各制冷回路均在冷凝器出口处的液体管路上安装一个干燥过滤器。该过滤器由一个用分子筛和活性氧化铝制造的实心脱水滤筒及一个金属过滤器组成。

旁通阀固定在制冷环路高、低压侧之间的支管内。其作用是防止压缩机启动时，冷媒无法及时回流造成系统低压故障。

（2）司机室室内机。

司机室室内机主要由蒸发器、恒温膨胀阀、离心风机、温度传感器等组成。

蒸发器盘管由一套铜管组成，有铝散热片，其相互间距各为2.5 mm。制冷剂在管路内部循环，当这些液体蒸发时，翅片和管路被冷却，在这里循环流动的空气也在吹入驾驶室之前被冷却。

盘管是由恒温膨胀阀反馈的，恒温膨胀阀通过蒸发器线圈螺旋管内的分配器小孔将制冷剂散布出去，结果形成了压力降，制冷剂温度也随之下降。

每个室内机组成有 1 个离心风机，每个离心风机包括一个离心式风扇，安装在外部转子式电动机上，组成一个单一结构的装置。

司机室空调所需的温度数据由温度传感器来测量。空调依据所获得的温度数据选择最合适的工作模式，达到对司机室空气舒适的调节。司机室空调采用 NTC 温度传感器，所有传感器均采用相同的参数（$R_{25\,°C} = 5\ \text{k}\Omega$，$B_{25/85\,°C} = 3\ 970$）。

（3）空调控制系统。

司机室空调的控制元件集成在 1 车和 8 车客室空调控制柜内。

1 车和 8 车空调控制柜包括控制司机室空调系统所需的所有元件（控制器、接触器、断路器等），司机室空调系统与客室空调系统共用一台空调控制器，通过对室内温度和设定温度进行比较，控制司机室空调工作在通风、弱冷和强冷等工作模式，调节司机室内处于舒适的温度环境。

司机室控制面板包括"工作模式开关"和"温度设定开关"，可进行工作模式切换及温度设定。工作模式开关分为停止、通风、弱冷和强冷 4 挡，温度设定开关调节范围为 19～28 °C 共 10 挡，梯度为 1 °C。

3. 废排装置

废排装置为单元式（见图 1.73），通过安装座与车体刚性连接，吊挂安装在车下设备舱中，车厢地板中设有风道，通过车下风道与废排装置连接，废排装置工作时将车内废气排出车外。废排装置主要由风机、电动风阀、废排风阀以及紧急通风逆变器等部件构成。

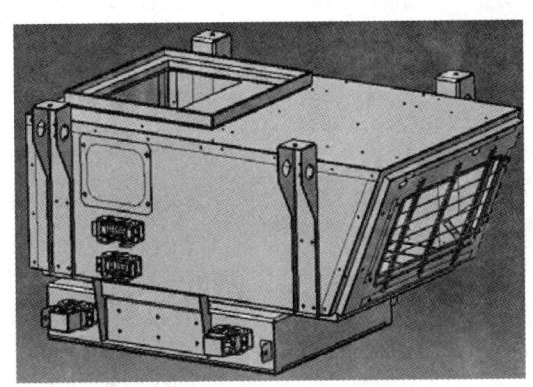

图 1.73　废排装置

（1）风机组成。

风机通过 4 个六角头螺栓 M10×25 与风机托盘固定，组成风机组成，每台废排装置内设有 1 台。风机组成通过 4 个六角头螺栓 M8×25 安装在废排装置顶部，风机导风圈组成通过 4 个螺母 M6 安装在风机组成的 4 个立柱上。废排装置工作时，风机运转，将车内废气排出车外。

（2）电动风阀。

每台废排装置设有 1 台电动风阀，电动风阀安装在废排装置的出风口处，通过调节电动风阀开度可以实现 0 m³/h、850 m³/h、1 300 m³/h 和 1 700 m³/h 4 挡，通过调节电动风阀开度调节废排风量，与新风量相适应。

（3）紧急通风逆变器（见图 1.74）。

图 1.74　紧急通风逆变器

紧急通风逆变器设置在废排装置底部，在车辆空调交流电源失效的情况下，紧急通风逆变器接收来自空调控制系统的启动信号后，将蓄电池提供的 DC 110 V 电压逆变成废排风机需要的三相交流电压，提供给废排装置，以维持车辆客室通风。

4. 空调控制柜

空调控制柜采用一体化交流柜设计方案，每辆车配置一台空调控制柜，同时具有 MVB 和以太网两种通信方式，且设计有触摸屏。除了客室空调控制功能，头尾车的控制柜还具有司机室空调机组和压力波控制功能。根据各车辆结构和电气接口的不同，控制柜分为 A\B\C\D\E 五种配置，参见表 1.15 和表 1.16。

表 1.15　空调控制柜型号

序　号	车　型	名　称	规格型号	数　量
1	01、08 车	控制柜	KZ-KLD-45/30-BZ-E(A)	2
2	02、07 车	控制柜	KZ-KLD-45/30-BZ-E(B)	2
3	04 车	控制柜	KZ-KLD-45/30-BZ-E(C)	1
4	05 车	控制柜	KZ-KLD-45/30-BZ-E(D)	1
5	03、06 车	控制柜	KZ-KLD-45/30-BZ-E(E)	2

表 1.16　空调控制柜配置

序　号	车　型	控制柜型号	DC 盘型号	AC 盘型号
1	01、08 车	KZ-KLD-45/30-BZ-E(A)	P28O2000	P28O1000
2	02、07 车	KZ-KLD-45/30-BZ-E(B)	P29O2000	P29O1000
3	04 车	KZ-KLD-45/30-BZ-E(C)	P29O2000	P31O1000
4	05 车	KZ-KLD-45/30-BZ-E(D)	P29O2000	P29O1000
5	03、06 车	KZ-KLD-45/30-BZ-E(E)	P29O2000	P29O1000

空调系统的控制元件均集成在客室空调控制柜中，空调控制柜以空调控制器为核心，配合断路器、接触器、继电器、传感器等元件，自动完成空调装置的控制、保护、故障诊断和故障记录功能，使空调系统工作在预冷、预热、通风、制冷、加热、紧急通风等模式，调节客室内的舒适度，同时也具有 MVB 网络及以太网通信接口，可与列车网络通信，实现指令和信息的交换。一台控制柜控制每辆车的一台空调机组。头尾车的客室空调控制柜带有司机室空调控制功能。

空调控制器具有以太网接口（M12 连接器），每辆车的空调控制器通过以太网相连，在端车的空调控制器上可以进行整列车空调系统的数据交互、故障下载等功能。

5. 压力波保护装置

为实现客室及司机室内的压力控制，每辆端车（1、8 车）安装 1 台压力波控制装置，用于检测压力波动，并发出压力波保护信号，控制新风口及废排风口的压力波阀关闭。

气动压力波保护阀分别设置在空调机组新风口处和废排装置内，压力波控制器安装在司机室内，通过压力波控制器及空调控制系统对压力波保护阀门进行开/关控制，实现对车内压力的舒适性控制。

6. 温度传感器

根据传感器用途的不同，空调系统视需要配备有不同数目的温度传感器，各车均配有 1 个新风、1 个回风、2 个客室用温度传感器，除 1 号及 8 号车装 1 个风扇温度传感器外，其余车都安装 2 个风扇温度传感器，各温度传感器用于对客室和通过台温度调节和控制。

7. 电加热器

（1）风扇电加热。

由于车辆结构及安装固定点的不同，标准动车组设有 2 种不同功率的风扇电加热，能够在冬季给客室通过台进行加热，已满足舒适性要求。

每个风扇电加热都有热保护安全装置，当温度达到约 90 ℃ 时断开电加热，当温度降到安全工作限度（69 ℃）内时重新连接电加热。暖风机出风口设有温控开关，温控开关根据设定的温度值进行线路的闭合和通断。暖风机内设有一台循环风机，用于空气流动，加热暖风机周围的空气。

（2）消音风道电加热。

消音风道横向平均分布 2 个 3.5 kW 电加热器，用于实现出风的再热功能。消音风道的出风口设有温度传感器，用于检测最终的送风温度。电加热和温度传感器下都设有检修盖板，电加热和温度传感器都可以方便地拆卸和检修。

8. 司机室暖风机

司机室座椅前方落脚处和座椅斜后方的配电柜处分别设置一台强制通风式电暖风机，电暖风机的发热体采用负温度特性的热敏电阻（具有负温度系数热敏电阻元件），可分别选用"强暖"（输出功率 2 000 W）、"中暖"（输出功率 1 500 W）、"弱暖"（输出功率 1 000 W），以保证司机室的舒适性。

项目小结

本项目的主要任务是了解动车组空调系统的功能、组成、类型及特点,熟悉 CRH1/CRH2/CRH3/CRH5/CRH380A/CR400AF 等各型动车组空调系统的整体构成,空调系统各主要设备的外形结构、安装布局、基本功能和技术参数;掌握动车组空调机组的检查与清洁作业及司机室空调系统的检查作业方法及控制面板的操作。同时,理解动车组空气调节的基本概念和工作原理。

本项目以 CRH2 型动车组空调系统整体认知为载体,通过现场实际动手操作和观察以及对其他动车组空调系统的简介知识,使学生提高学习兴趣,明确本课程的学习任务,加深对动车组空调系统基本原理的理解,也让学生在小组学习、动手实践中养成良好的工作习惯,为后续学习打下基础。

问题与思考

1. 根据乘车体验,分析动车组车内环境系统由哪些环境组成。你认为车内环境对动车组运营品质有影响吗?
2. 说明动车组车内空气环境的主要影响因素有哪些。有哪些措施可以改善和控制车内空气环境?
3. 简述动车组车内空气主要参数及其标准范围。
4. 简述动车组空调系统的作用、分类及组成。
5. 简述 CRH2 型动车组空调系统的基本构成、主要设备布局及系统特点。
6. 说明 CRH2 型动车组客室空调机组的类型、外部结构特点及安装位置。
7. 详细说明 CRH2 型动车组客室空调机组元件组成、元件功能及基本技术规格。
8. 详细说明 CRH2 型动车组司机室空调机组的主要部件、作用及基本技术规格。
9. 简述 CRH2 型动车组客室空调机组检测与清洁作业流程。
10. 简述 CRH2 型动车组司机室空调机组检测与清洁作业流程。
11. 解释下列名词:空调、湿空气、饱和空气、未饱和空气、绝对温度、相对湿度、含湿量、焓、露点温度、减湿冷却、干式冷却。
12. 湿空气的组成及其主要状态参数是什么?
13. 什么是饱和空气?什么是未饱和空气?
14. 湿空气的 h-d 图在空调工程中有什么作用?
15. 已知空气的状态为 $t_A = 30\ °C$,$\varphi = 80\%$,在 h-d 图上找到空气的状态点 A。

16. 已知空气的起点状态为 $t_A = 30\ °C$，$\varphi = 80\%$，对空气进行降温减湿处理后终点状态为 B，在 $h\text{-}d$ 图上表示出 $A\text{-}B$ 的空气调节过程。

17. 已知空气的状态点为 $t_A = 30\ °C$，$\varphi = 80\%$，在 $h\text{-}d$ 图上求出其 d_A、h_A、P_{qA}。

18. 什么是热湿比？已知空气的起点状态点为 $t_A = 30\ °C$，$\varphi = 80\%$，经过降温减湿后其终点状态点为 B（$h_B = 50\ \text{kJ/kg}$ 干空气，$\varphi = 60\%$），求 AB 调节过程的热湿比线。

19. 什么是空气的干球温度？什么是空气的湿球温度？它们之间的差值反映了什么？

20. 什么是空气的露点温度？已知空气的状态点 $t_A = 30\ °C$，$\varphi = 80\%$，试在 $h\text{-}d$ 图上求出空气的湿球温度 t_{SA} 和露点温度 t_{CA}。

21. 试述 CRH1 型动车组空调系统的基本组成与技术特点。

22. 试述 CRH3 型动车组空调系统的基本组成与技术特点。

23. 试述 CRH5 型动车组空调系统的基本组成与技术特点。

24. 试述 CR400AF 型动车组空调系统的基本组成与技术特点。

项目二　动车组空调通风系统检修

项目引入

动车组空调通风系统是动车组空调系统的重要组成部分,其功能是利用室外空气来置换室内空气以改善室内空气品质,如提供乘客呼吸所需要的氧气、稀释车内的污染物或气味、排出车内污染物、去除车内多余的湿热、为车内设备提供所需空气等。通风系统除了可以给乘客提供新鲜空气外,还能保证车厢内具有适当的气压,即当车外气压发生明显变化时,通风系统会将车厢内的气压维持在一个让人们感到舒适的水平。

通风系统是动车组空调与制冷装置中唯一不分季节而长期运转的系统,因此,它的质量状况将直接影响到旅客的舒适性和空调与制冷装置的经济性。

项目要求

动车组空调通风系统的检修是动车组二、三、四级检修过程中所涉及的常见任务。本项目以通风系统的检查与维护、通风机的检修、滤网更换作业等任务为载体,通过对通风系统检修过程的学习与实施,使学习者在掌握动车组空调通风系统的组成、结构与工作原理的基础上,具备对相应设备进行检修的能力,学会通风系统检修的常用方法与工具使用。

通风系统故障,往往是由于堵塞造成的,所以在动车组运用过程中对通风系统的日常清洁与维护是十分重要的。

【知识要求】

(1) 了解动车组空调通风系统的作用与基本组成。
(2) 了解动车组通风系统的类型与特点,通风机的类型、结构与特点。
(3) 了解风道的作用、类型及布局。
(4) 了解空气净化设备的作用、原理与分类。
(5) 了解动车组通风系统的压力波动控制原理。
(6) 理解通风换气与气流组织的基本概念。
(7) 理解 CRH2 型动车组通风系统的结构及工作原理。
(8) 了解 CRH1/CRH3/CRH5 型动车组通风系统的结构、主要设备与工作原理。

【能力要求】

(1) 能在现场对动车组空调通风系统进行认识和操作(CRH2/CRH380A 型为主)。

（2）能在现场对 CRH2/CRH380A 型动车组通风系统进行检查与维护。
（3）能正确识别不同类型动车组的通风系统布局及结构特点。
（4）能现场观察动车组通风系统的工作情况。

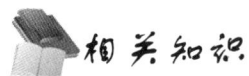相关知识

一、通风系统概述

（一）通风原理

按照工作方式来区分，通风系统可分为自然通风系统、强迫式通风系统和诱导式通风系统。我国早期的铁路客车依靠自然通风器和可打开的车窗，利用空气的自然流动来实现车内通风换气，即自然通风系统；强迫式通风系统是利用专设的通风机和风道向车内输送经过调节的空气，我国绝大部分普通客车和所有动车组采用的都是强迫式通风系统。两者的区别主要在于动车组的通风系统有压力波动控制装置。诱导式通风系统特点是利用诱导器使二次风在室内就地循环，不必集中处理和通过主风道输送，所以风管尺寸小，设备紧凑，主要用在双层客车和硬卧车厢上。

图 2.1 所示为铁路客车空气调节装置中最常用的强迫通风系统示意图。系统工作时，在通风机组的作用下，室外新鲜空气经新风口吸入车内，经滤尘器过滤并与回风混合后送入空气处理室，经过蒸发器冷却或者由电预热器预热，经过处理的空气送入主风道，再由各送风口均匀地送入车内。车内空气的一部分，经回风口、回风道被通风机吸入作为再循环空气重复使用；另一部分则经由排风口和排风扇排出车外。

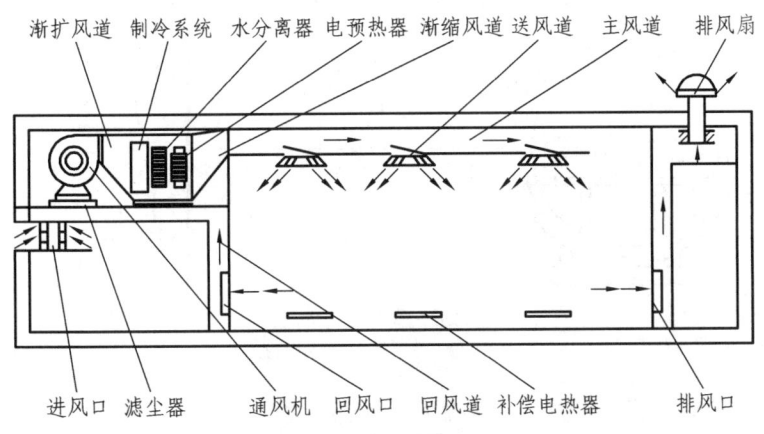

图 2.1 客车强迫通风系统

（二）动车组通风系统的组成

动车组通风系统是由通风机组、风道、风口、进排风装置、空气净化设备和空气压力波动控制装置等组成的。

通风系统的作用是将经过处理的空气输送和分配到客车车厢内并且形成合理的气流组织，同时将室内污浊的空气排出室外，使室内空气参数满足设计要求。

通风系统是客车空调装置中唯一不分季节而长期运转的系统，因此，它的质量状态直接影响到旅客的舒适性和空调装置的经济性

1. 通风机（组）

常用的通风机有轴流式、离心式和贯流式三种。在动车组通风系统中常常采用离心式风机送风，而废排风机、冷凝风机一般采用轴流式风机。

通风机组是通风系统的动力装置，主要由通风机和电动机组成。动车组的通风机组一般安装在列车端部平顶板的上部空间，也可以安装在列车下部；其安装位置主要取决于空气处理单元的位置。由于空间位置的限制，空调机组一般采用两台通风机并联使用，双向伸轴的电动机放在两台通风机中间；通风机组一般为双速电机，以提供两种不同的风量。

通风机组的作用是吸入车外新风和室内回风，并将处理后的混合空气加压，通过主风道等送入客室。按照通风机组安装位置划分，通风机组安装在空气处理单元前面的通风系统称为压出式系统（见图2.1），通风机组安装在空气处理单元后面的通风系统称为吸入式系统。送风和回风共用一台通风机组的系统称为单风机系统，而分别设有送风机和回风机的通风系统称作双风机系统。

为了减少通风机及电动机所产生的噪声传入车内客室，在安装通风机组时，应采用有效的隔音减振措施：一是在通风机组的安装座上加装橡胶减振器；二是在通风机机壳上敷设阻尼涂料；三是在主风道与通风机相连接的风管处采用帆布或人造革制作的软风道。

1）轴流式风机

（1）轴流式风机的结构特点。

轴流式风机主要由叶片、机壳、吸入口、扩压段及电机等组成，其基本结构如图2.2所示。

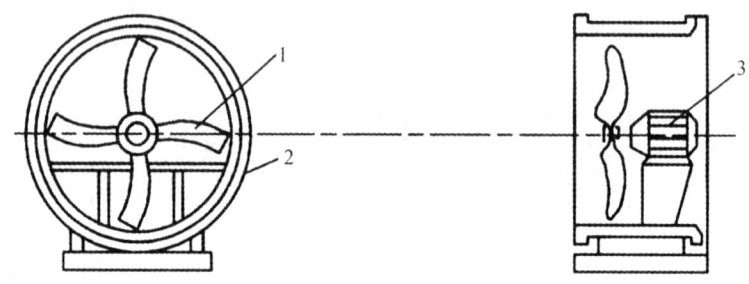

图2.2 轴流式风机

1—叶片；2—机壳；3—电机

① 叶片：轴流式风机的叶片常用钢板压制而成，有机翼型、板型等。大型轴流式风机的叶片安装是可以调整的，由此来改变风机的流量和风压。

② 机壳：轴流式风机的机壳是由钢板焊接而成的筒体，前段为钟罩形吸入口，用来避免进风口风道突然缩小，以减少流动阻力；中间段为圆形风筒；后段为扩压段。带有叶轮轮毂的电机座安装在机壳的中间段，常用钢结构做成。

（2）轴流式风机的工作原理。

由于轴流式风机的叶片与机轴中心线有一定的螺旋角，当电机带动叶片在机壳内转动时，

空气一边随叶轮转动，一边沿轴向推进。当空气被推出后，原来占有的位置形成局部低压，促使外面的空气由吸入口进入。空气通过叶轮压力增高后，从出口排出。由于空气在机壳中的流动始终沿轴向进行，所以称为轴流式风机。

2）离心式风机

（1）离心式风机的结构特点。

离心式风机的主要部件有风机吸入口、叶轮、机壳和机座等，其基本结构如图2.3所示。

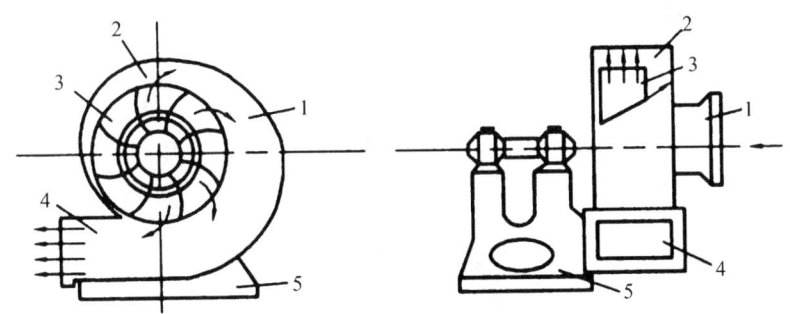

图2.3 离心式风机结构

1—吸气口；2—机壳；3—叶轮；4—排气口；5—机座

① 吸入口：如果风机进口未接引风管，可直接从大气中进风，这时一般应该设吸入口（又称集流器），使气流能以损失最少的方式均匀地流入风机内。风机吸入口有圆筒形、圆锥形和圆弧形三种。前两种阻力较大，制作方便；后一种阻力小，但制作较复杂。

② 叶轮：离心式风机的叶轮由前盘、后盘、叶片和轮轴组成。根据叶片出口安装角度的不同，有前向叶型、径向叶型和后向叶型三种形式。叶轮固定在机轴上，由电机带动旋转。

前向叶型为多叶片式，流道短、出口较宽。径向叶型有直叶式、弧形式等，前者制作简单而能量损失较大，后者则相反。后向叶型有机翼形叶片等形式，其空气动力性能较好，整机效率可达到90%左右。风机叶片一般由钢板压制而成，但防爆风机叶片采用有色金属，防腐风机叶片采用塑料板等材料。

③ 机壳：中、低压风机机壳常用钢板焊接或咬口成对数螺旋线形的壳体，并且机壳截面面积逐渐扩大。

④ 机座：机座由型钢焊制，用来支承风机，机座上装有轴承，支承风机转轴。

（2）离心式风机的工作原理。

当电机带动机轴上的叶轮旋转时，叶片间的气流在离心力的作用下，由叶轮中心甩向边缘并获得动能和压力能。同时，叶轮中心所产生的负压区促使后续气流连续不断地进入风机。气流从叶轮流出后进入机壳，在机壳排出管的扩压作用下将部分动能转变为压力能，最后送入排气管路或车厢。

（3）离心式风机与轴流式风机的对比。

① 轴流式风机结构简单，耗用金属材料少。

② 轴流式风机风压低，流量大。

③ 轴流式风机可以反转，反转时风向随之改变，风量、风压也有所降低，但离心式风机降低更明显。

3）贯流式风机

（1）贯流式风机的结构特点。

贯流式风机由叶轮和机壳组成，其基本结构如图2.4所示。

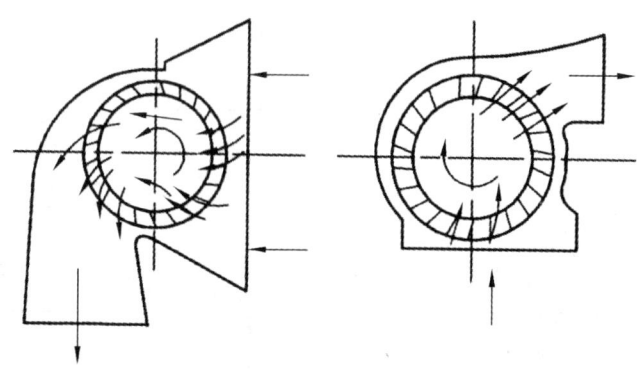

图 2.4　贯流式风机

叶轮一般是多叶片式前向叶型，叶轮的两个端面是封闭的，叶轮的宽度没有限制，可根据需要确定。贯流式风机的流量随叶轮宽度的加大而增加。叶轮的轴与电机轴直接相连，叶片可用钢板、塑料、尼龙等材料制作而成。

（2）贯流式风机的工作原理。

贯流式风机通常将机壳的一部分敞开，使气流直接径向进入风机，气流横穿叶片两次。某些贯流式风机在叶轮边缘加设不动的导流叶片，以改善气流状态。

贯流式风机具有风量小、低噪声、压头适当、制造简单、价格较低，以及安装上便于与建筑物相适应的明显优点。

2. 通风管道

通风管道也称为风道，其作用是输导空气。即在送风系统里，依靠风道，把处理好的新鲜空气输送到客车车厢内；在排风系统里，依靠风道，把需要排出的污浊空气输送至车外。风道的形状和布置将直接影响车内的气流组织和空调效果，还会影响空气输送过程中的能量损失，对动车组空调系统的经济性产生影响，所以风道的设计也是非常重要的。

通风系统的风道可以由各种不同的材料制成，也可以有很多不同的构造和断面。在动车组通风系统中，风道应满足经济性好、耐腐蚀性强、隔热性好、质量轻和易于加工等方面的要求。风道常用的材料有镀锌铁皮、铝合金板、玻璃钢和胶合板等。

通风系统的风道根据所输送空气的作用不同又有主风道、回风道、排风道及新风道之分。

（1）主风道。

主风道的作用是将经过空气冷却器或预热器处理后的空气输送到车厢内。

主风道的截面一般有圆形和矩形两种。由于矩形风道与车内的装饰容易协调，而且占用空间少，安装又方便，所以在客车上采用较多。对于高速诱导通风系统来说，由于风速高，而风道直径又较小，为了减少空气流动阻力，宜采用圆形风道。按风道截面沿长度方向是否变化，主风道有变截面和等截面风道之分。等截面风道的优点是制造相对方便，而变截面风道的优点是能使风速在风道内保持恒定，但变截面风道结构相对复杂，制造相对困难。折中的做法是采用等截面风道并加装调风机构,用以调节通过风道的风量,达到向每个送风口均匀送风的目的。其结构形式根据风道截面形状而定,调节方式可以手动或自动。

主风道应该注重隔热性及降噪性能,在主风道外一般粘贴有隔热保温材料,减少热交换损失,在主风道内部一般贴有一层吸声材料以有效吸收通风机或空气的流动噪声。

(2) 回风道。

回风道是车厢与通风机之间用于传输再循环空气的通道。回风道的断面形状一般根据其在车内的安装位置和空间大小而确定。回风道一端与回风口相连,另一端与通风机相连。

(3) 排风道。

排风道是用来排除车内污浊空气的风道,其一端连接排风口,另一端与排风扇或自然通风器相连。由于外界新鲜空气不断被送入车内,与其等量的车内污浊空气就由排风口经排风道被排出车外,以保持车内压力恒定。

车内排风口一般设置在与回风口相对的另一端车顶或设置在厕所等部位。

(4) 新风道。

新风道是用于输送新鲜空气的风道,在动车组通风系统中,大多数动车组的通风系统都没有专用的新风道,一般是将新风通过吸入口吸入后直接与回风混合;而CRH2型动车组通风系统设置有新风道,位于车底地板中,连接换气装置与空调机组;CRH380AL动车组通风系统设置有端部新风道,连接车端新风口与车底换气装置。

3. 风口及风量调节板

(1) 吸风口。

吸风口也称新风口或进风口,是新鲜空气的吸入口。吸风口一般布置在装有通风机端的车门上部,也有设置在车端上部和车顶上部的。吸风口上装有百叶窗和网格,用以防止杂物及雨雪进入车内。在多数吸风口的内侧还装有调节机构,以便根据需要调节新风量,同时在通风机停止运转时,也便于关闭吸风口。

(2) 送风口。

送风口是用来调节和分配空气的。其形式对送风射流的扩散及车内气流组织具有直接的影响。送风口处一般都装有送风器,它不但可以使送风均匀,使室内气流分布合理、温度均匀,还可以根据室内的具体要求,调节送风量的大小。集中送风的通风系统,送风口一般都沿车顶棚或侧壁均匀布置。

(3) 回风口。

回风口是室内再循环空气的入口。客车上的回风口往往设置在通风机端的客室内端壁下部,采用集中回风方式,在小走廊平顶板上开一总回风口,并设延续回风道。包间式客车包间内的回风则经过包间拉门下部或拉门两侧间壁下部的回风口流至走廊,利用走廊作回风道,在靠近一端的走廊平顶上有回风口,并由回风道将再循环空气引进通风机。

(4) 排风口。

排风口是排除车内污浊空气的出口。由于外界新鲜空气不断送入车内,为保持车内压力恒定,需将与其等量的车内污浊空气通过排风口排出车外。排风口可以是客车上常用的自然通风器(使用在普通空调客车上,安装在车体上部,利用诱导作用完成通风换气),也可以是加装排风扇的排风装置。

排风口一般设在与回风口相对的另一端车顶。车厢内的排风口一般也设置在车厢内端壁板上，外表面设有通风诱导格栅以保持美观，内部装有铁丝网以防杂物进入风道。

（5）调节板。

调节板的作用是调节通过风道的空气流量，其结构根据风道截面形状而定。最简单、应用也较广的调节板是百叶窗式，常用的有圆形、矩形调节板。使用时只要转动手柄，改变调节板角度，即可改变空气通过的截面面积，进而达到调节风量的目的。调节板的开度均由人工进行调节。

4. 空气过滤器——车内空气净化设备

空气中总是不同程度地含有各种灰尘和杂质，过多的灰尘进入车内，不仅影响旅客的舒适和健康，还会影响车内清洁，集聚在空气处理设备（如加热器、蒸发器）表面，还会降低传热效果，影响空调系统的正常工作。因此，通风系统中必须设置空气过滤器。

（1）空气过滤器的作用与分类。

空气过滤器是利用过滤材料把空气中的悬浮粒子滤除掉的设备，它应装在空气处理设备的前端，以减少后面各设备的表面积灰。

空气过滤器的过滤效果主要取决于所用过滤材料的空气通道粗细、密实程度及通过过滤器的风速等因素。按照国家标准 GB/T 14295—2008 和 GB/T 13554—2008，空气过滤器按其过滤效率的高低可分为粗效、中效、高中效、亚高效和高效过滤器 5 种类型；其中，高效过滤器又分为 A、B、C、D 四类。从粗效过滤器到亚高效过滤器统称为一般空气过滤器。空气过滤器的分类及性能指标如表 2.1 所示。

表 2.1　空气过滤器的分类及性能指标

名　称		粒径/μm	效率/%	阻力/Pa
粗效过滤器		≥5.0	80>E≥20	≤50
中效过滤器		≥1.0	70>E≥40	≤80
高中效过滤器		≥1.0	99>E≥70	≤100
亚高效过滤器		≥0.5	99.9>E≥95	≤120
高效过滤器	A	≥0.1	99.99>E≥99.9	≤190
	B		99.999>E≥99.99	≤220
	C		99.999 9>E≥99.999	≤250
	D		在 20%额定风量下，E≥99.999	≤280

粗效过滤器的滤材多采用玻璃纤维、人造纤维、金属网丝及粗孔聚氨酯泡塑料等。粗效过滤器适用于一般空气调节系统，对于较大的灰尘（颗粒直径大于 5 μm）可以有效过滤。粗效过滤器通常作为高效过滤器的预过滤，并对高效过滤器起到一定的保护作用。

中效过滤器的主要滤料是玻璃纤维（直径比粗效过滤器的玻璃纤维直径小，约为 1 μm）、人造纤维（涤纶、丙纶、腈纶等）合成的无纺布及中细孔聚乙烯泡沫塑料等。中效过滤器主要用于过滤粒径大于 1 μm 的中等程度的灰尘，用于高效过滤器的前级保护。

高效过滤器的滤料一般是用超细玻璃纤维或合成纤维加工制成的滤纸，可以有效过滤 0.5～0.1 μm 以上的小灰尘，同时具有一定的滤除细菌的作用。高效过滤器一般作为末级过滤器。

对于一般净化要求的空调系统，选用一道粗效过滤器，将大颗粒的尘粒滤掉即可。对于有中等净化要求的空调系统，可设置粗、中效两道过滤器。对于有超净净化要求的空调系统，则应至少设置三道过滤器，第一、第二道为粗、中效过滤器（不宜选用浸油式，以免送风中带油）作为预过滤，可延长下一道过滤器的使用寿命，而高效过滤器则作为末级过滤器。

空气过滤器按结构不同分为金属网浸油过滤器、玻璃纤维过滤器、尼龙网过滤器以及聚酯型粗孔泡沫塑料过滤器等。

空气过滤器按功能不同分为新风过滤器和回风过滤器。安装在新风进口的过滤器是新风过滤器，安装在空调系统回风口的过滤器称为回风过滤器。

（2）空气过滤器的效率测定。

各种空气过滤器的过滤效率的测定方法是不同的，常见的有质量法、比色法和计数法。

质量法：采用称重的方法测量过滤器的质量浓度效率。该方法适用于粗效过滤器的效率测定。

比色法：其原理是在过滤器前后采样以后，将各自被污染的滤纸放在光源下进行照射，根据透光和反射光的多少，用光电管比色计测出透光度，换算成过滤器前后粉尘的质量浓度，再计算出过滤效率。该方法适用于中效过滤器及静电过滤器的效率测定。

计数法：可直接用光电粒子计数器对通过过滤器的含尘气流进行自动检测，记录尘粒的数量和大小，并以此来计算出过滤效率。该方法主要用于高效过滤器的效率检测。

（3）空气过滤器的作用机理及使用维护。

空气过滤器的作用机理是含尘气流在通过空气过滤器的过滤器纤维层时，利用尘粒的重力作用、扩散作用、惯性作用、静电作用以及纤维层的筛滤作用等截留灰尘。

空气中的灰尘和杂质截留在过滤器上以净化空气，积尘过多会增大空气阻力，影响风量供给和过滤效果，因此，在通风系统中需要对空气过滤器进行定期清洗和更换。

如金属网浸油过滤器，清理时应先将粗大污物从滤网上除掉，然后将滤网放在苏打水里冲洗并漂清，干燥后再用无味过滤器油浸透，晾几小时后（让油滴掉）备用。用聚酯型粗孔泡沫塑料作为过滤材料时，需先经过化学处理，通常是在 5%浓度的 NaOH 水溶液中浸泡一定时间，把内部气孔薄膜穿透。使用过程中还应定期清洗，以保证其过滤效果。

（4）空气过滤器的性能指标。

各种空气过滤器在不同条件下，其工作性能是不同的。通常表明空气过滤器工作性能的指标有：

① 过滤效果：即在额定风速下，过滤前后空气含尘浓度差与过滤前含尘浓度之比的百分数（%）。

② 穿透率：即过滤后空气含尘浓度与过滤前空气含尘浓度之比的百分数（%）。

③ 过滤器阻力：即空气经过空气过滤器时的空气阻力（Pa）。

④ 容尘量：在一定风速下，过滤器的积尘量的最大值。通常用积尘后过滤器阻力达到规

定值（一般为初阻力的 2~3 倍）时的积尘量作为容尘量指标。

⑤ 过滤器的面速和滤速：它们可以反映过滤器通过风量的能力。面速是指过滤器迎风断面通过的气流速度。滤速是指滤料面积上风流通过的速度。在特定的过滤器结构条件下，同时反映过滤器面速和滤速的是过滤器的额定风量。

5. 空气压力波动控制装置

乘坐高速列车或飞机，有时会因频繁的耳鸣现象而感到不适，这种现象是由室内外的气压差导致的。动车组高速运行时，其外表面的空气压力降随车速和运行环境变化而发生波动；特别是当高速动车组会车或进出隧道时，车体表面的压力波幅会在较大范围内变化。处于列车前部的客车，在外界正压的作用下，通风系统的排气阻力会增加；处于列车尾部的客车，在车外负压的作用下，通风系统新风机的进风阻力增大。如果车内空气压力的变化量及变化速度超过一定值，则会刺激旅客的耳膜，引起耳胀、耳痛；轻者压迫耳膜，重者头晕恶心，甚至耳膜破裂，从而影响乘客的舒适性和身体健康。据日本在新干线上进行调查的结果，当车内压力比车外压力高或低 0.2 kPa 时，开启车门时有"耳感不适"的现象；当车内压力比车外压力高或低 0.5 kPa 时，车门一打开，旅客将感到极度不适。

由于动车组运行速度的不断提升，世界各国意识到车内压力变化对乘客舒适性的不良影响，并对此进行了大量研究。如日本在 1966 年建立了气密实验室，并进行了大量的耐压强度试验及车辆气密性试验，通过试验得出了乘客耳感舒适度临界曲线。再比如 20 世纪 70 年代，英国建造了瞬变压力实验室，在实验室内可以模拟测试出乘客对旅行过程中压力变化带来的真实舒适性感受。

车内压力变化对人体舒适性的影响可以用压力变化速率来评价，评价指标分为七级：第一级为 200 Pa/s，它对应于没有不舒适感觉；第七级为 300 Pa/s，它对应于强烈不舒适感觉；人通常可以忍耐的级别为三级，约为 233.4 Pa/s。

针对上述问题，世界各国对高速动车组的车内压力变化都有自己的具体要求。如日本要求车内的最大压力变化率为：新车不超过 200 Pa/s，旧车不超过 300 Pa/s；德国规定：车内压力变化率范围为 200~400 Pa/s。

我国也对高速动车组的车内压力波动做了规定：车内压力变化的最大值不得超过 1 000 Pa，压力变化速率不应超过 200 Pa/s。

为了减少压力波的影响，保证旅客的舒适度，一方面，动车组必须采取良好的空气压力密封，其通风系统的进、排气口应避开低压或涡流区布置；另一方面，动车组通风系统需要加装可控的间歇或连续作用式进、排气控制装置，以便在车外压力发生变化时调节进排气口的工作状态，防止车内空气压力变化过大，并保持一定的正压（一般不小于 30 Pa）。

目前，各国解决动车组车内压力波动问题的方式不尽相同。如日本新干线车辆在换气系统中采用压力缓和装置解决车内气压波动问题，其使用产品主要有截止阀、高速高压风机、无源压力缓和装置以及有源压力缓和装置。

如在 300 系高速列车上采用了无源压力缓和装置，其原理如图 2.5 所示。通过该装置可以得到很好的压力波动控制效果（见图 2.6），提高了列车的舒适度。

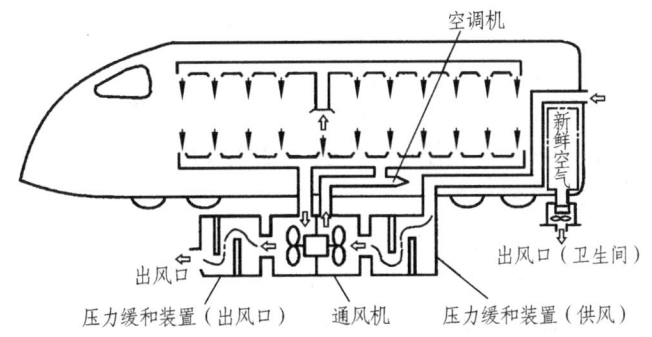

图 2.5 日本 300 系板簧式压力缓和装置

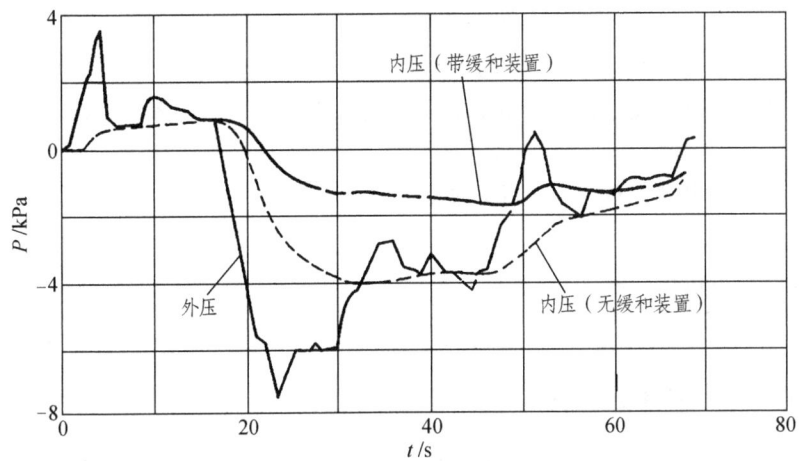

图 2.6 压力缓和装置的作用效果

对于最高速度达到 300 km/h 的高速列车（500 系列）来说，由于列车外表面的压力变动可高达 7.5 kPa，已有的连续换气装置也不能满足要求，所以日本人在原有换气装置的基础上开发了新的压力缓和装置。

图 2.7 所示为日本研制的风量控制式换气系统（即换气控制阀）。该系统的进、排风口由电磁阀开闭，电磁阀受车内、外压力传感器和进、出隧道信息的控制。一旦压力传感器监测到车内、外压力的变化超过一定值，则电磁阀动作，通过调节阀门开度，保持进气口和排气口的平衡，使车内压力变化更小，提高列车运行的舒适度。

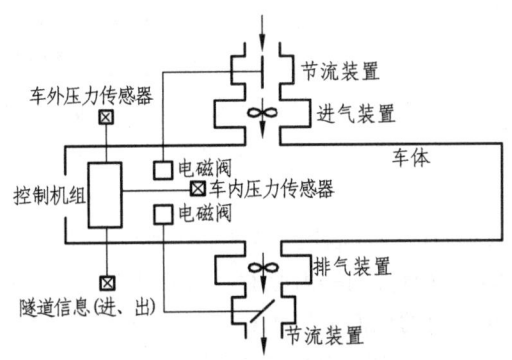

图 2.7 风量控制式换气系统

(三)应急通风

动车组正常运行时,车内通风系统有外部电源向通风机组提供动力,以保证车内的通风换气。如果遇到突发事件,车内应急备用电源、蓄电池将被启用,车内的紧急照明、基本控制、基本通信和应急通风等由蓄电池进行供电。

应急通风是指当交流动力电源失效时,空调系统由蓄电池通过逆变器给风机供电,进而向车内送入新风的过程。应急通风的主要目的是保障旅客的生命安全,而不是提供舒适性环境;因此应急通风对系统的基本要求是,能够在尽可能长的时间内向客室提供乘客所需的最小新风量。

在列车正常运行时,蓄电池组由外部交流电源进行在线充电。

除了供电方式不同之外,应急通风和常规通风过程在原理上没有根本性的差别。

适合于空调风机使用的逆变电源是应急通风系统的关键设备,当列车外部交流回路失电时,该电源将直流电逆变成三相交流电,继续给通风机供电,使通风机继续工作,因此又称紧急逆变器。

应急通风时,蓄电池的放电时间不应低于 2 h。

二、气流组织

(一) 气流组织的概念

气流组织是通风的核心环节。为了使客车车厢内空气的温度、湿度、流速等指标符合人体的舒适性要求,必须使车内空气合理地流动,通常把对车内空气流动和分布的控制称为气流组织。

动车组空调系统工作时,经过处理的空气由送风口进入车厢,与车内空气进行热湿交换后,经排风口排出车外,空气的进出必然会引起车内空气流动,而不同的空气流动状态会产生不同的空气调节效果。气流组织设计的任务就是通过合理地选择送风口、回风口及排风口的数量和位置来组织车内空气的流动,使车厢内形成比较均匀而稳定的温度、湿度、气流速度和清洁度,以满足乘客舒适感的要求。车内气流组织是否合理,不仅直接影响动车组内的空气品质,而且也影响动车组空调系统的经济性。

影响气流组织的因素很多,如送风口和回风口的位置、形式、大小、数量,送风射流参数(送风温差和送风速度),车内设施的布置和大小,以及各种热源分布状况等。不同使用要求的空间,往往有不同的气流分布要求。动车组列车是以舒适性要求为目的,气流组织主要满足旅客的热舒适感和必要的车内空气品质。对于舒适性空调,对气流组织的要求主要体现在:

1. 对温度梯度的要求

在空调车厢内,被送入车内的空气温度通常与车内原有空气温度不同,同时由于车厢内有热源存在,因此在车厢空间的垂直方向一般会存在温度差异(温度梯度)。在舒适性范围内,按照 ISO7730 标准,在工作区内的地面上方 1.1 m 和 0.1 m 之间的温差不应大于 3 ℃(这实际上考虑了人坐着的情况);美国 ASHRAE55-92 标准建议,1.8 m 和 0.1 m 之间的温差不应大于 3 ℃(这实际上考虑了人站立的情况)。从可靠性而言,宜采用后者。

2. 对风速的要求

风速是影响人体热舒适的一个重要因素。在温度较高的场所可以用提高风速来改善热舒适环境,但是风速过大往往也令人不爽。试验表明,风速在 0.5 m/s 以下时,人没有太明显的感觉。我国 GBJ 19—87《采暖通风与空气调节设计规范》规定：舒适性空调冬季室内风速不应大于 0.2 m/s,夏季不应大于 0.3 m/s。

(二) 气流组织的方式

空调客车内部的温度、相对湿度、气流速度、污染物浓度等都应满足一定要求。这些参数都直接受车内空气流动和分布状况影响。气流组织和分布状况又主要取决于送风口的构造形式、送风参数、送回风口位置等因素。应根据空调系统要求及列车结构特点等来合理进行气流组织。

气流组织形式多种多样,分类方法也各不相同。例如,按送、回风口的布置可分为"上送下回""上送上回""下送上回"及"中送风"等形式,按气流的组织方式又可分为混合式、置换式、单向流式和局部式 4 种形式。

1. 混合式气流组织

混合式气流组织,即混合式通风,它通常是将经过空调系统处理的空气,以远大于使用空间所要求的速度供给送风口,并且送风温度可以高于、低于或者等于使用空间的空气温度。从送风口喷射出的送风射流不断卷吸室内空气,使射流流量不断增加;射流边界与周围气体不断进行动量、能量和质量交换,使射流的速度和射流与室内空气的温度差不断减小。工作区则位于射流的末端或射流的回流区。由此可见,混合式通风的气流组织方法使工作区气流的速度、温度、湿度和空气品质均匀一致,实现全室性空调。

按照送风口的位置,混合式气流组织又分为以下三种方式。

(1) 侧送风。

图 2.8 所示为 6 种侧送风的气流分布。侧送风的气流组织特点是工作区处于回流区中。送风与室内空气混合充分,工作区的风速较低,温湿度比较均匀,适用于恒温恒湿的空调房间,排出空气的污染物浓度或温度基本上等于工作区的浓度和温度。

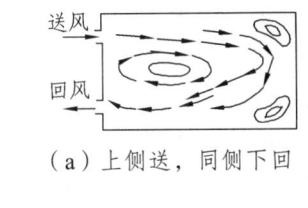

(a) 上侧送,同侧下回

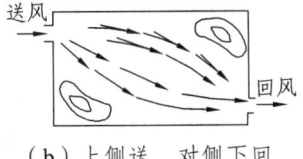

(b) 上侧送,对侧下回

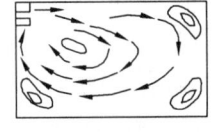

(c) 上侧送,上侧回

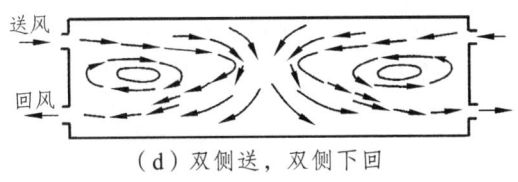

(d) 双侧送,双侧下回

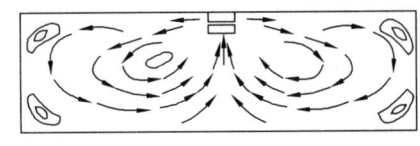

(e) 上部两侧送,上回

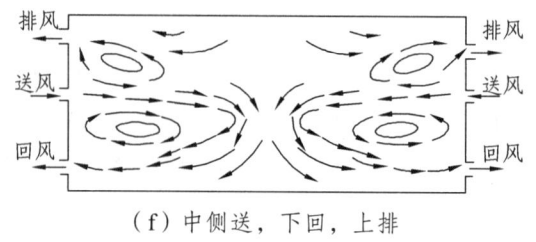

(f)中侧送,下回,上排

图 2.8 侧送风的室内气流组织形式

(2)顶送风。

图 2.9 所示为顶送风的气流分布。图 2.9(a)中,采用散流器平送、顶棚回风的气流分布。散流器底面与顶棚在同一平面上,送出的气流为贴附于顶棚的射流。射流的下侧卷吸室内空气,射流在近墙下降,顶棚上的回风口应远离散流器,工作区基本上处于混合空气中。这种气流模式的通风效率不如侧送气流。图 2.9(b)中,为散流器向下送风、下侧回风的气流分布。散流器出口的空气以 $\theta = 20° \sim 30°$ 喷射出,在起始段不断卷吸而扩大,当相邻的气流搭接后,气流呈向下流动模式,工作区位于向下流动的气流中,在向下流动的上部是射流混合区。这种流型的通风效率和换气效率都比图 2.9(a)的高,主要用于有较高净化要求的场合。

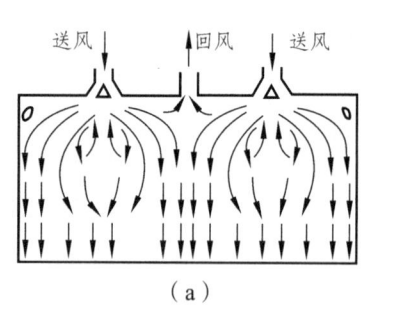
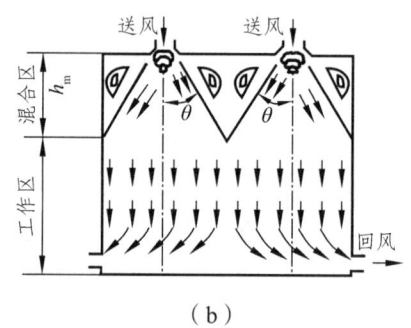

(a)　　　　　　　　　　　　(b)

图 2.9 顶送风的室内气流分布

(3)下送风。

图 2.10 为下送风形式的室内气流分布,图中阴影部分表示高速喷射气流,代表室内空气流动的高动量区域。这种气流组织形式的送风口靠近墙壁,置于地面,送风气流从下垂直向上射出。非扩散型风口适于室内供冷情况,如图 2.10(a)所示,可以保证所需射程,但不适于室内供热情况,如图 2.10(b)所示,因为会产生较大的热分层。根据季节不同,可以将送风口从非扩散型变到扩散型风口。此种送风方式是将新鲜空气直接送入工作区。为满足人体舒适性要求,送风温差必然小于上送风方式,因而送风量需要加大。同时为保证乘客没有"吹风"感,送风速度也不能太大,一般不宜超过 0.5~0.7 m/s。这样就必须增大送风口的面积或数量,因而给风口布置带来困难。此外,地面容易集聚脏物,这将会影响送风的清洁度。其主要优点是,新鲜空气首先通过工作区,如果配以顶部排风,则车上部余热可以不进入工作区而被直接排走。

2. 置换式气流组织

置换式气流组织,是基于空气的密度差而形成热气流上升、冷气流下降的原理实现通风换气的,即置换通风。图 2.11 为两种典型的置换通风的气流分布图。

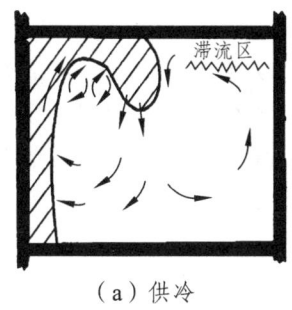 

（a）供冷　　　　　　　　　　　　　　（b）供热

图 2.10　下送风的室内气流分布

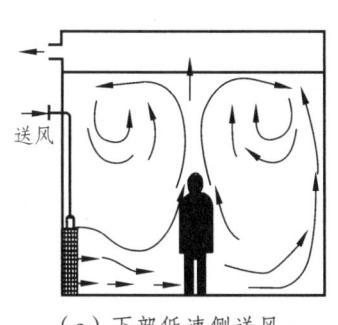 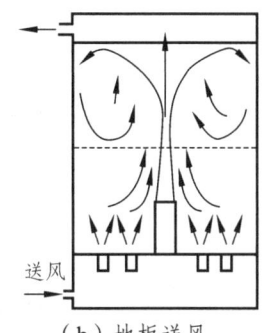

（a）下部低速侧送风　　　　　　　　　（b）地板送风

图 2.11　置换通风的室内气流分布

置换通风的送风温度通常低于室内空气温度 2~4℃，密度较大的送风气流将沿地面扩散开来，在下部形成一层温度较低的送风气流。

置换通风气流分布的特点是：工作区内气流近似于单向流；通风效率和温度效率都很高，换气效率也较高；既节省冷量，又有较高的室内空气品质。

3. 单向流式气流组织

图 2.12 为单向流的室内气流分布。图 2.12（a）为典型的水平单向流，两侧都应设置起稳压作用的静压箱，使气流在空间的断面上均匀分布。在回风口附近，空气的污染物浓度等于排出空气的污染物浓度，通风效率为 1，在气流的上游侧，通风效率大于 1；在靠近送风口处，通风效率趋向于无穷大。水平单向流的换气效率为 1。图 2.12（b）为典型的垂直单向流，送风与回风都有静压箱。送风可以是孔板，下部是格栅地板，从而保证气流在空间的断面上速度均匀、方向一致。图 2.12(c)为顶棚孔板送风，下侧部回风，这种气流组织多用于净化空调。

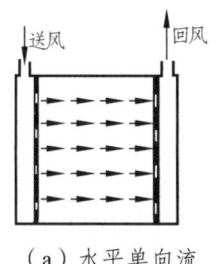 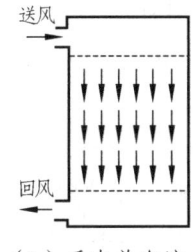 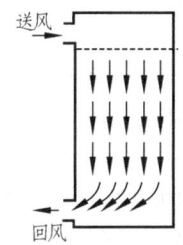

（a）水平单向流　　　　　（b）垂直单向流　　　　（c）顶棚孔板送风、下侧回风

图 2.12　单向流的室内气流分布

4. 局部式气流组织

局部式气流组织就是将经过通风空调系统处理的空气送入受控空间的局部位置,如飞机和列车的座椅、办公室的办公桌、车间的工作岗位等,这样的气流组织方式又称为局部通风。图 2.13 为座椅送风的局部气流分布图。在座椅的中空靠背内装有静压箱和喷嘴,一次风与由侧面风口吸入的室内空气混合后,由侧上部的送风口送出,没有吹风感,局部送风可保证良好的空气品质和明显的节能效果。

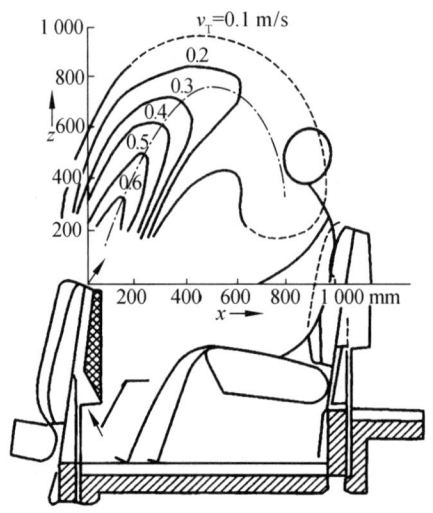

图 2.13 座椅送风的局部气流分布

(三)气流组织的评价

常用的室内气流组织评价指标有 4 种,即气流分布性能指标、空气年龄、换气效率、通风效率。

1. 气流分布性能指标

人对空调房间内常见的不满是吹风感。吹风感是由于空气温度和风速(房间的湿度和辐射温度假定不变)引起人体的局部地方有冷感,从而导致不舒适的感觉。美国 ASHRAE 用有效吹风温度(Effective Draft Temperature,EDT)来判断是否有吹风感,它定义为

$$EDT = (t_x - t_m) - 7.8(v_x - 0.15) \tag{2.1}$$

式中 t_x、t_m——室内某地点的温度和室内平均温度,℃;

v_x——室内某地点的风速,m/s。

对于办公室,当 EDT = -1.7~1 ℃,v_x < 0.35 m/s 时,大多数人感觉是舒适的,小于下限值时有冷吹风感。EDT 用于判断工作区任何一点是否有吹风感。对整个工作区的气流分布的评价用气流分布性能指标(Air Diffusion Performance Index,ADPI)来判断,气流分布性能指标(ADPI)定义为工作区内各点满足 EDT 和风速要求的点占总点数的百分比。

对于已有房间,ADPI 可以通过实测各点的空气温度和风速来确定。在气流分布设计时,

可以利用计算流体力学的办法进行预测,或参考有关文献、手册提供的数值。

2. 空气年龄（Age of air）

空气质点的年龄简称空气年龄,是指空气质点自进入房间至到达室内某点所经历的时间,如图 2.14 所示。空气年龄,从表面意义上讲是空气在室内被测点上的停留时间。而实际意义是指旧空气被新空气所代替的速度。空气从送风口进入车内后的流动过程中,不断掺混污染物,空气的清洁程度和新鲜程度将不断下降。因此,空气年龄短,预示着到达该处的空气可能掺混的污染物少,排除污染物的能力更强。显然,空气年龄评价了空气流动状态的合理性。

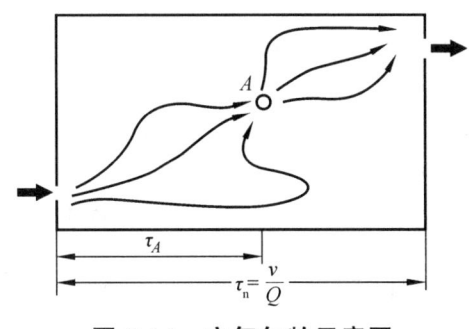

图 2.14 空气年龄示意图

3. 换气效率 ε

换气效率（Air exchange efficiency）是评价换气效果优劣的一个指标,它是气流分布的特性参数,与污染物无关。它定义为理论上最短的换气时间与实际换气时间之比,即

$$\varepsilon = \frac{\tau_n}{\tau_\gamma} = \frac{\tau_n}{2\bar{\tau}} \tag{2.2}$$

式中　$\bar{\tau}$——实际全室平均空气龄,s;

$\frac{\tau_n}{2}$——最理想的平均空气龄。

从式（2.2）可以看到:换气效率也可定义为最理想的平均空气龄 $\tau_n/2$ 与全室平均空气龄 $\bar{\tau}$ 之比。ε 是基于空气年龄的指标,因此它反映了空气流动状态的合理性。最理想的气流分布 $\varepsilon = 100\%$,一般的气流分布 $\varepsilon < 1$。

显然,换气效率随换气时间的增长而降低。一般混合通风 $\varepsilon = 50\%$,而置换通风 $\varepsilon = 50\% \sim 100\%$。换气效率 $\varepsilon = 100\%$ 只有在理想的单向流时才可能实现（见图 2.12）。

4. 通风效率 E_v

通风效率（Ventilation efficiency）又称混合效率,定义为实际参与工作区内稀释污染物的风量与总送入风量之比,或是送、排风污染物浓度之差与送风、工作区污染物浓度之差的比,即

$$E_v = \frac{q_v - q_{ve}}{q_v} = \frac{c_e - c_0}{c_n - c_0} \tag{2.3}$$

由此可见,E_v 也表示通风或空调系统排出污染物的能力,因此也称为排污效率。当送入房

间空气与污染物混合均匀，排风的污染物浓度等于工作区浓度时，$E_v=1$。一般的混合通风的气流分布形式，$E_v<1$。但是，若清洁空气由下部直接送到工作区时，工作区的污染物浓度可能小于排风的浓度，这时 $E_v>1$。E_v 不仅与气流分布有着密切关系，而且还与污染物分布有关。污染源位于排风口处，E_v 增大。

通风效率实际上也是一个经济性指标。E_v 越大，设备费用和运行费就低。以转移热量为目的的通风和空调系统中，通风效率中污染物浓度可以用温度来取代，称之为温度效率 η 或能量利用系数，表达式为

$$\eta = \frac{t_e - t_s}{t_n - t_s} \tag{2.4}$$

式中　t_e、t_n、t_s——排风、工作区和送风的温度，℃。

按照式（2.4），当 $t_e>t_n$ 时，$\eta>1$；当 $t_e<t_n$ 时，$\eta<1$。不同气流分布方式的 η 值的大致范围如图 2.15 所示，值得指出的是，下送风上排风送风方式的 η 值大于 1，且具有较高的通风效率，这是该通风方式受到重视的主要原因。

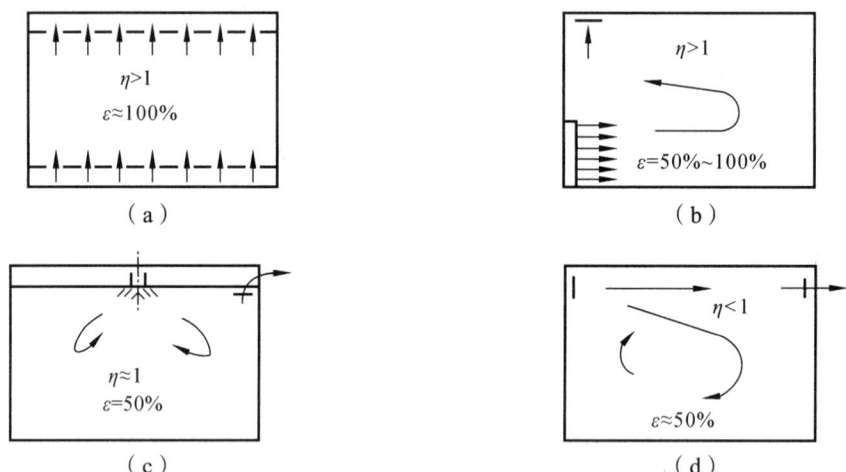

图 2.15　不同送风方式的 η 值

三、CRH2 型动车组通风系统

（一）CRH2 型动车组通风系统结构概述

CRH2 型动车组通风系统主要由换气装置、风道、风口、温度控制器等部分组成。其中，风道包括设置在车底铝地板与车内铝蜂窝地板之间的五条主要风道、车下连接风道、窗间风道及行李架下风道，如图 2.16 所示。

五条主要风道都为纵向通长风道，两侧对称分布，沿车体断面方向最外侧两道为送风道，最中间为新风道，其余两道为回风道；CRH2 型动车组编组的单号车设卫生间和小便间，卫生间和小便间废气的排出是通过在新风道内隔开一个空腔作为专门废排风道来实现的；在这种情况下，风道中的支撑作为风道隔板，相当于一个风道作两个风道使用，如图 2.17 所示。

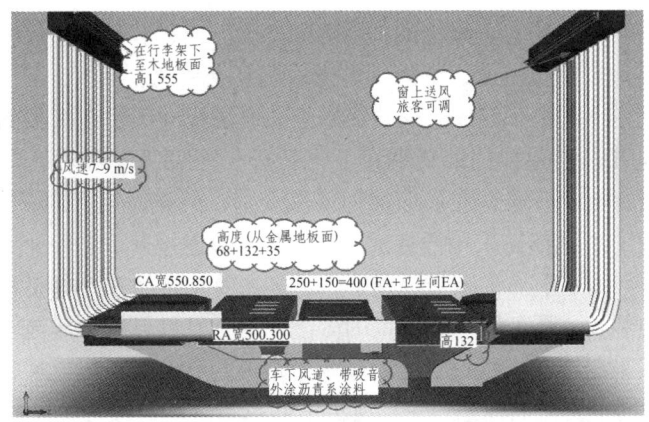

图 2.16 CRH2 型动车组通风系统风道结构示意图

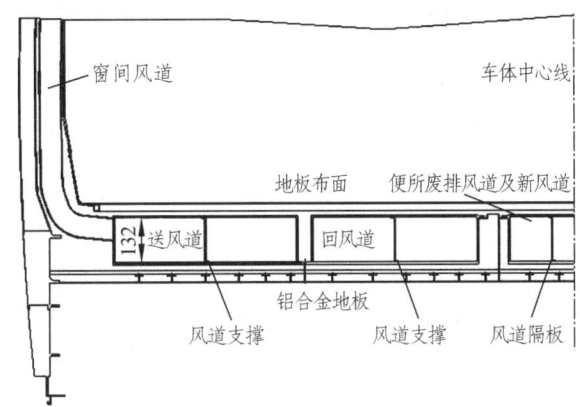

图 2.17 CRH2 型动车组车下风道断面图

CRH2 型动车组客室空调机组安装在车下，通过特殊螺栓与底架横梁连接。空调装置的送风口与车下的送风道相连；车下送风道又与设在地板中部的主送风道连通，并通过窗间风道与顶板位置处的行李架下客室送风道连通。回风口与吸入车内空气的回风道连接，回风道又通过车下风道与机组回风口连通。换气装置也通过特殊螺栓安装在底架横梁上。换气装置采用双向风机原理，排出车内的废气，并向空调机组提供新风，换气装置与回风道、废排风道连接是通过车下连接风道实现的。正常运行时，它可以保证从室内排出多少风量就可补充多少新风，从而保证车内空气压力恒定，如图 2.18 所示。

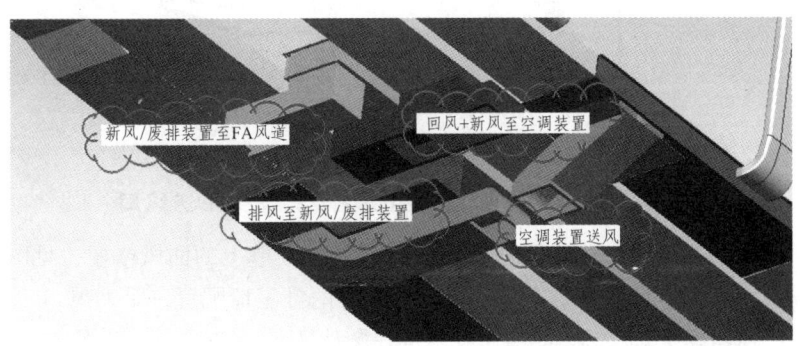

图 2.18 CRH2 型动车组通风系统车下连接风道示意图

车上送风道设置在窗上和行李架之间。在风道材质方面,车下风道及地板中风道为铝板风道,车上客室送风道为玻璃钢风道,窗间风道为保温复合风道。

车下风道其实是一个连接风道,它安装在车下,通过拖架固定在底架的横梁与地板上。车下风道的消音装置是在风道主体的四周铆接上吸音板,在吸音板与风道的夹层中放置吸音材(玻璃丝棉),并在吸音板上开吸音孔。该结构虽然复杂,但很好地起到了吸音的效果。

地板中风道之间的连接都是采用插接式连接,在风道连接处设置一个开口,然后对四周铆接,最后把盖板用铆钉固定上。在施工过程中,连接之前先在连接处打上密封胶。风道的连接处利用了大量的导流装置,既可以实现风量的分配功能,又可以减少涡流及紊流。风道在端部及风口的连接处大都采用圆滑弧线过渡,尽量减少距离,且保证了气流通畅。地板中送风道在通过枕梁位置时,采用了变截面风道,并且地板中回风道之间连接处需要在底架上的通长型材上开口,同时新风/厕所废排也采用了变截面。变截面的形状及结构设计非常具有合理性。

客室玻璃钢风道采用的材质为酚醛 FRP 材料,厚度要求严格控制在 1.5 mm,且风道体应有足够的强度和刚度;玻璃钢风道加工时须充分固化,风道装车后不会出现变色、变形等不良现象。

窗间复合风道是客室空调系统唯一的软风道,它的结构比较复杂,主体结构从外到内为铝箔→PE→硬质胶片→PE→铝箔,总共 5 层;在接口的部位由三层组成,分别为橡胶→呢绒纤维→橡胶。它具有隔热性能好,轻量化,内表面平滑,连接性能好,燃烧性、发烟性、毒性符合相关标准的优点。

保温方面,车下风道及地板内风道,外表面粘贴厚 5 mm 的保温材,窗间风道为复合风道,内部为硬质胶片,内外表面粘贴厚 4 mm 的保温材,车上客室送风道外表面也粘贴厚 5 mm 的保温材,以防止夏天高湿度状况下冷凝水的产生。

客室内上送风道的风口均匀地布置在车窗上部,送风口外形如图 2.19 所示。送风口采用的材料是聚碳酸酯,板厚 1.5 mm,且送风口应有足够的强度和刚度。行李架下送风口为固定送风口,窗上送风口为可调送风口。

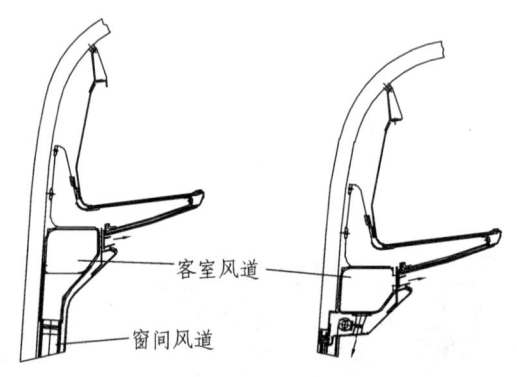

(a)窗间客室风道送风　　(b)窗上客室风道送风

图 2.19　CRH2 型动车组窗上及行李架下送风口

客室的回风口包括座椅搁脚台下回风口以及通过台间壁上的回风格栅(见图 2.20);车内回风装置上设置 2 个温度传感器。客室中央部分,每两排座椅配置一个回风口,客室两端每个座位配置一个回风口(见图 2.21)。排气口设置在厕所(见图 2.22)。

图 2.20　通过台回风口　　图 2.21　座椅下回风口　　图 2.22　厕所废排口

夏季制冷送风时，从回风道吸入的车内空气与换气装置通过新风道送入的新鲜外气相混合，经设置在客室空调机组回风口处的回风过滤网，进入空调蒸发器，在蒸发器内进行热交换，冷却为冷空气。冷空气经车下风道、地板中送风道、窗间风道、车内送风道从客室行李架下送风口及窗上送风口送入客室。冷风送风流程如图 2.23 所示。

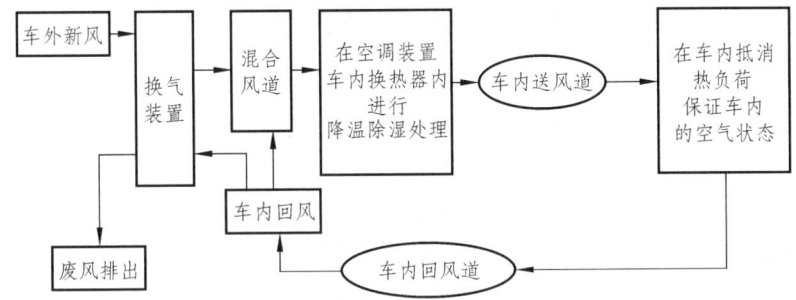

图 2.23　CRH2 型动车组通风系统送风流程（制冷工况）

冬季制热送风时，从回风道吸入的车内空气与新鲜空气混合，通过设置在空调装置回风口的过滤网，进入空调机组，在机组内由电预热器进行加热，变为暖气，然后通过与输送冷气相同路径，向车内提供暖风。制热送风流程如图 2.24 所示。

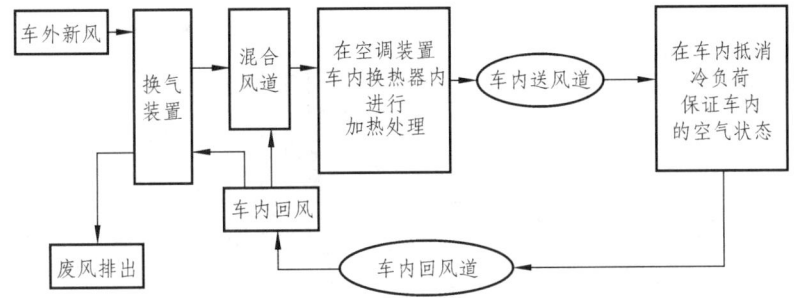

图 2.24　CRH2 型动车组通风系统送风流程（制热工况）

（二）换气装置

为降低动车组会车或进出隧道时车外的压力突变对车内压力波动的影响，CRH2 型动车组在每节车厢地板下安装了一台供排气一体的换气装置，如图 2.25 所示。该换气装置采用变频器控制送风机的运行转速，运行速度高于 160 km/h 时，风机高速运行，低于 160 km/h 时，风机低速运行。通过提高送风机的静压力性能，能够更好地抑制车内的压力变动，同时确保车内换气量的要求。为了与辅助电源系统的电源一致，换气装置上的电源为 AC 400 V 单相 50 Hz，该装置设置了单独的变频器。

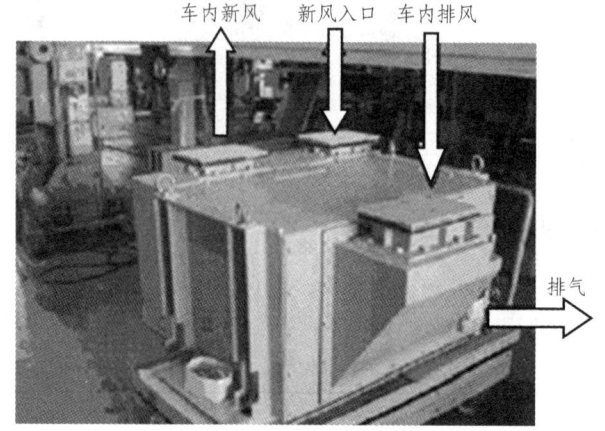

图 2.25 供排气一体换气装置的外形图

变频器箱内设置变频器、继电器单元、变压器、噪声过滤器、变频器冷却散热片及用于冷却变压器的专用冷却扇等设备。为了防止从冷却风的吸入口进入灰尘，备有拆装式的过滤网。车辆配线采用连接器进行。

换气装置采用双向风机原理，由一台变频控制的双出头电机带动两台高压头的高速离心风机进行动车组客室的进、排气。图 2.26 为换气装置的工作原理图。车外新风经过装有风量调节板的给风侧，被高压送风机吸入，分别送到两台空调机组中，车内回风被高压排风机吸入，加压后进入装有电机的换气装置的内部通道，在冷却风机电机后从装有调节板的出风口排出车外。正常运行时，它可以保证从室内排出多少风量就可补充多少新风，从而实现车内空气压力的恒定。

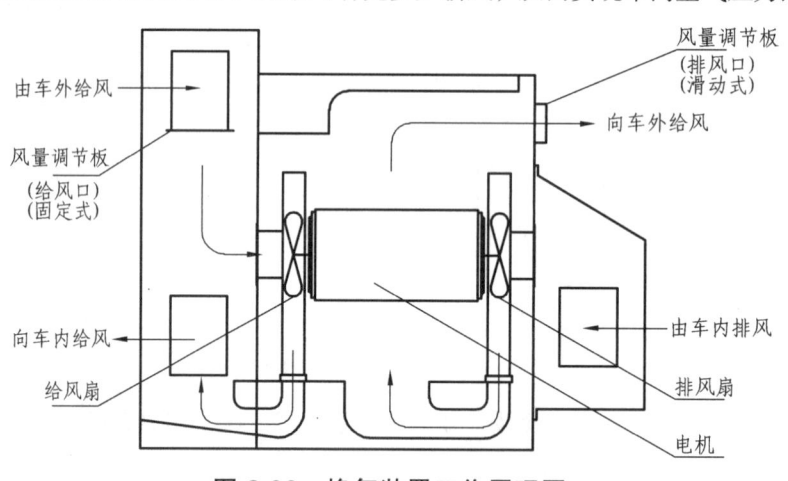

图 2.26 换气装置工作原理图

另外，为了降低噪声，换气装置工作时，根据车辆的行驶速度能够进行工作频率的切换。在停车时，为降低噪声，使用低速工作频率 53 Hz（3 180 r/min）。与相向的车辆相会时和在隧道里行走时，为防止车内压力变化引起的耳感不适，使用高速工作频率 60 Hz（3 600 r/min）。高、低速切换速度设置为 160 km/h。

换气装置及主要部件技术参数如表 2.2 ~ 2.4 所示。

表2.2 换气装置风机参数表

型　号	FK204A
用　途	客室通风
构　造	地板下安装供排气一体横轴型多叶片风扇
叶片形式	多片式
叶片直径	供气：$\phi 395$ 排气：$\phi 395$
叶片数	25
转　速	低速（运行速度160 km/h以下，53 Hz运行）：3 180 r/mm 高速（运行速度160 km/h以上，60 Hz运行）：3 600 r/mm
额定值　风　量	供气：约21 m³/min（53 Hz运行，约16 m³/h·人） 排气：约24 m³/min（60 Hz运行，约18 m³/h·人）
额定值　鼓风机静压 （大气吸进，20 ℃换算，供气、排气相同）	约3 kPa（53 Hz运行时） 约4 kPa（60 Hz运行时）
最大鼓风机静压 （大气吸进，20 ℃换算，供气、排气相同）	约3.7 kPa（53 Hz运行时） 约5.5 kPa（60 Hz运行时）
质　量	约110 kg（包括电机）

表2.3 换气装置电机参数表

形　式	WMH 3121
用　途	车厢换气
构　造	全闭型3相鼠笼型感应电动机
冷却方式	自冷却
相数	3相
极数	2极
绝缘等级	F级
定额　种类	连续
定额　使用回转速度	低速（运行速度160 km/h以下、53 Hz运行）：3 180 r/min 高速（运行速度160 km/h以上、60 Hz运行）：3 600 r/min
定额　输出	进气\排气合计 8.2 kW（53 Hz运行时） 11.2 kW（60 Hz运行时）
定额　电动机输入电压	AC 440 V（根据变频器输出电压）
定额　电动机输入电流	23 A
定额　轴承	进气侧：6309ZZ 排气侧：6310ZZ
定额　润滑脂	尿素类润滑脂
定额　质量	约100 kg

为换气装置提供电源的逆变器，根据设备布局需要，紧靠换气装置安装或在距离较远的地方安装。换气装置用逆变器参数如表2.4所示。

表2.4 换气装置用逆变器参数

逆变器规格	型　号	SJ300-220HFS-KE2
	名称容量	20 kV·A
	相　数	3 相
	输出电压	以下图的 v/f 模式为依据
	输出频率	0.5～70 Hz
	频率精度	所有频率带±0.35 Hz[最大频率 70×（1±0.5%）Hz，（25±10）℃时]
	启动方法	低频启动，0.5→70 Hz 的加速时间约为 20 s
	停止方法	LAD（线性加速驱动）减速，70→0.5 Hz 的减速时间 30 s
	v/f 模式	输出电压440 V，频率60～70 Hz，依赖于受电电压
电源	主回路	AC 400×（1－18%）～AC 400×（1＋20%）V，50×（1±5%）Hz 单相（浪涌电压高峰值 838 V 以下）
	控制回路	DC 100×（1±10%）V（瞬间停机，浪涌电压没有变动）
输出	启动频率	0.5 Hz
	运行频率	低速时（160 km/h 以下）：53 Hz 高速时（160 km/h 以上）：60 Hz
	运行回转速度	低速时（160 km/h 以下）：3 180 r/min 高速时（160 km/h 以上）：3 600 r/min
负荷	负荷机械名称	车辆换气用电扇
	使用范围	0.5～63 Hz
	负荷电机	12 kW（63 Hz 运行时）
环境	周围温度	0～45 ℃
	相对湿度	20%～90%（没有结露）
速度信号	切换信号	输入信号 CF1－CM1
	信号和频率间的关系	CF1－CM1＝断开时：53 Hz CF1－CM1＝短路时：60 Hz
	质　量	逆变器 15 kg，继电器单元 20 kg，变压器 24 kg
	连接图	AC 44 V 电源—单卷变压器—逆变器—电机（U、V、W）

（三）风量分配

200 km/h CRH2 型动车组通风系统的风量分配主要靠截面大小变化及导流板的设置来实现，它的风量分配很具体。图 2.27 所示为 CRH2 型动车组 1 号车风量分配情况（包括司机室空调）。图 2.28 所示为空调送风道与机组车下风道连接时送风道内所用导流板形状示意图，它的作用是分配送入主送风道内送风口两侧的风量。

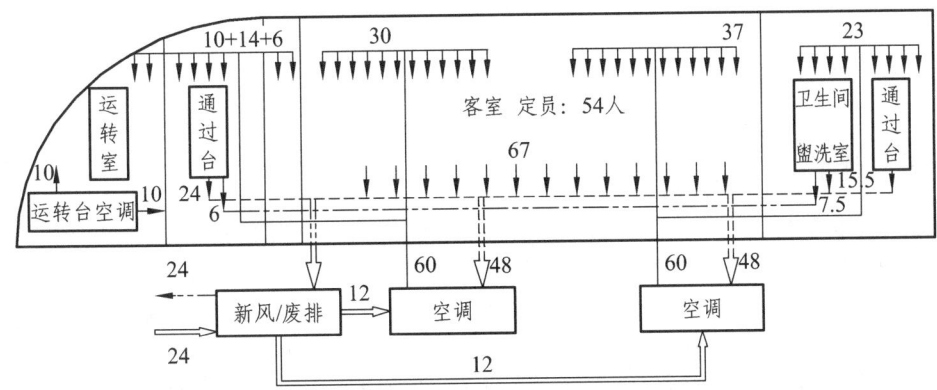

图 2.27　CRH2 型动车组 1 号车风量分配情况

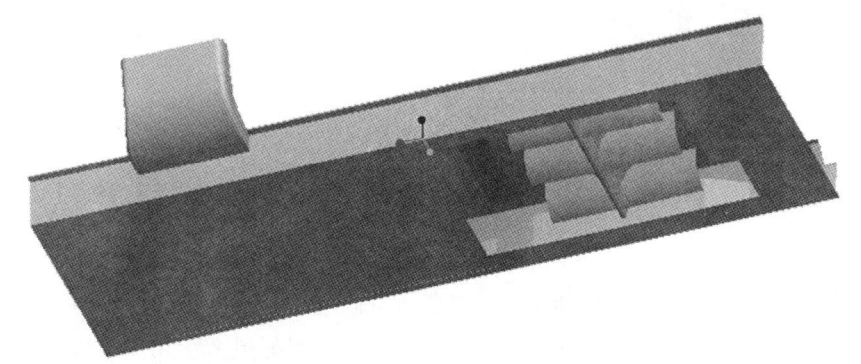

图 2.28　导流板形状示意图

以上风量分配的方法是根据车体各部分的负荷与总负荷的比值及总送风量确定送风量值，各部分送风量的实现主要依靠风道试验模型进行试验得来。各部分送风量的实现对我国现有情况来讲是个难点，我们自己生产的车要达到此状态，必须对此类车型通风系统进行系统研究，形成一定的理论体系，并且进行大量的试验才能实现。

（四）CRH2 型动车组通风系统的结构特点

（1）车下风道多为消音风道，在变截面风道及风道入口的风道都为吸音风道，吸音风道多采用吸音板与风道铆接，在吸音板与风道的夹层中放置吸音材料（玻璃丝棉），并在吸音板上开有大量吸音孔，起到良好的吸音效果。

（2）风道连接处设置大量的导流装置，既可以减小风道阻力，也可以实现风量分配的功能。

（3）风道在端部及风口连接处大都采用圆滑弧线过渡，尽量减小阻力，且保证气流通畅。

（4）地板内主送风道纵向通过枕梁位置时，采用变截面风道。

（5）保温方面，车下风道及地板内风道，外表面粘贴厚 5 mm 的保温材料；窗间风道为复合风道，内部为硬质胶片，内外表面粘贴厚 4 mm 的保温材料；车上客室送风道外表面也粘贴厚 5 mm 的保温材料，以防止夏天高湿度状况下冷凝水的产生。

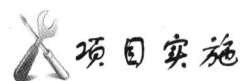

【实施条件】

实施地点与要求：拥有 CRH2/CRH5 型动车组的实训场地或动车组运用所，设备完好。

实施时间：最好在气温合适的季节或动车运用所库内进行二级检修的时段。

教学组织：学生分成学习小组，5～6 人一组，每小组一节车厢；由指导老师进行讲解与现场示范，学生分组进行操作。

安全要求：学生佩戴安全帽、手套等防护用品，确认接触网断电、受电弓已降、止轮器已设并设置安全号志才能作业。

【实施步骤】

任务一 CRH2 型动车组通风系统保养基准认知

在 CRH2 型动车组一、二级检修中，对动车组空调通风系统主要进行空气过滤网的清洁与维护、相关部件外观检查等作业；在三、四级检修中，要对通风系统相关部件如通风机、电气部分等进行拆卸、检查与维护。通风系统部件保养基准如表 2.5 所示。

表 2.5 CRH2 型动车组通风系统部件保养基准

部件名称	1年	2年	3年	4年	5年	6年	7年	8年	9年	10年	11年	12年
回风用空气过滤网	夏季每 1 个月更换，冬季每 2 个月更换 （根据过滤网的污损程度决定更换周期）											
室外过滤网	夏季每 1 个月更换，冬季不更换 （根据过滤网的污损程度决定更换周期）											
热交换器的清扫	○											
送风机运行异常声音的检查	○	△	△	△	△	△	△	△	△	△	△	◎
送风机清扫，轴承更换			◎			◎			◎			◎

续表

部件名称	1年	2年	3年	4年	5年	6年	7年	8年	9年	10年	11年	12年
绝缘电阻的检查	△	△	△	△	△	△	△	△	△	△	△	◎
接触器类（接点粗糙度，端子螺丝）			△			◎		△		◎		◎
圆柱形插头接触检查			△			△			△			◎
保护装置的动作检查			△			△			△			◎
排水盘、过滤网检查盖罩的安装螺栓，室外过滤网安装螺栓的更换						◎						◎
排水盘清扫	○	○	○	○	○	○	○	○	○	○	○	○
排水泵	△	△	◎	△	△	◎	△	△	◎	△	△	◎
修补涂层（送风机）			△			△			△			◎

注：○—无论状况如何都要实施；△—检查发现有异常的话要修理或更换；◎—更换。

空调装置上各种检查盖罩的位置如图2.29所示。

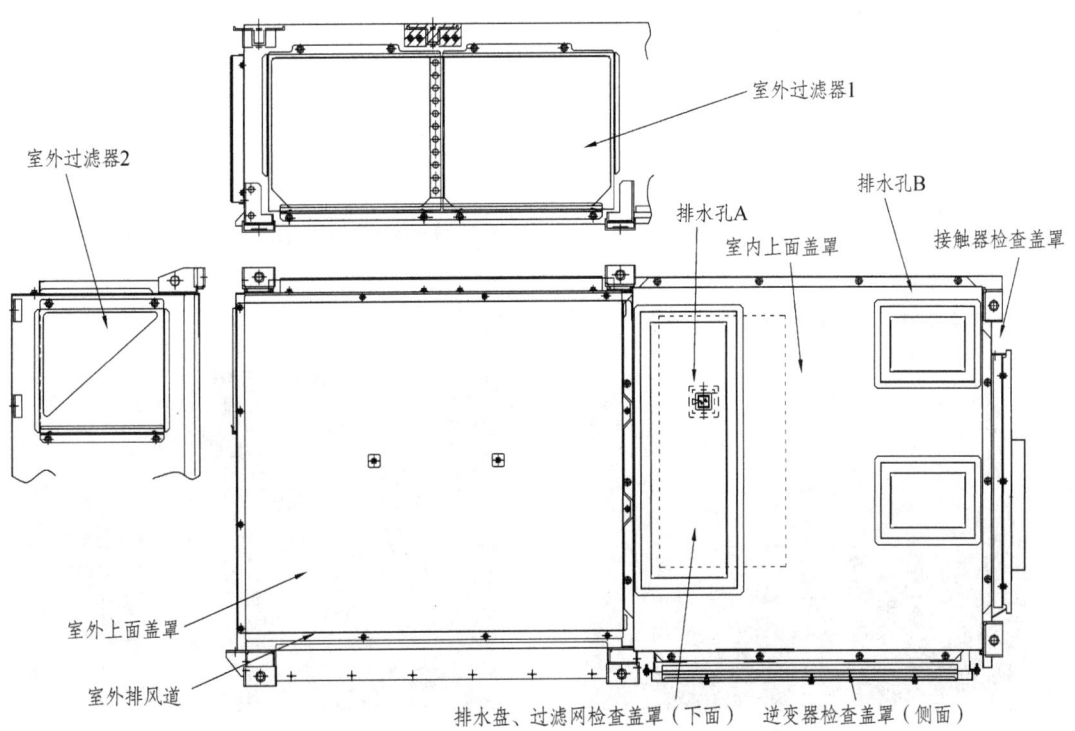

图 2.29 CRH2型动车组空调装置上各种检查盖罩的位置

任务二　CRH2 型动车组室内过滤网的检查与保养

一、作业准备

维修周期：4月—10月，15 000 km/15 天；11月—次年3月，30 天。
修程：二级修。
车号：1、2、3、4、5、6、7、0。
作业人员：机械师 2 名。
作业时间：20 min/辆。
供电条件：无电。
作业工具：基本工具、吸尘器、压缩空气、套筒扳手、扭矩扳手、运输车。

二、注意事项

（1）作业中不得损坏空调热交换器。
（2）作业中防止滤网磕碰、损伤。
（3）采用换件维修方式。

三、作业程序

（1）打开空调滤网相应位置的底板，松开安装盖罩的螺栓（M10），卸下排水盘、过滤网检查盖罩，如图 2.30 所示。
（2）从中央安装座上卸下过滤网，如图 2.31 所示。

图 2.30　卸下排水盘、过滤网检查盖罩

图 2.31　从中央安装座上卸下过滤网

(3)检查进风口侧的换热器,有积污时用吸尘器对其进行清洁,或用水(中性洗涤剂)进行清洗。

(4)清除过滤网周边底板上的灰尘、杂物。如有框架变形,则更换新品。

(5)更换过滤材料或更换过滤网,换下后使用中性清洗剂清洗。

过滤材料更换要领如下:

① 过滤网的组装状态如图2.32所示。

② 卸下上面的框,如图2.33所示。

图2.32 组装状态

图2.33 卸下上面的框

③ 取下压紧框,如图2.34所示。

④ 卸下过滤材料,如图2.35所示。

图2.34 取下压紧框

图2.35 卸下过滤材料

⑤ 卸下过滤材料后的状态如图2.36所示。

图2.36 卸下过滤材料后的状态

⑥ 组装则是按照相反的顺序进行。

(6)用1 500~2 000 W的吸尘器对各过滤器框架进行彻底除尘;必要时用中性清洗剂进行清洗。

(7)安装干燥的过滤网,并确认状态良好。

（8）用扭矩扳手按规定力矩安装相应底板螺栓。
（9）检查底板螺栓齐全、紧固。

任务三　CRH2 型动车组室外过滤网的检查与保养

一、室外过滤网检查方法与保养基准

室外过滤网检查方法与保养基准如表 2.6 所示。

表 2.6　室外过滤网检查方法与保养基准

部件名	保养基准	检查方法
室外过滤网	夏季每 1 个月更换，冬季不更换（根据过滤网的污损程度决定更换周期）	准备好装有新品过滤材料的循环过滤网框，进行循环保养。将污损的过滤网框分解，更换新品过滤材料

二、室外过滤网的拆卸与更换

1. 室外过滤网的拆卸

卸下各过滤网的固定 M8 螺栓（各 2 个）。室外过滤网的位置如图 2.37 所示。

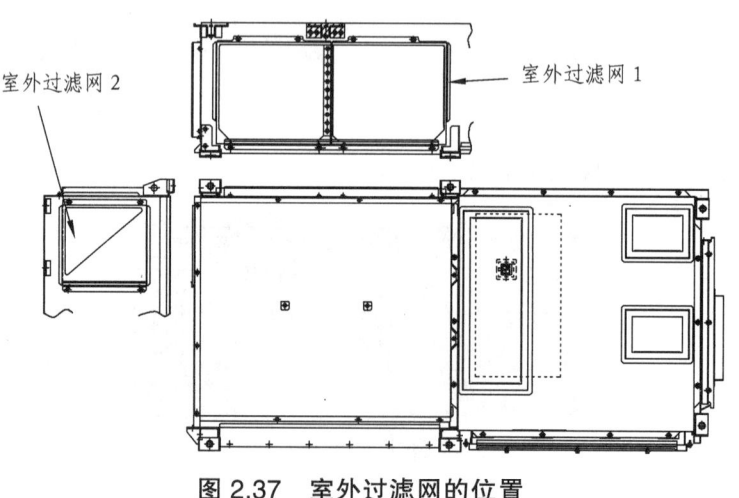

图 2.37　室外过滤网的位置

2. 更换过滤材料

室外过滤网过滤材料的更换要领与室内过滤网过滤材料的更换要领相同。

任务四　CRH2 型动车组车厢内送风机的检查与维护

一、检查方法与保养基准

对车厢内送风机的检查要在拆卸后进行。在拆卸前要将电源断开。检查方法与保养基准如表 2.7 所示。

表 2.7　车厢内送风机检查方法与保养基准

部件名	保养基准	检查方法
车厢内送风机	调查轴承有无异常声音，1 次/年	运转时有异常声音或振动，要在修理工厂更换轴承
	清扫车厢内送风机，1 次/3 年	叶片的内侧有尘埃附着，会引起风量减少和送风机振动噪声，并且破坏叶轮平衡，从而振动加大，造成轴承的寿命缩短。在叶片内侧 R 部上有尘埃附着的情况下，用软毛刷拭擦。注意不要使叶片变形，也不要弄伤涂装表面
	轴承更换，1 次/3 年	轴承每 3 年更换新件

二、车厢内送风机的拆卸与分解

1. 车厢内送风机拆卸

车厢内送风机布局如图 2.38 所示，车厢内送风机排风道连接着逆变器的冷却风道。按以下程序把车厢内送风机卸下：

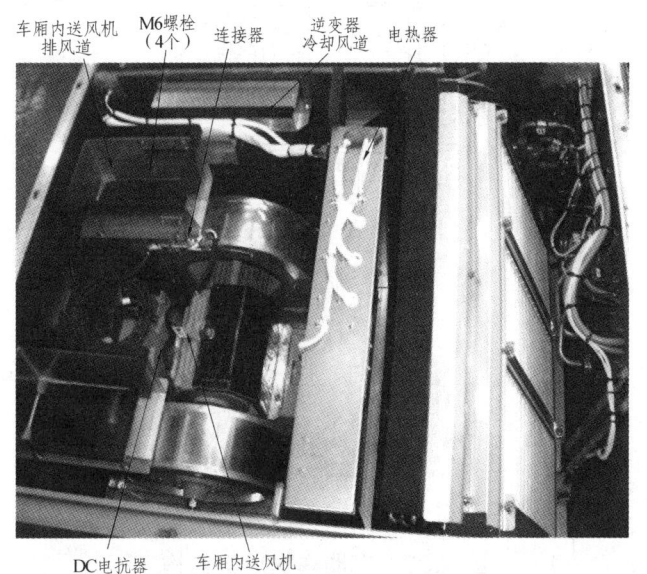

图 2.38　空调装置内部部件布局

① 松开 DC 电抗器上的 4 个安装螺栓，卸下 DC 电抗器。

② 卸下连接车厢内送风机排风道和逆变器冷却管的 4 个 M6 螺栓。

③ 卸下连接导线端头的连接器。

④ 松开安装着车厢内送风机的螺栓（M8×8 个）。

⑤ 在车厢内送风机电动机上部的吊环螺栓（M10）上挂上吊钩，将其吊起。吊起时，送风机避免接触逆变器冷却风道，向逆变器侧相反的方向移动吊起。

⑥ 松开电热器上的安装螺栓（M8×6 个），卸下电热器。

2. 送风机的分解要领

车厢内送风和结构如图 2.39 所示，分解要领如下：

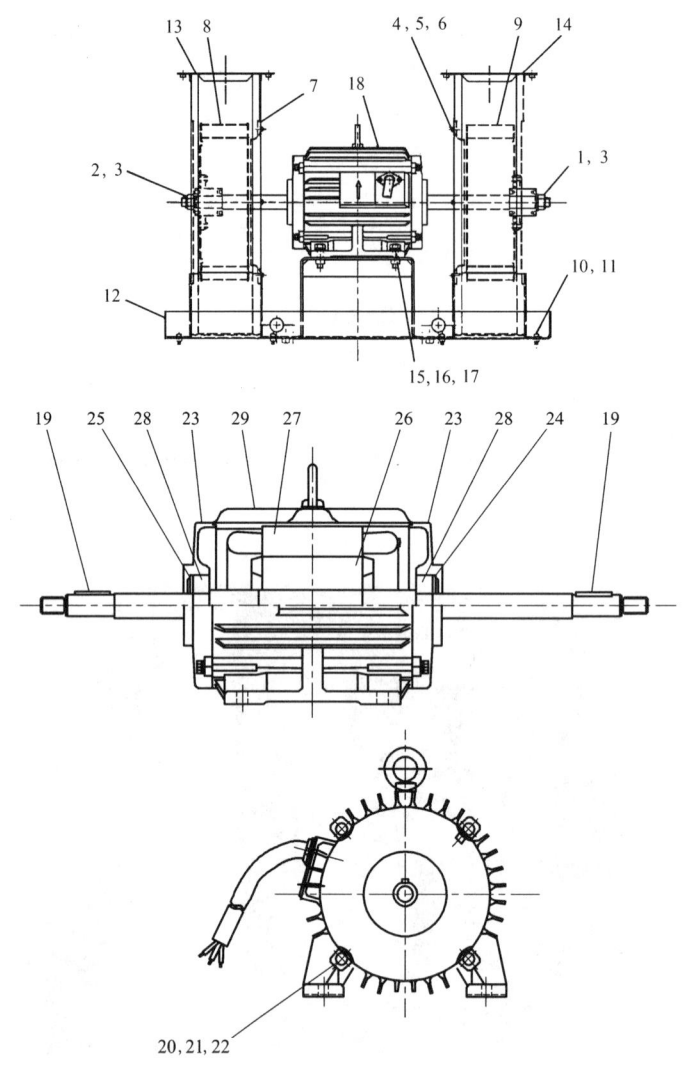

图 2.39　车厢内送风机结构

1—M16U 固定螺帽；2，3，16—垫圈；4，5，6—叶轮组件；7—吸风口；8，9—叶片；10，11—外壳安装螺丝及垫圈；12—安装底座；13，14—风机外壳；15—电机安装螺栓；17—弹簧垫圈；18—电机吊装座；19—键；20，21，22—支架安装螺栓；23—支架；24—预压弹簧；25—防水套环；26—转子轴；27—定子；28—止推环；29—电机外壳

① 卸下叶片的 M16U 固定螺帽 1 及垫圈 2、3。
② 拔出叶片 8、9。
③ 卸下外壳安装螺丝 10 及垫圈 11。
④ 在拆卸外壳时要注意不要弄伤转子轴 26 和送风机底座。
⑤ 卸下电机安装螺栓、垫圈 16、弹簧垫圈 17，把电机放置于平稳的台子上。
⑥ 卸下键 19。
⑦ 卸下支架安装螺栓 20，卸下支架 23。
⑧ 拔出转子轴 26 放到没有尘埃的干净地方。

分解过程中需注意以下事项：
① 注意不要在叶片侧面上加外力，这会使叶片变形。
② 叶片 8、9，转子轴 26 具有各自的方向性，卸下时要标上记号。
③ 要使支架不发生倾斜，要均匀地用力拔下。
④ 注意不要丢失预压弹簧 24、防水套环 25。
⑤ 拔取转子轴时候，要注意轴相对于电机的位置，做好标记以防弄错。
⑥ 拔取转子轴时要注意不要接触到定子 27。
⑦ 电机外壳 29 和定子 27 不分解。

任务五　CRH2 型动车组室外送风机的检查与维护

一、室外送风机检查方法与保养基准

对室外送风机的检查必须在拆卸后进行，在拆卸前要关闭电源。作业时要注意不要弄伤送风机。具体检查方法及保养基准如表 2.8 所示。

表 2.8　检查方法及保养基准

部件名	保养基准	检查方法
室外送风机	检查轴承有无异常声音，1 次/年	旋转时若有异常的声音或振动，在修理工厂更换轴承
	清扫，1 次/3 年	室外送风机要进行清扫
	轴承的更换，1 次/3 年	轴承为每 3 年更换新品

二、室外送风机拆卸、更换与保养

1. 拆卸要领

室外送风机各部件布局如图 2.40 所示，拆卸要领如下：

① 打开室外盖罩。
② 取下室外送风机的连接器。
③ 卸下室外送风机安装螺栓（M10×4个）。
④ 卸下室外送风机。

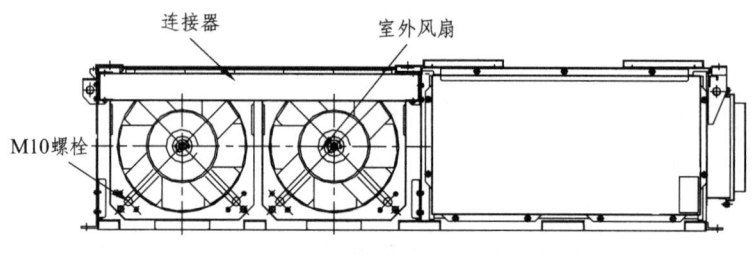

图 2.40　室外送风机部件布局

2. 分解要领

室外送风机结构如图 2.41 所示，分解要领如下：
① 卸下叶片固定螺帽 1 及垫圈 2。
② 拔出叶片 3。注意拔出叶片时要相对轴垂直拔出，否则会造成轴变形。
③ 将电机 4 放置在平稳的台子上。
④ 卸下键 5。
⑤ 卸下支架安装螺栓 6，取下支架 7。注意不要倾斜，要均匀地用力拔去螺栓。
⑥ 拔出转子轴 8 放置到没有尘埃的干净地方。注意在拔出时不要接触到定子。

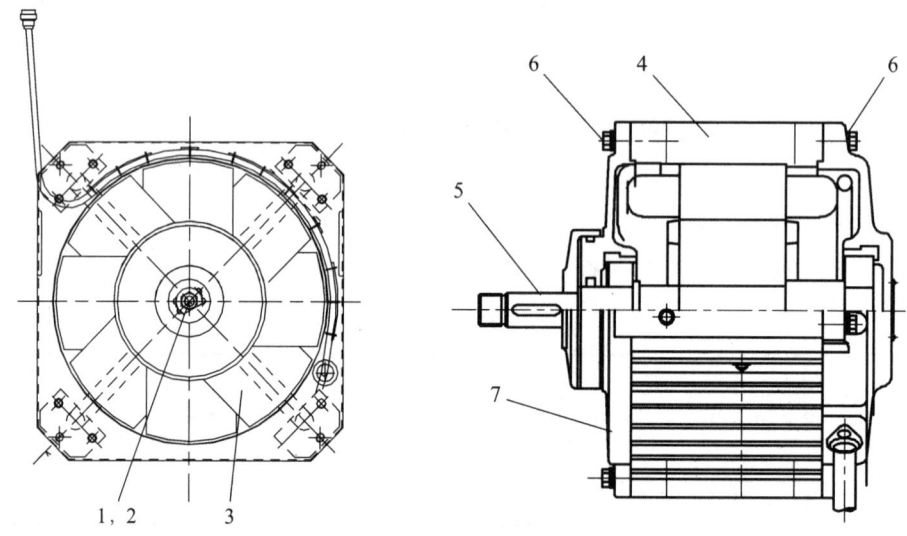

图 2.41　室外送风机结构

1—固定螺帽；2—垫圈；3—叶片；4—电机；5—键；6—安装螺栓；7—支架

3. 室外送风机保养时的注意事项

① 室外送风机连接用连接器接点。

室外送风机保养（轴承更换、修补涂层等）时，在拔下连接室外送风机的连接器插头后，再组装时应确认有无连接器的插头松动不牢现象，如果有松动，更换新品。

② 涂上密封剂（见图2.42）。

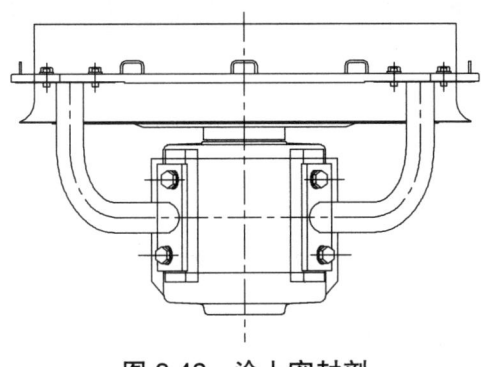

图2.42　涂上密封剂

室外送风机保养时，在电动机支架（铝合金制）的接缝处、叶轮与旋转密封材料相碰的面及旋转密封材料沟部必须涂抹密封剂（Shielder No.193），然后才可组装。如果不涂密封剂，电动机不能防水。

任务六　CRH2型动车组送风机电动机轴承的更换

一、注意事项

轴承采用密闭式，能够不注油长时间运行。当有异常声音、异常臭气、振动过大等异常情况时要更换轴承。更换轴承时，切勿用锤子强行敲打，或是强行卸下，否则会发生轴弯曲等事故。

把轴承装到轴上时，要仔细将装配部位擦净，除去凸起和伤处后再进行安装。

二、更换方法

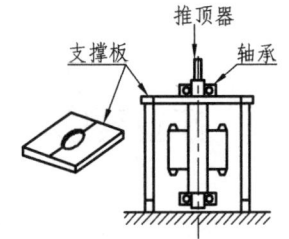

图2.43　通过推顶器来拆卸轴

（1）通过推顶器来拆卸。如图2.43所示，用轴承的内圈顶住转子，然后平稳地推动轴端把轴承卸下。

（2）使用市面出售的拔下（拆卸）工具。要仔细地阅读其说明之后再实施。

（3）安装方法。在轴承的内圈上和轴的装配面上涂上润滑油，垂直地套入，用适当的管材顶住轴承的内圈，用推顶器平稳地压进去。在没有推顶器的时候，用管子轻轻敲打进去。此时，注意不要撬轴承或把管子顶着轴承外圈部分。

任务七　CRH380A动车组端部新风滤网清洁

一、作业准备

维修周期：3万千米/30天（根据季节和运行环境缩短周期）。
修程：二级修。
车号：1、2、3、4、5、6、7、0。
作业人员：机械师2名。
作业时间：30 min/辆。
供电条件：无电，外接电源。
作业工具：棘轮扳手、扭矩扳手（10~100 N·m）、六角套筒（13 mm）、小登梯、毛刷、端部新风滤网（周转件）、化油器清洗剂、白棉布、油漆笔等。

二、注意事项

（1）作业人员按规定穿戴工作服、防护鞋、安全帽等劳保用品。
（2）作业人员按规范携带对讲机、手电筒、"车统-15"本、记录笔等随身工具。
（3）"车统-15"本、检修台账使用蓝黑钢笔或中性笔填写，禁止使用圆珠笔、铅笔以及其他颜色的笔填写。
（4）作业前确认动车组安全号志按规定设置，动车组满足作业条件，确认作业工具校验不超期，物料型号正确，未过期；作业中作业工具、材料及配件定置摆放，规范使用联控用语，小组内作业人员同步作业，加强互控；作业完毕及时清理现场，做到"工完、料尽、场地清"。
（5）作业时应严格遵守现场的安全规定。
（6）作业中防止滤网磕碰、损伤。

三、作业程序

1. 劳保穿戴、工具物料确认

（1）1、2号作业者相互确认工作服、防护鞋、安全帽等劳保用品按规定穿戴。
（2）2号作业者领取工具材料，检查扭力扳手校验不超期，扭力扳手力矩范围符合标准。

2. 作业手续办理

(1) 工长确认作业车组号及股道正确,受电弓已降下,接触网已断电,接地杆已挂,停放制动已施加或止轮器已设置,如图 2.44～2.47 所示。

图 2.44　车组号正确

图 2.45　受电弓已降下

图 2.46　接地杆已挂

图 2.47　止轮器已设置

(2) 工长通知作业者可以开始无电作业。

3. 拆除端部新风滤网

(1) 1 号作业者站在小登梯上使用棘轮扳手、六角套筒(13 mm)逆时针旋转拆除端部新风滤网安装螺栓,抽出端部新风滤网,如图 2.48 所示。

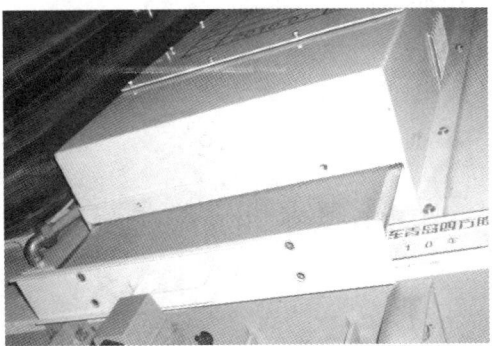

图 2.48　端部新风滤网

⚠ 注意跌落风险：登高人员注意防止跌落，摔伤。

（2）1号作业者站在小登梯上使用棘轮扳手、六角套筒（13 mm）逆时针拆除安装螺栓，打开弹簧销，取下滤网，如图 2.49 所示。

（3）2号作业者检查拆下的固定螺栓及垫片状态，确保螺栓丝扣及垫片外观良好、无损坏。将固定螺栓及垫片放置于物料盒内，拆下旧滤网与更换品分开放置在地垫上。

图 2.49　新风滤网

4. 安装端部新风滤网

（1）1号作业者将新滤网插入安装槽内，安装时要轻缓。

（2）1号作业者用力矩扳手、六角套筒（13 mm）按照 15 N·m 力矩顺时针旋转紧固螺栓，紧固后使用油漆笔涂打防松标记。 ⓗ

5. 完工确认

（1）1、2号作业者共同确认端部新风滤网螺栓安装良好。 ⓗ

（2）作业完毕后，应做到工完、料净、场地清，并及时通知工长。

任务八　CRH380A 动车组滤网清洁

一、作业准备

维修周期：3万千米/30天（根据季节和运行环境缩短周期）。
修程：二级修。
车号：1、2、3、4、5、6、7、0。
作业人员：机械师 2 名。
作业时间：30 min/辆。
供电条件：无电。
作业工具：十字螺丝刀、吸尘器（1 000～1 500 W）、检修钥匙、毛刷、白棉布等。

二、注意事项

（1）作业人员按规定穿戴工作服、防护鞋、安全帽等劳保用品。
（2）作业人员按规范携带对讲机、手电筒、"车统-15"本、记录笔等随身工具。

（3）"车统-15"本、检修台账使用蓝黑钢笔或中性笔填写，禁止使用圆珠笔、铅笔以及其他颜色的笔填写。

（4）作业前确认动车组安全号志按规定设置，动车组满足作业条件，确认作业工具校验不超期，物料型号正确，未过期；作业中作业工具、材料及配件定置摆放，规范使用联控用语，小组内作业人员同步作业，加强互控；作业完毕及时清理现场，做到"工完、料尽、场地清"。

（5）作业时应严格遵守现场的安全规定。

（6）空调装置、换气装置处于停止状态。

三、作业程序

1. 劳保穿戴、工具物料确认

（1）1、2号作业者相互确认工作服、防护鞋、安全帽等劳保用品按规定穿戴。

（2）2号作业者领取工具材料，检查扭力扳手校验不超期，扭力扳手力矩范围符合标准。

2. 作业手续办理

（1）工长确认作业车组号及股道正确，受电弓已降下，接触网已断电，接地杆已挂，停放制动已施加或止轮器已设置，如图2.44～2.47所示。

3. 断开各车空气开关

（1）1号作业者负责断开服务配电盘供排气、空调控制1、空调控制2空气开关，目视确认各空气开关处于断开位置，如图2.50和2.51所示。

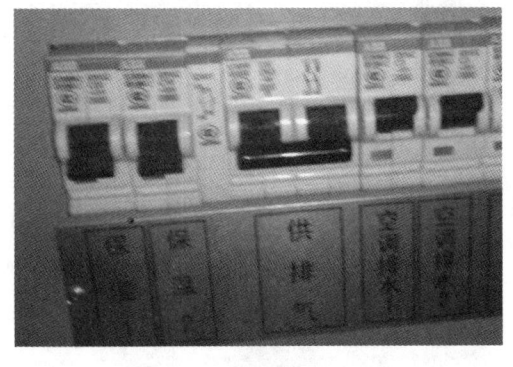

图2.50 供排气空气开关

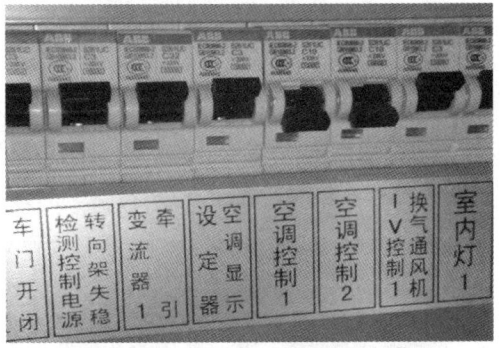

图2.51 空调控制开关

4. 检查清洁通过台、厕所内滤网

（1）1号作业者分别使用十字螺丝刀、六角钥匙拆下通过台、厕所处回风口滤网，确认滤网状态良好、无变形，破损及变形的滤网需进行更换作业，如图2.52所示。

图 2.52 通过台处回风口及厕所回风口

（2）2号作业者用毛刷清洁脏堵滤网，同时1号作业者使用吸尘器进行清扫，确认各滤网无灰尘及杂物。

（3）清洁完毕，1号作业者安装通过台、厕所处回风口滤网，确认安装状态良好。

5. 检查清洁司机室、乘务员室、车厢端部回风口滤网

（1）1号作业者使用十字螺丝刀拆下司机室后边柜、监控室、乘务员室、车端回风口滤网，如图 2.53 和图 2.54 所示。

（2）1号作业者确认各滤网状态良好、无变形，破损及变形的滤网需进行更换作业。

（3）2号作业者用毛刷清洁各滤网，同时1号作业者使用吸尘器进行清扫，确认各滤网干净无杂物。

（4）1号作业者用十字螺丝刀安装各回风口滤网。

图 2.53 司机室后边柜回风口及乘务员室回风口

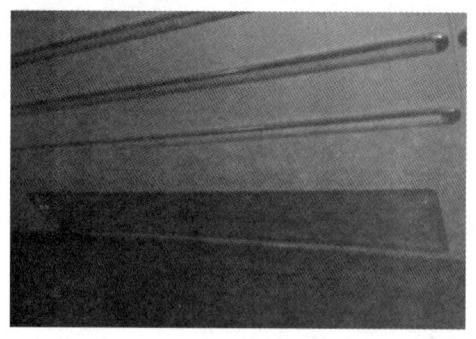 

图 2.54 车端回风口

6. 检查清洁座椅下滤网

（1）1号作业者转动座椅90°（餐车需钻到座椅下面，VIP座椅需打开相应盖板，如图2.55所示）目视检查回风口滤网外观状态。确认各滤网安装良好、无变形，破损及变形的滤网需进行更换作业。

图 2.55 VIP 座椅滤网及餐车座椅滤网

（2）2号作业者用毛刷清洁各滤网，同时1号作业者使用吸尘器进行清扫，目视确认各滤网干净无杂物。

7. 恢复作业

1号作业者对各空气开关进行复位。

8. 完工确认

（1）1、2号作业者共同确认各空气开关处于闭合位。检

（2）作业完毕后，应做到工完、料净、场地清，并及时通知工长。

项目拓展

任务一　CRH1 型动车组通风系统

一、CRH1 型动车组通风系统概述

CRH1 动车组暖通空调系统以 UIC533 为参考设计标准，客室送风量为 6 200 m³/h，其中最大新风量为 2 120 m³/h，排风量为 2×1 000 m³/h；司机室送风量为 800 m³/h，其中新风量为 60 m³/h。

CRH1 型动车组客室采用分体式空调装置，空气调节单元安装在车顶中央位置，风道系统位于车顶棚和顶板（顶板带有散流板）之间；供风由两边的矩形主风道，经消音器和散流器流入客室。送风风扇从空气调节单元两侧吸进新风和回风。新风和循环风在经过过滤器之前混合在一起，

然后通过空气过滤器、蒸发器（分成两部分）和电加热器（分成两部分）。流经蒸发风扇的空气经过冷却和除湿/加热之后吹进客室风道系统，分配到客室中。空气调节单元（见图2.56）到送风道的接头位于单元的前侧。对单元的维护可以在车外完成，且空气过滤器也容易维护。

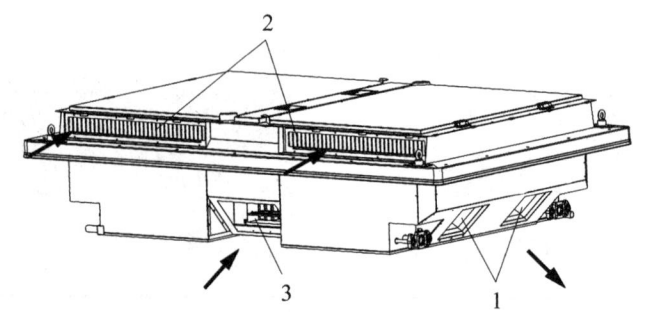

图 2.56 空气调节单元（AHU）

1—送风口；2—新风口；3—回风口

如图2.57所示，CRH1型动车组通风系统主要由主风道、二级风道、送风机、废排风机、风门及风门控制器，以及空气过滤格栅等组成。

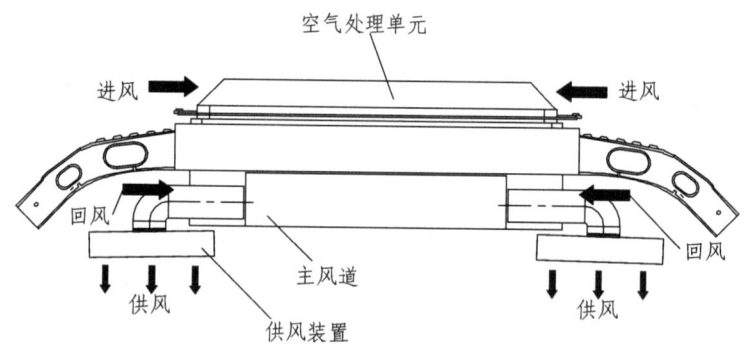

图 2.57 CRH1 型动车组客室通风系统

安装在车端部的两个废排单元用于提供新风和排出废气，以及用于新风的紧急通风。通过废排单元中废排气流的调整以及空气调节单元中新风气流的调整，可确保车内空气压力在正常范围内。

空气调节单元将空调空气（包括新风和回风）吹到单元的两端。送风通过风道系统送到整个车辆的各个部分。风道系统包括一个主风道系统和一个二级风道系统，主送风道布置在车体纵向中央，二级风道则布置在主送风道纵向的两侧，分别如图2.58和图2.59所示。

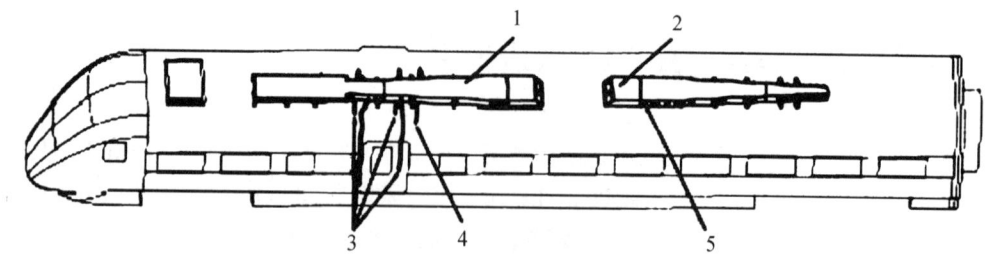

图 2.58 主风道系统

1—送风风道；2—消音器；3—送风通过台加热器；4—送风入口；5—到送风装置的出口

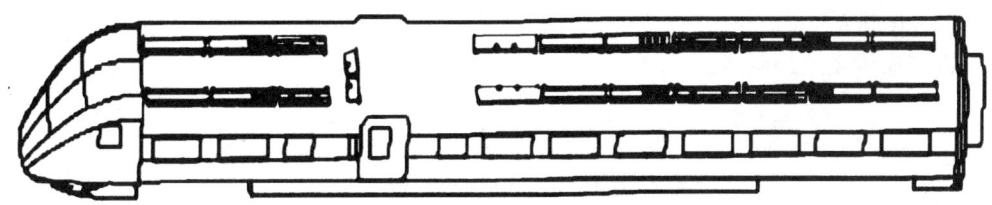

图 2.59 二级风道系统

二级风道通过软管连接到主风道上。二级风道底部罩有顶板孔板。主风道与二级风道在车体的位置如图 2.60 所示。

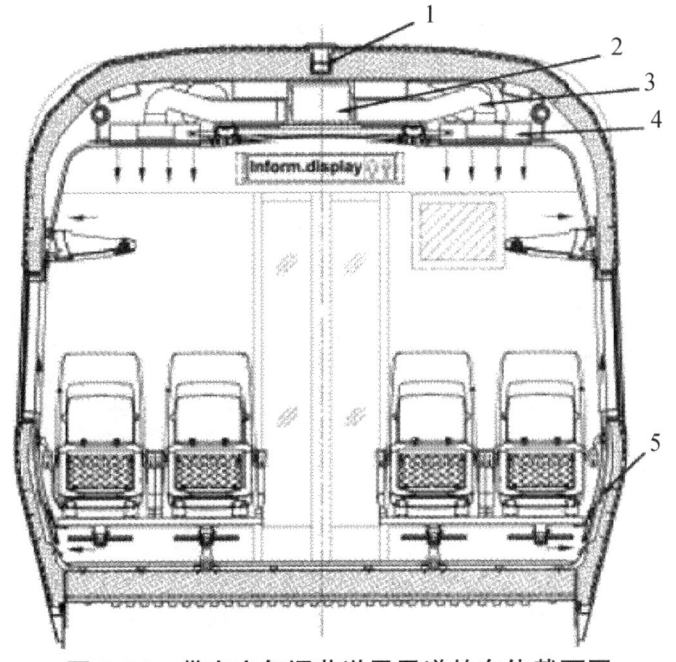

图 2.60 带有空气调节送风风道的车体截面图
1—车体通风风道；2—送风风道；3—软管；4—送风装置；5—侧墙加热器

送风将依据外部温度环境进行加热或者冷却，确保冬季车内温度最低为 20 ℃，而在夏季室外气温达到 40 ℃ 的时候，车内温度保持在 27 ℃。

在加热模式下，来自空气调节单元的送风将只加热到约 20 ℃，以补偿来自新风部分的热负荷。车辆传导造成的热量损失通过安装在车窗下侧墙上的静态对流加热器（通过再循环空气发挥作用）进行补偿。

回风和废排空气通过行李架上方的侧顶板孔板进入顶板上方的车顶区域。来自小客室的回风将经过一个风道系统从小客室的车顶部分被导入空气调节单元内。大客室回风部分也将进入一个风道内，这个风道被连接到空气调节单元回风入口上。

新风通过水分离隔栅直接吸入空气调节单元（AHU）内。司机室新风从 Mc 车外门旁的牵引电机冷却水分离格栅吸入。

废排空气将从大小客室上方车顶部分被吸入对应的废排单元内。小客室的废排单元也将吸收来自司机室、卫生间、热水器以及电气柜的废气。废气通过一个与送风道安装在一起的风道系统被导入废排单元内。空气调节单元新风通过水分离格栅直接被吸入空气调节单元内。

司机室通风系统如图 2.61 所示。

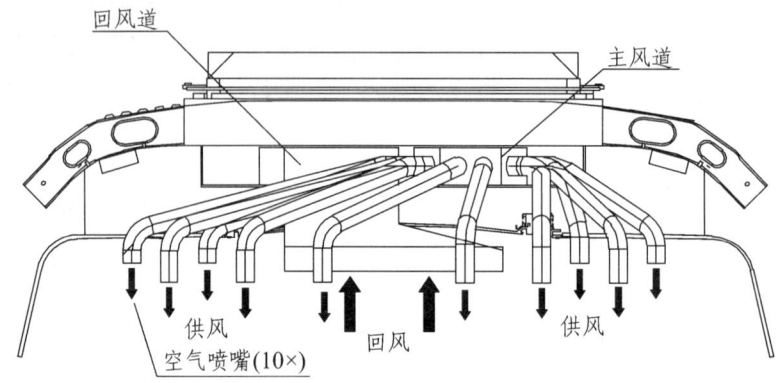

图 2.61 CRH1 型动车组司机室通风系统

空气调节系统连接到 MVB 上。MVB 用来管理电源,传送温度信息,并接收每辆车的空气调节系统以及子部件的状态信息和诊断信息;通过测量每个空气调节单元的外部温度,对客室温度进行控制。平均温度将通过列车微机进行计算,并作为外部温度的参考值。每个乘客间的室内温度都将得到测量(客室、卫生间、通过台)。温度传感器在车内分布如图 2.62 ~ 2.64 所示。

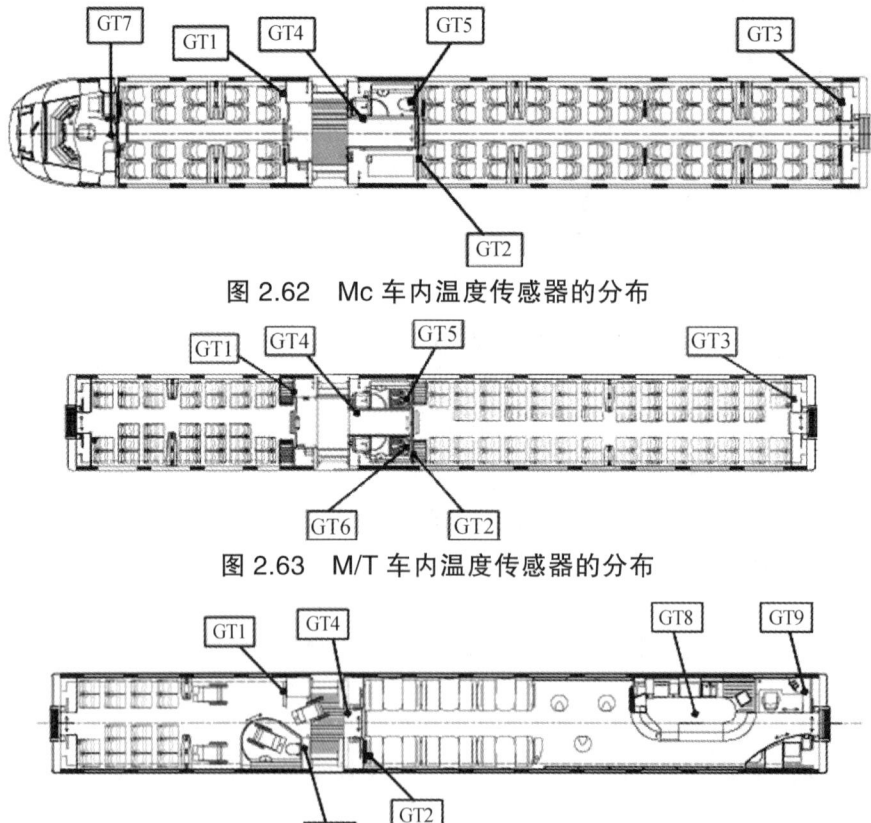

图 2.62 Mc 车内温度传感器的分布

图 2.63 M/T 车内温度传感器的分布

图 2.64 Tb 车内温度传感器的分布

二、通风系统主要部件

1. 冷凝风机

冷凝风机包括叶轮、电机和吊爪,如图 2.65 所示。为保证冷凝器盘管的高效换热,两个轴流风扇电机组成从压缩机冷凝器单元的两侧抽取"低温"环境空气,流经冷凝器盘管,然后把升温之后的空气通过压缩机冷凝器单元底部的环形网格重新排放到外界环境中。

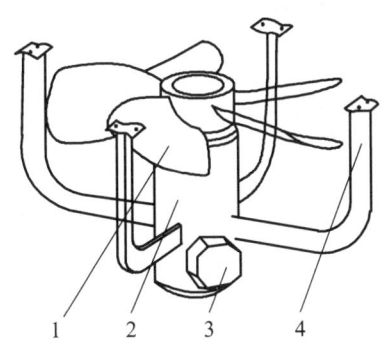

图 2.65 冷凝风机和发电机组成
1—风扇叶轮;2—电动机;3—电动机终端盒;4—吊爪

每个冷凝风机单元包括一个 400 V/50 Hz 三相交流异步电机(1 400 r/min)、叶轮(直径 630 mm)和轴流风扇(叶轮安装在精密轴柄壳上)。电机通过密接套环驱动风扇。格栅防止人体和其他物品触碰风扇叶轮。

2. 蒸发风机

蒸发风机安装在蒸发器之后,其结构如图 2.66 所示。

为了满足客室的空调要求,并且克服空气调节单元和风道系统的压力损失,每个空气调节单元有 2 个蒸发器风机组成。每个组成同时抽取外界新风(流经新风过滤器)和来自客室的回风。两股气体被送入空气调节单元,气体混合之后流经混合气体过滤器和冷凝器盘管,然后进入送风风扇。风扇叶轮吸入空气并将其送入送风道,分配到客室中。每个送风风扇发电机单元包括一个 400 V/50 Hz 三相交流异步电机(1 440 r/min)。

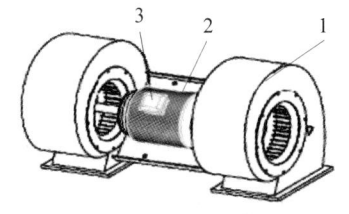

图 2.66 蒸发风机
1—风扇;2—电动机;3—电动机终端盒

3. 空气过滤器

混合空气过滤器位于蒸发器之前,新风过滤器位于空气调节单元新风进气格栅的两侧。空气调节单元加装 2 个混合空气过滤器和 8 个新风过滤器,过滤进入蒸发器的空气,防止灰尘、污物和其他固体物留在盘管翅片之间,阻碍空气的进入和流通,造成制冷/供热系统效率降低。混合空气过滤器结构如图 2.67 所示。

新风格栅用于防止雨雪吸入。如图 2.68 所示,一个新风格栅上有两个新风过滤器,可以轻松地将新风过滤器从格栅上取出。所有过滤器都可以清洗。无纺布过滤层通过十字槽沉头螺钉固定,可以更换。新风过滤器包含不锈钢丝网。

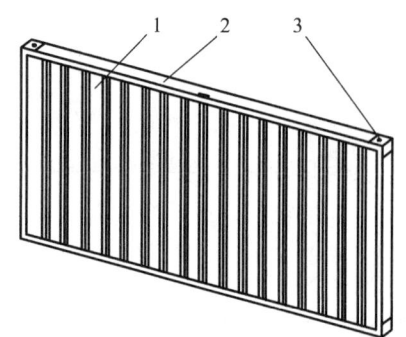

图 2.67 混合气体过滤器结构

1—过滤层；2—框架；3—螺钉

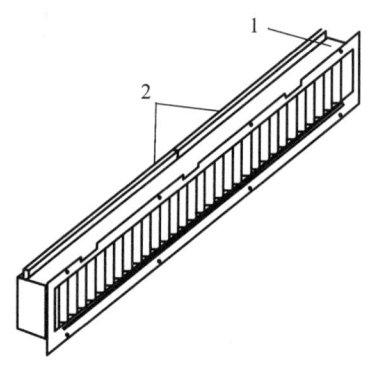

图 2.68 新风格栅

1—格栅；2—过滤器

4. 风门传动装置

回风和新风风门位于空气调节单元内靠近回风口的位置。风门可以用来调节新风和回风的流量，其结构如图 2.69 示。风门技术参数如表 2.9 所示。

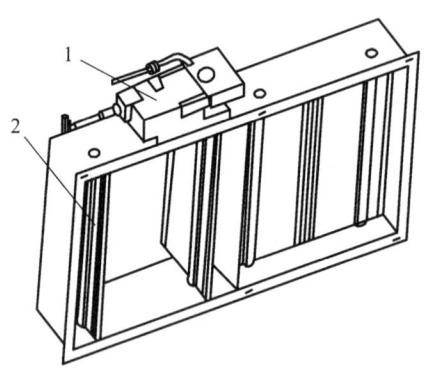

图 2.69 回风和新风风门的传动

1—传动装置；2—风门

表 2.9 风门的技术参数

电 压	扭 矩	运转时间	耗电量	旋转角度	声功率级
DC 110×（1±1%）V	最小 5 N·m（额定电压）	35 s	3 W	最大 95°（通过机械止挡调整）	最大 52 dB（A）

5. 废排单元

CRH1 型动车组一辆车上有 2 个废排单元。排气机结构如图 2.70 所示。进气口和出气口位于排气机两侧。排气扇从客室吸取空气，然后排出气门。排气机的设计目的是客室排气，保证客室空气适宜。当客室空气压力达到一定值，排气机气门打开。客室气体

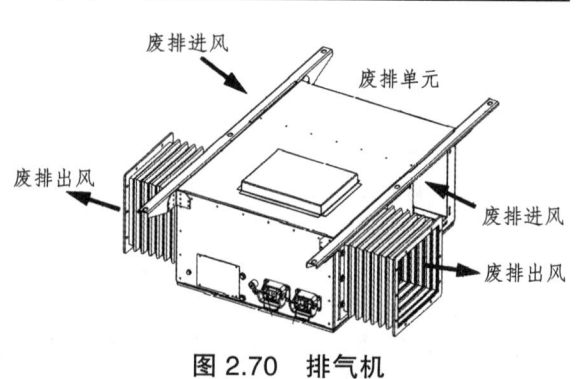

图 2.70 排气机

经由排气机排出。气门可以调节空气流量。

三、压力波动控制

CRH1 型动车组采用气流调节型压力波动控制,就是在其空调系统中的废排单元结构内设置了车内压力自动调节型压力保护装置。

CRH1 型动车组的每辆车上都有两个废排单元(见图 2.71),分别位于每辆车的两个端部、车顶棚和顶板之间,用于新风气流和废排气流的流动,以及新风气流的紧急通风。通过废排单元中废排气流的调整以及空气调节单元中新风气流的调整,可以确保车内剩余压力。也即当列车高速通过长隧道时,或者在海拔 3 500~4 000 m 以上的高原(如青藏高原)上运行时,司机按下操纵台上的按钮"隧道模式(或者称压力保护模式)",空气调节单元内的新风风门关闭,废排单元将关闭。系统只运行回风。这样通过废排单元中废排气流流量的调整以及空气调节单元(AHU)中新风气流流量的调整可以确保车内维持正常大气压力,再加上车内的供氧装置(如 CRH1 型动车组在青藏线上运行肯定配备),可以为司乘人员提供类似于平原地区的气候条件,确保司乘人员的生命安全。

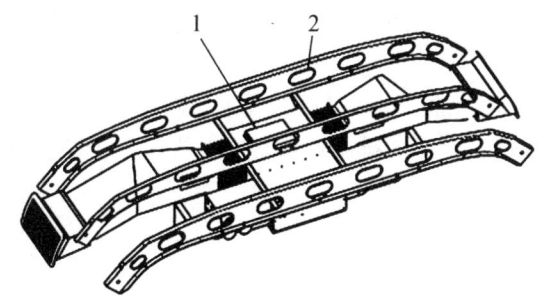

图 2.71 废排单元(EXH)在车体顶部上的布置示意图
1—废排单元;2—车体

四、CRH1 型动车组通风系统的特点

(1)客室通风系统风道由主风道和二级风道组成。
(2)废排通过安装在车顶两端的排风机进行。
(3)采暖采用内置于空调机组的电加热装置和车窗下侧墙上的静态对流加热器结合的方式。
(4)风量调节通过风门传动装置来控制。
(5)新风紧急通风及车内压力控制也通过废排装置进行。

任务二 CRH3 型动车组空调通风系统

一、CRH3 型动车组空调通风系统概述

CRH3 型动车组通风系统的供风系统由三部分组成，即位于车顶部的纵向送风道和通过独立分支管道连接的两外侧的暖气管道。顶部风道采用孔板送风方式，两侧采用地板送风方式。

在制冷模式下，大约有 75% 的风量通过中间管道输送，通过多孔天花板通道排出。外侧的暖气管道输送约 25% 的风量，经暖气管道通过地板出口排出和窗口处排出，此分布形式对车厢内的温度分布进行调节。

在采暖模式下，主要通过 2 个与单独分支管道连接的外侧暖风管道供风（大约 80%）。其他从车顶板风道送出。分支管道与位于侧墙的窗口位置的管道相连。暖风被输送到地板区域（约 70%）或窗口下方（约 30%）。

制冷和采暖流量的转换通过安装在消音器下方的一个可变化的薄片来实现（运行过程中无法调节）。

CRH3 型动车组空调系统中每个 HVAC 单元包都有 2 个混合箱，每个混合箱都包含两个新鲜空气气动风门和一个回风空气电动风门，用于对新风量的调节和压力保护，使车内空气压力和品质维持在合适的范围。

废排风道设置在两侧墙的下部，总排风量的大小与新风量相同。客室、通过台的排风直接与风道相连，卫生间、PIS 柜、厨房的排风通过管道与排风道相连。系统通过设置在车底的废排单元排除一部分废气。

二、风 道

1. 客室送风道系统

供风管道除消音器外，截面方向分成三部分，如图 2.72 所示。
客室车顶风道如图 2.73 所示。

图 2.72　CRH3 型动车组供风管道截面图

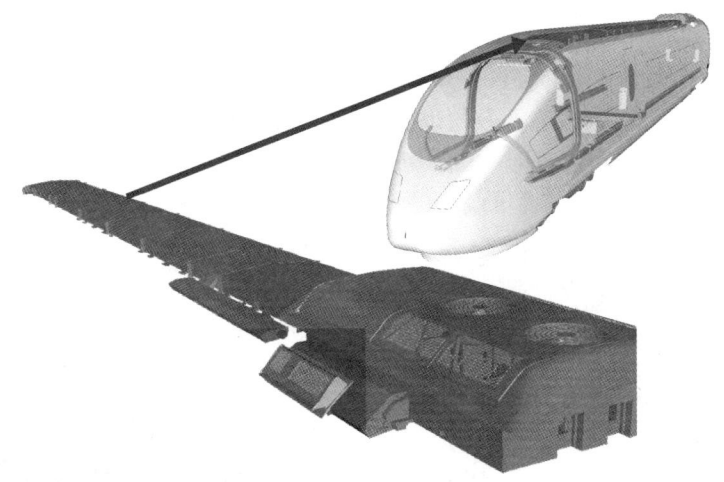

图 2.73　CRH3 型动车组客室车顶风道

两侧分支管道与两侧车窗暖气管道如图 2.74 和图 2.75 所示。装配好后的车厢内景如图 2.76 所示。

图 2.74　CRH3 型动车组分支管道

图 2.75　CRH3 型动车组两侧车窗暖气管道　　图 2.76　CRH3 型动车组车厢内景

2. 司机室供风道

司机室供风道采用铝材质风道，质量较轻。第一节风道采用消音风道以降低噪声，风道内部加 20 mm 厚的保温材料。铝合金顶板以多孔板形式进行送风，各部位的风量可根据实际需要进行调整。为形成有效气流分布，在制冷时采用顶板式送风，在制热时采用地板式送风。

司机室供风道结构如图 2.77 和图 2.78 所示。

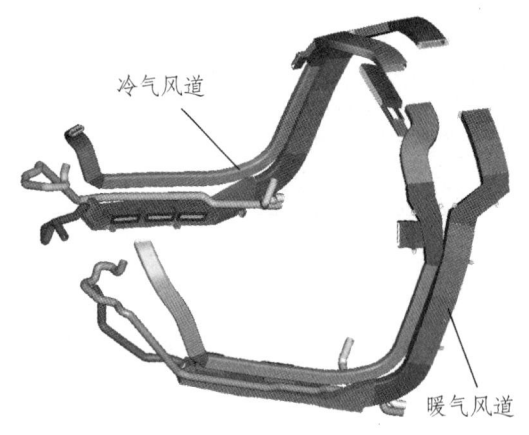

图 2.77　司机室供风道

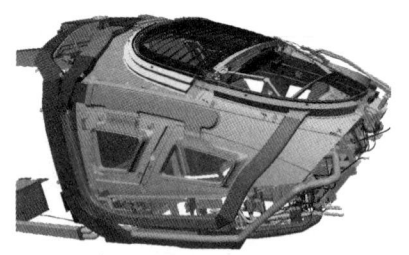

图 2.78　司机室供风道布置

3. 废排风道系统

废排风道设置在两侧墙的下部，总排风量的大小与新风量相同，各部位的排风量主要是考虑温度及压力分布的要求。客室、通过台的排风直接与风道相连，卫生间、PIS 柜、厨房的排风通过管道与排风道相连。废排风道通过中间横向通道与安装在车底的废排单元连接，实现排气需要。客室废排风道如图 2.79 所示。司机室废排风道采用铝材质风道，质量较轻，风道外部设保温材料，如图 2.80 所示。

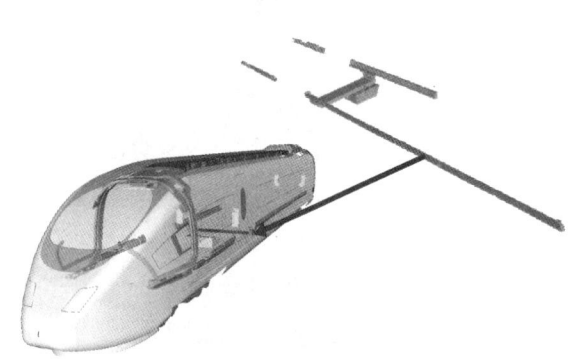

图 2.79　客室废排风道

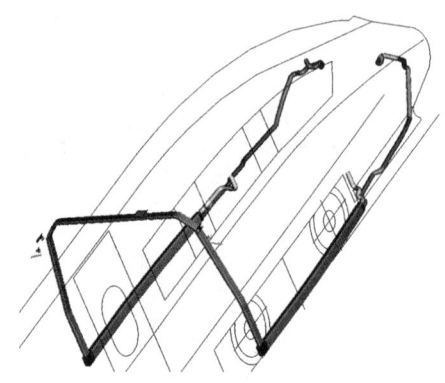

图 2.80　司机室废排风道

4. 废排单元的主要特点

在每一车厢地板的下面安装有一个单独的排气风扇单元。排气风扇单元结构如图 2.81 所示，其在车上位置如图 2.82 所示。

在尾车上每个单元包含 2 个排气风扇，但在中间车厢只有 1 个排气风扇，在排气出口有一个关闭的风门用于压力波保护。

安装在各排气单元的紧急逆变器，可以实现从 DC 110 V 电池电源以交流电压向排气风扇电机供电。

图 2.81　排气风扇单元结构

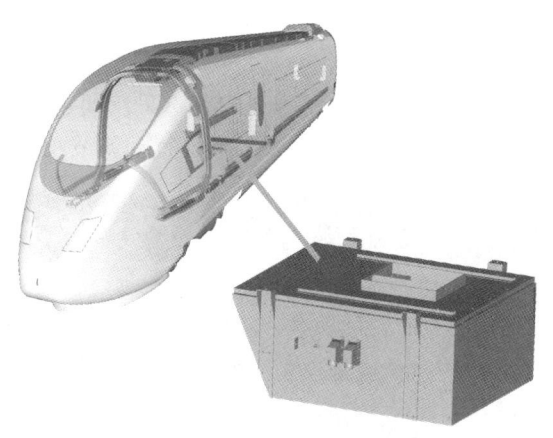

图 2.82　排气风扇安装位置

三、空气混合箱及新风格栅

1. 空气混合箱

CRH3 型动车组每一车厢空调系统包括 2 个空气混合箱（见图 2.83），安装在 HVAC 单元包的进气口。

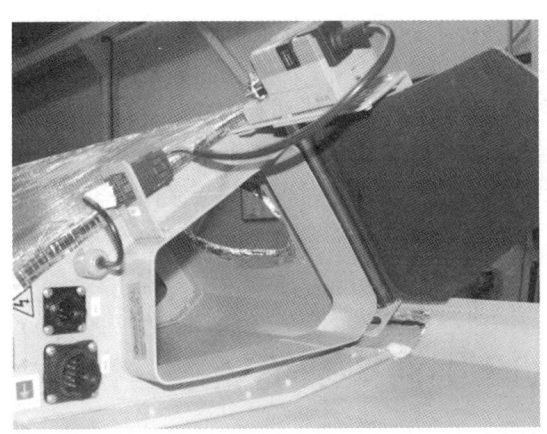

图 2.83　空气混合箱

每个混合箱中，在新鲜空气入口有两个新鲜空气气动风门，用于控制压力波动和调节新鲜空气流动。当系统在预冷却或者预热方式工作时，这两个气动风门关闭。回风空气电动风门用来调节新鲜气流。这个风门确保整个运行周期的空气更新供给。其调节阀由一个伺服电动机驱动。与轴直接耦合的有一个防自转装置，用于阻止绕轴自转。电动机有超载保护，当它抵达极限位置时，自动停止。

司机室新风经空气混合箱进入司机室新风道。一列车共 5 种不同的混合箱。

2. 新风格栅

新风格栅采用铝合金材质。每一新风格栅设置 2 组阀门，通过阀门开关数量的多少来调整新风量（头车司机室的新风与客室采用同一新风格栅，而新风量不可调整）。如图 2.84 及图 2.85 所示为新风格栅的结构及外形。气动调节阀门可在 0.15 s 内关闭新风阀门。

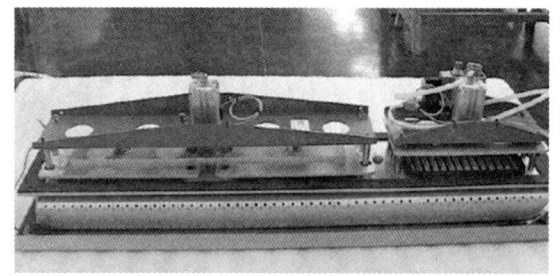 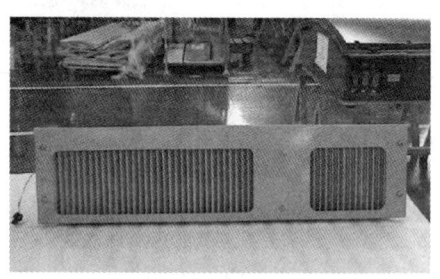

图 2.84　新风格栅结构　　　　　　图 2.85　新风格栅外形

四、压力保护及应急通风

CRH3 型动车组采用被动式压力保护系统。该系统可以根据需要应用快速动作的压力保护阀隔离送风风道；当压力保护阀被触发后，空调系统进入回风模式。

系统装备有两个压力波传感器，安置在尾车的车身壁两边，每一列车共安置 4 个传感器。两个位于末端车厢控制面板内的电子控制卡（每列车两个），一个安装在所有车厢中的快速反应新风风门和排气出口风门，一个安装在末端车厢的气动风门。

压力传感器与压力控制卡以电气方式连接。压力控制卡可记录外部压力变化、处理信息并将电气信号发送给排气与新风风门的机械执行器，以便迅速关闭风门，进行压力保护。

CRH3 型动车组的应急逆变器安装在车下废排单元的下部。当列车外部交流回路失电时，它将直流电逆变成三相交流电，给通风机供电，使其继续工作，应急通风量为 870 m^3/h。

任务三　CRH5 型动车组通风系统

一、CRH5 型动车组通风系统简介

CRH5 型动车组通风系统由客室通风系统和司机室通风系统组成。客室通风系统主要包含单元式空调机组中的通风机、新风门、车顶送风道系统、车顶回风道系统、消音风道、排风系

统和温度传感器等；司机室通风系统主要包括司机室内部风道及外部风道系统。风道系统组成如图 2.86~2.89 所示。

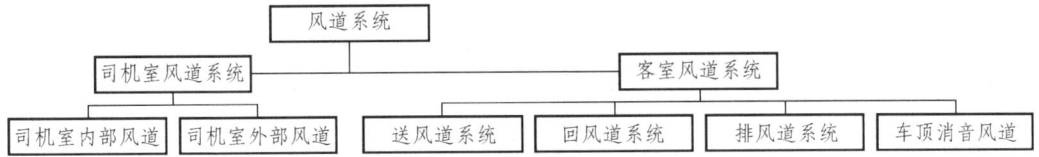

图 2.86　CRH5 型动车组风道系统组成

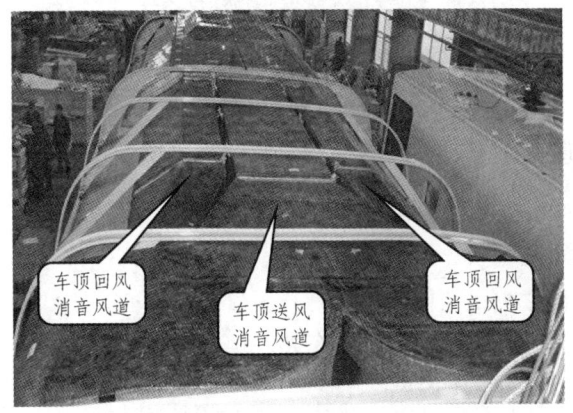

图 2.87　CRH5 型动车组客室车顶风道系统

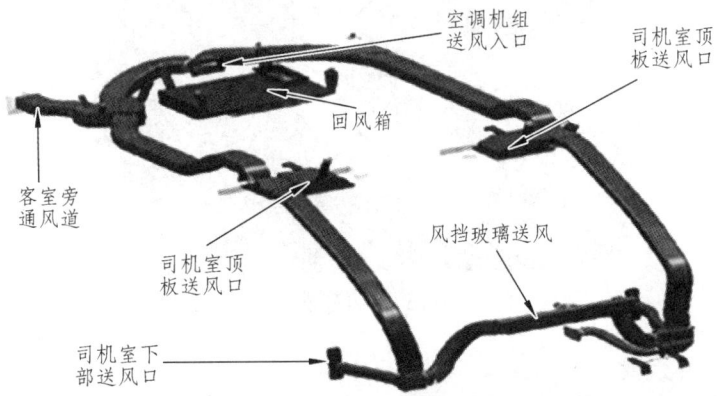

图 2.88　CRH5 型动车组司机室内部风道系统

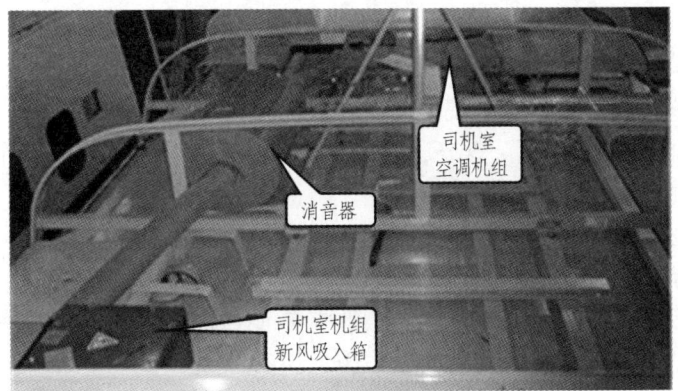

图 2.89　CRH5 型动车组司机室外部风道系统

空气从机组通过内部风道到消音器进入客室,处理好的空气通过装在行李架后面的纵向管道进行输送,并通过行李架下部设置的送风装置分散至客车分隔间,如图2.90所示。

图2.90　CRH5型动车组客室内回风及送风孔板

客室总供风量为4 400 m³/h,其中根据需要新风量在900~1 800 m³/h之间可调。司机室设有独立的空调系统,总供风量为(480±90)m³/h,新风量为(180±15)m³/h。

从客室车厢内排出的空气进入两侧的通过台,然后分成两个支路,进入每个卫生间和电气柜。这些空气通过废排风道收集,然后排到车外。排风单元安装在地板下面,由一个排风扇和一个位于排风出口处用于压力保护的风门组成。CRH5型动车组客室空调机组如图2.91所示。

图2.91　CRH5型动车组客室空调机组

二、压力保护系统

CRH5型动车组空调系统中采用了一个与CRH3型动车组类似的被动式压力保护系统。系统使用快速动作的压力保护阀隔离送风风道,当压力保护被触发,阀门关闭,空调进入全回风模式。当压力保护阀重新打开后,新风量提高,室内CO_2含量就会迅速下降。图2.92为CRH5型高速动车组压力保护系统示意图。

压力保护系统是独立的控制系统,由压力监控单元和压力保护阀组成。压力监控单元负责驱动压力保护系统,完成压力传感和数据的处理功能。它监控压力波的

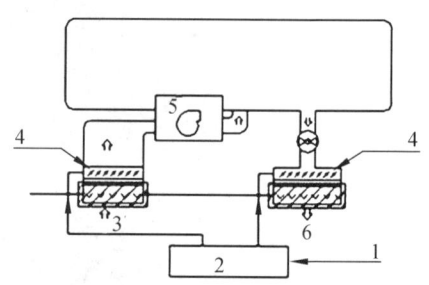

图2.92　CRH5型动车组压力保护系统
1—压力信号;2—压力控制系统;3—新风;
4—气动风门;5—空调机组;6—废气

幅值和变化率，由微处理器对传感器的信号进行处理，每车在新风的吸入口处设有一组压力保护阀，在废排单元内设有一个压力保护阀。在每节车厢内设一个压力监控单元，通过单独的信号线控制新风和废排处的保护阀。压力保护阀是压力保护系统中的调节机构。它能满足在恶劣的机械和气候环境中的使用要求。当需要动作时，压力保护阀由压力监控单元驱动，在压力波产生影响的一段时间内将送风道隔绝。

当出现外部压力波幅为 6 000 Pa、压力变化率为 1 500 Pa/s（半幅）时，该装置能保证车内压力变化低于 1 500 Pa（半幅）、压力变化率低于 500 Pa/s。在通过隧道或会车时，司机手动操作司机台上的按钮控制风口的开关。

三、应急通风

CRH5 型动车组具有应急通风功能，依靠紧急逆变器来驱动。紧急逆变器是一个车载逆变器，与废排风机安装在一起。在紧急情况下（无法提供 AC 380 V 电源），紧急逆变器可将车载蓄电池提供的 24 V 直流电转换成 3 相交流电（3×132 V），以便驱动空调机组内的蒸发风机电机，为车厢内提供 1 000 m^3/h 的新鲜空气。

当辅助电源出现故障时，CRH5 型动车组空调系统可实现紧急通风时间 2 h。

项目小结

本项目的主要任务是了解动车组空调通风系统的组成、结构与工作原理；熟悉不同形式动车组通风系统的结构与技术特点；熟悉 CRH2 型动车组通风系统的整体构成、各部件在车上的安装位置与基本功能以及连续换气装置的作用与原理；知道如何进行 CRH2/CRH380A 型动车组通风系统的检查与维护作业，并通过现场操作加深对动车组通风系统基本原理的理解。

通过本项目的学习，应能独立地进行以下工作：能进行动车组通风系统的日常检查；能依据作业标准完成室内外通风机的检查与维护；能独立进行过滤网的更换与清洁作业；能正确地更换通风机轴承；能独立观察通风系统的工作状态，并进行简单故障的分析与处理。

问题与思考

1. 解释下列名词：新风、回风、送风、排风、气流组织、风道、风口。
2. 说明动车组通风系统的功用、基本组成及工作原理。
3. 通风管道的作用是什么？根据用途不同，通风管道有哪些分类？
4. 空气过滤器的作用是什么？有哪些分类？在动车组空调通风系统中用到了哪种类型的空气过滤器？

5. 什么是气流组织？什么是合理的气流组织？气流组织的形式有哪些类型？
6. 简述 CRH2 型动车组通风系统的结构及特点。
7. 说明 CRH2 型动车组换气装置的结构、工作原理及主要性能参数。
8. 简述动车组通风机的类型与工作原理。
9. 简述 CRH2 型动车组通风系统的检查与维护标准。
10. 简述 CRH2 型动车组室内过滤网的更换清洁作业流程。
11. 说明 CRH2 型动车组通风机的更换步骤和要领。
12. 说明 CRH380A 型动车组车内回风口的清洁作业要领。
13. 试分析产生下列故障现象的可能原因并提出解决的措施。
（1）通风机工作时发出很大的噪声；
（2）空调装置电源接上时，通风机不工作。
14. 简述 CRH2 及 CRH5 型动车组压力波动的控制原理。

项目三　动车组空调制冷系统检修

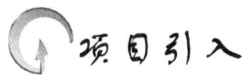 项目引入

动车组空调的制冷系统是动车组空调系统的重要组成部分，本项目在介绍空调制冷系统的基本组成与工作原理的基础上，详细介绍了 CRH2、CRH3 型动车组空调制冷系统，对 CRH1、CRH5 型动车组制冷系统做了拓展介绍。本项目的重点内容是 CRH2 型动车组制冷系统的检修和维护方法与标准。

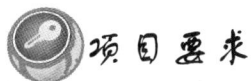 项目要求

动车组空调制冷系统的检修是动车组三、四、五级检修作业中所涉及的常见任务。本项目以制冷系统的检查与维护、排水泵的检修、制冷系统故障分析与处理、制冷系统检漏与充注制冷剂等工作任务为载体，通过对制冷系统故障判断与检修过程的学习和实施，使学习者在掌握动车组空调制冷系统的组成、工作原理、部件结构及作用的基础上，具备对相应设备进行检修的能力，学会动车组制冷系统检修的常用方法与工具使用。

制冷系统故障主要可分为"漏"和"堵"两类，其具体原因是不同的。在动车组空调制冷系统的检修过程中，能够正确运用故障分析方法，准确地查找出故障原因，及时进行故障处理，对于提高检修工作效率是十分重要的。

【知识要求】

（1）了解动车组空调制冷系统的作用与基本组成。
（2）理解蒸汽压缩式制冷的基本原理、基本组成及运用特点。
（3）熟悉 CRH2/CRH3 型动车组空调制冷系统的基本组成、制冷循环过程及技术特点。
（4）理解制冷、制冷机、制冷剂、制冷循环、过热度、过冷度、传热效率等概念。
（5）了解制冷压缩机的作用、分类；熟悉涡旋式制冷压缩机的结构、工作原理及故障检查方法。
（6）了解制冷剂的作用、分类、性能要求及 R134a\R407c\R22 等常用制冷剂的性能。
（7）了解制冷换热器的作用、原理、类型及结构。
（8）了解热力膨胀阀及毛细导管等节流元件的作用、结构、工作原理和节流特点。
（9）了解制冷系统辅助元件及主要控制元件的作用、结构及原理。

【能力要求】

（1）能在现场对动车组空调制冷系统进行认识和操作（CRH2 型为主）。

（2）能在现场对CRH2型动车组制冷系统进行检查与维护。
（3）能正确识读不同类型动车组的制冷循环系统图并进行技术特点分析。
（4）能在现场观察动车组制冷系统的工作情况并进行工作状态判断。
（5）能正确使用制冷系统检漏和制冷剂充注作业设备。
（6）能运用故障分析方法对制冷系统故障现象进行分析，并提出处理意见。

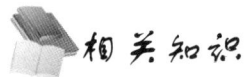

一、制冷原理与制冷剂

我们把用一定人工的方法使某个物体或空间的温度低于周围环境介质的温度并且能保持这个低温的过程称作制冷。制冷的方式有很多，常用的制冷方式主要有：蒸汽压缩式制冷、半导体制冷、空气制冷、干冰（固体CO_2）制冷、液氮制冷等。由于蒸汽压缩式制冷装置结构紧凑、运行安全可靠、制冷温度和制冷量范围大，又便于实现自动控制与调节，所以在铁路客货运输和空气调节中应用最广泛。

（一）蒸汽压缩式制冷的工作原理

1. 汽化与冷凝

物质由液态转变为气态的过程称为汽化。汽化的方式有两种：蒸发和沸腾。无论是蒸发还是沸腾，都是吸热过程，吸收的热量称为汽化潜热。

只在液体表面上发生的汽化现象，叫作蒸发。蒸发在任何温度下都可以进行。蒸发的快慢主要取决于温度，同时还与蒸发面积、液面上的蒸汽密度有关。温度越高，蒸发面积越大，液面上的蒸汽密度越小，蒸发速度越快；反之，则越慢。

在液体表面和内部同时进行的剧烈的汽化现象，称为沸腾。在一定的压力条件下，只有当液体的温度达到一定值时，才会发生沸腾，而且在整个沸腾过程中温度始终保持不变。沸腾时的温度叫沸点。液体的沸点与所受的压力是一一对应的，通常把某一压力下的沸点叫作这一压力下的饱和温度，而对应的压力叫作饱和压力。同一物质的饱和压力和饱和温度呈正比关系，即饱和压力高，饱和温度就高；反之，饱和温度就低，而不同物质即使在同一压力下饱和温度也不同，且有的差异很大。例如，在 1 个大气压下，水的蒸发温度为 100 ℃，汽化潜热为 2 258 kJ/kg；而在 2 个大气压下，蒸发温度为 120 ℃，汽化潜热为 2 202.2 kJ/kg。R12（氟利昂）在 1 个大气压下的蒸发温度为 -29.8 ℃，汽化潜热为 165.3 kJ/kg；而在 2 个大气压下，R12 的蒸发温度为 12 ℃，汽化潜热为 157.3 kJ/kg。

值得指出的是：在制冷工程中，制冷剂液体在蒸发器上进行汽化过程实际上是沸腾过程而不是蒸发过程，但习惯上却叫作蒸发过程，且把沸点（即饱和温度）叫作蒸发温度，相应的压力（饱和压力）叫作蒸发压力。

物质由气态转变为液态的过程,称为冷凝(也称液化)。冷凝是汽化的相反过程。在一定压力下,只有当蒸汽周围的温度低于其相应的冷凝温度时,蒸汽才能向周围放出热量,冷凝成液体。在冷凝过程中放出的热量,称冷凝潜热(也称液化潜热),冷凝潜热与汽化潜热在数值上相等;冷凝过程同样保持温度不变。同一物质的冷凝温度与冷凝压力也是一一对应的。要使气态物质冷凝,必须使气态物质的冷凝温度高于冷却介质(比如环境空气)的温度,它才能放出热量,实现冷凝。在工程上常常采用提高气态物质的冷凝压力而使其冷凝温度提高。

2. 蒸汽压缩式制冷循环的工作原理及工作过程

由于一些物质在常压下的饱和温度很低,工程上常利用其汽化吸热的效应来实现制冷。如 R12 在 1 个大气压下的蒸发温度为 −29.8 ℃,若将一个盛满低温 R12 液体的容器敞开口,放在密闭的被冷却空间内,由于被冷却空间内空气的温度高于 R12 的沸点,所以 R12 液体将吸热而汽化,使被冷却空间内空气温度逐渐下降,这个降温过程直到容器内的 R12 液体汽化完为止。为了将汽化的 R12 蒸汽回收使用,需将它再冷却成液体,如用环境介质(如大气或水)来冷凝,蒸汽的冷凝温度就要比环境介质的温度稍高一些。我们知道压力较高的蒸汽其冷凝温度也较高,因此,只要将 R12 蒸汽用压缩机压缩到所需的冷凝温度相对应的饱和压力,就能用环境介质来冷凝它,使在被冷却空间吸热汽化的 R12 蒸汽重新冷凝成液体。冷凝后制冷剂液体的温度还高于被冷却空间空气的温度,因此,必须让冷凝后的制冷剂液体降压降温,使其温度低于被冷却空间的温度,这样降压降温后的制冷剂液体就可以在被冷却空间内重新吸热汽化。制冷剂在一个封闭的系统中,只消耗压缩机的功就能反复地实现制冷剂由液体变为蒸汽,再由蒸汽变为液体的相态变化,并通过这种相态变化将低温处的热量转移到高温处,这就是蒸汽压缩式制冷的基本工作原理。

蒸汽压缩式制冷机组主要由压缩机、冷凝器、膨胀阀和蒸发器 4 个部件组成,并用管道连接,形成一个封闭的循环系统,如图 3.1 所示。其工作过程如下:

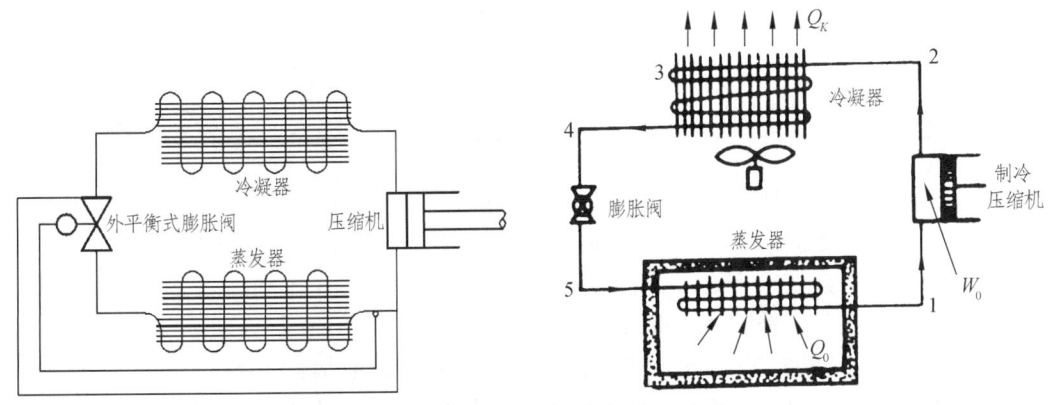

图 3.1 蒸汽压缩式制冷循环系统

(1)制冷剂液体在蒸发器中吸收被冷却物体(如室内的空气)的热量而汽化成低压、低温的蒸汽后被压缩机吸入。

(2)压缩机消耗一定的机械功将制冷蒸汽压缩成压力、温度都较高的蒸汽并将其输入冷凝器。

（3）高温、高压的制冷剂蒸汽在冷凝器内被环境空气（或水）冷却，制冷剂蒸汽放出热量后被冷凝成液体，此时的制冷剂还处于高温、高压状态。

（4）高温、高压的制冷剂液体经过膨胀阀节流，降压、降温后进入蒸发器。此时的制冷剂液体已变为低温、低压状态。在蒸发器中，低温、低压的制冷剂又吸收被冷却物体的热量蒸发成相对的低温、低压的制冷剂蒸汽，再被压缩机吸入，如此周而复始地循环。

制冷剂在封闭的制冷系统中经历压缩、冷凝、节流、蒸发这四个过程就完成一次制冷循环。循环的结果是消耗了压缩机的功，将低温处的热量转移到高温处。

（二）蒸汽压缩式制冷原理的理论循环和实际循环

1. 制冷剂的压焓图（$p\text{-}h$ 图）

制冷剂的 $p\text{-}h$ 图是以比焓 h（kJ/kg）为横坐标，压力 p（MPa）为纵坐标，依据工质状态参数之间的关系式，以 1 kg 工质为基准绘制而成的图线。为使图线清晰，压力按对数标度排列，所以也称 $\lg p\text{-}h$ 图。但在使用时，纵坐标上的值是 p 值，而不是 $\lg p$ 值。

不同的工质，其性质不同，图也不同，但其基本结构及内容却是相同的。其基本构成如图 3.2 所示。压焓图中干度 $X=0$ 的曲线为饱和液体线，$X=1$ 的曲线为干饱和蒸汽线，这两条曲线的交点 K 为临界点。因为一般制冷循环都在远离临界点以下进行，故在一些制冷剂的 $p\text{-}h$ 图中，临界点未表示出来。

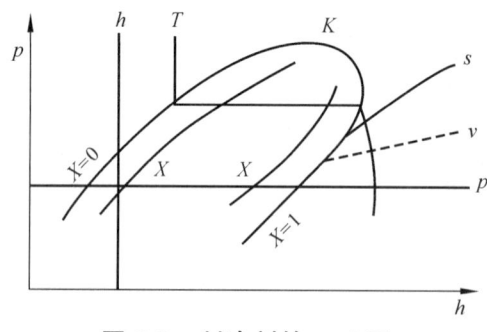

图 3.2 制冷剂的 $p\text{-}h$ 图

压焓图中的"一点"（临界点）和"两线"（饱和液体线和干饱和蒸汽线）将平面分成了"三区"和"五态"，还分布有等压、等温、等熵、等干度等六组等参数线群。

"三区"为未饱和液态区（饱和液体线左侧）、湿饱和蒸汽区（饱和液体线与干饱和蒸汽线之间）及过热蒸汽区（干饱和蒸汽线右侧）。

"五态"为未饱和液状态（未饱和液态区内任一点）、饱和液状态（饱和液体线上任一点）、湿饱和蒸汽状态（湿饱和蒸汽区内任一点）、干饱和蒸汽状态（干饱和蒸汽线上任一点）及过热蒸汽状态（过热蒸汽区内任一点）。

六组等参数线群为：

等压（$p=$ 常数）线群——与横坐标轴平行的水平线。

等比焓（$h=$ 常数）线群——与纵坐标轴平行的垂直线。

等温（$T=$ 常数）线群——在未饱和液态区近于垂直 h 轴；在湿蒸汽区，因为制冷剂的状态变化是在等压、等温下进行的,故与各温度相应的饱和压力线重合,为水平线;在过热蒸汽区则弯曲向下。

等比熵(s = 常数)线群——向右上方倾斜的实线。

等比容(v = 常数)线群——向右上方倾斜但比等比熵线平缓的虚线。

等干度线(X = 常数)线群——仅在湿蒸汽区内存在的近似平行于饱和液体线或干饱和蒸汽线的线。

同其他状态参数图一样,在制冷剂的压焓图上,一个点近似表示一个状态;一条曲线(或直线)表示制冷剂经历的一个过程;一条封闭的曲线就表示制冷剂所经历的一个循环。因此,就可以用制冷剂的压焓图来表示蒸汽压缩式制冷循环了。

2. 蒸汽压缩式制冷原理的理论循环

在热力学上,理想的蒸汽压缩式制冷循环是逆卡诺循环。蒸汽压缩式制冷循环就是按照逆卡诺循环原理进行的,但是它又不完全与逆卡诺循环相同,主要区别在于:逆卡诺循环是由两个等温传热(等温吸热、等温放热)过程和两个绝热(绝热压缩、绝热膨胀)过程组成的。而实际采用的蒸汽压缩式制冷理论循环,与理想的逆卡诺循环相比,区别如下:

(1)用膨胀阀代替膨胀机。

在理想制冷循环中,膨胀功是由膨胀机完成的。膨胀机要能将冷凝后的制冷剂从高压液态变为低压液态,还要无能量损失,实际上这样的膨胀机是无法制造出来的,所以采用了膨胀阀代替膨胀机。

采用膨胀阀后,液态的制冷剂的膨胀过程就成为节流过程。它不仅有摩擦损失,还有涡流损失,而且这部分机械损失又转变为热量,加热制冷剂,将一部分液态制冷剂汽化。因此,制冷循环的制冷系数有所降低,其降低的程度称为节流损失。节流损失大小除随冷凝温度与蒸发温度之差的增加而加大以外,还与制冷剂的物理性质有关。

(2)用干压缩代替湿压缩。

理想制冷循环,采用的是湿压缩。湿压缩存在缺点,压缩机吸入湿蒸汽,低温蒸汽与高温气缸壁发生强烈热交换迅速蒸发而占据气缸的有效空间,减少了制冷剂被压缩机的吸入量,从而显著降低了制冷量。过多的液体进入压缩机气缸后不能立即全部汽化不仅破坏润滑,还会造成液击,损坏压缩机。因此,蒸汽压缩制冷装置在实际运行中严禁发生湿压缩现象,要求进入压缩机的制冷剂为干饱和蒸汽或者过热蒸汽,这种压缩过程称为干压缩。干压缩是蒸汽制冷压缩机正常工作的一个重要标志。

采用干压缩后,对于大多数制冷剂,制冷系数有所降低,其降低程度称为过热损失。

(3)传热过程为定压过程,并且具有传热温差。

理想制冷循环中,制冷剂与被冷却物和冷却剂之间必须在无温差的情况下相互传热,即两个定温过程是逆卡诺循环中的重要条件。这就要求蒸发器和冷凝器应具有无限大的传热面积,但这在实际中是不可能的。因此,实际热交换过程总是存在有一定的温差。

蒸汽压缩式制冷理论循环在 p-h 图上表示,如图3.3所示。

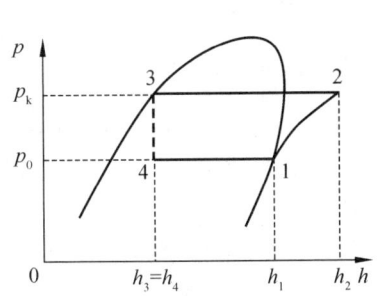

图 3.3 蒸汽压缩式制冷理论循环压焓图

图中，4-1 过程表示制冷剂在蒸发器中的等压吸热过程。该过程制冷剂在保持蒸发压力 p_0 和蒸发温度 T_0 不变的条件下，吸收被冷却空间的热量而蒸发为干饱和蒸汽。干饱和蒸汽状态点 1 是制冷剂离开蒸发器的状态，也是压缩机开始压缩的状态点。

1-2 过程表示制冷剂在压缩机中进行的等熵压缩过程。该过程蒸汽压缩很快，可以看成在绝热条件下进行，过热蒸汽状态点 2 是制冷剂离开压缩机时的状态，也是进入冷凝器时的状态。

2-3 过程表示制冷剂在冷凝器中的等压放热过程，该过程中制冷剂将热量放至环境空气中，先由过热蒸汽冷却为饱和蒸汽，温度降至冷凝温度 T_k，在温度 T_k 保持不变的条件下再冷凝为饱和液体（点 3），此时制冷剂压力对应于冷凝温度下的冷凝压力 p_k，饱和液态点 3 是制冷剂进入节流装置时的状态。

3-4 过程表示制冷剂在节流装置中进行的节流降压过程，由于制冷剂通过膨胀阀时对外不做功，制冷剂流速快，可以看成与外界没有热量交换，近似看成等焓过程。节流过程中制冷剂压力突降，对应的制冷剂饱和温度也下降，部分制冷剂液体吸收制冷剂本身的热量而迅速汽化成饱和蒸汽，这一过程也称闪发降温。湿蒸汽状态点 4 是制冷剂离开节流装置进入蒸发器时的状态，由于节流过程不可逆，在压焓图上用虚线表示。

3. 蒸汽压缩式制冷原理的实际循环

前面讨论了蒸汽压缩式制冷的理论循环，但是，实际循环与理论循环有不少差别，因为理论循环是在理想条件而忽略了以下三个条件的情况下建立的。

（1）制冷剂在压缩机工作过程中，气体内部以及气体与气缸壁之间的摩擦和气体与外部的热交换。

（2）制冷剂流经压缩机进气阀、排气阀的气流损失。

（3）制冷剂通过管道、冷凝器、蒸发器等设备时，制冷剂与管壁之间的摩擦以及与外部的热交换。

因此，实际制冷循环压缩过程并非绝热过程，制冷剂在蒸发器和冷凝器中的压力也并非固定不变。所以，实际循环的效率还要更低一些。

为了提高蒸汽压缩式制冷循环的制冷效率，在实际生产中采取使制冷剂液体过冷、使制冷剂蒸汽过热、采用回热循环三种措施改善蒸汽压缩制冷实际循环。蒸汽压缩式实际循环图 3.4 所示。

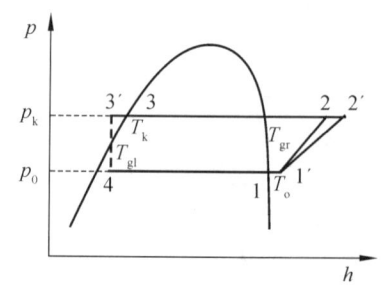

图 3.4 蒸汽压缩式制冷实际循环

4. 制冷剂液体过冷和吸气过热对制冷循环的影响

（1）制冷剂液体过冷的影响。

在理论循环中认为从冷凝器中流出和进入节流装置的制冷剂都是饱和液体状态，而在实际制冷装置中，制冷剂在冷凝器中冷凝成液体后还要继续向外放热而变成过冷液体（未饱和液体）后才流出。制冷剂在冷凝器中被冷却为饱和液体后，如果制冷剂继续向外放热，制冷剂液体温度就会低于饱和温度而成为过冷液体，如图 3.4 中 3-3′就表示过冷过程，而两个状态点之间的温差称为过冷度。从理论上分析，采用过冷循环能提高制冷系数。

特别在车辆制冷装置中，冷凝器采用风冷式，液体的冷凝温度总是高于环境气温，从冷凝器出来的制冷液体在储液器中流动还要不断向外界放热而继续过冷。因此，冷凝器流至节流装置前总有一定的过冷度。过冷度越大，节流损失就越小，单位质量制冷量就越大，因此，制冷剂液体的过冷循环将提高制冷系数。

（2）吸气过热度的影响。

在理论循环中，我们假定由蒸发器流出和被压缩机吸入的制冷剂都是饱和蒸汽，从蒸发器出口至压缩机吸入口之间的管路不存在热交换。实际上，制冷剂的蒸汽温度总是低于被冷却介质的温度，从蒸发器流出的饱和制冷剂，在通过吸气管流进压缩机时，还将从冷却介质处或外界吸收部分热量而变成过热蒸汽，因此，压缩机实际吸入的是过热蒸汽。如图3.4中1-1′就表示过热过程，而两点之间的温差即为过热度。如果制冷装置所采用的压缩机要求低温制冷蒸汽冷却电机（如全封闭式和半封闭式压缩机），制冷剂蒸汽在到达压缩机吸气腔时的过热度就会更大。

若吸入蒸汽的过热量全部来自被制冷的室外，则会增加冷凝器的负荷。这种过热度越大，制冷系数和单位容积制冷量就降低越多，所以称为有害过热。为了减少管路的有害过热，吸气管路都必须用隔热材料包扎起来。

若吸入蒸汽的过热量全部来自被制冷的室内，则制冷剂的单位质量制冷量就应该由蒸汽制冷部分和过热阶段所吸收的热量两部分组成。这时制冷剂的制冷系数比理论循环提高了，所以这种过热循环对制冷循环是有益的。

实际上，为了保证制冷装置的压缩机运转安全，总是使压缩机吸气有一定的过热度。若没有吸气的过热度，压缩机吸入的蒸汽就难免带入未蒸发完的少量液滴，液滴在气缸中受热产生急剧汽化，不仅会降低压缩机的实际吸气量，而且液体多时，甚至可能引起液击事故，所以压缩机吸气要有一定的过热度。车辆的制冷循环系统过热度一般取 5~8 ℃。

（3）回热循环的影响。

为了使液态制冷剂的温度在膨胀阀前降得更低（即增大过冷度），以便于进一步减少节流损失，同时保证压缩机吸入具有一定过热度的蒸汽，还不发生有害的过热，可以采用蒸汽回热循环，即利用换热器使蒸发器出口的低温饱和蒸汽与冷凝器出口的高温饱和液体实现热量交换，同时实现制冷剂液体过冷与蒸汽过热。回热过程是等压过程，在无热量损失的情况下，液态制冷剂放出的热量等于它蒸发气体吸收的热量。从理论上看，回热循环能提高制冷系统。

（三）制冷剂

制冷系统里必须还要充注一定量的专用工作介质才能正常工作，这种将被冷却介质的热量转移到环境介质（空气或水）中去的工作介质就是制冷剂，也称制冷工质。

1. 制冷剂的作用

蒸汽压缩式制冷循环中的制冷剂在低温、低压下汽化，从被冷却物体中吸收热量，然后制冷剂又在高温、高压下凝结，把热量释放到环境介质（如空气、冷却水等）中去。制冷剂在制冷系统中如此反复循环，通过自身热力状态的变化进行能量交换，从而把被冷却物体的热量释放到环境介质中，实现被冷却物体的冷却。制冷系统中充注的制冷剂不同，其制冷效率也有很大的区别，因此制冷剂在制冷系统中起着极其重要的作用。

2. 制冷系统对制冷剂的要求

在蒸汽压缩机制冷系统中，制冷剂除应具有较好的热力学性能和物理、化学性质以外，还必须具有环境友好性。对制冷剂的具体要求如下：

（1）临界温度较高，在常温或制冷温度下能够液化。临界温度应比环境温度尽可能高，这样可以降低节流损失，提高制冷循环的经济性。

（2）在工作压力范围内，具有合适的蒸发压力和冷凝压力。要求在蒸发器内制冷剂的压力最好和大气压力相近并稍高于大气压力，因为当蒸发器中制冷剂的压力低于大气压力时，外部的空气可能从不严密处漏入制冷系统中。这样漏入的空气不但会降低制冷装置的制冷能力，而且由于空气中有水蒸气，会对设备和管路产生腐蚀，同时在低温部分的节流孔口处还可能发生"冰塞"现象。

在冷凝器中制冷剂的压力不应过高，这样能减少制冷设备承受的压力，同时可降低对冷凝器密封性的要求，从而减少金属消耗量和降低制冷剂渗漏的可能性。如果压力过高，不仅制冷剂有向外渗漏的可能，还会增加循环中功的消耗。冷凝温度是根据冷却介质的温度和冷凝器的构造来确定的。

（3）单位容积制冷量大。对制取一定的制冷量而言，它可以减少压缩机的输气量，也即减少压缩机的结构尺寸，降低成本。

（4）凝固温度低，以避免制冷剂在蒸发温度下凝固。

（5）黏度和密度小，以保证制冷剂系统中的流动阻力损失小。

（6）导热系数高，可以提高各个换热器的传热系数，减少换热器的传热面积和金属耗材。

（7）满足与润滑油的溶解性要求。

（8）等熵指数（以前称绝热指数）小，可使压缩过程耗功减少，压缩终了时气体的温度不致过高。

（9）液体比热容小，可使节流过程损失小。

（10）不燃烧，不爆炸，无毒，对金属无腐蚀作用，与润滑油无化学作用，高温下不分解，对人体无毒害。

（11）价格便宜，便于获得。

（12）对人类生态环境无破坏作用。即不破坏地球大气臭氧层、不产生温室效应。

3. 制冷剂的种类与代号

（1）制冷剂的种类。

可以当作制冷剂的物质有几十种，但目前工业上常用的不过十余种。按照它们的组成分类，主要有：无机化合物制冷剂、氟利昂制冷剂、碳氢化合物制冷剂、混合制冷剂。按照它们在标准大气压力下沸腾温度的高低，一般可将其分为3类：高温制冷剂、中温制冷剂和低温制冷剂。

（2）制冷剂代号。

为了统一称谓和方便书写，国际上和我国国家标准 GB/T 7778—2017 规定了各种通用制冷剂的代号,以代替其化学名称、分子式或商业名称。统一规定用字母"R"和其后的数字或字母作为制冷剂的代号。字母"R"表示制冷剂,其后的数字和字母则根据制冷剂的种类及分子式组成,按一定规则编写。

① 无机化合物。

无机化合物的简写符号规定为R7××,××是指该无机分子量的整数部分,如表3.1所示。

表3.1 常用无机化合物制冷剂代号

分子式	NH_3	H_2O	CO_2	SO_2	NO_2
分子量的整数部分	17	18	44	64	44
符号表示	R717	R718	R744	R764	R744a

表3.1中,因为CO_2和NO_2分子量的整数部分相同,为了区别起见,规定用R744表示CO_2,用R744a表示NO_2。

② 氟利昂和烷烃类。

氟利昂是饱和碳氢化合物的氟、氯、溴衍生物的总称,目前用作制冷剂的主要是甲烷和乙烷的衍生物。

烷烃化合物(即饱和碳氢化合物)的分子通式为C_mH_{2m+2}。氟利昂的分子通式为$C_mH_nF_xCl_yBr_z$,其中原子数之间的关系为$n+x+y+z=2m+2$,它们的简写符号规定为R($m-1$)($n+1$)(x)B(z)。每个括号是一个数字,该数字为零时省去,同分异构体则在其最后加小写英文字母以示区别。

例如甲烷,其分子式为CH_4,按照规则制冷剂代号为R50;乙烷,其分子式为C_2H_2,按照规则制冷剂代号为R170;二氟二氯甲烷,其分子式为CF_2Cl_2,按照规则制冷剂代号为R12;二氟一氯甲烷,其分子式为CHF_2Cl,按照规则制冷剂代号为R22;一溴三氯甲烷,其分子式为CF_3Br,按照规则制冷剂代号为R13B1。

③ 非共沸混合制冷剂。

非共沸混合制冷剂的简写符号为R4×,×代表一组数字,这组数字为该制冷剂命名的先后顺序,从00开始。构成非共沸混合制冷剂的纯物质种类相同,但成分不同,则分别在最后加上大写英文字母以示区别。例如,最早命名的非共沸混合制冷剂写作R400,以后命名的按先后顺序分别用R401,R402,…,R407A/407B/407C等表示。

④ 共沸混合制冷剂。

共沸混合制冷剂的简写符号为R5×,×代表一组数字,从00开始,也表示该制冷剂命名的先后顺序。例如,最早命名的共沸制冷剂写作R500,以后命名的按先后顺序分别用R501,R502,…,R507等表示。

此外,还有环烷烃、链烯烃,以及它们的卤代物。其简写符号规定为:环烷烃及其卤代物用字母RC开头,链烯烃及其卤代物用字母R1开头,其后的数字编写规则与氟利昂及烷烃类符号表示中的数字编写规则相同。例如乙烯,分子式为C_2H_4,按照规则其制冷剂代号为R1150。

在大气臭氧层问题出来以后,为了能较简单地定性判别制冷剂对大气臭氧层的破坏能力,氯氟烃类物质代号中的R可表示为CFC,氢氯氟烃类物质代号中的R可表示为HCFC,氢氟烃类物质代号中的R可表示为HFC,碳氢化合物代号中的R可表示为HC等,数字编号不变。例如,R12可表示为CFC12,R134a可表示为HFC134a。

4. 制冷剂的安全性

制冷剂的安全性对操作人员是非常重要的，尤其是在制冷机长期连续运转的情况下，制冷剂的毒性、燃烧性和爆炸性，都是评价制冷剂安全程度的指标。具体安全性指标可参考相关标准，如 ANSI/ASHRAE34—2016 等。

（1）毒性。

毒性通常是根据对动物的试验和对人的影响的资料来确定的。美国工业与环境卫生专家大会用 TLVs（Threshold Limit Values）指标作为毒性标准，美国杜邦公司用 AEL 指标作为毒性标准。值得指出的是，虽然一些氟利昂制冷剂的毒性指标较低，但它们在高温或火焰作用下，会分解出剧毒的光气，这一点在使用时要特别注意。此外，除氧以外的所有制冷剂，几乎都可以引起人或动物窒息，在进行有关操作时要保持比较好的通风条件。

（2）燃烧性和爆炸性。

各种制冷剂的燃烧性和爆炸性差别很大。易燃的制冷剂在空气中的含量达到一定时，遇明火就会产生爆炸。因此，应尽量避免使用易燃、易爆的制冷剂。如果必须使用，必须要有防火、防爆安全措施。一些易燃制冷剂的爆炸特性如表 3.2 所示。

表 3.2 一些制冷剂的爆炸特性

工质代号	爆炸极限	工质代号	爆炸极限	工质代号	爆炸极限	工质代号	爆炸极限
R12	不燃烧	R123	不燃烧	R143a	6~未知	R702	4~75
R22	不燃烧	R124	不燃烧	R152a	3.9~16.9	R704	不燃烧
R23	不燃烧	R125	不燃烧	R290	2.3~7.3	R717	16~25
R32	14~31	R134a	不燃烧	R502	不燃烧	R718	不燃烧
R50	4.8~16.3	R142b	6.7~14.9	R600a	1.8~8.4	R728	不燃烧

表 3.2 中，爆炸极限表示在空气中发生燃烧或爆炸的容积百分比的范围。这一范围的下限值越小，表示越易燃；下限值相同，则范围越宽越易燃。

（3）安全分类。

以前对制冷剂的安全性分别以毒性和可燃性做出规定。国际标准 ISO 5149—2014 和美国标准 ANSI/ASRAE34—2016 对制冷剂的安全分类做了较大调整，将毒性和可燃性合在一起，规定了 6 个安全等级。表 3.3 给出了这 6 个等级的划分定义，表 3.4 给出了一些制冷剂的安全分类。

表 3.3 ANSI/ASRAE34—2017 以毒性和可燃性为界限的安全分类

条件	可燃性	TLVs 值确定或一定的系数，工质体积分数 $\geq 4 \times 10^{-4}$	TLVs 值确定或一定的系数，工质体积分数 $< 4 \times 10^{-4}$
无火焰传播	不燃	A1	B1
工质 LFL>0.1 kg/m³ 燃烧热<19 000 kJ/kg	低度可燃性	A2	B2
工质 LFL≤0.1 kg/m³ 燃烧热≥19 000 kJ/kg	高度可燃性	A3	B3
毒性程度		低毒性	高毒性

注：LFL 指燃烧下限，在指定的实验条件下，能够在工质和空气组成的均匀混合物中传播火焰的工质最小含量；A 为低毒性，B 为高毒性，其后的数字表示可燃性，数字越大燃烧的可能性越大。

表 3.4　一些制冷剂与低温工质的安全分类

工质代号	安全分类	工质代号	安全分类	工质代号	安全分类	工质代号	安全分类
R12	A1	R123	B1	R143a	A2	R702	A3
R22	A1	R124	A1	R152a	A2	R704	A1
R23	A1	R125	A1	R290	A3	R717	B2
R32	A2	R134a	A1	R502	A1	R718	A1
R50	A3	R142b	A2	R600a	A3	R728	A1

5. 热稳定性

通常制冷剂因受热发生化学分解的温度远远高于其工作温度，因此正常情况下制冷剂不分解。但在温度较高又有润滑油、钢铁、铜存在时，长期使用的制冷剂会发生变质甚至热解。例如，R12 与铁、铜等金属接触时，在 410～430 ℃时分解，并生成氢、氟和极毒的光气；R22 与铁相接触时，在 550 ℃开始分解。

6. 对材料的作用

氢、氦、氮及其他惰性气体制冷剂，碳氢化合物制冷剂等，对金属无腐蚀作用。但氢很容易扩散到其他工程材料中，使材料的力学性能下降，称为氢脆。

在正常情况下，卤素化合物制冷剂与大多数常用金属材料不起作用。但在某种情况下，一些材料将会和制冷剂发生作用，如水解作用、分解作用等。制冷剂与金属材料接触时，发生分解作用强弱程度的次序（从弱到强）为：铬镍铁耐热合金、不锈钢、镍、纯铜、铝、青铜、锌、银（分解作用最大）。

含镁的质量分数超过 2%的镁锌铝合金，不能用在卤素化合物制冷剂的制冷机中，因为若有微量水分存在时就会引起腐蚀。有水分存在时，氟利昂水解呈酸性物质，对金属有腐蚀作用。氟利昂与润滑油的混合物能够水解铜。所以当制冷剂在系统中与铜或铜合金部件接触时，铜便溶解到混合物中，当和钢或铸铁部件接触时，被溶解的铜离子又会析出，并沉积在钢铁部件上，形成一层铜膜，这就是所谓的"镀铜"现象。这种现象对制冷机的运行极为不利，因此，制冷系统中因尽量避免水分存在。

某些非金属材料，如一般的橡胶、塑料等，与氟利昂制冷剂会起作用。橡胶与氟利昂接触时，会发生溶解。而氟利昂对塑料等高分子化合物，则会起"膨润"作用（变软、膨胀和起泡）。因此，在制冷系统中要选用特殊的橡胶或塑料。

7. 与润滑油的互溶性

在大多数制冷机里，制冷剂与润滑油相互接触是不可避免的。各种制冷剂与润滑油之间的溶解程度不同，有的完全互溶，有的几乎不溶解，而有的部分溶解。若制冷剂与润滑油不相溶解，可以从冷凝器或储液器将润滑油分离出来，避免将润滑油带入蒸发器中，降低传热效果。制冷剂与润滑油溶解会使润滑油变稀，影响润滑作用，且润滑油会被带入蒸发器中，影响传热效果。

8. 对水的溶解

不同制冷剂溶解水的能力不同，氨可以溶解比它本身大许多倍的水，生成的溶液冰点比水的冰点低，因此在运转的制冷系统中不会引起结冰而堵塞管道通路，但会对金属材料起腐蚀作用。氟利昂很难溶于水，烃类制冷剂也难溶于水。例如，在 25 ℃ 时，水在 R134a 液体中只能溶解 0.11%（质量百分比）。当制冷剂中水的含量超过上述百分数时，就会有纯水存在。当温度降到 0 ℃ 以下时，水就会结成冰，堵塞节流阀或毛细管的通道，形成"冰堵"，致使制冷机不能正常工作。

含有氯原子的制冷剂会水解并生成盐酸，不但会腐蚀金属材料，还会降低电绝缘性能。因此，制冷系统中不允许有游离的水存在。

9. 泄漏性

制冷系统工作时，不允许有制冷剂向系统外泄漏，因此需要经常在设备、管道的结合面处检查有无制冷剂漏出。

氨有强烈的臭气，人们依靠嗅觉就容易判别是否有泄漏。由于氨极易溶于水，因此不能用肥皂水检漏，通常用酚酞试剂和试纸检漏，如有泄漏，试剂或试纸会变成红色。

氟利昂是无色无味的物质，泄漏时不易发觉。检漏的方法有使用卤素喷灯和电子检漏仪两种。卤素喷灯是通过燃烧酒精去加热一块纯铜，空气被吸入喷灯，当空气内含有氟利昂时，气流与纯铜接触就会发生分解，并使燃烧的火焰变成黄绿色（当泄漏量少时）或紫色（当泄漏量大时）。用电子检漏仪检漏是一种较精密的方法。仪器中有一对铂电极，空气由风机吸入并流过电极，当含有氟利昂时，电极之间的电导率会发生变化，通过电流计可以反映出来。

10. 与大气环境的"友好性"

氟利昂类制冷剂中，凡是分子中含有氯或溴原子的制冷剂对大气臭氧层有潜在的消耗能力。为描述对臭氧的消耗特征及其强度分布，通常使用 ODP（Ozone Depletion Potentia）值。ODP 值表示对大气臭氧层消耗的潜能值，以 R11（CFC11）的 ODP 值作为基准值。

这类制冷剂不仅要破坏大气臭氧层，还具有使全球变暖的潜能（Global Warming Potentia, GWP）。我们把具有使全球变暖效应的气体称为温室气体。作为基准，人们规定 R11（CFC11）的 GWP 值为 1.0，其符号为 HGWP。以前，也曾经用 CO_2 作为基准，规定 CO_2 的 GWP 值为 1.0，其符号是 GWP。两者的换算关系为前者是后者的 3 500 倍。表 3.5 给出了一些制冷剂的 ODP 值和 GWP 值。

表 3.5 一些制冷剂的 ODP 值和 GWP 值

工质代号	GWP	ODP	工质代号	GWP	ODP	工质代号	GWP	ODP	工质代号	GWP	ODP
R12	7 100	1.0	R123	70	0.02	R143a	2 660	0	R600a	0	0
R22	1 600	0.055	R124	350	0.022	R152a	105	0	R702	0	0
R23	—	0	R125	2 940	0	R290	0	0	A704	0	0
R32	650	0	R134a	875	0	R500	6 300	0.75	R717	0	0
R50	—	0	R142b	1 470	0.065	R502	9 300	0.23	R718	0	0

GWP 值虽然反映了温室气体进入大气以后，直接造成的全球变暖效应，但它却不能反映使用这些气体的装置因耗能引起的二氧化碳量排放增加所导致的间接全球变暖效应。考虑到这一因素，人们提出用"总等效温室效应"（TEWI）来描述温室气体的全球变暖效应。TEWI 包括两部分：第一部分是直接温室效应，它是指温室气体的排放、泄漏及系统维护或报废时进入大气后，对大气温室效应的影响，可以表示为温室气体的 GWP 值与排放总量的乘积；第二部分是间接温室效应，它是指使用这些温室气体（主要是制冷剂）的装置，因耗能（主要指电能和燃烧化石燃料）引起的二氧化碳排放所带来的温室效应。由此可以看出，TEWI 是一个评价温室效应的综合指标，它不仅包括排放质量的影响，而且包括装置的用能效率（如 COP）、化石燃料转为电能或机械能的效率对温室效应的间接影响。TEWI 不是温室气体的函数，因此，无法给出某一温室气体的 TEWI 值。

可以看出，传统制冷剂 R11、R12 不仅 ODP 值很高，而且 GWP 值也很高，对大气环境极"不友好"，因此要禁止使用。作为替代 R12 的新制冷剂 R134a，虽然其 ODP 值已经是 0，但仍有较高的 GWP 值，会造成全球变暖效应。一些自然制冷剂，如 R50、R600a、R290、R702、R704、R717、R728 等，它们既不破坏大气臭氧层，又不导致全球变暖，是对环境"友好"的制冷剂。

11. 几种动车组空调系统用制冷剂特性

（1）R134a。

R134a（四氟乙烷，CH_2FCP_3）作为 R12 的替代制冷剂而被提出，它的许多特性与 R12 很接近。R134a 也被用于离心式制冷机中，作为 R11 的替代制冷剂。

R134a 的临界压力比 R12 略低，温度及液体密度均比 R12 略小，标准沸点略高于 R12，液体、气体的比热容均比 R12 大。两者的饱和蒸汽压力在低温时 R134a 略低，大约在 17 ℃ 时相等，高温时 R134a 略高。因此，一般情况下，R134a 的压缩比略高于 R12，但它的排气温度比 R12 低，对压缩机工作更有利。两者的黏度相差不大。

R134a 的毒性非常低，在空气中不可燃，安全类别与 R12 一样为 A1，是很安全的制冷剂。

与 R12 相比，R134a 具有优良的迁移性质，其液体及气体的导热率显著高于 R12。研究表明，在蒸发器和冷凝器中，R134a 的传热系数比 R12 分别要高 35%～40% 和 25%～35%。

R134a 与矿物润滑油不相溶，但在温度较高时，能完全溶解于多元烷烃醇类和多元醇酯类合成润滑油中；在温度较低时，只能溶解于 POE 合成润滑油中。

R134a 的化学稳定性好，然而由于它的溶水性比 R12 要强得多，这对制冷系统很不利，即使少量水分存在，在润滑油等的物质一起作用下，将会产生酸、CO 或 CO_2，将对金属产生腐蚀作用，或产生"镀铜"现象。因此，R134a 对系统的干燥和清洁性要求较高。而且，不能用与 R12 相同的干燥剂，一般采用 XH-7 或 XH-9 等干燥剂。R134a 对钢、铁、铜、铝等金属均未发现有化学作用的现象，仅对锌有轻微作用。R134a 对塑料无显著影响，除了对聚苯乙烯有稍微影响外，对其他的大多没有作用。与塑料相比，合成橡胶受 R134a 的影响略大，特别是氟橡胶。

与其他 HFC 类制冷剂一样，R134a 分子中不存在氯原子，不能用传统电子检漏仪检漏，应该用专门适合于 R134a 的检漏仪检漏。

（2）R22。

R22 也是较常见的中温制冷剂，沸点为 -40.8 ℃，凝固点为 -160 ℃，单位容积制冷剂量稍低于氨，但比 R12 大得多。压缩终了温度介于氨和 R12 之间，能制取 -80 ℃ 以上的低温。

R22 无色，气味很弱，不燃烧，不爆炸，毒性比 R12 稍大，但仍属安全性制冷剂。它的传热性与 R12 接近，溶水性比 R12 稍大，但仍属于不溶于水的物质。含水量仍限制在 0.002 5% 之内。防止含水量过多和冰堵所采取的措施，与 R12 系统相同。

R22 化学性质不如 R12 稳定。它的分子极性比 R12 大，故对有机物的膨润作用更强。密封材料可采用氯乙醇橡胶，封闭式压缩机中的电动机绕线圈可采用 QF 改进性缩醛漆包线或 QZY 聚酯亚胺漆包线。

R22 能部分地与润滑油互溶，温度高时溶解性较好，但在低温下（蒸发器中）会出现分层现象。采取的回油措施与 R12 相同。

R22 对金属的腐蚀性、泄漏性与 R12 相同。

R22 广泛用于与冷藏、空调、低温设备，在活塞式、离心式、回转式压缩机系统中均有采用。由于它对大气臭氧层仅有微弱的破坏作用，故可作为 R12 的近期、过渡性替代制冷剂。

（3）R407C。

非共沸混合制冷剂 R407C 是一种三元非共沸混合制冷剂，它是作为 R22 的替代物而被提出的。在压力为标准大气压时，其泡点温度为 -43.4 ℃，露点温度为 -36.1 ℃，与 R22 的沸点较接近。与其他 HFC 制冷剂一样，R407C 也不能与矿物润滑油互溶，但能溶解于聚酯类合成润滑油。

研究表明，在空调工况（蒸发温度约 7 ℃）下，R407C 容积制冷量以及制冷系数比 R22 略低（约 5%），因此，将 R22 的空调系统换成 R407C，只要将润滑油和制冷剂改换就可以了，而不需要更换制冷压缩机，这是 R407C 作为 R22 替代物的最大优点。但在低温工况（蒸发温度 < -30 ℃）下，虽然其制冷系数比 R22 低得不多，但它的容积制冷量比 R22 要低得多（约 20%），这一点在使用时要特别注意。此外，由于 R407C 的泡点、露点温差较大，在使用时最好将热交换器做成逆流形式，以充分发挥非共沸混合制冷剂的优势。

二、制冷系统简介

制冷系统的作用是在夏季对进入车内的空气进行降温、减湿处理，使车内空气的温度与相对湿度维持在规定的范围内。夏季，通风机将吸入的车内外混合空气经过蒸发器冷却后送入车内，以达到降温的目的。由于蒸发器表面的温度通常低于空气的露点温度，使得空气中的部分水蒸气凝结成水滴，因此，空气在通过蒸发器冷却的同时也得到了减湿处理。

（一）制冷系统的组成

动车组空调机组采用蒸汽压缩式制冷，其制冷系统主要由压缩机、蒸发器、冷凝器、轴流式冷凝风机、离心式蒸发风机、膨胀阀以及气液分离器、干燥过滤器、分油器、压力保护装置等辅助设备组成，它们通过管路组成一个封闭的系统，如图 3.5 所示。

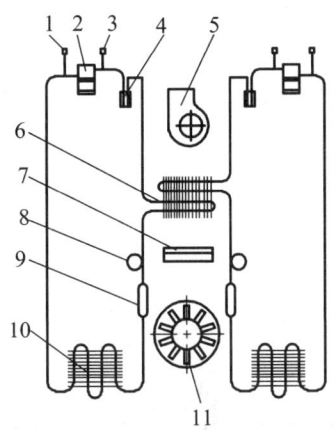

图 3.5 KLD29 系列客车空调制冷系统
1—高压开关；2—压缩机；3—低压开关；4—气液分离器；5—通风机；6—蒸发器；
7—电加热器；8—毛细导管；9—干燥过滤器；10—冷凝器；11—冷凝风机

（二）制冷系统的工作过程

图 3.5 所示为我国铁路空调客车上常用的一种 KLD29 系列空调制冷系统。在这个封闭系统中，低温低压的制冷剂蒸汽由压缩机吸收压缩成高温、高压的制冷剂蒸汽，然后进入风冷冷凝器，经外界空气的强制冷却，冷凝成常温、高压的液体制冷剂，之后进入毛细管（或平衡式膨胀阀）节流降压，变成低温、低压的气液混合制冷剂，然后进入蒸发器，吸收流过蒸发器的空气热量，蒸发成低温、低压的制冷剂蒸汽，再经过气液分离器，分离出制冷剂蒸汽，然后又被压缩机吸入，完成一个封闭的制冷循环。压缩机不断工作，达到连续制冷的效果。

车内空气通过蒸发器时，空气中的水分冷凝成水滴，汇集至机组内接水盘，由排水管将水引到车外，这样就起到了除湿的作用。

车厢内的制冷过程是：由安装在机组内的离心式通风机通过回风口将车内的循环空气吸入及通过新风口将车外新鲜空气吸入，在蒸发器前混合，通过蒸发器后混合空气被冷却，冷空气由机组出口送入车顶通风口各格栅，向车内吹出冷风，在制冷系统的连续工作下使车内温度逐渐降低，并由温度调节器自动调节车内空气温度。

（三）制冷压缩机

制冷压缩机是蒸汽压缩式制冷系统的重要部件，它把制冷剂蒸汽从低压状态压缩到高压状态，创造了制冷剂液体在蒸发器中低温汽化制冷和在冷凝器中常温液化的条件。此外，由于压缩机不断地吸入和排出气体，为制冷剂在制冷系统中不断循环提供了动力，因此它有整个装置的"心脏"之称，常被称为蒸汽压缩式制冷系统的主机。

为保证压缩机的安全工作，制冷压缩机往往设置多重保护装置。例如，机组内设过流保护、高低压保护、缺相保护和延时启动（冷凝风机先开 10 s，以利于压缩机启动，停机时同时停止）。其中任何一种保护产生作用时，压缩机就立即停止工作，防止损坏。

1. 制冷压缩机分类

制冷压缩机有很多不同的类型，图 3.6 给出的是制冷压缩机分类示意图。

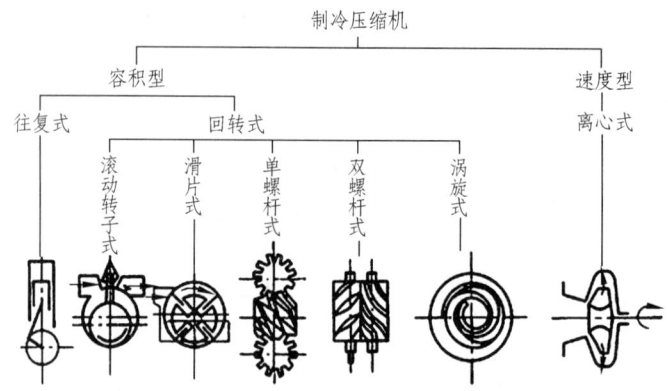

图 3.6 制冷压缩机分类示意图

按工作原理不同，制冷压缩机可分为容积型和速度型两大类。容积型压缩机是通过改变工作容积来完成气体的压缩和输送的。在容积型压缩机中，低压气体直接受到压缩，体积被强制缩小，从而达到提高压力的目的。容积型压缩机主要有活塞式和回转式两类：其中，往复式活塞式压缩机是通过活塞在气缸内做往复运动来改变工作容积，而回转式压缩机是通过螺杆或转子在气缸做旋转运动来改变工作容积，进而实现制冷剂的压缩。回转式制冷压缩机有可分为涡旋式、螺杆式、滚动转子式等几种形式。

往复活塞式压缩机因其使用温度范围广、技术成熟可靠、使用性能和能量指标较好的特点应用广泛。但由于活塞式压缩机易损件较多、维修量较大，适用于中小型制冷系统。目前有逐渐被结构简单、性能优越的其他形式压缩机取代的趋势。

与往复活塞式制冷压缩机相比，回转式（如涡旋式）制冷压缩机具有结构简单、体积小、质量轻、制冷效率高、运行平稳、振动小、噪声低、可靠性高等优点。但回转式制冷压缩机存在主要零件加工精度要求高、电动机绝缘等级要求高、启动转矩较大等问题。但随着科技的发展，这些问题已基本得到解决，因此，该类型制冷压缩机正在快速发展。

速度型压缩机是使气体在高速转动的叶轮中提高速度，而后通过导向器使气体的动能转化为压力能，进而完成气体的压缩和输送任务。目前常采用的速度型压缩机是离心式压缩机。离心式压缩机具有结构紧凑、运转平稳、振动小、噪声低等特点。由于其转速高，叶轮尺寸又受到加工工艺的限制不能做得太小，因而一般输气量很大，适用于大型制冷装置。

我国各型动车组制冷系统中所采用的都是涡旋式制冷压缩机。

制冷压缩机按标准工况下制冷量的大小分为小型、中型和大型三种类型。标准工况制冷量小于 58 kW 的为小型，标准工况制冷量在 58～580 kW 的为中型，标准工况制冷量大于 580 kW 的为大型。动车组制冷系统中的制冷压缩机主要属于中小型制冷压缩机。

2. 活塞式制冷压缩机

活塞式制冷压缩机是应用曲轴连杆机构，带动活塞在气缸内做往复运动而压缩气体的。它具有使用温度范围广、技术成熟可靠、有良好的使用性能和能量指标等优点,所以应用较广。因为它热效率高、单位耗电相对较少、加工比较容易、造价比较低廉,故适用于中、小型制冷装置。所以在一般车辆的空调系统中大都使用活塞式制冷压缩机。但随着技术的发展,活塞式制冷压缩机逐渐被结构简单、性能优越的其他形式压缩机所替代。

(1)活塞式制冷压缩机的分类。

按使用的制冷剂不同,活塞式制冷压缩机可分为氨压缩机、氟利昂压缩机、异丁烷压缩机等。不同制冷剂对压缩机的结构和材料要求有所不同。

按气缸布置方式不同,活塞式制冷压缩机可分为卧式、直立式和角度式三种。如图3.7所示,卧式压缩机的气缸沿水平方向布置;直立式压缩机的气缸沿垂直方向布置;角度式压缩机有V形(气缸轴线呈90°)、W形(气缸轴线呈60°)、S形即扇形(气缸轴线呈45°)等。

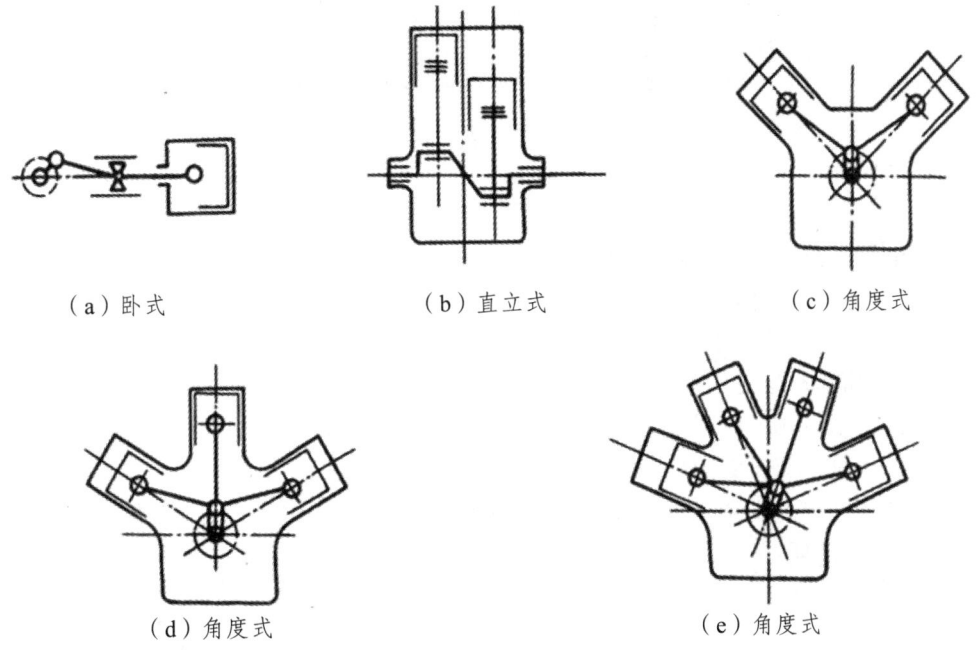

图 3.7 制冷压缩机的布置形式

按压缩机的密封方式不同,活塞式制冷压缩机可分为开启式和封闭式两大类。后者又分为半封闭式和全封闭式两种结构类型。

按制冷量大小不同,活塞式制冷压缩机可分为小型、中型或大型活塞式制冷压缩机。一般气缸直径小于70 mm的活塞压缩机称为小型活塞制冷压缩机,气缸直径在70~170 mm的活塞压缩机称为中型活塞制冷压缩机。

按压缩级数不同,活塞式制冷压缩机可分为单级活塞制冷压缩机和多级(一般为两级)活塞制冷压缩机。

(2)活塞式制冷压缩机的结构形式。

活塞式制冷压缩机按压缩机与电动机的组合方式不同分为开启式与封闭式两种,而封闭式压缩机又有半封闭式和全封闭式之分。

开启式压缩机是指压缩机和电机分开,压缩机的曲轴一端伸出机体,并通过传动机构与电动机相连,如图3.8所示。为防止制冷剂泄漏和外界空气渗入,在曲轴伸出端设有轴封。

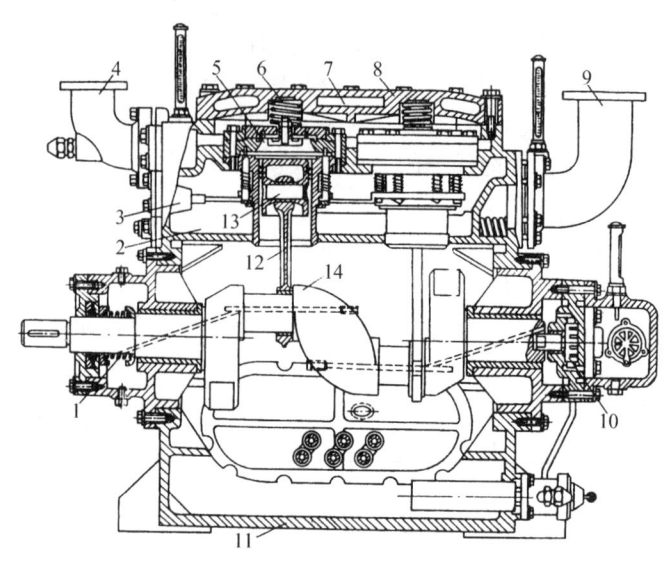

图 3.8 开启式压缩机

1—轴封;2—进气腔;3—油压推杆机构;4—排气管;5—气缸套及进排气阀组合件;6—缓冲弹簧;7—水套;
8—气缸盖;9—进气管;10—油泵;11—曲轴箱;12—连杆;13—活塞;14—曲轴

半封闭式压缩机是指压缩机与电机共同组装在一个可拆的密封机壳内,压缩机的曲轴和电动机的转子轴是一根整体轴,压缩机没有伸出体外的转动部件,如图 3.9 所示。该结构没有轴封装置,提高了压缩机的密封性能,使压缩机结构紧凑、质量减轻。

全封闭式压缩机是将压缩机和电机共同组装在一个封闭的机壳内。全封闭式压缩机的机壳分为两部分,接缝采用焊接方式焊死;正常使用时,压缩机外部仅有吸、排气管和电动机接线盒,如图 3.10 所示。全封闭压缩机结构更为紧凑、体积更小、质量更轻、密封性更好、噪声更低,而且由于其电动机在工作时始终处于低温制冷剂蒸汽中,冷却效果更好。但缺点是不易拆卸、检修比较困难。

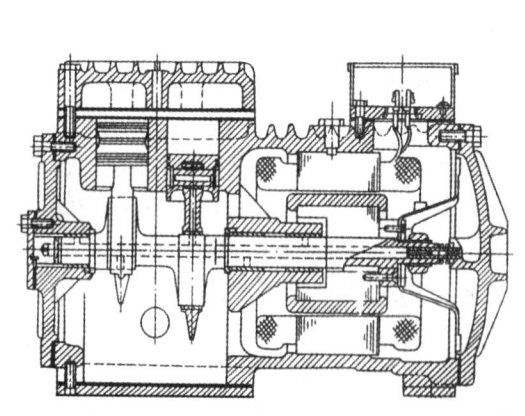

图 3.9 半封闭式压缩机

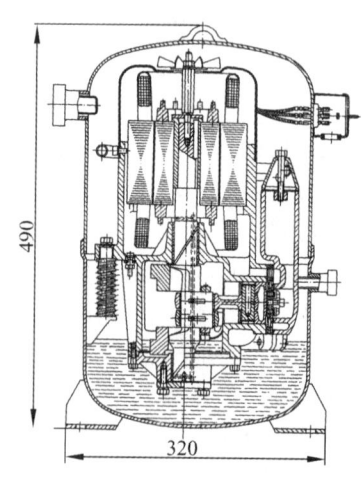

图 3.10 全封闭式压缩机

(3)活塞式制冷压缩机的基本组成。

活塞式制冷压缩机结构形式有很多种,但其基本组成包括以下几部分:

① 由机体和各种盖板组成的机体组件；
② 由气缸、活塞、吸气阀片、排气阀片等构成的容积可变的工作空间；
③ 由曲轴、连杆等构成的传动机构；
④ 由油泵、轴封等构成的润滑和密封设施（小型压缩机没有油泵，封闭式压缩机没有轴封）。

图 3.11 所示是活塞式制冷压缩机的基本构成及其工作过程图。压缩机电机输入功率后，电机的轴带动压缩机的曲轴转动，曲轴通过连杆带动活塞在气缸中做往复运动，同时气缸顶部的吸排气阀片配合输送工作。曲轴每旋转一周，活塞就做一次往复运动，压缩机就完成一次工作循环。

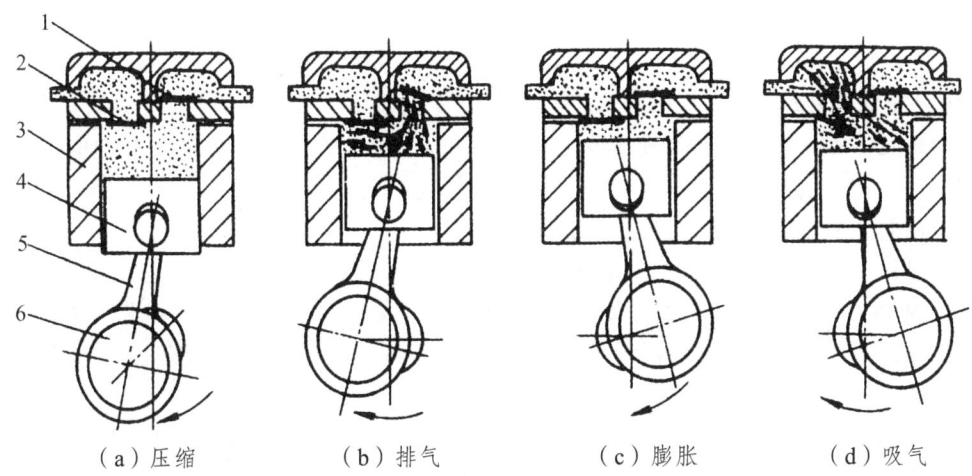

（a）压缩　　（b）排气　　（c）膨胀　　（d）吸气

图 3.11 活塞式制冷压缩机的基本构成及其工作过程图

1—排气阀片；2—吸气阀片；3—气缸；4—活塞；5—连杆；6—曲轴

（4）活塞式制冷压缩机的理想工作过程及理论输气量。

活塞式制冷压缩机在理想工作过程是指在压缩机工作过程中无能量损失和容积损失。

活塞式制冷压缩机的理论工作过程在 p-V 图上的表示如图 3.12 所示。

图中纵坐标是压力 p，横坐标是气缸容积 V。每完成一个工作循环，要经历吸气、压缩和排气三个过程。其中 4-1 表示吸气过程，此时活塞从上止点向下止点移动，吸气阀打开，制冷剂蒸汽以压力 p_0 进入气缸，该过程直至活塞运动到下止点结束；1-2 表示绝热压缩过程，此时活塞从下止点向上止点移动，吸气阀关闭，制冷剂被绝热压缩，压力升高，该过程直至气缸内制冷剂压力增大到冷凝压力 p_k 为止；2-3 表示排气过程，当气缸内的制冷剂压力达到冷凝压力 p_k 时，排气阀打开，随着活塞继续上行，制冷剂以 p_k 等压排出，该过程直至活塞运行至上止点为止。

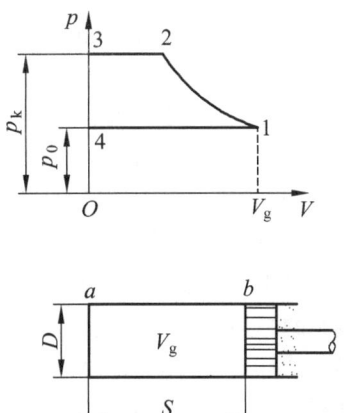

图 3.12 活塞式制冷压缩机工作过程 p-V 图

排气过程结束后,压缩机将开始新的工作循环,如此循环下去。

在一个工作循环中,活塞式制冷压缩机的气缸吸气量等于活塞移动一个行程所扫过的容积,也称气缸的工作容积,以 V_g 表示,即气缸的截面积与活塞行程的乘积:

$$V_g = \frac{\pi d^2}{4} S \text{ (m}^3\text{)} \tag{3.1}$$

式中,d 为气缸直径;S 为活塞行程。

理想工作过程中,将活塞式制冷压缩机每秒吸入的蒸汽量叫作压缩机的理论输气量,以 V_h 表示:

$$V_h = \frac{V_g \cdot Z \cdot n}{60} = \frac{\pi d^2 S \cdot Z \cdot n}{240} \text{ (m}^3\text{/s)} \tag{3.2}$$

式中,n 为压缩机转速;Z 为压缩机气缸数,其他参数意义同上。

由此可见,活塞式制冷压缩机的理论输气量仅与压缩机的结构和转速有关,而与制冷剂种类无关。

(5)活塞式制冷压缩机的实际工作过程。

由于活塞式压缩机的结构组成特点,在活塞顶部与盖板、活塞环部与气缸内壁、吸排气阀之间都存在一定的结构间隙,这些间隙所组成的容积称为活塞机的余隙容积。余隙容积的存在使得压缩机在实际循环过程中排气无法排尽,因此就多了一个膨胀过程,如图3.11(c)所示。

活塞式制冷压缩机实际每完成一个工作循环是由膨胀、吸气、压缩、排气四个过程组成。同时由于活塞式压缩机在实际循环中还存在着吸排气压力损失、泄漏损失、过热损失等使其实际循环的输气量总是低于理论输气量,实际耗功总是大于理论耗功。

3. 涡旋式制冷压缩机

(1)涡旋式制冷压缩机的基本构成。

涡旋式制冷压缩机的结构如图3.13所示。它由运转涡旋盘(动盘)、固定涡旋盘(静盘)、机体、防自转环、偏心轴等零部件组成。

动盘和静盘的涡旋线呈渐开线形状,安装时使两者中心线距离一个回转半径 e,相位差180°。这样,两盘啮合时,与端板配合形成一系列月牙形柱体工作容积。静盘固定在机体上,涡线外侧设有吸气室,端板中心设排气孔。动盘由偏心轴带动,使之绕静盘的轴线转动,做半径很小的平面。为了防止动盘自转,结构中设置了防自转环;该环上、下端面上具有两对相互垂直的键状突肋,分别嵌入动盘的背部键槽和机体的键槽内,制冷剂由动盘的边缘吸入月牙形的工作容积中,随着动盘转动,工作容积逐渐向中心移动,容积缩小,制冷剂收到压缩;压缩后的制冷剂由静盘中心部位排气孔排出。

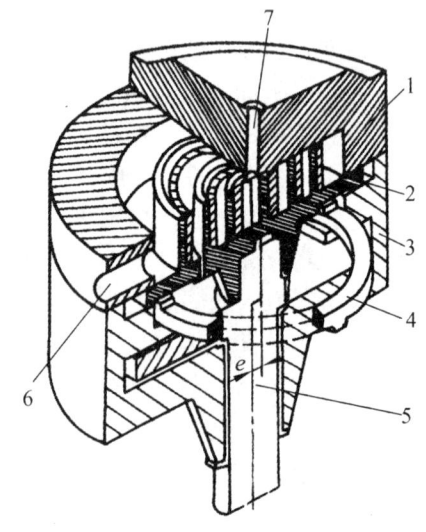

图 3.13 涡旋式制冷压缩机的结构
1—动盘;2—静盘;3—机体;4—防自转环;
5—偏心轴;6—进气口;7—排气口

（2）涡旋式制冷压缩机的工作原理。

涡旋式制冷压缩机的工作过程仅有进气、压缩、排气三个过程，而且是在主轴旋转一周内同时进行的。外侧空间与吸气口相通，始终处于吸气过程，内侧空间与排气口相通，始终处于排气过程，而上述两个空间之间的月牙形封闭空间，则一直处于压缩过程，因而可以认为吸气和排气过程都是连续的。涡旋式制冷压缩机工作原理如图3.14所示。

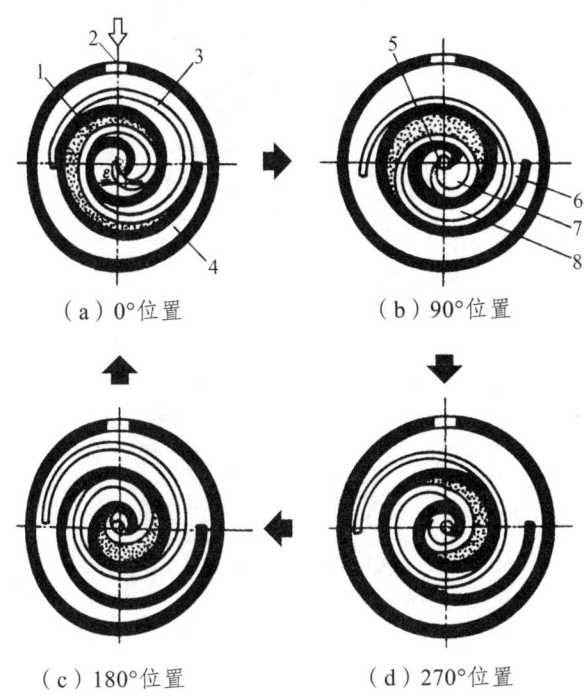

图3.14 涡旋式压缩机工作原理示意图

1—压缩室；2—进气口；3—动盘；4—静盘；4—排气口；6—吸气室；7—排气室；8—压缩室

当动盘处于0°位置时，如图3.14（a）所示，涡线体的啮合线在左右两侧，组成密闭空间，此时完成吸气过程。当动盘顺时针旋转90°时，密封啮合线也移动90°，处于上下位置，如图3.14（b）所示，封闭气体被压缩，与此同时，涡线体的外侧进行吸气过程，内侧进行压缩过程。动盘转动180°时，涡线体的外侧、中间、内侧分别进行吸气、压缩、排气过程，如图3.14（c）所示。动盘转至270°时，如图3.14（d）所示，内侧排气过程结束，中间气体的压缩也结束，外侧的吸气过程仍在进行。当动盘转到0°位置时，外侧吸气过程结束，内侧排气过程仍在进行，如此循环往复。

图3.15为涡旋式压缩机结构总图，其中压缩机布置在上方，电动机布置在下方。低温制冷剂蒸汽经机壳上部的吸气管进入涡线体外周；压缩后由静盘上方的排气孔排至排气腔，然后进入下部电动机室；冷却电动机后由排气管排出，偏心轴由机体上的轴承支承，动盘由中间压力支承，将其压在静盘上。轴承的供油利用排气压力与中间压力的压力差进行，润滑油通过偏心轴中心开的油孔供至各轴承处，然后排向中间压力室，再由中间压力室的背压孔导入压缩机腔，最后随制冷剂排气一起排出。润滑油在机壳内两次被分离，积存于机壳底部，供再循环使用。为防止压缩机停机时高压气体的倒流而引起压缩机动盘倒转，在压缩机吸气管端部装有内藏式回流阀。

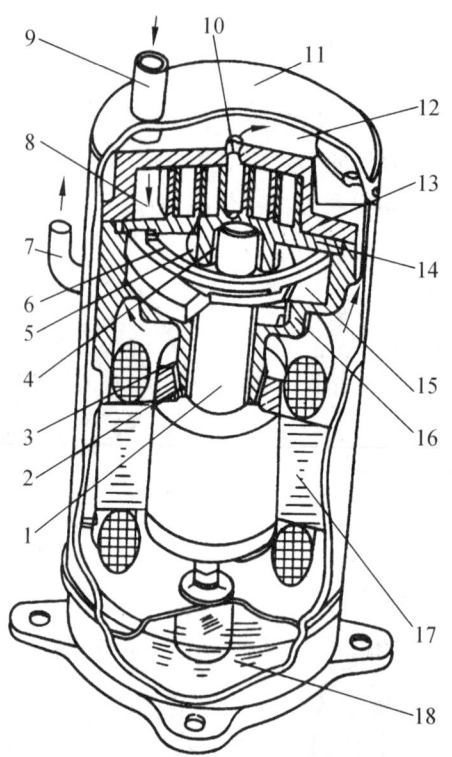

图 3.15 涡旋式制冷压缩机结构总图

1—曲轴；2，4—轴承；3—密封；5，15—背压腔；6—防自转环；7—排气管；8—吸气腔；9—吸气管；10—排气口；11—机壳；12—排气腔；13—静盘；14—动盘；16—机架；17—电动机；18—润滑油

（3）涡旋式制冷压缩机的特点。

① 相邻两室的压差小，气体的泄漏量少。

② 由于吸气、压缩、排气过程是同时、连续地进行，压力上升速度较慢，因此转矩变化幅度小、振动小。

③ 没有余隙容积，故不存在引起输气系数下降的膨胀过程。

④ 无吸、排气阀，效率高，可靠性高，噪声低。

⑤ 由于采用气体支承机构，故允许带液压缩，一旦压缩腔内压力过高，可使动盘与静盘端面脱离，压力立即得到释放。

⑥ 机壳内腔为排气室，减小了吸气预热，提高了压缩机的输气系数。

⑦ 涡线体型线加工精度非常高，必须采用专用的精密加工设备。

⑧ 密封要求高，密封机构复杂。

（四）制冷换热器

在蒸汽压缩式制冷系统中，除了制冷压缩机之外，还必须包括用于热量交换的冷凝器和蒸发器，它们是制冷系统必不可少的换热设备，其换热效果直接影响制冷装置的质量、性能和运行的经济性。冷凝器和蒸发器的形式与制冷装置的用途、换热介质（制冷剂、载冷剂和冷却介质）的种类、流动方式及换热特性等因素有关。

1. 换热器的工作原理

换热器是将两种或两种以上温度的流体进行热量传递的设备。冷凝器和蒸发器是制冷装置的重要换热设备，它们的结构类型虽然很多，但基本传热方式都是冷热两种流体被金属壁面隔开而进行相互传热，属于表面式换热设备。表面式换热设备的基本传热公式为

$$Q = KFt_m \tag{3.3}$$

式中　Q——换热设备的传热量，W；

　　　K——传热系数，W/(m²·k)；

　　　F——传热面积，m²；

　　　t_m——换热器管两侧流体的对数平均温差，K。

式（3.3）表示两侧流体之间的传热量与两流体的温差、传热面积以及传热系数成正比。这个温差是由环境（室内外空气温度、水温等）与制冷系统的运行工况（冷凝温度、蒸发温度等）决定的，不会随意变动。而传热面积决定了换热器的大小，与金属材料消耗量及制造成本有关，也不宜随意增加。因此要增大传热量，设法提高传热系数 K 才是有意义的。

可以看出，如果制冷机的设备、工作条件已经确定，提高换热器工作效率的主要途径是提高传热系数 K。而换热器的结构对传热系数的影响已无法改变，污垢对传热系数的影响也只能靠勤清理来改善，因此，提高换热器的换热系数主要是提高换热器两侧流体的换热系数。

2. 影响冷凝器传热效率的因素

（1）影响制冷剂蒸汽凝结换热的因素。

① 制冷剂蒸汽的流速和流向的影响。制冷剂在冷凝器中的凝结一般都是膜状凝结，即当制冷剂蒸汽与低于饱和温度的冷凝器壁面接触时，便凝结成一层液体薄膜，液膜在重力作用下向下流动。液膜是冷凝器中制冷剂侧的热阻，液膜越厚，热阻越大，换热系数越小。当制冷剂蒸汽的流动方向与液膜的流动方向一致时，液膜的流动加快，液膜厚度减小，换热系数增大，而且随蒸汽流速的增加而增加。因此适当增加蒸汽的流速，可获得较大的换热系数。

② 传热壁面粗糙度的影响。当壁面很粗糙或有氧化皮时，液膜流动阻力增大，使液膜增厚，换热系数降低，所以应保持冷凝器内表面光滑和清洁，以获得较大的凝结换热系数。

③ 制冷剂蒸汽中含有不凝性气体的影响。在制冷系统中，总会有一些不凝性气体的存在，如组装、检修时不慎或低压段处有渗漏点进入了空气，以及制冷剂、润滑油在高温下分解出的氮气、氢气等，这些不凝性气体在冷凝器中附着在凝结液膜上，且由于不凝性气体的分压力很高，因而使制冷剂蒸汽的压力减小，其饱和温度也相应减小，制冷剂蒸汽的凝结速度减慢。因此要注意防止空气等不凝性气体进入系统，一旦进入要及时排除。

④ 制冷剂中含油对凝结换热的影响。如果制冷剂与润滑油不相溶，随制冷剂蒸汽进入冷凝器的润滑油将形成油膜沉积在冷凝器内表面上，降低换热系数。因为氟利昂能与润滑油互溶，因此对于氟利昂系统，当润滑油浓度小于 6%~7%时，可不考虑对传热的影响，如超过此限，换热系数也将降低。

⑤ 冷凝器构造形式的影响。制冷剂蒸汽在横放单管外表面冷凝时的传热系数一般大于在直立管的换热系数，因为直立管的下部，冷凝液膜层厚度较大。不管是何种结构形式的

冷凝器，要提高凝结传热系数，就必须保证能迅速将传热表面的冷凝液体排除，并保证表面清洁。

（2）影响空气侧换热的因素。

影响空气冷却式冷凝器空气侧换热的主要因素是空气的流速。换热系数随着空气流速增加而增大，但是流速太大，会使通过冷凝器的空气流动阻力增加，从而增加冷却风机的功率。因此综合考虑技术、经济指标，一般取空气流速为 3～4 m/s。空气冷却式冷凝器长期使用后，表面会积一些灰尘和油污等，这会影响冷凝器的传热效果，因此应定期对冷凝器进行清扫或清洗。

3. 影响蒸发器传热效率的因素

（1）制冷剂液体物理性质的影响。

热导率较大的制冷剂，在传热方向的热阻小，其沸腾换热系数就大。密度和黏度较小的制冷剂液体，沸腾时单位时间内产生的气泡多，其对流换热系数就大。

（2）制冷剂湿润能力的影响。

如果制冷剂对受热表面的润湿能力强，则沸腾时形成的气泡小，能迅速地脱离传热表面，换热系数就大。如果制冷剂不能很好地润湿换热表面，则沸腾时形成的气泡很大甚至形成气膜，使换热系数明显降低。

（3）制冷剂蒸发温度的影响。

同一种制冷剂，其蒸发（沸腾）温度越低，饱和温度下的密度差（蒸汽与液体的密度差）越大，液体的表面张力就越大，气泡的直径就越大，换热系数就越小。反之，蒸发温度越高，换热系数越大。

（4）制冷剂中润滑油浓度的影响。

制冷剂中润滑油的浓度对换热系数有一定的影响。当制冷剂中润滑油的浓度在 8%～12% 时，换热系数比无油时还高，但浓度进一步增加时，换热系数就会降低。

（5）蒸发器构造的影响。

实验表明，肋片管上的换热系数大于光管的换热系数，而且管束上的大于单管的，肋片管束的大于光管管束的。

4. 冷凝器的类型与结构

在制冷系统中，冷凝器是一个制冷剂向系统外放热的换热器。自压缩机经油分离器来的制冷剂蒸汽进入冷凝器后，向冷却介质（水或空气）放热，其状态由过热蒸汽变成饱和液体或过冷液体。制冷剂在冷凝器中放出的热量包括两部分：一是通过蒸发器从被冷却物体吸取的热量；二是在压缩机中被压缩时，外界机械功转化的热量。

冷凝器按其冷却介质和冷却方式，可分为水冷式、蒸发式和空气冷却式（或称风冷式）三种类型。

水冷式冷凝器用水作为冷却介质。空气冷却式冷凝器，也称风冷式冷凝器，用空气作为冷却介质。其结构如图 3.16 和图 3.17 所示。动车组空调制冷系统采用风冷式冷凝器。蒸发式冷凝器用水和空气作为冷却介质，主要是靠水蒸气把热量带走。

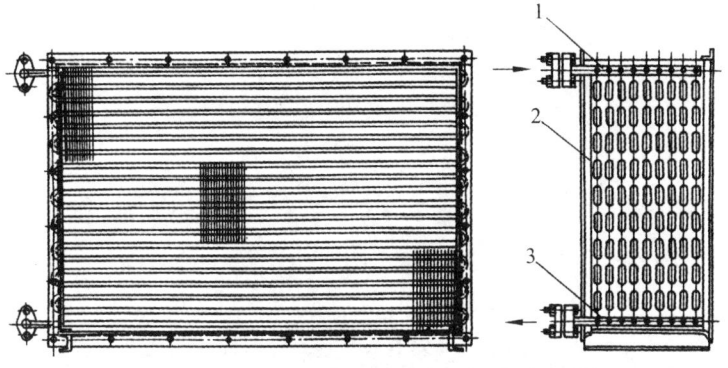

图 3.16 上进下出式空气冷却式冷凝器

1—配集管；2—冷凝蛇管；3—集液器

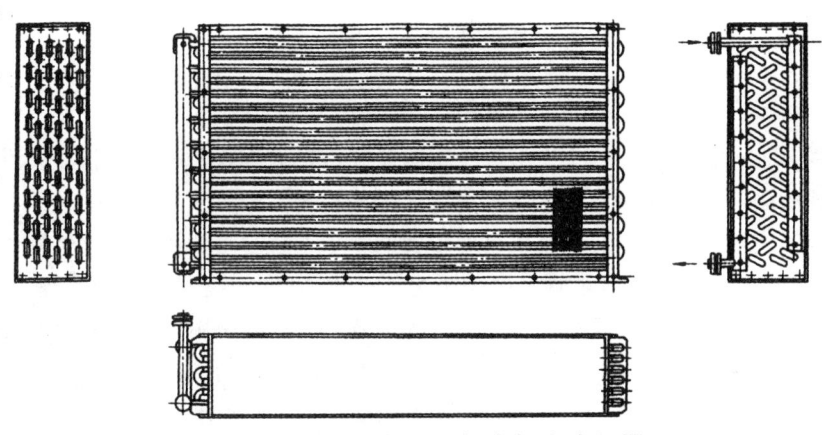

图 3.17 横进横出式空气冷却式冷凝器

5. 蒸发器的类型与结构

蒸发器是制冷机的另一主要热交换设备。在蒸发器中，制冷剂液体在较低温度下蒸发（沸腾）而转变为蒸汽，利用制冷剂的蒸发潜热，吸收被冷却介质的热量而使被冷却介质的温度降低。所以，蒸发器是制冷系统中产生和输出冷量的设备。

蒸发器按冷却介质的不同分为冷却液体（水、盐水等）的蒸发器和冷却空气的蒸发器两种。

冷却液体的蒸发器有壳管卧式蒸发器、干式蒸发器和沉浸式蒸发器。冷却空气的蒸发器有冷却排管和直接蒸发式空气冷却器两种。

直接蒸发式空气冷却器也称冷风机，它适用于各种空调机组、冷藏库及低温试验箱中。它的特点是制冷剂在蛇管内吸热蒸发，管外空气在风机作用下强迫流动。由于空气是强迫流动，所以传热系数比冷却排管高。动车组空调制冷系统中，采用的蒸发器均为直接蒸发式空气冷却器。如图 3.18 所示为直接蒸发式空气冷却器结构及其安装位置示意图。

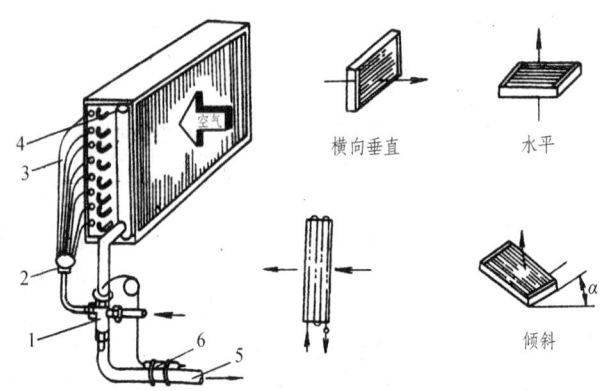

图 3.18 直接蒸发式空气冷却器结构及其安装位置示意图
1—膨胀阀；2—分液器；3—分液管；4—汇集管；5—回气管；6—感温包

（五）节流装置

在制冷系统中常用的节流装置主要有毛细导管和热力膨胀阀两类。

1. 毛细导管

在小型的氟利昂制冷剂装置中，由于冷凝温度和蒸发温度变化不大，制冷量小，为了简化结构，一般都利用毛细导管作为制冷系统的节流降压机构。如图 3.19 所示，毛细导管实际上就是一根直径很小而较长的管子（一般为紫铜管）。当流体沿管内流动时，由于管道摩擦阻力而产生压降，管径越小，管子越长，则流动阻力就越大，产生的压降也越大。目前使用的毛细导管内径是为 0.6~2.5 mm 的紫铜管。管子长度一般根据制冷系统的需要而定，一般长度为 0.5~2.0 m。CRH2 型动车组制冷系统中就使用毛细导管作为节流元件。

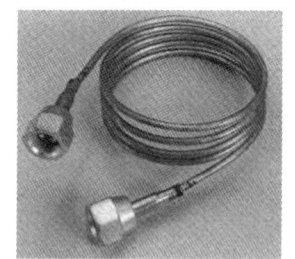

图 3.19 毛细导管

毛细导管节流装置的优点是结构简单、工作稳定、无运动部件、价格低廉，而且在压缩机停车后，冷凝器与蒸发器内的压力可较快地自动达到平衡，减轻再次启动时电动机的负载，适用于装有全封闭式活塞压缩机的制冷系统。

毛细导管的主要缺点是调节能力差，其供液量不能随工况变动而调节。而毛细导管的长度和直径是根据一定工况确定的，如果使毛细导管的供液量能随工况的变化而变化，就得使毛细导管的直径能随工况的变化而变化，显然，这是不可能的。采用毛细导管节流的制冷装置，当蒸发压力下降时，容易引起压缩机的湿冲程；当蒸发压力上升时，容易出现蒸发器供液不足的情况。因此，毛细导管节流宜用于蒸发温度变化范围不大、负荷比较稳定的场合，且通常在系统中配有气液分离器，以防止压缩机湿冲程，而不配有储液器，一般用在小型空调或冰箱上。

采用毛细导管节流的制冷装置，制冷剂充注量要准确，否则会影响制冷装置的正常工作。毛细导管可以用一根也可以几根并联。当用几根时要配分液器，且应仔细调整，使几根毛细导管的工作情况大致相同（可由结霜情况判定）。在毛细导管前应设过滤器，以防止毛细导管脏堵。

实验证明，毛细导管的供液能力主要取决于毛细导管入口处制冷剂的状态（压力和温度）以及毛细导管的长度和直径。

2. 热力膨胀阀

热力膨胀阀是一种能自动调节液量的节流降压机构。它利用蒸发器出口处制冷剂蒸汽的过热度来调节制冷剂流量。由于膨胀阀具有自动调节制冷剂流量的功能，因此在采用膨胀阀节流的系统中，通常配有储液器。热力膨胀阀按平衡方式的不同，可分为内平衡式和外平衡式两种。

内平衡式热力膨胀阀的结构及工作原理如图 3.20 所示，它主要由感温包、毛细导管、膜

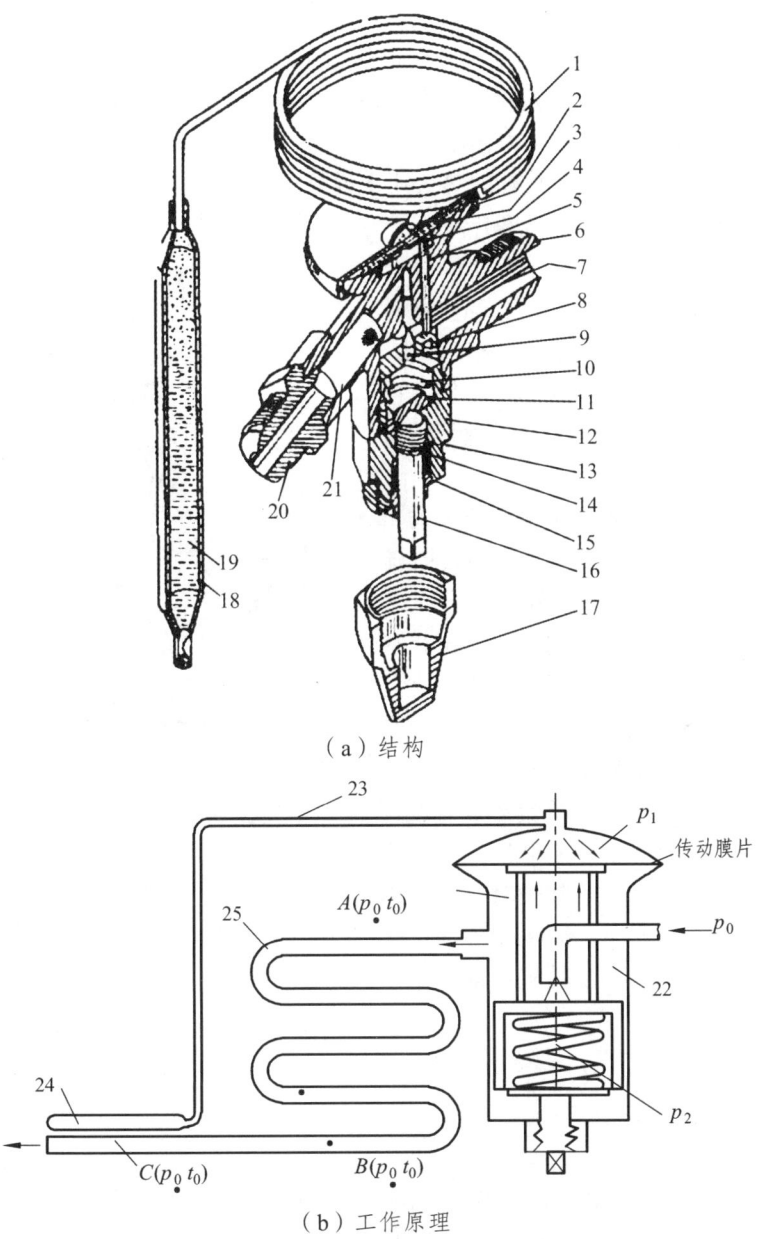

（a）结构

（b）工作原理

图 3.20 内平衡式热力膨胀阀结构及工作原理

1—毛细管；2—密封盖；3—波纹薄膜；4—传动盘；5—传动杆；6—阀体；7—阀孔座；8—阀针座；9—阀针；
10—弹簧；11—弹簧座；12—调节座；13—垫圈；14—填料；15—压紧螺母；16—调节杆；
17—帽罩；18—感温包；19—氟利昂充剂；20—进口接口；21—过滤网；
22—热力膨胀阀；23—毛细管；24—感温包；25—蒸发器

· 151 ·

片、顶杆（也称传动杆，2~3根）、阀座、阀针及调节机构等组成，膨胀阀安装在蒸发器的进口管上，感温包包扎在蒸发器的出口处。感温包、毛细导管及膜盒（膜片上方空腔）构成的密闭空间称感温系统。在感温系统中充注与制冷剂相同或者不同的低沸点液体，通常情况下感温包中充注的工质与系统中的制冷剂相同。

热力膨胀阀的工作原理是建立在力平衡的基础上。工作时，感温包工质感受制冷剂离开蒸发器时的温度，与该温度相对应的感温系统中蒸汽的饱和压力经毛细管传至膜片上方，使膜片受一向下的推力 P_1。膜片下方承受两个向上的力：一个是经过阀孔节流后制冷剂压力 P_0，通过传动杆与阀体间的空隙传递到膜片下方；另一个是阀针下面的弹簧的弹力 P_2，通过传动杆作用在膜片下方。膜片在这三个力作用下保持平衡，即 $P_1 = P_0 + P_2$。

当蒸发器的供液量相对于蒸发器的热负荷来说显得较少时，蒸发器出口处制冷剂蒸汽的过热度增大，因而使感温包中蒸汽温度升高，压力 P_1 增大。由于 $P_1 > P_0 + P_2$，使膜片向下弯曲，并通过传动杆压缩阀针下面的弹簧使阀针下移，阀孔开大，使液量增加。反之，当供液量较多时，蒸发器出口处制冷剂蒸汽过热度减少，感温系统中的压力 P_1 降低，$P_1 < P_0 + P_2$，膜片向上弯曲，阀针上移，将阀孔关小，供液量随之减少。

由此可见，热力膨胀阀就是根据蒸发器出口处制冷剂蒸汽的过热度来自动调节制冷剂流量的，弹簧的预紧力可通过调节杆 16 调整。

外平衡式热力膨胀阀的结构与内平衡式热力膨胀阀基本相同，如图 3.21 所示。不同之处是前者的膜片下方不与供入蒸发器相通，而是设有一个空腔，用一根平衡管与蒸发器出口连通。因此，它的膜片下方不再承受蒸发器进口处制冷剂的压力，而是承受蒸发器出口处制冷剂的压力。当蒸发器冷却盘管较长时，阻力损失较大，特别是低温情况下，要采用外平衡式热力膨胀阀。客车空调与制冷装置中都采用内平衡式热力膨胀阀。

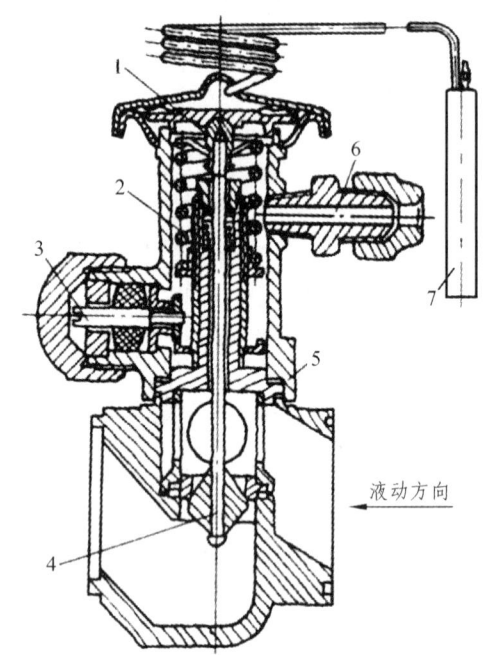

图 3.21 外平衡式热力膨胀阀结构
1—阀杆螺母；2—弹簧；3—调节杆；4—阀杆；
5—阀体；6—外平衡接头；7—感温包

（六）其他辅助设备

在制冷系统中，除了需要制冷压缩机、换热器、节流装置等主要部件外，为了改善制冷系统的工作条件，提高制冷系统运行的经济性和安全可靠性，还必须设置一些辅助设备。

1. 油分离器

在空调制冷系统中，压缩机是唯一需要冷冻润滑油的地方。但是压缩机排气中都带有润滑油，润滑油随高压排气一起进入排气管，并有可能进入冷凝器和蒸发器内。对于氟利昂系统，由于润滑油在氟利昂中的溶解度大，虽然一般不会在传热表面形成油污，但是对其蒸发温度影响（使蒸发温度升高）比较大。因此，在氟利昂制冷系统中，一般都要用油分离器将压缩机排气中的润滑油分离出来。氟利昂制冷系统利用自动回油装置，将其送回压缩机曲轴箱。

目前，常用的油分离器有洗涤式、离心式、填料式和过滤式等几种结构形式。这些油分离器的基本工作原理是利用油滴与制冷剂蒸汽的密度不同，使混合气体流经直径较大的油分离器时，突然扩大通道面积而使其流速降低，同时改变其流动方向，或利用其他分油措施，使润滑油沉降而分离。有的油分离器则采用设置过滤层等方法来增强分离润滑油的效果。氟利昂制冷系统则常使用过滤式油分离器。

2. 储液器

储液器也称储液筒，用来储存制冷循环中的制冷剂液体，以适应工况变动时制冷剂流量的变化。另外，在检修制冷设备及在制冷系统较长时间不工作时，制冷剂全部收储在储液器中，以免泄漏而造成损失。

储液器多为卧式，结构简单。图 3.22 所示储液器的筒体由钢板卷制而成，筒体上设进、出液口。其安装位置应低于冷凝器。其容积应大于所需储存的制冷剂液体的体积，储存的制冷剂的量不允许超过其容积的 80%。

对于负荷变动不大的制冷设备，如单元式空调机组制冷系统，制冷剂的量经严格控制时可省去储液器。

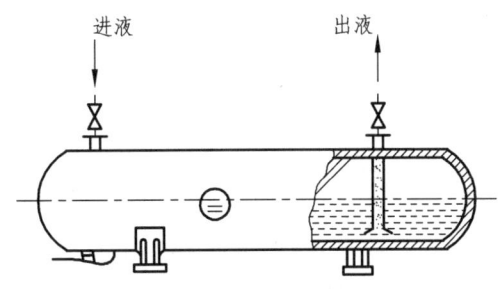

图 3.22　储液器

3. 过滤器与干燥器

干燥器与过滤器装在节流装置前的液体管路上，是制冷系统的净化设备，作用是消除制冷剂中的水分和机械杂质，以防止膨胀阀（毛细管）、电磁阀处产生冰塞、堵塞或冰进入压缩机刮伤气缸和吸排气阀等。

（1）过滤器。

过滤器用于清除制冷剂中的机械杂质，如金属屑、焊渣、氧化皮等。它分为气体过滤器和液体过滤器两种。气体过滤器装在压缩机的吸气管路上或压缩机的吸气腔，以防止机械杂质进入压缩机气缸。液体过滤器一般装在调节阀或自动控制阀前的液体管路上，以防止污物堵塞或损坏阀件。过滤器的原理简单，即用金属丝网阻挡污物。

（2）干燥器。

干燥器只用于氟利昂制冷系统。氟利昂不溶于或仅有限地溶于水，系统中制冷剂含水量过多，会引起制冷剂水解，金属腐蚀，并产生污垢和使润滑油乳化等。当系统在 0 ℃ 以下运行时，会在膨胀阀处结冰，堵塞管道，即发生"冰塞"，故在储液器出液管路上的节流阀前装设干燥器，用以吸附制冷剂液体中的水分。一般用硅胶作为干燥剂，近年来也有使用分子筛作为干燥剂的。

有时将过滤器与干燥器结合在一起，称为干燥过滤器，如图 3.23 所示。它实际上就是在过滤器中充装一些干燥剂。干燥过滤器一般装在冷凝器与热力膨胀阀之间的管路上，以除去进入电磁阀、膨胀阀等阀门前液体中的固体杂质及水分，避免引起阀门的堵塞等。

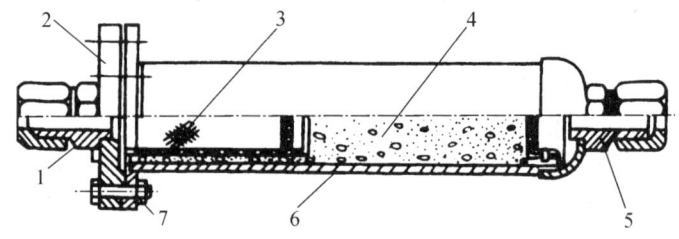

图 3.23 干燥过滤器

1—进液管接头；2—压盖；3—滤网；4—干燥剂；5—出液管接头；6—壳体；7—连接螺栓

干燥器或干燥过滤器使用一段时间后，干燥剂含水量增加，吸附水分的能力降低。此时需将干燥器或干燥过滤器取下，将干燥剂加热再生后继续使用。

在分体式客车空调制冷系统中，一般将过滤器和干燥器分开来设置，而在单元式空调机组中往往将干燥器和过滤器设置在一起。

4. 气液分离器

气液分离器用来分离蒸发器出口的蒸汽中的液体，从而保证压缩机为干压缩。对于毛细导管节流的制冷装置，由于制冷剂流量不能自动调节，当负荷减少时，蒸发器中制冷剂就有可能不能完全蒸发。如果制冷压缩机吸入了带有液滴的制冷剂蒸汽，就有可能产生液击，使阀片、活塞、连杆等损坏。因此为避免制冷压缩机吸入液体制冷剂，在制冷压缩机的回气管上可装设气液分离器，将制冷剂蒸汽中的液体分离。其结构如图 3.24 所示。

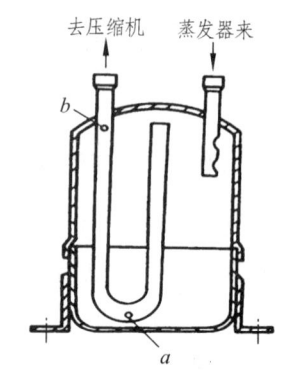

气液分离器的作用原理是：从蒸发器来的制冷剂蒸汽由进气管进入分离器后，由于气流突然转向和减速，把液滴分离出来留在容器底部，而气体则从出气管被压缩机吸入。在 U 形管的底部开有一个小孔 a，能使一定量的冷冻机油随吸入气体一起返回压缩机。b 孔为均压孔，可防止压缩机停机时由于蒸发器侧压力上升，使气液分离器中的液体通过 a 孔流向压缩机。

图 2.24 气液分离器结构示意图

5. 回热器

回热器也称气液换热器。采用回热器是一些氟利昂制冷系统提高制冷量和经济性的措施之一。它是用来自蒸发器的低温制冷剂蒸汽与从储液器（或冷凝器）出来的常温制冷剂液体进行热量交换，从而使节流前的制冷剂液体过冷，进入压缩机前的制冷剂蒸汽过热，既提高了单位制冷量，又保证了压缩机的干压缩。

回热器一般采用套管式结构，如图 3.25 所示，在蒸汽侧可加肋片。安装无特殊要求，但注意不要把液体和蒸汽的进口接错，不要使回热器内聚集润滑油，回热器应尽可能靠近蒸发器。

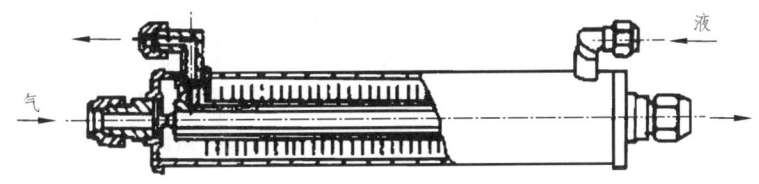

图 3.25 套管式回热器

（七）制冷自动控制元件及阀件

1. 控制电磁阀

控制电磁阀是一种开关式的常闭自控阀门。阀门的打开是依靠线圈在通电以后所产生的电磁力，而阀门的关闭是依靠复位弹簧及阀芯的质量。

控制电磁阀串联在制冷系统的管路中，用以控制制冷系统管路中流体的通或断。电磁阀通常安装在膨胀阀和冷凝器之间，位置应尽量靠近膨胀阀，与压缩机同接一个启动开关，作用是配合压缩机的开停而自动接通或者切断制冷剂液体的流动。当制冷压缩机停机时，电磁阀立即关闭，停止供液，以避免停机后大量制冷剂液体流入蒸发器，造成压缩机再次起动时产生"液击"。

电磁阀按其开启方式可分为直接式和间接开启式两种，如图 3.26 和图 3.27 所示。

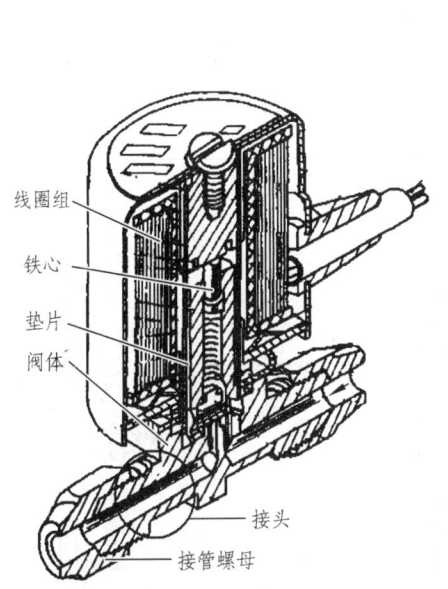
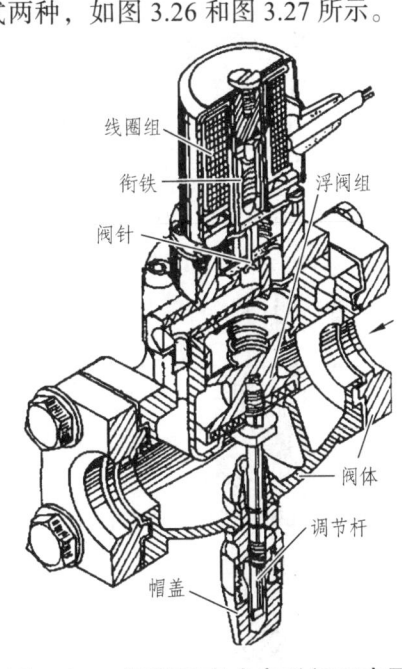

图 3.26　直接开启式电磁阀示意图　　　图 3.27　间接开启式电磁阀示意图

直接开启式电磁阀（见图 3.36）主要由阀体、线圈组、铁心及阀针等组成。当线圈通电后产生磁场，铁心在磁场的作用下被吸起，弹簧受压缩，阀门打开；反之，当线圈组断电后，铁心由于自身重力及弹簧力的作用而下落，将阀关闭。

直接开启式电磁阀构造简单，由于受电磁吸力的限制，口径都比较小，所以应用于管径小于 3 mm 的管道。

间接开启式电磁阀（见图 3.27）主要由阀体、浮阀、线圈、衔铁、阀针和调节杆等组成。当线圈组通电后，电磁吸力吸引衔铁，衔铁带动阀针被吸起，使得浮阀组上方的压力通过浮阀上的阀孔迅速与阀后压力均衡，浮阀组因上下压差而浮起，主阀口开启。由于阀口有流动阻力，进口端压力总是大于出口端压力，使得浮阀上、下总有一压力差来维持阀门的开启状态。当线圈组断电后，磁力消失，衔铁在自身重力或复位弹簧的作用下，将浮阀上的阀孔关闭，浮阀组上的平衡孔使浮阀组上、下腔保持均压，在弹簧力和浮阀自身重力的作用下，浮阀组下落，将主阀口关闭。

当电磁阀电路部分出现故障不能自动启闭时，可使用阀体下部的调节杆，实现手动开启和关闭。

间接开启式电磁阀结构较复杂，但电磁线圈只控制阀针的起落，它可使电磁线圈的尺寸、容量减小，故对于大口径的阀比较适宜，应用于管径大于 3 mm 的管道中。

2. 截止阀

截止阀安装在制冷设备和管道上，用以接通和切断制冷剂通道。

截止阀根据安装位置的不同，分为压缩机截止阀和管道截止阀。

两者基本结构相同，但压缩机截止阀多了一个多用通道。这个多用通道可调整杆开启或关闭，常用于补充冷冻机油，对系统进行抽空操作或充注制冷剂等，给制冷机的操作、检修带来很大方便。

制冷压缩机截止阀的三种状态如图 3.28 所示。如图 3.28（a）所示，阀杆逆时针退足，即阀杆与阀体紧贴，多用通道 C 被关闭，压缩机吸气口（或排气口）A 与制冷管路吸气管接头 B 接通，即截止阀"开位"；如图 3.28（b）所示，若"开位"下，顺时针转动阀杆，将阀芯移至中间位置，A、B、C 全部接通，即"三通"；如图 3.28（c）所示，若阀杆继续顺时针旋转，待阀杆与管路接头端面顶死（即进足），压缩机吸气口（或排气口）A 与多用通道接通，B 通道与 A、C 通道被切断，称"关位"。

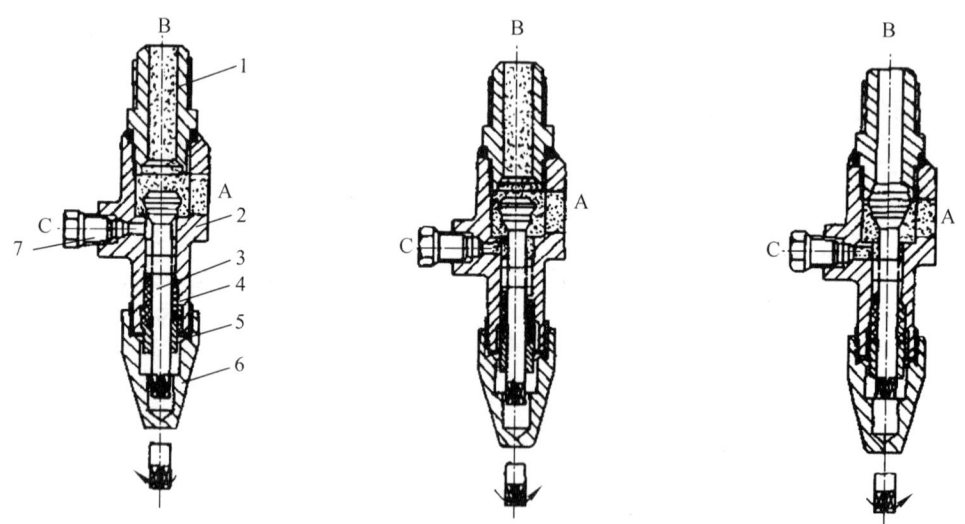

（a）多用通道关闭位置，称"开位"　（b）全开状态位置，称"三通位"　（c）关闭状态位置，称"关位"

图 3.28　压缩机截止阀

1—管路接头；2—阀体；3—阀杆；4—填料；5—填料压紧螺丝；6—螺帽；7—螺塞
A—与压缩机连接法兰口；B—与管道连接头；C—多用通道

3. 止回阀

止回阀又称止逆阀或单向阀，是一种根据流体在阀前后的压力差而自动启闭的阀门。它的作用是只允许制冷剂或其他流体介质做一定方向的流动，阻止其逆向流动。

筒式止回阀是靠弹簧力和背压使阀关闭，所以可以按流向（箭头方向）做任何方向的安装（水平、朝上、朝下或倾斜安装均可）。

通径较大的止回阀为横式结构，这种止回阀只供气体管道使用，而且它是靠自重关闭阀门，所以必须水平安装。

流体在止回阀中正向流动时，其压力克服弹簧力（或阀芯自重）和背压的作用顶开阀芯，使阀开启；流体反方向流动时，弹簧力（或阀芯自重）和流体压力使阀门关闭，止回阀阻止液体通过。一般制冷循环系统中为了防止制冷压缩机停机后高压制冷剂倒流，在压缩机与冷凝器之间安装止回阀。

4. 安全阀

安全阀是保证制冷设备在规定压力下工作的一种安全设备。

安全阀可装在制冷压缩机的排气连通管上，当压缩机排气压力超过允许值时，安全阀开启，使高低压两侧连通，保证压缩机的安全工作。

安全阀也常装在冷凝器、储液器等设备上，以避免容器压力过高而发生事故。

安全阀的结构形式很多，但工作原理基本相同，都是以弹簧来锁定压力的调整值。如图3.29 所示为安全阀结构。

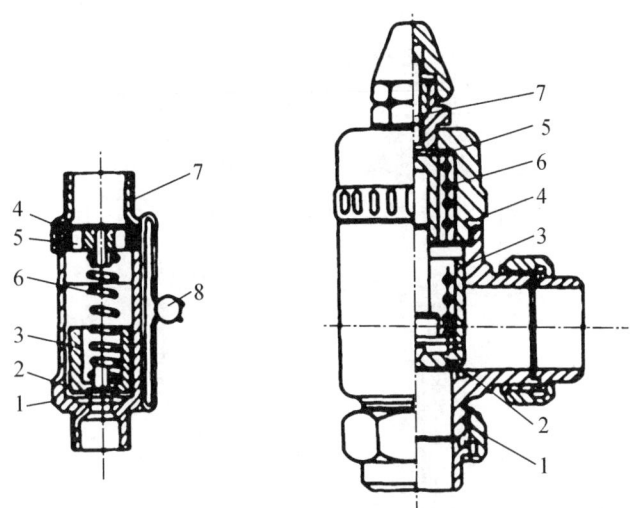

图 3.29 安全阀结构图

1—阀体；2—阀盘；3—阀盘导座；4—垫片；5—弹簧座；6—弹簧；7—调节螺钉；8—铅封

当设备中的压力超过规定工作压力时，即顶开阀门，使制冷剂迅速排出系统。装在高压容器上的安全阀，其排出管应直接通至室外或高空排放，因为氨是有毒的，即使是氟利昂，排入机房内过多也会使人窒息。一般定压为操作压力的 1.05～1.10 倍，对 R12 制冷装置为 15.7×10^3 Pa，对 R22 则为 17.7×10^3 Pa。

5. 压力控制器

在制冷器系统中都设有压力控制器。压力控制器是受压力信号控制的电器开关，所以又称压力继电器。

压力控制器的形式有多种，结构也有区别，但动作原理基本相同，都是以波纹管气箱为动力室，接收高压或低压部分的压力信号后，波纹管压缩或膨胀，从而带动传动杆或杠杆机构，使电接触点接通或断开。

压力控制器可分为低压控制器和高压控制器两种，也可以把两种控制器组合在一起，称为高、低压控制器。它们的作用是：当系统高压部分压力超过给定值或低压部分低于给定值时，断开压缩机控制回路，使压缩机停止运行，从而达到自动保护作用；当系统高、低压力在允许范围内时，接通电路，使系统正常运行。

高压控制器的波纹管与压缩机的排气腔接通，以监视和控制排气压力。如果压缩机的排气压力过高，会导致压缩机电机过载运行而受损坏。所以，当压缩机排气压力高于正常值时，高压控制器就发生作用，从而使压缩机停车。

低压控制器的波纹管与压缩机的吸气腔接通，以监视和控制吸气压力。当压缩机吸气压力过低时，一方面会影响制冷机组的正常工作，甚至不能制冷而白耗电力；另一方面压缩机近于空载运行也会损坏电机。故当压缩机吸气压力低于正常值时，低压控制器发生作用，致使压缩机停止工作。

图 3.30 为 KD 型高低压控制器结构原理图，其将高、低压控制器做成一体，通过传动杆直接推动微动开关的触点来实现控制，故结构简称紧凑，调节方便。

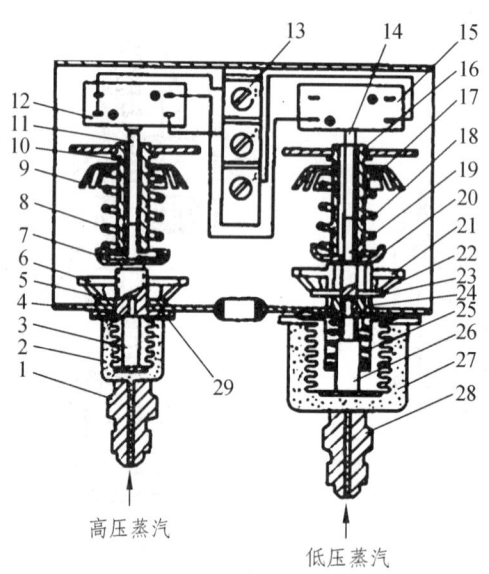

图 3.30 压缩机截止阀

1，28—高、低压接头；2，27—高、低压气箱；3，26—顶力棒；4，24—压力调节座；5，22—蝶形弹簧；6，21—压差（差动）调节盘；7，20—弹簧座；8，18—弹簧；9，17—压力调节盘；10，16—螺纹柱；11，14—传动杆；12，15—微动开关；13—接线柱；19—传力杆；25—复位弹簧；23，29—弹簧垫板

压缩机排气压力高于整定值时，气箱顶力大于弹簧张力，气箱推动传动杆 11 将高压微动开关按钮撬下，使开关触头分离，切断接触线圈电源，压缩机停机；当排气下降并恢复正常时，弹簧

张力大于气箱顶力,传动杆反向移动而脱离微动开关按钮,开关触头重新闭合,压缩机重新运转。

压缩机吸气压力低于整定值时,气箱顶力小于弹簧张力,使传动杆 14 脱离低压微动开关按钮,开关触头分离,切断接触线圈电源;当吸气压力回升并恢复正常时,气箱顶力大于弹簧张力,传动杆将按钮揿下,微动开关触头又重新闭合。

高、低压控制器的压力整定值可通过旋转各自的压力调节盘 9 和 17 进行调整,顺旋为压紧弹簧,压力整定值提高。反旋,则放松弹簧,压力整定值降低。差动值的调整,可通过旋转各自的压差调节盘 6 和 21 来实现,顺旋为压紧蝶形弹簧,差动值提高;反旋,则放松蝶形弹簧,差动值降低。

三、CRH2 型动车组制冷系统

(一)制冷系统组成

CRH2 型动车组空调制冷系统位于车底的空调装置中,其形式为框架中放置有机器及部件并用盖罩罩住的单元形式。空调装置分为车厢内部装置、车厢外部装置及控制装置。在车厢外部安装有压缩机、高压开关、室外热交换器、室外送风机、交流电抗器。车厢内部为气密构造,内部安装有室内热交换器、室内送风机、电热器、直流电抗器、排水泵、空气过滤器等,如图 3.31 所示。控制装置为气密构造,内部安装有逆变器、冷凝器、接触器盘 1、接触器盘 2。制冷单元设置在车辆地板下。

图 3.31 CRH2 型动车组空调装置内部元件布置

(二)制冷循环系统

如图 3.32 所示为 CRH2 型动车组制冷循环系统,由压缩机、室外热交换器、干燥器、过滤器、毛细管、车厢内热交换器、冷凝器、止回阀、气液分离器、高压压力开关(HPS1、HPS2)、低压压力开关(LPS1、LPS2)及配管构成。各个机器与配管焊接形成密闭循环系统,里面充入了制冷剂 R22。

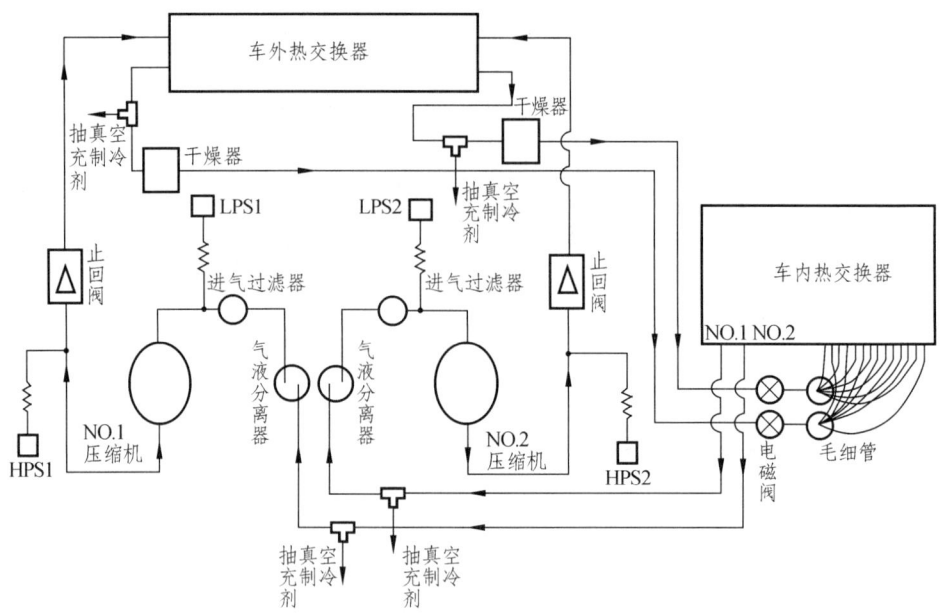

图 3.32 CRH2 型动车组空调制冷循环系统

CRH2 型动车组制冷循环系统是双制冷循环系统，其制冷剂循环路径如图 3.32 中箭头所示，其中各主要部件的作用如下：

（1）压缩机：吸入低温低压的 R22 制冷剂气体，压缩成高温高压的制冷剂气体送出。

（2）室外热交换器（冷凝器）：把压缩机输送来的高温高压的制冷剂气体用室外送风机（冷凝风机）送来的室外空气进行冷却，使之成为常温（约 50 ℃）高压的制冷剂液体。

（3）制冷剂干燥器：吸收制冷剂液体中的水分。

（4）毛细管：使制冷剂通过截面面积很小的阻力管路时实现节流降压，高压的制冷液体变成低压的气体液体混合的状态，制冷剂在减压的同时，温度也随之下降。

（5）车厢内热交换器（蒸发器）：低温低压的气液态混合的制冷剂，与通过车内热交换器的空气进行热量交换被汽化。此时，车厢内空气的热量被制冷剂吸收，温度下降。产生的冷风，吸收了车体的热负荷（换气、日照、车内外的温度差等）和人体所发出的热量又变为暖空气，再次引向车厢内热交换器。

（三）CRH2 型动车组制冷系统各组成元件规格

（1）电动压缩机（2 台）。
- 形式：全密封型涡旋压缩机（2 极）；
- 型号：ZHV083FZA；
- 额定输出：3.7 kW，线圈电阻 $0.38 \times (1 \pm 5\%)$ Ω（20 ℃）。

（2）室外电动送风机（2 台）。
- 形式：电动机直结轴流型；
- 型号：FP51G-01；

- 风量：约 150 m³/min；
- 静压力：176 Pa；
- 额定输出：1.5 kW，线圈电阻 $1.26\times(1\pm5\%)$ Ω（20 ℃）；
- 电流：约 6.1 A；
- 旋转数：约 1 720 r/min（4 极）；
- 轴承：No.6206ZZ C3 间隙　AC 型（载荷侧）
　　　　No.6306ZZ C3 间隙　AC 型（反载荷侧）。

（3）车厢内电动送风机（1 台）。
- 形式：电动机直接离心型；
- 型号：BFD-28GTA06；
- 风量：约 65 m³/min；
- 静压力：784 Pa；
- 额定输出：1.5 kW，线圈电阻 $1.97\times(1\pm5\%)$ Ω（20 ℃）；
- 电流：约 6.5 A；
- 旋转数：约 1 885 r/min（4 级）；
- 轴承：No.6305ZZ C3 间隙　AC 型（载荷侧，反载荷侧相同）。

（4）车厢外热交换器（1 个）。
- 形式：交错排列，翅片管；
- 散热片材料：铝；
- 冷却管：内面带沟槽的铜管。

（5）车厢内热交换器（1 个）。
- 形式：交错排列，翅片管；
- 散热片材料：铝；
- 冷却管：内面带沟槽的铜管。

（6）电热器（1 个）。
- 额定功率：24.0 kW（8/8/8 kW 3 挡）；
- 元件：带散热片的护套型加热器。

（7）高压压力开关（2 个）。
- 型号：FNS-C135Q001（自动恢复型）；
- 动作压力：OFF（3.04 ± 0.05）MPa；
- 开闭压力差：$0.06_{-0.05}^{+0.06}$ MPa。

（8）低压压力开关（2 个）。
- 型号：LCB-JB24（自动恢复型）；
- 接通电路压力：（0.03 ± 0.03）MPa；
- 断开电路压力：（0.10 ± 0.03）MPa。

（9）制冷剂干燥器（2个）。干燥材料：分子筛。

（10）止回阀（2个）。型号：NRV-16S。

（11）电磁阀（2个）。型号：NEV-603DXF。

（12）电磁接触器（3个，即HK1、HK2、HK3）。
- 型号：SD-N35；
- 线圈：直流，100 V，119 Ω（20 ℃）；
- 辅助接点构成：2a2b。

（13）电磁接触器（2个，即CFK1、CFK2）。
- 型号：SD-N12；
- 线圈：直流，100 V，1 359 Ω（20 ℃）；
- 辅助接点构成：2a。

（14）电涌吸收器（5个，SD-N12、SD-N35用）。型号：UN-SA25。

（15）电磁接触器（3个，CHK、CPK1、CPK2）。
- 型号：SD-N50；
- 线圈：直流，100 V，547 Ω（20 ℃）；
- 辅助接点构成：2a2b。

（16）电涌吸收器（2个，SD-N50用）。型号：UN-SA725MH。

（17）电磁接触器（1个，即IVK）。
- 型号：SD-N95；
- 线圈：直流，100 V，408 Ω（20 ℃）；
- 辅助接点构成：2a2b。

（18）电涌吸收器（1个，SD-N95用）。型号：UN-SA725MH。

（19）过度电流继电器（2个，即CPOCR1、CPOCR2）。
- 型号：TH-N60KF；
- 加热器公称：42 A。

（20）过度电流继电器（3个，即EFTH、CFTH1、CFTH2）。
- 型号：TH-N12TP；
- 加热器公称：9A。

（21）空气过滤器（3个，回风用）。过滤网材料：VILEDON FS-1710（带褶加工品）。

（22）空气过滤器（3个，室外热交换器用）。过滤网材料：VILEDON FS-1705（带褶加工品）。

（23）排水泵（1个）。
- 型号：CJV-0935A；
- 额定电压：AC 100×（1±10%）V。

（24）漂浮开关（2个，排水高度检测用）。型号：FSA-0801-CS3-A。

（四）CRH2 型动车组空调制冷装置操作要点

1. 运行前检查

在运行之前，需进行以下检查，确认没有错误后才能开始运行。
（1）检查配线用连接器是否正常连接。
（2）检查电气电路有无异常。
（3）检查绝缘电阻在主电路、控制电路上有无异常。
（4）检查送风机的叶轮是否接触到风洞上。

2. 运行时的注意事项

（1）车厢内送风机运转。
车厢内送风机运转时，检查车内有无排风，确认有无异常振动和异常噪声。
车厢内送风机单独运转时，确认装置输入功率为 1.9 kW，电流为 7.0 A 以上。数值在此之下，可能是送风机反转或车厢内热交换器回风过滤网的网眼发生阻塞，引起循环风量的减少。此时需对送风机周围进行检查，清扫回风过滤网、车厢内热交换器。
（2）室外送风机运转。
确认室外送风机没有异常振动、噪声等。
（3）制冷运行。
在制冷运行中，以 70 Hz 运行时，车体回风口和送风口的温度差若在 6 ℃ 以下，则制冷剂气体有泄漏的可能。此时需测量压缩机电流，通过泄漏判定表确认。
（4）20 ℃ 以下的低温运行。
当蒸发器、冷凝器吸入的空气温度在 20 ℃ 以下时，如果制冷循环系统运行，在蒸发器上会产生结霜现象，压缩机有受损的危险，此时不要启动压缩机。如果需要进行测试，在试运行时，空气温度要加热至 10 ℃ 以上进行，但试运行时间要控制在 3 min 以上 5 min 以内。
（5）其他需要注意事项。
在短时间内对送风机或压缩机反复启动、停止，容易加速压缩机、车厢内外送风机的电动机绝缘劣化，加速电磁接触器等接点的消耗。因此在使用时不要频繁启停，启动、停止的间隔必须在 1 min 以上。

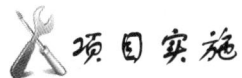

【实施条件】

实施地点与要求：拥有 CRH2 型动车组的实训场地或动车组检修基地车间，设备完好。
实施时间：最好在气温合适的季节或动车运用所库内进行三、四级检修的时段。
教学组织：学生分成学习小组，5～6 人一组，每小组一节车厢；由指导老师进行讲解与现场示范，学生分组进行操作。

安全要求：学生佩戴安全帽、手套等防护用品，确认接触网断电、受电弓已降、止轮器已设并设置安全号志才能作业。

【实施步骤】

任务一 CRH2型动车组空调制冷系统检查与维护

本书以CRH2型动车组空调制冷系统的检修与维护为例，详细说明动车组空调制冷系统检修的内容、标准及方法。

一、CRH2型动车组空调制冷系统保养基准（见表3.6）

表3.6 CRH2型动车组空调制冷系统保养基准

空调制冷系统相关部件	1年	2年	3年	4年	5年	6年	7年	8年	9年	10年	11年	12年
回风用空气过滤网	夏季每1个月更换，冬季每2个月更换（根据过滤网的污损程度决定更换周期）											
室外过滤网	夏季每1个月更换，冬季不更换（根据过滤网的污损程度决定更换周期）											
热交换器的清扫	O	O	O	O	O	O	O	O	O	O	O	◎
配管检查			△			△			△			◎
送风机运行异常声音的检查	△	△	△	△	△	△	△	△	△	△	△	◎
送风机清扫，轴承更换			◎			◎			◎			◎
绝缘电阻的检查	△	△	△	△	△	△	△	△	△	△	△	◎
接触器类（接点粗糙度，端子螺丝）			△			△			◎			◎
圆柱形插头接触检查			△			△			△			◎
保护装置的动作检查			△			△			△			◎
橡胶类			△			△			△			◎
压缩机防振用橡胶			△			△			△			◎
盖罩密封垫			△			◎			△			◎
螺栓松动（压缩机、散热片安装螺栓、端子螺栓等）			△			△			△			◎
排水盘、过滤网检查盖罩的安装螺栓，室外过滤网安装螺栓的更换						◎						◎

续表

空调制冷系统相关部件	1年	2年	3年	4年	5年	6年	7年	8年	9年	10年	11年	12年
检查是否漏气	△	△	△	△	△	△	△	△	△	△	△	◎
隔热材有无剥落			△			△			△			◎
排水盘清扫	○	○	○	○	○	○	○	○	○	○	○	◎
排水泵	△	△	◎	△	△	◎	△	△	◎	△	△	◎
修补涂层（压缩机、送风机）			△			△			△			◎
机组单元表面的清扫			○			○			○			◎
制冷循环的毛细管、干燥机												◎

注：○—无论状况如何都要实施；△—检查发现有异常的话要修理或更换；◎—更换。

二、空调制冷装置检查盖罩位置及作用

要对 CRH2 型动车组空调制冷装置进行检查、保养与维护，除了外观检查以外，在很多情况下必须对装置进行开盖检查，必须清楚装置各部分检查盖罩的位置及开盖方法与要求，才能正确地进行检查与维护。

1. 空调制冷装置检查盖罩位置

图 3.33 所示为 EU651 型空调制冷装置的各部分检查盖罩位置。

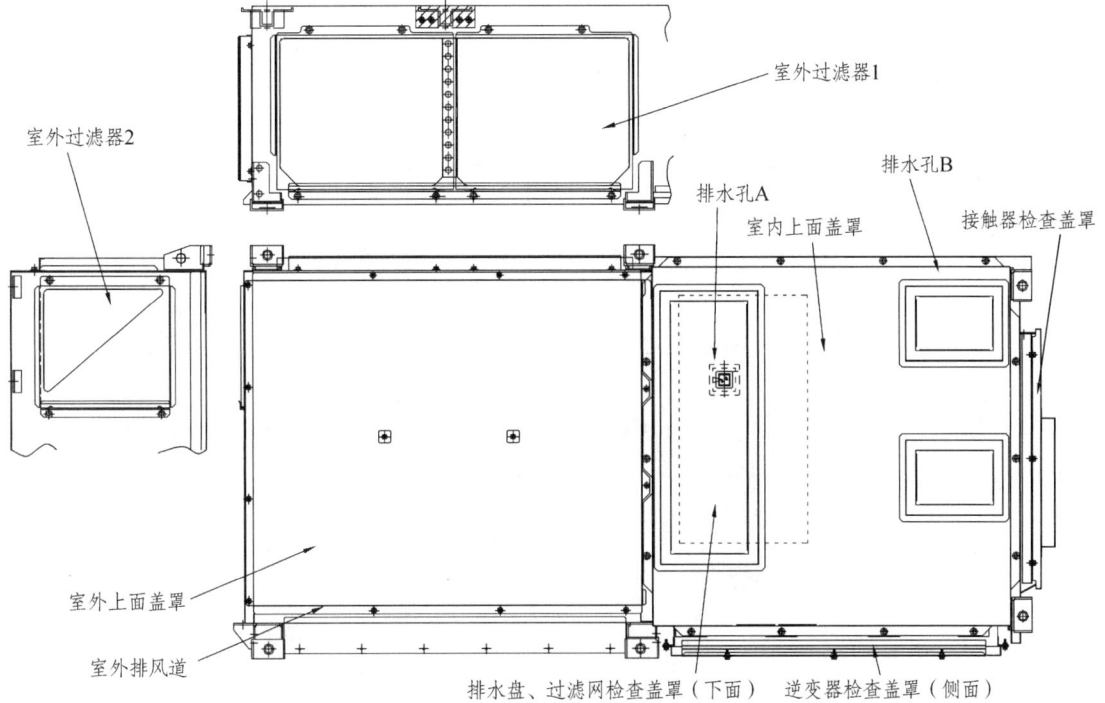

图 3.33　EU651 型空调制冷装置检查盖罩位置

2. 打开检查盖罩注意事项

（1）打开各种检查盖罩，对内部机器进行检查，必须在空调用 NFB（UN1、UN2）断开后实施。

（2）打开不同盖罩螺栓的紧固力矩参照表 3.7。

表 3.7 紧固力矩参照表

螺栓尺寸	紧固力矩/N·m
M12	46.06
M10	26.46
M8	13.23
M6	5.49

（3）对内部进行检查，应在配电盘的空调装置用 NFB（UN1、UN2）断开 15 min 之后进行。或者强行放电后，通过万能表确认已经放电，再开始作业。

3. 各检查盖罩的作用

（1）逆变器检查盖罩（11 个 SUS 螺栓 M8×25 固定）：检查逆变器单元、电容器单元、接触器盘 2 时使用。

（2）接触器检查盖罩（6 个 SUS 螺栓 M8×25 固定）：检查配线用连接器插座、接触器箱 1 时使用。

（3）车厢内上面盖罩（14 个 SUS 螺栓 M8×20 固定）：清扫车厢内热交换器，检查加热器、车厢内送风机、DC 电抗器、排水泵、漂浮开关时使用。

（4）室外上面盖罩（14 个 SUS 螺栓 M6×12 固定）：清扫室外热交换器，检查压缩机、冷凝器周围的制冷剂配管、室外送风机时使用。

（5）室外排风道（10 个 SUS 螺栓 M6×12 固定）：单元安在本体上的状态下，卸下室外送风机，检查车体侧配线槽时使用。

（6）排水盘、过滤网检查盖罩（12 个 SUS 螺栓 M10×20 固定）：清扫回风用过滤网，检查排水泵、排水管时使用。在开启制冷空调的季节，打开盖罩之前先排出排水盘里的水。

（7）室外过滤网 1，2（各 2 个 SUS 螺栓 M8×16 固定）：室外过滤网的更换及室外热交换器的清扫时使用。

三、制冷系统检查与维护

1. 室外热交换器检修

室外热交换器的散热片上如果附着尘埃、异物，会使热交换率降低，制冷剂循环高压侧压力升高,应用水洗或用气吹进行清扫。室外热交换器的位置如图 3.34 所示。其检修方法与保养基准如表 3.8 所示。

表 3.8 室外热交换器检修方法及保养基准

部件名	保养基准	检查方法
室外热交换器	用压缩空气吹或用温水(中性洗涤剂)进行洗净,1次/年	(1)卸下室外过滤网1; (2)散热片的缝隙之间用压缩空气向运转时空气流向相反的方向吹气,将污物、尘埃吹走,在附着灰尘较多的一侧用吸尘器吸尘; (3)污物较多时,使用溶有中性洗涤剂的温水,用软毛刷(为避免散热片的损伤,绝对不能使用铁刷子)轻轻地擦洗

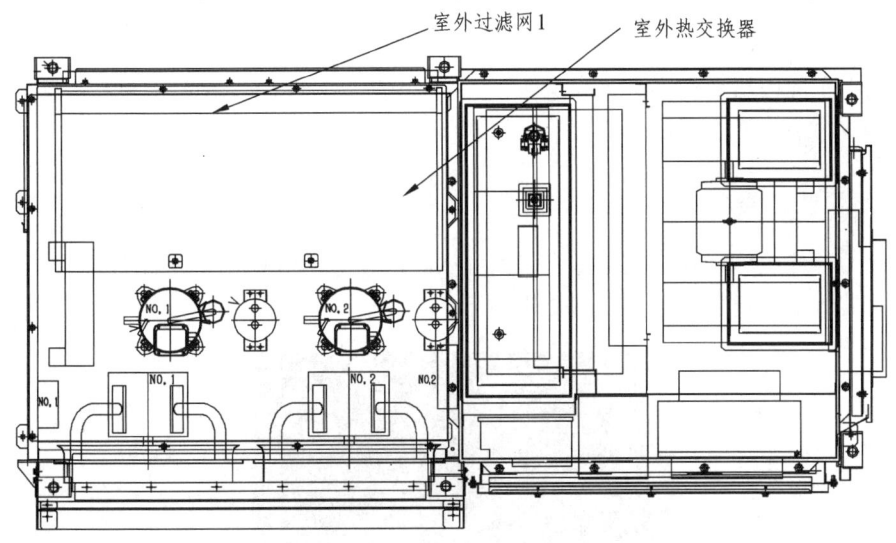

图 3.34 室外热交换器的位置

作业注意事项:
(1)清洗室外热交换器必须在空调用 NFB(UN1、UN2)断开之后实施。
(2)作业中注意不要损伤热交换器。

2. 车厢内热交换器检修

车厢内热交换器附着污物后,车厢内送风机的通风阻力增大、风量减少,造成制冷能力不足,或制暖时温度上升变慢,所以应根据尘埃的附着情况,定期水洗或用吸尘器清扫。使用蒸汽等压力清洗时,为防止直流电抗器、电热器、排水泵连接用连接器进水,应用塑料布等将其盖上。并且,清洗车厢内送风机室时要防止进水。清洗时,松开排水孔 A 螺栓,使排水盘及车厢内送风机室积水完全排出。

其检修方法与保养基准如表 3.9 所示。

表 3.9 车厢内热交换器检修方法与保养基准

部件名	保养基准	检查方法
车厢内热交换器	用吸尘器清扫，1次/年	（1）打开排水盘、过滤网检查盖罩； （2）卸下回风过滤网； （3）散热片缝隙间的污物、尘埃用吸尘器吸尘
	用温水（中性洗涤剂）清洗，1次/3年	（1）打开车厢内上面的盖罩； （2）卸下车厢内的送风机、电抗器、电热器、排水泵； （3）用塑料布将连接器、逆变器冷却风道罩上，防止进水； （4）污物较多时，使用溶入中性洗涤剂的温水，用软毛刷（为避免散热片损伤，绝对不能使用铁刷子）轻轻地擦洗； （5）打开排水孔，将排水盘里及车厢内送风机室中的积水排出

检修注意事项：
（1）洗净车厢内热交换器必须在电源断开后实施。
（2）作业中注意不要损伤热交换器。

3. 排水泵拆卸要领

排水泵为即使把单元安装在车体时，也可从回风过滤网检查孔（下面）卸下的构造。如图 3.35 所示为排水泵的安装位置，拆卸要领如下：

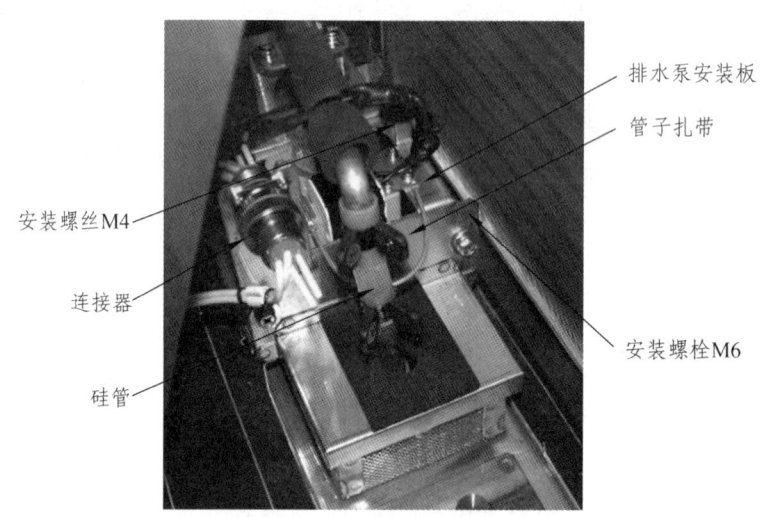

图 3.35 排水泵安装位置

（1）卸下排水泵连接用的连接器。
（2）取下排水管的管扎带，卸下连接着排水管的硅管。
（3）松开排水泵固定安装板的 2 个 M6 螺栓，并卸下排水泵安装板。
（4）取下 M4 螺栓，从排水泵安装板上卸下排水泵。

作业注意事项：

（1）拆卸排水泵必须在空调用 NFB（UN12、UN22）断开后实施。

（2）排水泵为易损件，每 3 年必须更换。

4. 制冷剂配管检修

制冷剂配管检修方法与保养基准如表 3.10 所示。

表 3.10　制冷剂配管检修方法与保养基准

部件名	保养基准	检查方法
制冷剂配管	1 次/3 年	（1）卸下室外上面盖罩和车厢内上面盖罩； （2）制冷剂配管的接缝处若有油渗出，制冷剂有泄漏的可能性，送到工厂修理

检修注意事项：

（1）检查配管应在电源关闭后实施。

（2）作业时注意不要将配管、热交换器弄伤。

5. 制冷系统电气电路检查

制冷系统电气电路检查方法与保养基准如表 3.11 所示。

表 3.11　电气电路检查方法与保养基准

部件名	保养基准	检查方法
电气电路	绝缘电阻，1 次/年	（1）打开逆变器检查盖罩、接触器检查盖罩（见图 3.36）。 （2）主电路 1 000 V，控制电路 500 V 时，测量绝缘电阻。 正常值如下： ● 充电部（主）—充电部（控制）：5 MΩ 以上； ● 充电部（主）—非充电部：5 MΩ 以上； ● 充电部（控制）—非充电部：2 MΩ 以上。 测量数值若在上述数值以下，从电磁接触器的接点到各个机器单件的绝缘劣化处都要进行检查及修理
接触器、端子盘	检查端子螺栓有无松动现象，1 次/3 年	确认电器部件端子部有无松动现象
连接器	检查各连接器接点有无松动的现象，1 次/3 年	对连接器进行检查

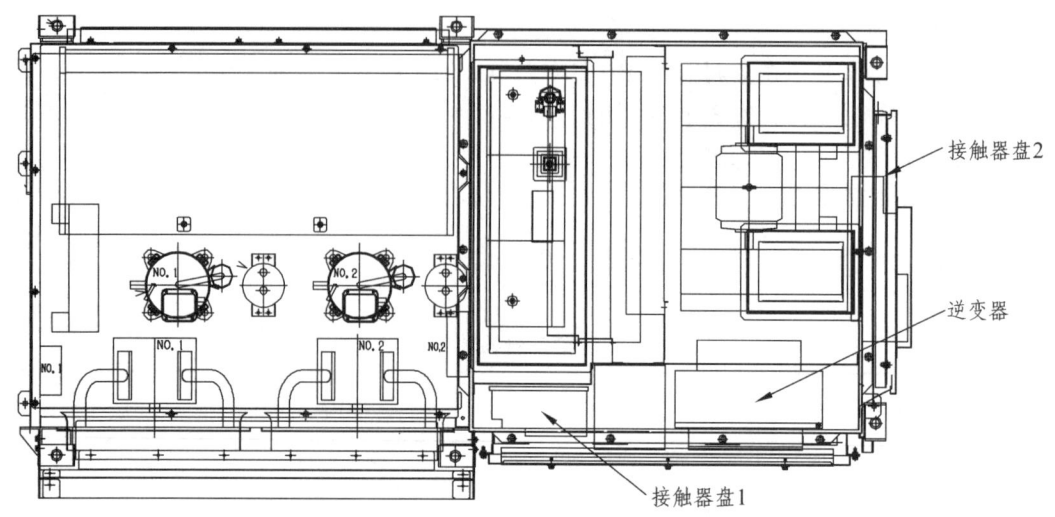

图 3.36 逆变器、接触器盘位置

作业注意事项：

（1）进行内部检查应在配电盘的空调装置用 NFB（UN1、UN2）断开 15 min 之后进行；或者在强制放电后，用万用表等来确认已经放电后，开始作业。

（2）因为逆变器使用的是半导体和集成电路，对绝缘电阻进行测量时要把这些电路全部断开之后再实施。

6. 排水系统检查

排水系统内堵塞进垃圾等异物，排水会在车厢内热交换器部溢出，弄湿回风过滤网，并且，排水在腐臭时会发出难闻的气味。

对排水系统每年要进行 1 次检查，检查排水管里是否堵住，排水泵抽吸口处的金属网上是否塞进垃圾和污泥等，并要洗净。此外，排水泵每 3 年要更换 1 次新品。排水系统的检查方法与保养基准如表 3.12 所示。

表 3.12 排水系统检查方法及保养基准

部件名	保养基准	检查方法
排水系统	洗净排水部，1 次/年	清洗排水管内部、排水吸入口金属网、排水泵吸入口部，确认排水泵的运行状况（有无异常声音等）
	更换排水泵，1 次/3 年	排水泵为易损件，每 3 年要更换新品

作业注意事项：

（1）排水泵的装卸要在空调用 NFB（UN12、UN22）断开后进行。

（2）作业中注意不要把电线、配管等弄伤。

7. 制冷机组的锈蚀检查与修补涂装

（1）检查。

制冷机组单元的车厢内送风机、压缩机、冷凝器等在长年使用后，局部会出现生锈现象。为了长久使用，在检查时要实施修补涂装。冷凝器使用不锈钢制成，在检查时必须把污物、垃圾全部洗净，避免腐蚀（即使是不锈钢制品，在污物长时间附着的情况下，这些部位也会被腐蚀）。制冷机组锈蚀检查方法及保养基准如表3.13所示。

表3.13 制冷机组锈蚀检查方法及保养基准

部件名	保养基准	检查方法
制冷机组	1次/3年	检查压缩机、车厢内送风机、室外送风机有无生锈现象，若有，要进行修补喷涂（压缩机要注意配管的钎焊部）。 对于冷凝器，把附着的污物冲洗干净

注意事项：
使用喷枪喷涂的时候，要充分注意火气和通风换气。
（2）压缩机、室外送风机、车厢内送风机（涂装部）修补涂装。
① 处理要领。
对于涂装表面的锈，使用#40～#80砂纸及刮刀等将锈完全除去。对于油脂及污物，用溶剂（二苯甲等）将其完全除去。对于水分、灰尘，用干净布或吹风机将其完全除去。把修补涂装面修净之后进行干燥，在金属面露出的部分涂一层底漆，再涂装面漆。
② 涂料配合实例（见表3.14）。

表3.14 涂料配合

涂料名称	成分	备注
底漆（RETAN GP PRIMER）	底料8.3、稀释剂（RETAN Thinner）、硬化剂1.7（质量比）	当稀释剂加入量为5%～10%时，使用毛刷涂装；当稀释剂加入量为20%～30%时，使用喷枪涂装
面漆（V优质瓷漆）	底料8.0、稀释剂（V优质稀释剂）、硬化剂2.0（质量比）	

③ 干燥时间（见表3.15）。

表3.15 涂料干燥时间

涂料类别	干燥时间		
	指触（表干）	硬化（硬干）	反复喷涂时间总和
底漆（RETAN GP PRIMER）	20 min	3 h	6 h
面漆（V优质瓷漆）	20 min	4 h	12 h

④ 溶剂。
底漆和漆都使用RETAN Thinner、V优质稀释剂。
⑤ 可使用时间。
涂料经过以上配合后，在21 ℃条件下，底漆可使用10 h，面漆可在6 h以内使用。

8. 其他部件检查方法及保养基准（见表3.16）

表 3.16 其他部件检查方法及保养基准

部件名	保养基准	检查方法
密封垫、橡胶类	检查，1 次/3 年	包括车厢内上面盖罩的上部、下部用密封垫，逆变器检查盖罩用密封垫，接触器检查盖罩用密封垫，排水盘、过滤网检查盖罩用密封垫，管子缓冲用橡胶、压缩机防振橡胶等的检查，劣化很严重的情况下应更换。车厢内盖罩，逆变器检查盖罩，接触器检查盖罩，排水盘、过滤网检查盖罩，每6年更换一次
各部分的紧固部	1 次/3 年	确认各处安装螺栓无松动情况
排水盘、过滤网检查盖罩	检查排水盘、过滤网盖罩螺栓，1 次/6 年	在把排水盘、过滤网检查盖罩的固定用M10不锈钢螺栓进行紧固时，涂上润滑剂，然后进行紧固。因为开关频率很高，每6年更换一次螺栓

任务二　空调制冷装置故障分析与处理

一、空调制冷装置故障检查及分析方法

动车组空调机组是由全封闭式压缩机以及其他部件组成的封闭制冷循环系统。由于机组采用全封闭的结构，机组上不设压力表，所以无法直接掌握系统内部的工作压力变化。要判断机组工作状态，只能通过客室降温、通风情况、机组电气控制设备的工作状态、仪表显示和指示灯显示情况等进行分析推断。

因此，必须熟练掌握机组工作中的正常状态，以区别发生故障的不正常状态，才能较为准确地判断空调机组的运行情况。

1. 空调机组的正常工作状态

机组正常工作的特点如下所述：

（1）当闭合制冷工况转换开关启动机组，通风机、冷凝机运转后，压缩机应延时启动，并且各台压缩机的启动时间应相互错开。各电动机在启动时应没有异常的振动及摩擦声响。压缩机的启动应平稳，无剧烈振动，没有敲击声或拉锯声。机组工作后应运转平稳，无特别噪声。

（2）机组启动一定时间后，客室各出风口应有冷风吹出，室内温度均匀下降。

（3）机组在"强冷"（双机组工作）时，回风口和出风口温差在8~10 ℃范围内是正常的。

（4）机组工作电流的大小对反映压缩机组工作状态有重要的参考价值，具体车型应具体分析。

（5）空调温控情况良好，外温在36 ℃左右时，客室内温度能控制在24~28 ℃。

（6）通风系统良好，各空气滤网清洁，无堵塞现象，出风口或回风口无水滴出。

动车组空调制冷装置在运用中出现故障时，常常表现为制冷量不足、不制冷、制冷压缩机意外停机、压缩机启动不起来、异常振动和噪声等。当发现空调制冷装置出现这些故障时，我们并不能立即判断出故障在哪里，是什么故障，只有经过详细分析和检查，才能找出发生故障的部位并排除故障。

2. 空调制冷装置的故障检查分析方法

对空调制冷装置进行故障检查的方法很多，既可以借助压力表、电流表、温度计等仪表进行监测和检查，又可以借助人体自身的感官进行观察、监听和感觉来判断。人们在长期的检修实践中，形成了一套行之有效的检查方法，即利用"眼看、耳听、手摸、测量、分析"的方法对空调机组进行故障分析和检查。

（1）眼看。

① 看压力表、电流表、温度计及配电柜指示灯的指示情况，压力继电器、压差继电器、温度继电器的整定值是否合适，高、低压压力表及油压表所指示的压力是否在正常范围内。特别要注意观察压缩机的吸、排气压力值是否在正常范围内。

② 看室内的降温速度。若降温速度出现显著降低，则是不正常现象。

③ 看压缩机曲轴箱内的润滑油是否处在指示器所规定的高度范围内，若发现油面有显著下降，则是缺油的表现。

④ 看蒸发器和吸气管的结霜或结露情况。正常的吸气管应有结霜或结露现象，若无结霜、结露，或结霜、结露管段很短且机壳较热，说明制冷剂偏少。若压缩机吸气管及机壳外表大部分结霜、结露，则为制冷剂量偏多。

⑤ 看管道及各接口处是否有油渍，若有，则可能出现制冷剂泄漏。

⑥ 看连接部位是否松脱，各电器接线有无断开。

（2）耳听。

① 听压缩机运行的声音是否正常。

小型全封闭式压缩机正常运转时的噪声很小，一般小于 40 dB。若压缩机出现异常，检修人员可以根据其发出的声音辨别是何种原因引起的故障。

"嗵、嗵、嗵"是压缩机的液击声，这主要发生在开启式压缩机。全封闭式压缩机因为有吸气过热，一般不易发生液体液击。

"嗒、嗒、嗒"是压缩机内部金属的撞击声。此为压缩机内部的运动件因松动、碰撞而发出的声响。机组振动强烈是由于机组底脚螺母松动引起的。

② 听制冷管内制冷剂的流动声音是否正常。

正常时可以听到制冷剂在管内流动时发出的均匀而轻微的"咝、咝、咝"声。反常的则是连续而较响的"咝、咝"声，或断续而较响的"咝、咝"声。

③ 听风机运行的声音。

正常时声音平稳，无碰撞声；否则应检查风叶的固定状况和电机轴承的摩擦情况。

（3）手摸。

① 摸压缩机在运转工况下前后轴承盖的温度。

正常时，在压缩机连续运行一段时间后，轴承盖处的温度应不超过 70 ℃。用手摸时若感觉烫手，则属轴承温升过高现象，此时应停机查明原因。

② 摸过滤器表面的冷热程度。

正常时，单级制冷压缩机的过滤器表面温度稍高于环境温度。若手摸时明显感觉比较凉或过滤器末端出现结露现象，则为过滤器出现局部堵塞。

③ 摸制冷装置的吸、排气管温度。

正常开机运行一段时间后，用手摸吸气管感觉冰凉，并伴有结霜或结露。排气管很热，夏季手摸时感觉烫手，冬季手可触摸，感觉很热；否则即为不正常。

④ 摸电机的温升和抖动情况。

若电机外壳手感微热，可视为正常。若电机温升过高且伴有电流增大，或抖动现象，说明风机的轴承或风叶的动平衡性有问题，应停机检查。

（4）测量。

为了准确判断故障的性质与部位，常常要用仪器、仪表测量空调器的性能参数和状态。如用检漏仪检查有无制冷剂泄漏；用万用表测量电源电压、各接线端对地电流及运转电流是否符合要求；由计算机控制的空调器，还应测量各控制点的电位是否正常等。

（5）分析。

经过上述几种检查手段所获得的结果，大多只能反映某种局部状态。空调器各部分之间是彼此联系、互相影响的，一种故障现象可能有多种原因，而一种原因也可能产生多种故障。因此，对局部因素要进行综合比较分析，从而全面准确地判定故障的性质与部位。

空调与制冷装置出现故障时，可从电气控制系统、制冷系统、通风系统和采暖系统等几个方面进行检查。当空调装置发生故障时，从其表面反映出的故障现象，可以大致判别出其故障发生在哪一个系统。一般规律如下：

首先，应排除空调机组本身问题造成的故障。例如，温度控制器温度整定值设定不合适，夏季设定得过高，冬季设定得过低，空调机组中的制冷或加热系统当然不会运转。另外，如果电源电压过低，则空调无法启动。在检查分析时，应首先排除这方面的问题。

其次，检查电气部分。空调机组突然停机或开不动或压缩机不启动，这多数是电气系统故障，应从电气控制系统入手检查。电机通电后不运转，可以从电源主回路查到控制回路，也可以从控制回路查到主回路。最好能够先确认是否是负载本身的故障。同时，把一个与负载有关的电路分成若干段查找，并且从简单的电器线入手。

最后，如果电气回路本身没有问题，故障原因往往在制冷循环系统，可以在掌握制冷循环系统的基本构造原理和典型故障事例的基础上，进行制冷系统的故障查找和分析。空调装置无冷气、冷气不足或电机拖不动，这是与制冷系统有关的问题，应检查制冷系统。

在查找制冷系统故障原因时，将制冷系统共有的故障与制冷系统各部分的具体特点结合起来分析，容易取得好的效果。在实际查找制冷系统的故障时，一般不要急于寻找故障点，而是先确认系统的基本状况，排查不良的地方。例如，可以先检查制冷剂量是否充足，空气滤尘网是否清洁，各电机运转是否正常等。这样，可以缩小故障排查的范围，能更快地确定故障的部位。

空调机组有碰撞声或强烈振动声，这是从运动件中发生的声音，可能在通风系统，也可能在制冷系统中，应从这两个系统中去检查。

在针对每个系统的故障检查时，也是按照以上的步骤进行。比如，在进行制冷系统的检查时，可以按照以下顺序进行：

① 查看风机部分。

② 观察压缩机吸气管结露程度。

压缩机的吸气管以及机壳附近有小部分结露，说明吸气温度比较低，制冷剂量适中。压缩机吸气管不结露，且外壳较热，说明制冷剂量偏少，若是膨胀阀节流，则阀的开度小。压缩机吸气管及外壳大部分外表结露，说明制冷剂量偏多，或为膨胀阀开度太大。

③ 查看泄漏点。

查看接管各焊接点处是否有油迹，有油迹处可能出现制冷剂泄漏。

④ 听空调机组的运行噪声。

空调机组的主要噪声来自压缩机和风机。压缩机的噪声是由振动产生的，因压缩机经过一系列避振措施后，其运行噪声是比较低的。风机中的噪声主要是气流声，其次是电机轴承摩擦声及电磁噪声。这些噪声限制在标准规定的范围内，是允许存在的，超出规定范围的噪声，其表现为较强烈的振动，属不正常运行。

⑤ 听节流元件的流动声。

无论是毛细管或是热力膨胀阀，由于节流时的流速突然剧增（压差很大，能达到 1.1～1.5 MPa），其流动声音比较明显，可以听其流动声来辨别其流量，进而判断制冷剂量是否充足。

正常的流动是气液混合体的流动（液体占 80% 以上），其流动声比较低沉，说明制冷剂量充足。若节流后大部分是气体，则其流动声比正常声音大且较洪亮，一般说明制冷剂量不足。

⑥ 听机组运行时有无撞击声。

一般压缩机吸排气管抖动时，有与壳体碰撞声；如果压缩机振动较大而引起与底盘的共振，这种声音便不正常了。

⑦ 触摸压缩机的吸排气管的冷热程度。

压缩机的吸气管应是凉的，一般应在 15 ℃ 左右为好，因为有结露，摸上去是湿润的。若手摸吸气管感觉不凉，且无湿润感，说明运行不良或缺氟，引起蒸发器排气温度上升。

压缩机的排气管是热的，而且温度高，甚至会达到 100 ℃ 左右，若排气温度过高（如超过 130 ℃）就会使冷冻机油结炭；若排气温度太低，手触摸不觉发烫，是缺少制冷剂或有其他故障的预兆，应引起注意。

⑧ 摸压缩机外壳的冷热程度。

全封闭涡旋式压缩机，其外壳各部温度是不同的；正常情况下，吸气管周围局部地方是凉的，是湿润的；外壳上部是微热或微凉的，其温度一般在 20～30 ℃；外壳下部比较热，其热源是各运行件的摩擦热传给冷冻机油，冷冻机油回到壳底部而释放出的热量，其温度一般在 60 ℃ 以内，手在短时间内可以触摸。外壳上部温度过高，超过 40 ℃，外壳下部温度也高，这对压缩机的润滑不利，加速了运动件的磨损，而且排气温度会上升。其原因是制冷剂过少。

外壳吸气管部位太凉，甚至大半个外壳结露，其温度低于 20 ℃，其原因是制冷剂流量过大，这种情况也会使空调机组的制冷量有所降低。

⑨ 摸压缩机组的振动程度。

手摸机组感觉振动很大，属不正常现象，应检查压缩机地脚螺栓的避振器安装是否正常，检查机组底座基础的刚性。

⑩ 嗅查空调机组发出的异常气味。

空调机组出现故障时，有时会溢出一种焦煳气味，这是电气绝缘材料烧焦的缘故，也是电磁线圈烧坏的预兆（包括电机绕组、接触器线圈、变压器线圈等）。其原因有两种：一种情况是受过高热；另一种情况是烧坏。应检查全部有绕组的电器。

空调装置的故障一般有两类：一类是有明显的外表特征并容易被发现的，例如电机的绕组过热、冒烟，甚至发生焦臭味或火花等，在排除这类故障时，除了更换损坏的电机之外，还必须找出和排除造成上述故障的原因。另一类是没有外表特征的，如在控制电路中由于元件调整不当、动作失灵或零件损坏及导线断开等原因引起的。由于没有外表的特征，常需要用较多的时间去寻找故障的原因，还需运用各类测量仪表和工具才能找出故障点，方能进行调整和修复。因此，找出故障点是空调制冷系统电气设备检修工作中的一个重要步骤。

二、空调机组故障判断与处理

1. 空调机组不工作

这类故障一般发生在供电线路与控制线路上。
（1）电源部分。
电源无电：用电压表测量空调机组电气控制柜电力系统输入端子的三相电压，如无电压，应检查并接通电源。
电源缺相：电源缺相时，三相电机变为两相运行，电机将严重过载。此时应注意车下分线盒内各相线的连接是否松动而造成缺相。
电源电压过低：当电源电压低于额定值的15%（187 V），欠压继电器动作，控制电路无电，则无法工作。调整输入电源。
电源电压过高：当输入相电压超过253 V，过压继电器动作，切断控制线路，控制回路则无法工作。调整输入电源。
（2）电气控制电路部分。
控制电路的电源线路断路：测量与检查电源线路供电电压，找出断路部位并修复。
接插件接触不良：测量接插件两端接线端子，若不导通，重新接插，再测量确认接触良好。

2. 只有通风机运转

这类故障可能是电气控制线路本身的故障，也可能是制冷系统与风机系统的故障，这些故障会引起有关保护器件的动作而切断电路。它虽反映在电气控制系统上，但故障可能是电气方面，也有可能发生在制冷系统等方面。

电气控制部分应检查机组控制电器和有关保护电器的故障，最常见的是冷凝风机或压缩机电机的热继电器动作，应查找原因并处理后，将热继电器复位。

还可检查以下几点：
（1）接线端子接头接触不良：如压缩机接线端子松弛，应修复。
（2）冷凝风机和压缩机交流接触器线路断路：检查测量交流接触器线圈和两接线端子。若不导通，更换导线或接触器。

（3）压力继电器损坏：测量其接线端子不导通，应进行修复或更换压力继电器。
（4）温度控制器调节不当：整定值高于车内温度，或传感器温度修正值不对，应重新调整。
（5）温度控制器损坏：如发现其常开触点不闭合，应更换或修复温度控制器。
（6）过载保护器有故障：如测量进出接线端子不导通，处于断开位置，应检查、修复或更换过载保护器。

3. 压缩机不启动

开机后通风机、冷凝风机运转，而压缩机不运转，且电机发生"嗡嗡"的电磁噪声。这是压缩机不启动或极慢速度地运转，时间稍长一点，过载保护器就会动作而切断电源。这类故障主要出现在压缩机内。

（1）电源及电器部分。

缺相运行：即电机三相线路断了一相，电机做两相运行。这时电流很大，噪声很大，随后保护器件动作，应检查修复电源及有关电气器件。

（2）压缩机部分。

压缩机机械部分故障：压缩机内部机械部分故障，造成压缩机损坏，此时应更换压缩机。

压缩机电气部分故障：压缩机电机绕组匝间短路或绝缘层严重老化，电机运转慢，电流极大，并发出"嗡嗡"噪声，不久保护器件动作，使压缩机停机，此时应更换压缩机。

4. 出风口无风

如果可以肯定是通风机没有运转，先检查通风机主电源回路是否有电，通风机接触器主触点是否闭合，热继电器是否动作，空气开关是否跳闸断开。再通过输送至通风机的三相电源线，检查通风机电机绕组绝缘情况，以判别电机是否烧损。

如果以上检查没有问题，应检查控制回路。如工况转换开关，通风机接触器线圈回路，以及与其有关的电器、接线等（其他各电机电器不动作故障，都可以此类推），一般可以很快找出故障点。

风量小的原因可能是通风机电源相序不对，造成反转，或者是蒸发器滤网堵塞、蒸发器翅片间脏堵造成通风不畅，结霜、结冰堵塞。

5. 空调机组在运行中突然发生故障停机

空调机组在运行中突然停机，随之压缩机故障灯亮，表明压缩机控制回路的保护元件动作，通常是压力控制器动作。

此时，不可将机组制冷开关关闭再重新启动，以免在短时间内连续启、停操作，损坏压缩机。应先确认是否是压力控制器动作，再进一步判断是高压保护动作，还是低压保护动作。

如不能打开机组箱检查，可以让冷凝风机单独运转一段时间，关机重新启动压缩机，若故障灯亮的时间比原来推迟或不亮了，证明是压力控制器高压动作，即压缩机排气压力过高。

其主要原因是：

（1）制冷剂过多或系统混入空气。

（2）冷凝机组发生故障，一般是由于冷凝器排风量不足或冷凝器的散热片表面积灰太厚，从而使冷凝器的散热效率显著降低。

（3）周围环境气温过高（高于40℃）。

如压力继电器低压动作，即压缩机吸气压力低。其主要原因是：

（1）由于系统内制冷剂泄漏，造成系统中循环的制冷剂量不足，电流明显偏低。

（2）干燥过滤器或毛细管堵塞（更换压缩机时，操作工艺不当易出现这种情况，而且越是反复焊修的机组越容易出现这种故障），使制冷剂流量下降，应根据机组检修档案资料，及时检修干燥过滤器。

（3）蒸发器热交换严重不良，蒸发器或滤网脏堵严重。蒸发器常见故障一般有：蒸发器表面污脏堵塞、盘管破裂、泄漏、翅片严重变形、分液器堵塞等。

6. 机组制冷效果差

（1）系统内制冷剂泄漏，机组工作电流显示偏低。国产空调机组制冷剂泄漏是较常见的故障，不容忽视。泄漏点常发生在压缩机接线栏周围、压力继电器接头、各管路焊接处等。

（2）各空气滤尘网脏污堵塞，主要是蒸发器太脏及回风滤网堵塞，造成热交换不良，应及时清理干净，拿下滤网清洗。用刷子、翅片梳清理蒸发器，用压缩空气或碱性清洗剂浸一会后，再用高压水冲洗，保证换热效果。

（3）蒸发器结冰，主要原因是蒸发器脏堵非常严重，热交换效果极差。应关闭制冷系统，打开通风机化冰，并解决通风不畅问题（临时处理时可用翅片梳刮蒸发器）。

（4）温度控制器整定温度偏高或有故障，应调整或更换温控器，采用手动控制。

（5）制冷剂充注量过多，蒸发温度高，吸气压力高，吸气管及泵壳结露很多，严重者有轻度湿冲程，应放出一部分制冷剂。

（6）系统中混入不凝气体（空气）或水分造成局部冰堵，排气压力高，泵壳温度高，压缩机运行电流高，应停机放空气并更换干燥剂。

（7）冷凝器表面脏堵而风量小，散热效果很差，排气压力和排气温度高，输液管温度也高，单位制冷量下降，应用刷子、翅片梳清理或用高压空气、高压水冲干净。

（8）压缩机部分故障：如活塞与气缸严重磨损，排气量下降，制冷能力下降；或气阀泄漏严重，吸气压力上升，排气压力下降，压缩比提不高等故障，此时只能更换压缩机。

（9）单机组运行时，压缩机组发生故障。可使用另一组制冷系统，到终点再处理故障机组。

7. 机组振动且运转噪声大

空调机组在运行时，会产生不可避免的、有规律的运动噪声，声音比较低沉，并有节奏，这是正常噪声。若发出异常的刺耳的噪声就是有故障，若不及时发现和处理，将会损坏机件，应予以重视。

（1）压缩机部分：外温低时，热负荷很小，制冷剂液与油进入气缸，活塞进行液体压缩，液体对气阀阀片的冲击声产生振动使压缩机抖动，若经常发生，应加装和检查气液分离器。

（2）制冷剂充注过多，经常引起回液，液体对阀片的冲击，使压缩机抖动，吸气压力高，吸气管及泵壳结露，此时应放掉一部分制冷剂。

（3）管路安排不当，因压缩机振动而引起共振，应加减振措施，固定部分管路。

（4）电机过载引起较大的电磁噪声，应减轻电机负荷。

（5）轴承磨损严重，造成电机扫膛，发出较大的异音，此时必须更换。

（6）由于机组箱内设备基座安装不良，减振装置或紧固部件松动，通风机叶片碰壳，电机轴承不良等造成，此时应处理故障处。

8. 出风口或回风口漏水

（1）机组排水孔堵塞，排水不畅，应疏通排水通道。
（2）机组安装不良，防雨密封和排水道密封不严，应增加排水能力，列车运行中不便处理，可先减少风量，入库后再彻底处理。
（3）外界空气湿度很大，冷凝水随风带出，应减少风量，入库后处理。
（4）机组底部焊接不良，有漏缝，应拆下机组处理后重新规范安装。

9. 新风预热系统故障

（1）通风机停转：通风机停转时应检查通风机，并进行处理。
（2）电加热器断路：新风预热电加热器连接器处断线或接线松动，应修复。
（3）温度保护开关不良：检查温度保护开关，常温下触点应闭合，（70±5）℃以上应断开，否则应更换部件。
（4）过热保护熔断：过热保护熔断时找出熔断原因，并进行处理，或更换加热管。

10. 空调机组有异常气味

空调机组的异常气味有可能是制冷系统泄漏时散发出的气味，如制冷剂和冷冻机油的气味，应补漏并添加制冷剂。

电气系统部分主要是绝缘体发出的气味。

（1）线圈过热：电磁线圈过热，使绝缘层老化，有烧焦气味，严重时可看到冒烟，应更换电动机或老化的电气配件及导线。
（2）导线过热：导线通过电流过大而过热，使绝缘层老化，有橡胶气味，断电后用手摸导线，感到烫的导线显然是电流过大。应先找出造成电流过大的原因并处理，如需要再更换载流量大的导线。
（3）插头与插座过热：插头与插座接触不良，发生火花而过热，使绝缘部分焦化，散发出焦味，应修复或更换插座。

三、空调制冷装置常见故障和对策（见表3.17）

表 3.17 空调制冷装置常见故障和对策

故障内容	故障的原因	故障的分辨方法	对　策
不出风	到车厢内送风机配线端子盘螺栓松动	检查配线是否导通	紧固安装部螺栓
	车厢内送风机电动机烧坏或断线	测量线圈电阻（20℃），各个线之间约1.97Ω	更换电动机

续表

故障内容	故障的原因		故障的分辨方法	对 策
少量出风	回风过滤网网眼堵塞		检查回风过滤网	除去过滤网眼的堵塞物
	车厢内热交换器眼孔堵塞		检查车厢内热交换器	清扫车厢内热交换器
	车厢内热交换器冻结		检查（目视）	通风运行把冰融化。为达到规格循环风量，清扫回风过滤网、车厢内热交换器
不制冷	压缩机不转动	电动机断线，烧坏	测量线圈电阻（20 ℃），各个线之间约 0.38 Ω	更换压缩机
		过电流继电器动作（CPOCR1,2）	参照"过电流继电器动作"项	
		配线连接不良	检查压缩机、端子箱端子内及接触器盘 2、连接器是否脱离，接触器端子螺栓是否松动	紧固端子螺栓
		压缩机的接触器（CPK1,2）不良	接触器接点导通，线圈电阻值为 547 Ω	修理或更换接触器线圈、接点
	压缩机在运转	制冷剂泄漏	（1）车厢内吸入和排出空气没有温差；（2）用手触摸车厢内热交换器无凉的感觉；（3）压缩机的运转电流下降	修理制冷剂循环
制冷不足	回风过滤网堵塞		对回风过滤网检查	除去回风过滤网眼上的堵塞物
	车厢内热交换器冻结		检查（目视）检查循环风量	送风运转把冰融化。为达到规定的循环风量，清扫回风过滤网、车厢内热交换器
	车厢内及室外热交换器的眼孔堵塞		检查	清扫
振动，噪声过大	车厢内、外送风机用电动机轴承有异常		有异常声音	进行分解,保养维护和更换
	紧固件松动（压缩机，车厢内、外送风机，盖罩类，车厢内、外热交换器）		检查各紧固件	紧固
	压缩机防振橡胶劣化及防振构造破损		检查防振橡胶部位	更换防振橡胶等部件

续表

故障内容	故障的原因		故障的分辨方法	对　策
过电流继电器动作（CPOCR 1，2 CFTH1，2 EFTH）	室外热交换器污损		检查室外热交换器	清扫
	车厢内热交换器污损		检查车厢内热交换器	清扫
	车厢内、外送风机无转动	电动机烧坏	测量线圈电阻： 内：1.97 Ω（20 ℃）； 外：1.26 Ω（20 ℃）	更换电动机
		电动机轴承损伤	检查	更换轴承
	压缩机抱死		再启动也不运转的情况下，可以判定为抱死	更换压缩机
	空调装置的周围温度异常高		环境调查	环境调查
	设定值不良		检查设定值： 压缩机（No.1，2）42 A； 室外送风机 9 A； 车厢内送风机 10 A	对设定值进行修正
高压压力开关动作	室外热交换器污损		检查室外热交换器	清扫
	室外过滤网污损		检查室外过滤网	除去过滤网眼中的堵塞物并更换过滤网材
制暖不足	回风过滤网的堵塞造成循环风量不足		检查过滤网	除去过滤网眼中的堵塞物并更换过滤网材
	车厢内热交换器的污损造成循环风量不足		检查车厢内热交换器	清扫
	加热器的温控器、温度保险丝动作		检查空气过滤网、热交换器	清扫
	加热器用接触器故障（HK1、HK2、HK3）		检查接触器的接点导通，线圈 SD-N35：1 119 Ω	修理及更换接触器线圈接点
	加热器端子螺栓松动		检查加热器端子箱内端子螺栓	紧固端子螺栓
	车厢内送风机故障		参照"不出风"项	

任务三　制冷系统检漏与充注制冷剂

对制冷系统进行的气密性试验称为系统检漏（简称检漏）。制冷系统的气密性是检测和衡量制冷装置质量与安装工艺的一个重要指标，因为系统的泄漏不仅会造成制冷剂渗出或外界空气进入，影响制冷装置正常运行，还会造成经济损失，污染环境。

制冷系统的泄漏部位，主要在蒸发管路和冷凝管路的焊接处及管路弯头处。由于管路焊接不良、安装不当等原因均可引起系统泄漏。此外,因紫铜管材质问题,如砂眼、过脆或连接部位多次振动后出现裂纹,也会产生漏洞或裂口。

制冷剂的泄漏程度不尽相同。较轻微的泄漏可引起制冷量不足、低压压力过低、蒸发器吸热不足等现象;严重的泄漏可造成空调机组制冷不良。若制冷剂漏光,系统中混入空气,压缩机仍运转,则最终会导致压缩机因过热而烧毁。

在 CRH2 型动车组空调制冷系统检修中一般采用测压缩机电流的方法来检查有无泄漏。如图 3.37 所示为制冷剂气体泄漏判定图。

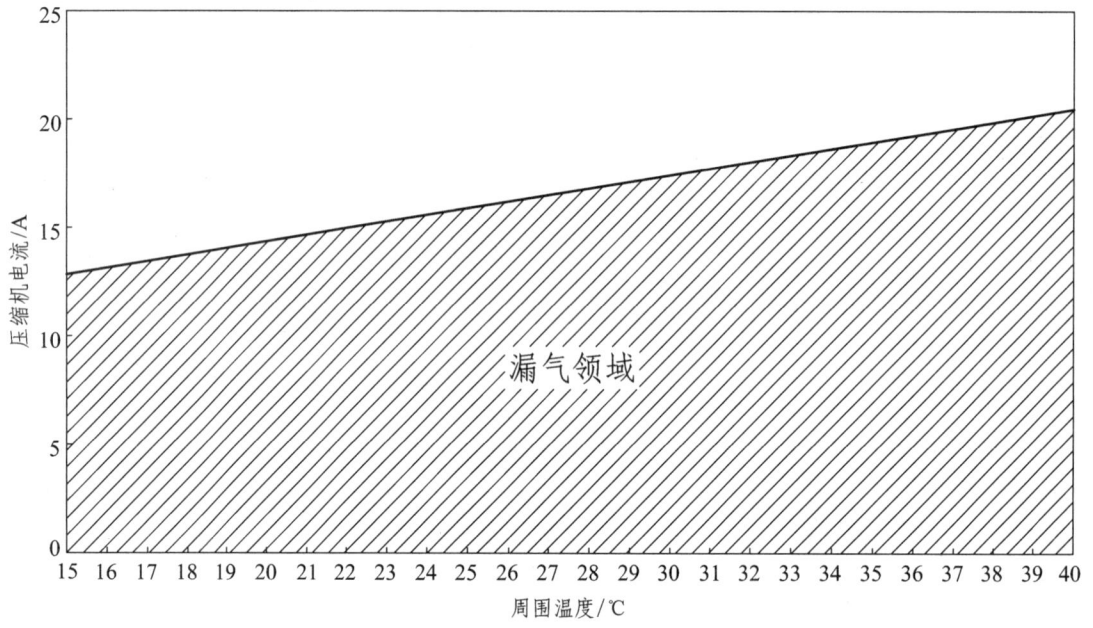

图 3.37　制冷剂气体泄漏判定图

一、制冷剂气体泄漏判定

用卡子式电流表夹在接触器盘 1 的压缩机接触器(CPK1、CPK2)2 侧电线上,测定出压缩机的运行电流。电流值如果在制冷剂气体泄漏判定线以下(见图 3.37),可以判定为气体泄漏。发生泄漏的装置若长时间放置不进行处理,制冷剂气体会完全泄漏,空气侵入后会损害机器,因此,发生泄漏后要迅速处理。

测量时,室外吸入空气温度等于车厢内吸入空气温度,压缩机电源为 3 相 200 V/70 Hz(强制制冷运行),送风机电源为 3 相 217 V/65 Hz,制冷装置处于强冷、强风工况。

二、抽真空作业

当制冷系统有泄漏时,要对系统进行检修,就必须进行抽真空作业。具体步骤如图 3.38 所示。

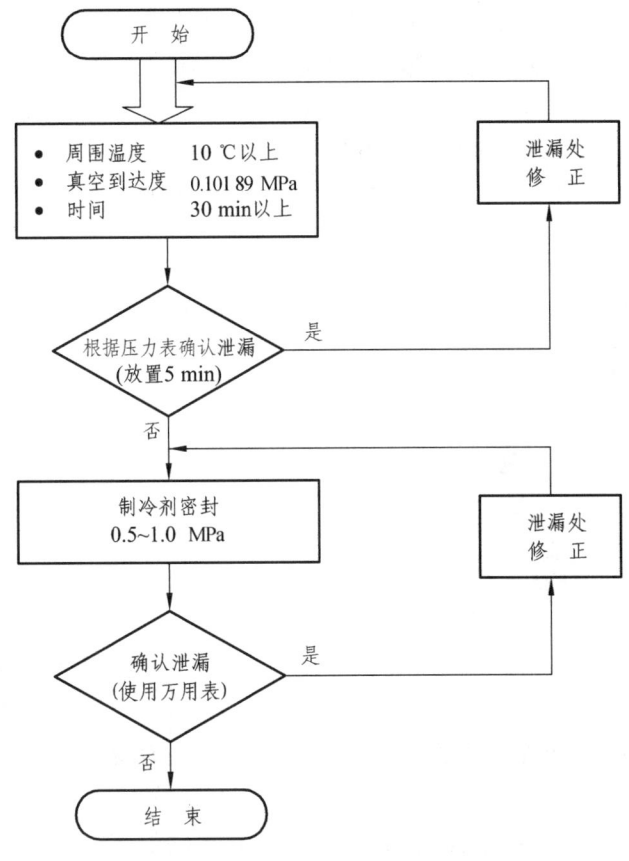

图 3.38 抽真空作业步骤

注意事项：

（1）由于电气式泄漏检测器的敏感度非常高，周围若有泄漏制冷剂的积存，则会影响检测结果，因此需要通风好，能够进行室内外空气交换的作业环境。

（2）从喇叭口处、法兰盘部经常会泄漏 10^{-7} 级的微量制冷剂。在作业工程中，密封接头部完全密封之前，或在长时间放置后泄漏的制冷剂形成积存，会被误认为是泄漏的状态，所以必须在安装隔热材料之前进行检查。

三、填充制冷剂作业

1. 必备工具

（1）制冷剂：HFC-134a（R134a）制冷剂瓶或服务罐（需要 1.0~1.2 kg/台）。
（2）空调服务成套工具：压力表、充气软管、快速接头、服务罐阀、其他。
（3）卤素泄漏检验器（HFC-134a 用）。
（4）真空泵。

2. 填充制冷剂步骤（使用制冷剂罐时）

（1）连接充气软管、快速接头到压力表，使其和充气阀结合（见图 3.39）。

(2)连接真空泵、开关阀和高/低压同时为"开",进行抽真空。
(3)抽真空结束后,开关阀和高/低压同时为"闭",卸下真空泵。
(4)在制冷剂罐上安装服务罐阀,连接到从真空泵卸下的充气软管上。
(5)将服务罐阀的上部向右旋转,放出制冷剂。
(6)按下(1~2 s)空气净化口内的阀芯,放出软管内的空气(见图3.40)。
(7)将开关阀置于"开",填充制冷剂。

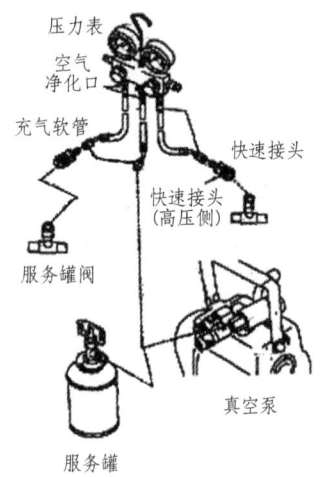

图3.39 制冷剂填充要领图

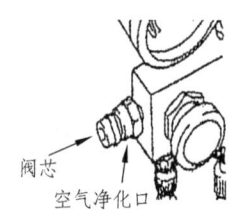

图3.40 放出空气

注意事项:

制冷剂罐使用5~6罐(200 g/罐),重复步骤(4)~(7)。启动时为弱冷模式30 min,要进行试运行。

3. 补充制冷剂作业步骤(见图3.41)

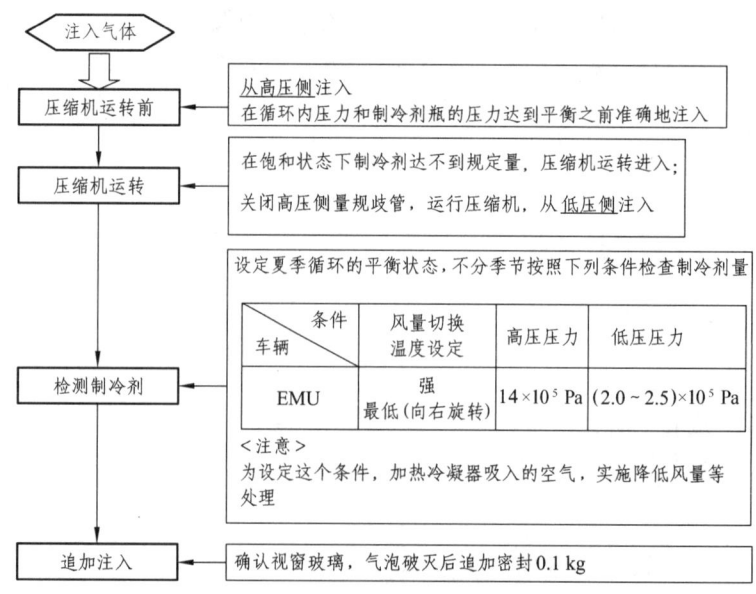

图3.41 填充制冷剂作业步骤

注意事项：

（1）在冬季，由于温度低，压缩机可能不运转，故此时不能采用使压缩机运转再注入制冷剂的方法，而可以将制冷剂罐接触热水（热水温度不能超过40℃），等罐内的压力提高后注入。

（2）制冷剂量在1~1.1 kg（试验值）时气泡破灭。

项目拓展

任务一　CRH1型动车组制冷系统

一、制冷循环

CRH1型动车组每个空气调节单元包括2个独立的制冷循环，系统充注制冷剂R407c，其系统组成如图3.42所示。

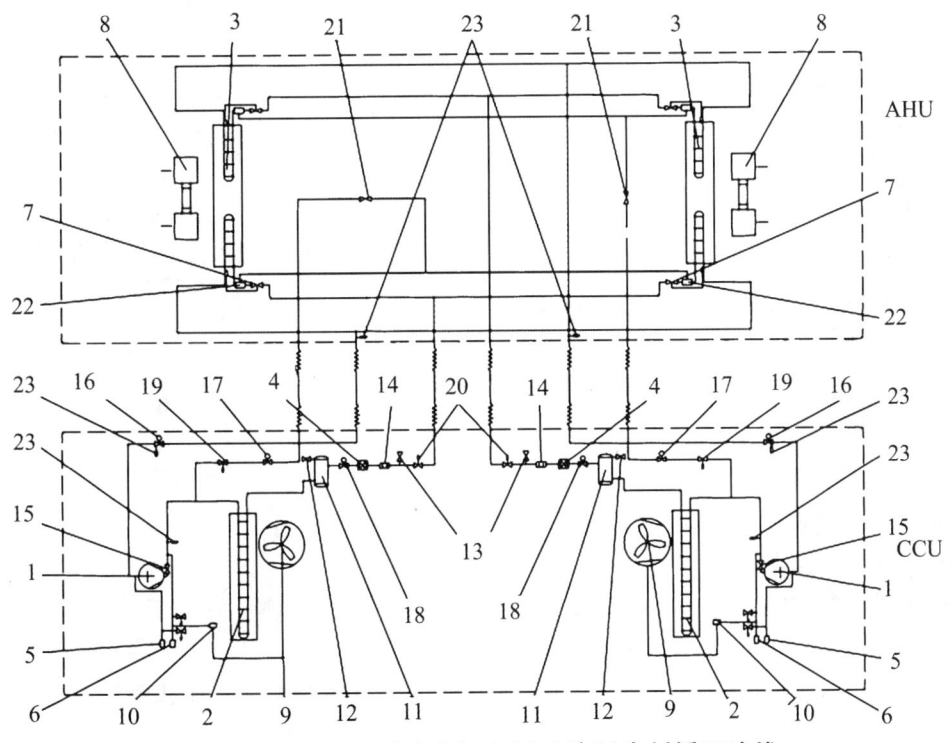

图3.42　CRH1型动车组空调系统制冷剂循环路线

1—压缩机（2个）；2—冷凝器（2个）；3—蒸发器（2个）；4—过滤干燥器（2个）；5—低压开关（2个）；6—高压开关（2个）；7—膨胀阀（2个）；8—蒸发风机（2个）；9—冷凝风机；10—控制冷凝风机的压力开关（2个）；11—储液器（2个）；12—安全阀（2个）；13—加液阀；14—检视窗-湿度指示器（2个）；15—检查阀（2个）；16—吸入气体管路上的球阀（带有Schrader阀门）（2个）；17—热气旁通（2个）；18—液态管路上的球阀（2个）；19—电磁阀1-2，2-2（2个）；20—电磁阀1-1，2-1（2个）；21—冷量调节阀（2个）；22—气液混合器（2个）；23—Schrader阀（4个）

来自蒸发器 3 的稍微过热的 R407c 制冷剂气体经吸气管路上的球阀 16 和 Schrader 阀 23 被压缩机 1 吸入,在压缩机内进行压缩,直到制冷剂蒸汽温度高于室外环境空气温度,高温制冷剂蒸汽进入冷凝器 2,在冷凝器内制冷剂热量通过翅片盘管传递。为了将冷凝热负荷带走,一个强力冷凝风扇 9 从室外吸取空气,室外空气流经冷凝器翅片盘管,与冷凝器盘管内的制冷剂进行换热,吸收其冷凝产生的热量,空气温度升高。风扇将加热后的室外空气直接从防触摸网格中吹走。

当所有的制冷剂都在冷凝器中转变成液体之后,液体温度会有一定的过冷度(比饱和温度低 3 K)。这样可以防止制冷剂到达蒸发器之前就产生蒸发,避免空调过程中制冷剂能量损失。有可能发生过度冷却现象,因为制冷循环中有充分的制冷剂,所以冷凝器底部管路中含有液态制冷剂。然后液态制冷剂流进储液器 11、球阀 18、过滤干燥器 4、检视窗 14 和电磁阀 20,再流经恒温膨胀阀 7 进入蒸发器 3。恒温膨胀阀是一种流量调节装置,为蒸发器提供一定数量的制冷剂,同时膨胀阀将制冷剂压力减小到一定水平,使得制冷剂液体饱和温度低于流经蒸发器翅片盘管外的空调混合空气温度,这样制冷剂液体吸热就会发生蒸发,从而使空气降温。在特定工况下,制冷剂发生蒸发并具有一定过热度(大约比饱和温度高 8 K)。为了维持这种汽化过程,保持必要的过热度,蒸发热负荷必须达到要求,热负荷由通过蒸发器的混合空气流提供。

在有些情况下(比如外气温度过低、车内旅客不足),蒸发器所需冷量不足,蒸发温度低于 2 ℃,这时,CRH1 型动车组制冷系统就可以实现热气旁通功能:即系统中大多数压缩机排出的制冷气体按照上述循环途径流通;而其余的压缩机排出的高温制冷剂气体则沿着热气旁通管路流通。热气首先流经电磁阀 19、球阀 17,然后进入冷量调节器 21。冷量调节器 21 将根据蒸发压力进行工作,经过冷量调节器调节的制冷气体流进气液混合器 22,在这里与正常循环过来的低温液态制冷剂混合,使得进入蒸发器的制冷剂温度得到提升,从而对制冷量进行自动调节。至此完成了整个循环。

二、制冷系统各部分作用

1. 压缩机

每个制冷剂循环线路上都使用一个涡旋式压缩机(Copeland 产 ZR125KCE-TFD,见图 3.43),每个压缩机的使用寿命为超过 40 000 工时无大修。压缩机的电机是一台 400 V/50 Hz 三相异步电机。压缩机配有过热、缺相和高/低压保护装置。

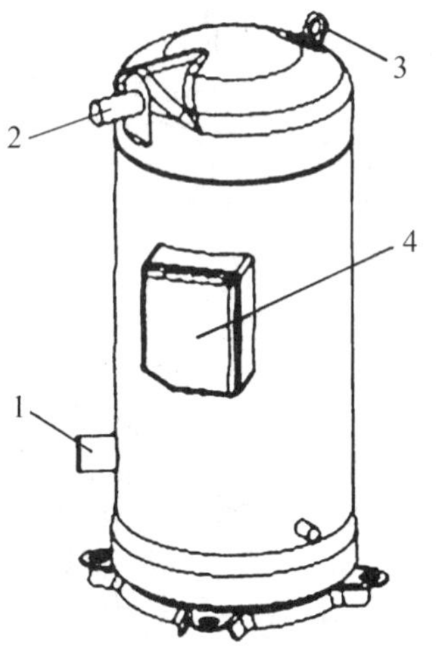

2. 曲轴箱加热器(见图 3.44)

图 3.43 涡旋式气密压缩机
1—吸气管路;2—排气管路;3—吊环;4—终端盒

如果压缩机的环境温度低于蒸发器温度,压缩机停机之后蒸发器和压缩机之间的压差会使制冷剂流进曲轴箱。曲轴箱加热器用来提高曲轴箱内油温。使用加热器可以产生足够的压力,防止制冷剂流入曲轴箱,因为液态制冷剂进入曲轴箱之后马上就汽化了。一台压缩机带有一个曲轴箱,加热器固定在曲轴箱的外部。

3. 冷凝风机

冷凝风机包括叶轮、电机和吊爪（见图 3.45）。为保证冷凝器盘管的高效换热，两个轴流风扇电机组成从压缩机冷凝器单元的两侧抽取"低温"环境空气，流经冷凝器盘管，然后把升温之后的空气通过压缩机冷凝器单元底部的环形网格重新排放到外界环境中。

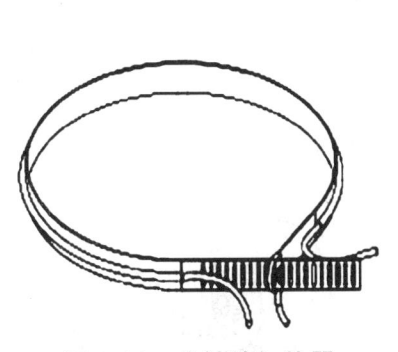

图 3.44 曲轴箱加热器

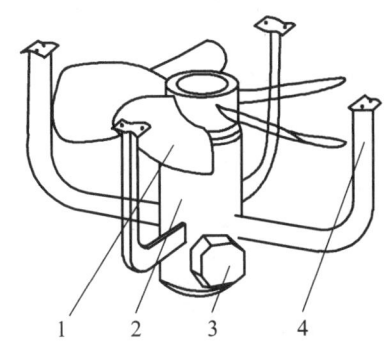

图 3.45 冷凝风机和电动机组成

1—风扇叶轮；2—电动机；3—电动机终端盒；4—吊爪

每个冷凝风单元包括一个 400 V/50 Hz 三相交流异步电机（1 400 r/min）、叶轮（直径 630 mm）和轴流风扇（叶轮安装在精密轴柄毂上）。电机通过密接套环驱动风扇。另外，还设有格栅，以防止人体和其他物品触碰风扇叶轮。

4. 冷凝器

在整个制冷循环中，冷凝器位于压缩机和 HP 开关之后，储液器之前。每个冷凝器盘管（见图 3.46）都由内螺旋铜管和铝翅片组成。铝翅片表面附有亲水膜，可以加速热量传导。

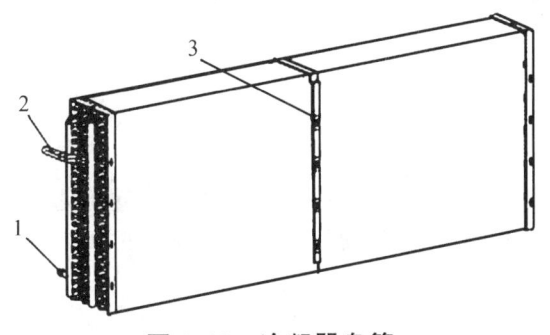

图 3.46 冷凝器盘管

1—输入管；2—输出管；3—安装孔

两个冷凝风机从外界抽取环境空气，流经两个冷凝器盘管。从压缩机泵入盘管的高温制冷气体的热量经盘管散发到环境空气中。热量散发之后，制冷剂冷凝成液态。

5. 储液器

每个液态制冷剂管路上安装有一个储液器（见图 3.47）。储液器用于储存液态制冷剂和防止气态制冷剂流入液态管路。储液器上有两个制冷剂湿度检查窗。靠近储液器顶部位置装有一个安全阀，用于防止储液器压力过高。

6. 蒸发风机

蒸发风机安装在蒸发器之后。为了满足客室的空调要求，并且克服空气调节单元和风道系统的压力损失，每个空气调节单元有 2 个蒸发器风机组成，如图 3.48 所示。每个组成同时抽取外界新风（流经新风过滤器）和来自客室的回风，两股气体被送入空气调节单元，气体混合之后流经混合气体过滤器和冷凝器盘管，然后进入送风扇。风扇叶轮吸入空气并将其送入送风道，分配到客室中。每个送风风扇发电机单元包括一个 400 V/50 Hz 三相交流异步电机（1 440 r/min）。

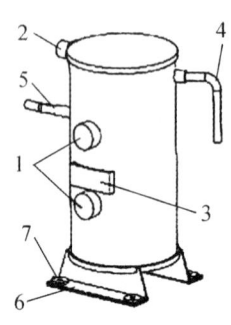

图 3.47　储液器

1—检查窗；2—安全阀；3—铭牌；4—液态制冷剂输出管；
5—液态制冷剂输入管；6—硬橡胶板；7—铝套管

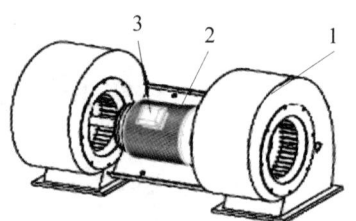

图 3.48　蒸发风机

1—风扇；2—电动机；3—电动机终端盒

7. 蒸发器

在制冷循环中，蒸发器位于压缩机之前、膨胀阀之后。蒸发器盘管（见图 3.49）由铜管和铝翅片制成。液态制冷剂在蒸发器盘管中按照可控比率和温度汽化。蒸发器盘管中的低压低温制冷剂吸收由送风风扇吸入的气体热量。回风和新风的混合气体流经蒸发器盘管，被冷却除湿之后均匀送入客室。

8. 加液阀

在压缩机冷凝器单元液态制冷剂管路上装有 2 个加液阀（见图 3.50）。每个制冷循环上有一个加液阀。加液阀位于冷凝器盒储液器之间。制冷剂通过加液阀加入循环管路。

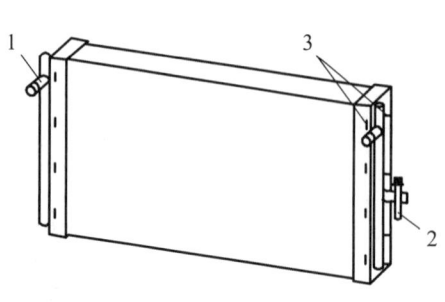

图 3.49　蒸发器盘管

1—流入管路；2—流出管路；3—集气管

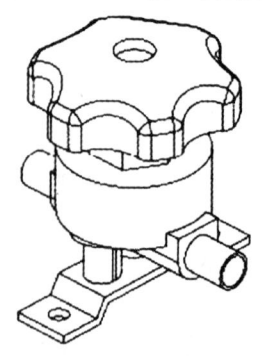

图 3.50　加液阀

9. 检查门——湿度指示器

制冷循环中，检查门（见图 3.51）位于电磁阀之前，过滤干燥器之后。制冷剂管路上的检查门是为了监测制冷流，准确确定系统制冷剂的湿度。检查门有以下特征：

① 对比 10% 纸指示剂需求水平，可以提供 3% 的相对湿度指示。
② 所有通用制冷剂使用同一个指示器。
③ 在低浓度、高温状况下，精确显示颜色刻度。
④ 监测视窗视角广，清晰度高。
⑤ 防腐蚀整体铜制壳体。
⑥ 铜配件。

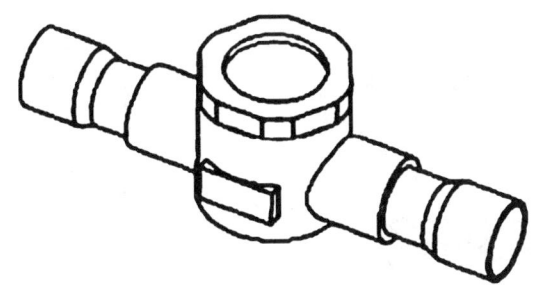

图 3.51　检查门——湿度指示器

10. 球阀

在一条压缩机冷凝器单元制冷循环上装有 3 个阀门（见图 3.52）。一个安装在液态管路上，一个安装在吸入管路上，一个安装在热气旁通管路上。在列车生产、运输、安装、大修和其他一些情况下，这些阀门可以将制冷剂管路关闭。比如，当检查空气调节单元和压缩机冷凝器单元之间的管路连接的时候，就需要关闭所有球阀。吸入管路上的球阀含有一个 schrader 阀门，用于检查压力和真空度。

11. 单向阀

在压缩机冷凝器单元的一条制冷循环中有一个单向阀（见图 3.53），位于冷凝器之前、压缩机之后，用于防止高压制冷剂从压缩机中回流。在抽空系统中尤其需要使用单向阀。安装阀门的时候需要注意阀体上的箭头指示。

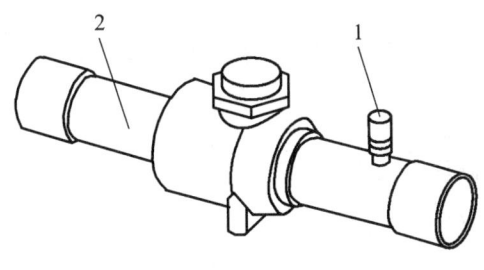

图 3.52　球阀
1—schrader 阀门；2—阀体

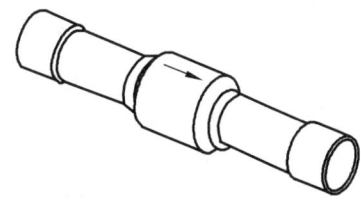

图 3.53　单向阀

12. 电磁阀

在压缩机冷凝器单元的一条制冷循环中有 2 个电磁阀（见图 3.54），一个安装在液态管路上，另一个安装在旁通管上。这两个阀门用于制冷剂循环的开关。

13. 过滤干燥器

在压缩机冷凝器单元的每条制冷循环中有一个过滤干燥器（见图 3.55），位于液态管路储液器之后、检查门之前。过滤干燥器用于制冷剂中水和杂质的过滤。过滤干燥器为凸缘式，过滤器的硬芯可以更换。

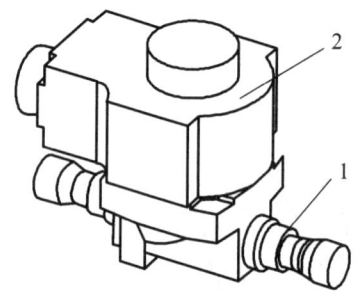

图 3.54　电磁阀

1—盘管；2—阀体

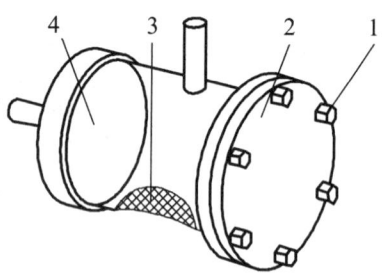

图 3.55　过滤干燥器

1—连接螺钉；2—端盖；3—滤芯；4—壳体

14. 压力开关

客室空气调节系统包括 2 个高/低压力开关（见图 3.56）和 2 个冷凝风机压力开关（见图 3.57）。

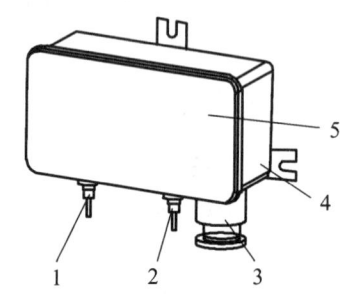

图 3.56　高/低压力开关

1—低压端口；2—高压端口；3—接线器；
4—压力开关；5—盖板

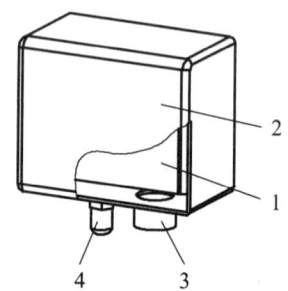

图 3.57　冷凝风机压力开关

1—IP55 机壳；2—压力开关；3—电缆夹套；
4—压力端口

高/低压力开关用于监测系统的高压和低压。高压端口连接到压缩机的排出管路上。低压端口连接到压缩机的吸入管路上。其设定值为：

高压：(29 ± 1) bar 关闭；(24 ± 1) bar 打开。

低压：(1.9 ± 0.5) bar 关闭；(3.2 ± 0.5) bar 打开。

冷凝风机压力开关用于控制和操作冷凝风机。压力端口连接到液态管路上，位于储液器之后。IP 55 机壳罩在压力开关之外,用于提高开关的密封等级。其设定值为:(22±0.25)bar关闭;(18±0.25)bar 打开。

15. 热膨胀阀

空气调节系统有 4 个膨胀阀门(见图 3.58)。由于一个蒸发器被分成了 2 个独立的部分,所以每个制冷剂循环管路上有 2 个膨胀阀门。膨胀阀用来节流液态制冷剂。

16. 冷量调节器

空气调节系统使用 2 个冷量调节器(见图 3.59)。冷量调节器位于热气旁通管路内,用于配合蒸发器的实际载荷,对冷量进行调节。

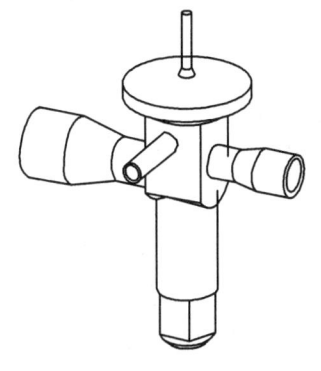

图 3.58　膨胀阀

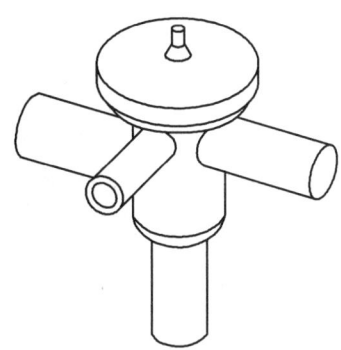

图 3.59　冷量调节器

17. 应急电源逆变器

空气调节系统中使用了一个应急电源逆变器,位于控制面板上。应急电源逆变器将列车电池直流电转换成交流电。应急电源逆变器在紧急模式下启动。紧急情况下,排气扇由逆变器驱动,通过空气调节单元的新风格栅将新风吸入客室。

任务二　CRH3 型动车组制冷系统

CRH3 型动车组空调是车顶单元式空调装置,每台装置内由 2 套制冷系统组成,其中包含 1 台蒸发器、2 台冷凝器、2 台涡旋式制冷压缩机、2 组膨胀阀等组件。

一、制冷循环

CRH3 型动车组制冷循环系统如图 3.60 所示,系统使用制冷剂 R134a,其制冷循环过程遵循蒸汽压缩式制冷循环规律。

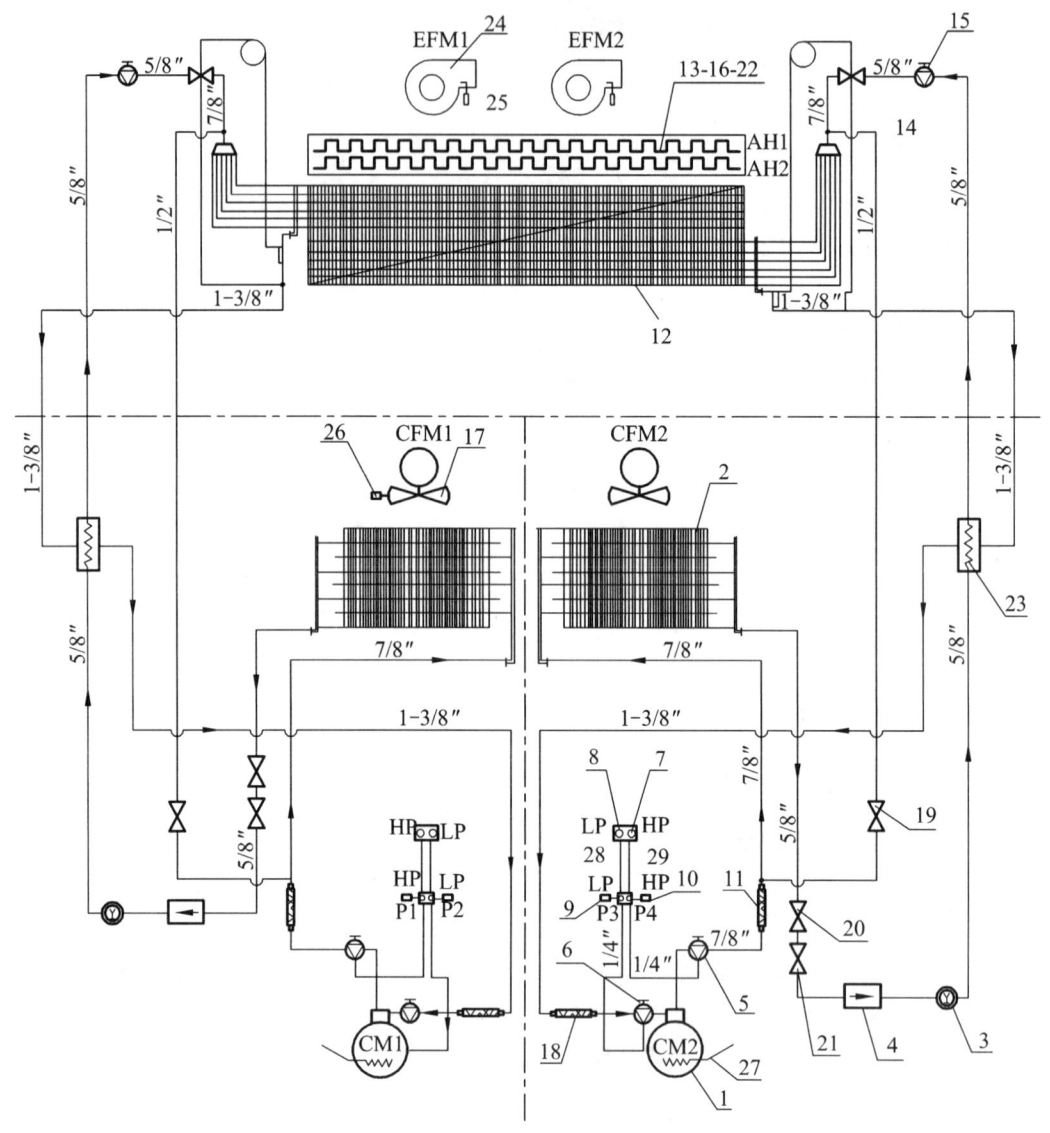

图 3.60 CRH3 型动车组制冷循环

1—压缩机（2个）；2—冷凝器（2个）；3—观察镜和湿度指示器（2个）；4—脱水过滤器（2个）；5—7/8″检修阀（2个）；6—1-3/8″检修阀（2个）；7—高压传感器（1个）；8—低压传感器（2个）；9—低压安全断路器（2个）；10—高压安全断路器（2个）；11—卸出线报动吸收器（2个）；12—蒸发器（1个）；13—空气加热器（1个）；14—膨胀阀（2个）；15—液相线螺线器操纵阀（2个）；16—安全恒温器（自动垂直）（1个）；17—电容式电动机风扇（2个）；18—吸入管线振动吸收器（2个）；19—螺线型直通阀（2个）；20—清洗阀（3/8″）（2个）；21—安全制冷阀（2个）；22—安全恒温器（手动复位）（2个）；23—热交换器（2个）；24—蒸发器电机风扇（2个）；25—空气-流动检测开关（2个）；26—冰检测器（1个）；27—曲轴箱加热器（2个）；28—低压检修阀（2个）；29—高压检修阀（2个）

在正常工况下，制冷剂循环路径为：高压高温的制冷剂从压缩机 1 排出→5→11→冷凝器 2→20→21→4→3→23→15→外平衡膨胀阀 14→蒸发器 12→23→18→6→压缩机 1，形成一个完整的循环过程。该系统制冷量可以根据车厢热负荷变化由膨胀阀自动控制，在制冷量的控制上比较精确；同时系统采用了热交换器 23，实现系统回热循环，提高了制冷循环的效率。

与 CRH1 型动车组制冷系统一样,在热负荷不足的情况下,如果蒸发器表面出现结霜情况,本系统可以通过打开直通阀 19 而实现热气融霜。

二、制冷系统各元件作用

1. 压缩机

压缩机将从蒸发器来的低温、低压的制冷剂气体压缩成高温、高压的制冷剂气体。压缩机通过 4 个减振器安装在空调机组的框架内,起到减振及消音的作用。压缩机上安装有 50 W(380 V/440 V)的加热器。加热器除了在制冷模式外在其他每一模式下均开启,保持油温较高,从而确保曲轴箱内的油的制冷剂最小。如图 3.61 所示为涡旋式压缩机,其参数如下:

- 型号:ZR16M3E-TWD(Copeland);
- 功率调整类型:通过热气体旁通;
- 电压:440 V(三相);
- 频率:60 Hz;
- 制冷剂:R134a;
- 油容量:4 L;
- 油型:Polyolester 科普兰 3MA(32 临界溶解温度);
- 名义功率:22 kW;
- 功率消耗:9 kW;
- 数量:2 台。

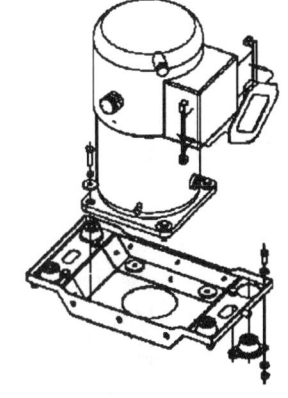

图 3.61 涡旋式压缩机

2. 冷凝器风扇/电机

冷凝器风扇/电机用两个风扇使空气通过冷凝器,使冷凝器的表面得到很好的散热。每一个组件包含一个异步电动机和轴流扇叶(见图 3.62)。其中一个冷凝风扇导流圈上安装防冻温度传感器,从而避免温度低于 0 °C 时冷凝风机运转。冷凝风机的参数如下:

- 风机形式:多叶片型轴流风机;
- 型号:1ZL-35°(Multiwing)或相同;
- 转速:1.140 r/min;
- 流量:7.500 m³/h;
- 电机形式:密封型;
- 电压:440 V(三相);
- 频率:60 Hz;
- 绝缘性:F 级;
- 保护等级:IP56;
- 数量:2 台。

图 3.62 冷凝器风扇

3. 视液镜及湿气指示器

湿气指示器依靠颜色变化显示系统湿度水平，灵敏感应湿气变化，如图 3.63 所示。当系统干燥，显示为绿色。当系统内水分含量增加，转变为黄色。当指示器显示为深黄色，表示系统湿气过度，需要替换过滤器。

图 3.63　视液镜及湿气指示器

可以通过观察镜清晰地看到制冷剂流动，以便于观察气泡。气泡的存在表示异常情况，比如制冷剂含量低、制冷液制冷不足、较低的流出压力或者制冷液线路堵塞。视液镜及湿气指示器参数如下：

- 类型：焊接；
- 制冷剂：R134a；
- 最大操作压力：34 kg/m^2；
- 最大操作温度：120 ℃；
- 数量：2 个。

4. 干燥过滤器

干燥过滤器（见图 3.64）能过滤固体颗粒（灰尘、铁锈和焊渣等），它也能维持制冷回路的湿度和酸性。其参数如下：

图 3.64　干燥过滤器

- 框架类型：实心焊接；
- 材料：硅胶/活性氧化铝；
- 适应能力：32.5 kW/过滤器；
- 液体温度：-40 ~ +70 ℃；
- 数量：2 个。

5. 制冷剂控制装置

制冷剂控制装置包括高/低压压力开关（见图 3.65）和高/低压力传感器。

当高压压力高于设定值或低压压力低于设定值时，压力开关动作。

这种方式确保压缩机在安全模式下运行，当压力在正常值范围之内，开关处于打开状态，此时将开关状态传递给微处理器，从而能确保系统在控制中运行。

图 3.65　高/低压压力开关

6. 蒸发器盘管（见图 3.66）

制冷剂液体在管路内部流动，并且制冷剂在蒸发过程中将管路和翅片冷却，从而使空气在送入室内之前得到冷却。

盘管分为两个交织部分（见图 3.67），各自流经一个热膨胀阀，通过蒸发器盘管的蛇形管内部的小分配器分配制冷剂，从而使制冷剂的压力和温度均降低。其参数如下：

图 3.66 蒸发器盘管

图 3.67 盘管交织部分

- 管道/换热片材料：铜/铝涂层；
- 机架：不锈钢；
- 管道：直径 0.5 英寸；
- 片距：2.3 mm；
- 管路：2 路交叉式；
- 制冷剂：R134a；
- 蒸发温度：2.5 ℃；
- 数量：1 个。

7. 蒸发器风机/电机（见图 3.68）

电机带动离心风扇组成的一左一右风机将送风强迫送入室内。蒸发风机包含一个供风阀门，当风机故障时关闭，从而避免风机不工作时送风从一侧旁通到另外一侧。蒸发器风机/电机参数如下：

- 风机形式：单进风离心风机；
- 叶片形式：前倾弯曲叶片式；
- 转速：1.680 r/min；
- 风量：2.250 m³/h；
- 电机形式：密封型；
- 功率：1.3/0.65 kW；
- 电压：440 V（三相）；
- 频率：60 Hz；
- 绝缘级别：F 级；
- 保护等级：IP54；
- 数量：2 台。

图 3.68 蒸发器风机/电机

8. 热膨胀阀（见图 3.69）

热膨胀阀的作用是在蒸发器的出口获得一定的蒸发压力，允许适量的制冷剂流过膨胀阀，同时使制冷系统在高、低压侧建立不同的制冷压力。

为了这个目的，热膨胀阀由依靠毛细管连接到球体的阀体组成。阀体安装在吸入管线，液相线和球体被固定到蒸发器出口上。热膨胀阀参数如下：

- 类型：外部补偿焊接；
- 连接：5/8～7/8 英寸焊接；
- 制冷剂：R134a；
- 容量：25 kW；
- 最高温度：100 ℃；
- 数量：2 个。

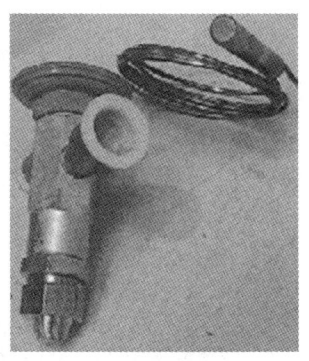

图 3.69 热膨胀阀

项目小结

本项目的主要任务是在理解蒸汽压缩式制冷原理、制冷系统的组成、制冷剂等相关概念与原理的基础上掌握 CRH2/CRH1/CRH3 型动车组空调制冷系统的组成、结构与工作原理，熟悉不同形式动车组制冷系统的结构与技术特点，知道如何进行 CRH2 型动车组制冷系统的检查与维护作业，如何对制冷系统进行故障分析与处理、检漏与充注制冷剂作业等，并通过现场操作加深对动车组制冷系统的基本原理与作用的理解。

通过本项目的学习，应能独立地进行以下工作：能根据动车组制冷系统的检查保养标准进行制冷装置的日常检查与保养；能依据作业标准完成室内外换热器的检查与维护；能独立地进行排水泵清洁作业；能正确地使用工具进行系统检漏与制冷剂补充；能独立观察制冷系统工作状态并对简单故障进行正确分析与处理。

问题与思考

1. 解释下列名词：蒸汽压缩式制冷、制冷剂、传热系数、干压缩、过冷度、过热度。
2. 简述蒸汽压缩式制冷系统的组成及工作原理。
3. 说明制冷系统对制冷剂有哪些方面的要求。
4. 简述制冷压缩机的分类与工作原理。
5. 说明制冷剂的种类及代号。

6. 在实际生产中，提高蒸汽压缩式制冷循环的制冷效率有哪几种方式？
7. 动车组制冷系统中节流装置有哪两种类型？其作用原理及主要特点是什么？
8. 动车组制冷循环系统常用的自动控制元件及阀件有哪些？分别起什么作用？
9. 简述CRH2型动车组制冷系统的主要组成元件及作用，分析系统特点。
10. 简述CRH1/CRH3型动车组制冷系统的主要组成元件及作用，分析制冷循环系统特点。
11. 简述CRH2型动车组制冷系统的检查与维护标准。
12. 简述CRH2型动车组制冷换热器检修的作业步骤。
13. CRH2型动车组制冷系统检漏的常用方法是什么？
14. 简述制冷剂填充要领。
15. 试述动车组制冷系统的故障检查与分析方法。
15. 针对以下案例进行故障分析与判断：
（1）2009年6月25日，配属武汉局动车组204703列车空调制冷不良。
（2）2009年6月25日，配属沈阳局动车组2058A列车客室温度高。
（3）上海局CRH22015列、CRH22024列及CRH22026列车客室内只开启空调1，约3 h后，空调1停止工作。

项目四 动车组空调供热系统及电气装置检查与维护

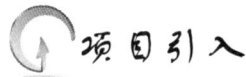 项目引入

动车组空调供热系统是动车组空调系统中必不可少的组成部分。本项目在介绍空调供热系统的类型、作用原理与基本组成的基础上,详细介绍了 CRH2 型动车组空调供热系统,对 CRH1、CRH5、CRH3 型动车组供热系统也做了简要介绍。本项目的重点内容是 CRH2 型动车组空调供热系统检修和电气装置保养。

 项目要求

动车组空调供热系统及电气装置的检查与维护是动车组检修作业中所涉及的常见任务。本项目以电加热器罩的安装、电加热器的维护、空调电气装置的检查与维护等工作任务为载体,通过对空调供热系统及电气装置检查与维护过程的学习和实施,使学习者在掌握动车组空调供热系统的类型、组成、工作原理、部件结构及作用的基础上,具备进行电加热器检查与维护的能力,并在了解电气装置维护目的与范围的基础上,学会电气装置保养与维护的常用方法与工具使用。

供热系统和电气装置故障主要可分为"松""断""烧"三类。其具体原因是不同的,在动车组空调供热系统和电气装置的检查与维护过程中,正确运用维护保养方法,仔细进行保养和维护,杜绝故障隐患,对空调系统的正常工作是十分重要的。

【知识要求】

(1) 了解动车组空调供热系统的作用、类型与基本组成。
(2) 理解电加热器的基本工作原理及特点。
(3) 理解热泵的概念,了解热泵的基本组成、工作原理及特点。
(4) 熟悉 CRH2 型动车组供热系统的特点和基本组成。
(5) 了解 CRH1、CRH5、CRH3 型动车组供热系统的特点和基本组成。

【能力要求】

(1) 能在现场对动车组空调供热系统进行维护和操作(CRH2 型为主)。
(2) 能在现场对 CRH2 型动车组电加热器进行检查与维护。
(3) 能正确识别不同类型动车组的供热系统布局及特点。
(4) 能在现场观察动车组空调电气装置的工作情况。
(5) 能正确进行空调电气装置的检查与维护。

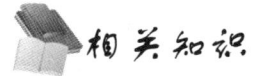
相关知识

一、供热系统简介

(一) 动车组供热系统的形式

为了使动车组在寒冷的季节运用时车内保持一定的温度(要求在 18～20 ℃),车上必须安装有供热系统。

动车组车内送风基本上都采用车顶送风方式,为保持车内具有一定温度,同时为了减少送风温度与室内温度差,动车组供热系统主要有两个作用:一是对送入车内空气进行预热;二是对车内空气进行补偿加热。

空气的预热是使进入空调机组的混合空气流过机组内的空气预热器来实现的。根据热媒不同,空气预热器可分为温水空气预热器和电热空气预热器两种。

空气的补偿加热,是由设在车内的补偿加热器(通常设置在两侧地板面上的加热器)来完成。根据热媒的不同,地面加热器也分为温水加热器和电热加热器两种。

影响供热系统使用形式的因素很多,但无论采用哪种形式,都应满足车内温度的要求。就目前我国国内空调客车的具体使用情况来看,供热系统大致可分为以下五种形式:

(1) 德国进口的空调车,采用燃煤锅炉温水供热和电热供热两者并用形式。其空气预热器和地面加热器分别采用了温水加热和电加热两种形式,在过渡季节和外温适宜情况下采用电加热供热,外温较低时再启用燃煤锅炉加热。

(2) 在我国北方较冷地区运行的空调车,也采用燃煤锅炉温水供热和电热供热两种形式。空气预热用电预热器,补偿加热用温水、电热两种加热器。

(3) 在南方温暖地区运行的空调客车,冬季热负荷和夏季冷负荷相差不大,采用预热、补偿全电热供热形式。

(4) 采用功率较大的电热空气预热器,车厢供热完全由电热空气预热器提供,如 CRH2 型动车组供热系统。

(5) 在南方一些温暖地区,可采用热泵供热。

我国动车组空调供热系统大多采用第 4 种形式,如 CRH1、CRH3、CRH5 型动车组等。

(二) 电加热供热装置

1. 管状电热元件

空调客车上使用的电热采暖装置采用的电热元件有多种形式,如电热管式、电热板式、半导体式等几种。一般采用管状电热元件,根据电流热效应原理,让电流通过电阻丝而产生热量,然后把热量传给流过的空气。它具有表面温度均匀、热量稳定、结构紧凑、控制方便等特点。

管状电热元件的基本结构如图 4.1 所示,是在金属管内沿轴线方向放入一根螺旋形的电阻丝（镍铬丝），在其空隙部分均匀地填满具有良好导热性和电气绝缘性的结晶氧化镁粉，并用缩管机将管径轧小，以增加氧化镁粉的密度而提高导热系数。同时，还要保证管内螺旋状电热丝不致因电热元件经受弯曲或碰撞发生偏移而碰及管壁。在电热丝引出棒出口处浇以硼酸钡的混合物密封，以避免空气中的水分和液体介质浸入氧化镁粉中而引起绝缘不良。

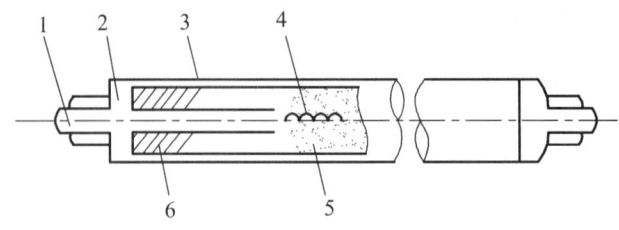

图 4.1　管状电热组件基本结构

1—连线端子；2—绝缘垫；3—金属套管；4—电热丝；5—结晶氧化镁粉；6—封口材料

由于电热丝是埋在紧密的导热性较高的氧化物介质中，不与空气接触，其单位负荷功率相比于裸露式电热丝可大大增加，寿命也相应提高。

为了提高管状电热元件换热效果，可在金属管外表面缠上不锈钢绕片。在特别需要防腐的地方（如卫生间）使用，可采用不锈钢管上缠不锈钢绕片。

2.　电热空气预热器（见图 4.2）

电热空气预热器结构如图 4.3（a）所示，它由电热元件和框架组成，在使用时与通风机实现电气联锁，与制冷机实现电气互锁。电热元件一般分成两组或多组，通过空调温度控制器根据室内空气温度自动控制其一组工作、多组工作或停止工作。与电热空气预热器相接部分的风道，应采用不易燃烧的耐热保温材料。

图 4.2　电热空气预热器实物图

为了防止电热空气预热器在缺风时工作而导致表面温度过高，特设有两道缺风保险：温度超过 70 ℃，继电器跳开，温度超过 139 ℃，熔断器熔断，从而切断控制电路和主回路，使电热空气预热器停止工作，如图 4.3（b）所示。

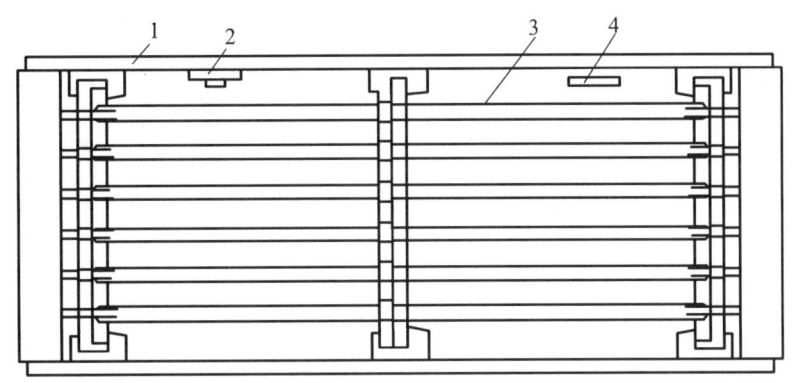

(a)预热器结构

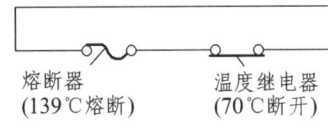

熔断器　　　　温度继电器
(139℃熔断)　　(70℃断开)

(b)保护电路

图 4.3　电热空气预热器结构及保护电路
1—框架；2—熔断器；3—绕片式电热元件；4—温度继电器

3. 电加热器

电加热器是补偿（或称地板）加热器的一种，用以补偿车体的热损失。该装置一般安装在车内侧墙下部两侧，如图 4.4 所示为 CRH5 型动车组电加热器布置图。电加热器一般也分成 2 组，与通风机联锁而与制冷机互锁，工作时通过温度控制器实现自动控制，使电加热器一组工作、两组工作或停止工作。

图 4.4　CRH5 型动车组电加热器车内布置

电热器的结构简单，应用时一般除车种不同，暖气功率有所区别之外，其结构变化不大。其基本结构主要由电加热器体、电热管或电热板、熔断保护器、接线板、防水盒、耐高温连接导线和罩板等组成。

（三）热　泵

1. 热泵原理

凡是可以在外界低温环境下吸取热量，并将热量"泵"入室内的装置称为热泵。

制冷循环是利用吸取的热量使被冷却对象的温度低于环境温度,从而达到制冷的目的。热泵循环与制冷循环的原理一致,其区别仅在于工作的温度环境不同,其目的也有所不同。热泵循环是利用某种工质的状态变化,从较低温度的热源吸取一定热量,通过一个消耗功或热量的补偿过程,向较高温度的热源放出热量。

在热泵循环过程中,根据热力学第二定律,高温热源的放热量 Q_H 等于从低温热源吸取的热量 Q_O 加上所消耗的功 W 之和,即

$$Q_H = Q_O + W$$

因为 $Q_H > W$,所以利用制冷机从低温外气中吸热,而在温度较高的室内空气中放热,比直接利用电能加热所能获得的热量大得多,所以热泵能够节省电能。

热泵循环的性能系数称制热系数(供热系数),用 ε_H 表示。供热系数是评价热泵性能好坏的指标,为供热量与消耗功之比,即

$$\varepsilon_H = Q_H / W = 1 + \varepsilon_0$$

式中,ε_0 为制冷系数。可见,热泵的制热系数恒大于1,表明其经济效果好。

如图 4.5(a)为夏季制冷工况,置于空气处理室内的蒸发器,吸收空气中的热量,从而冷却了车内的空气;图 4.5(b)为冬季制热工况,经过四通换向阀,转换制冷剂流向。室内蒸发器作冷凝器用,而室外冷凝器作蒸发器用,于是通过制冷剂就将室外空气中的热量转移到了室内。

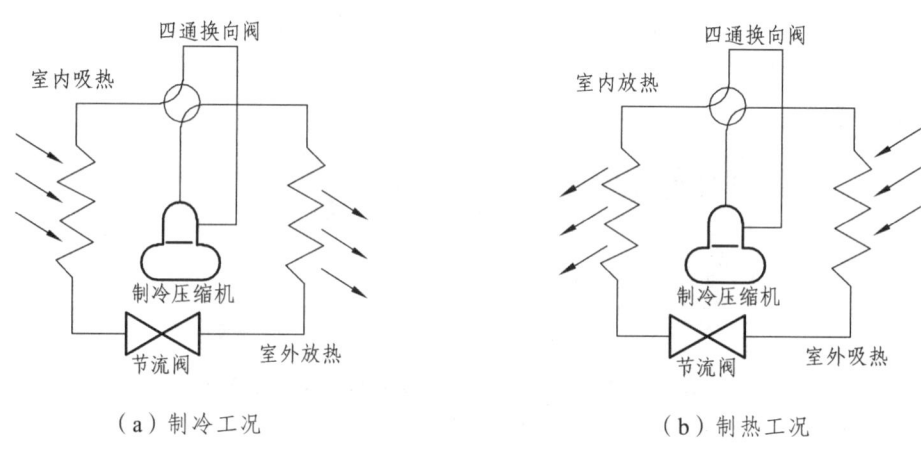

(a)制冷工况　　　　　　　　　　　　(b)制热工况

图 4.5　制冷与制热原理

热泵系统中,作为蒸发器的换热器(制冷系统中的冷凝器)有可能表面结霜,以致堵塞空气通路,影响换热,所以在系统中应采取适当的融霜措施。因此,是否采用热泵形式供热受到室外环境的制约。

一般来说,南方地区冬季采用热泵形式供热有利于节约能源,提高经济性。

2. 四通转换阀

四通转换阀是热泵循环的重要元件,了解它的结构与工作原理是我们理解制冷循环与制热

循环转换的关键。四通转换阀是将电磁阀和四通阀用毛细管连接而成的一个换向系统,其结构如图 4.6 所示。

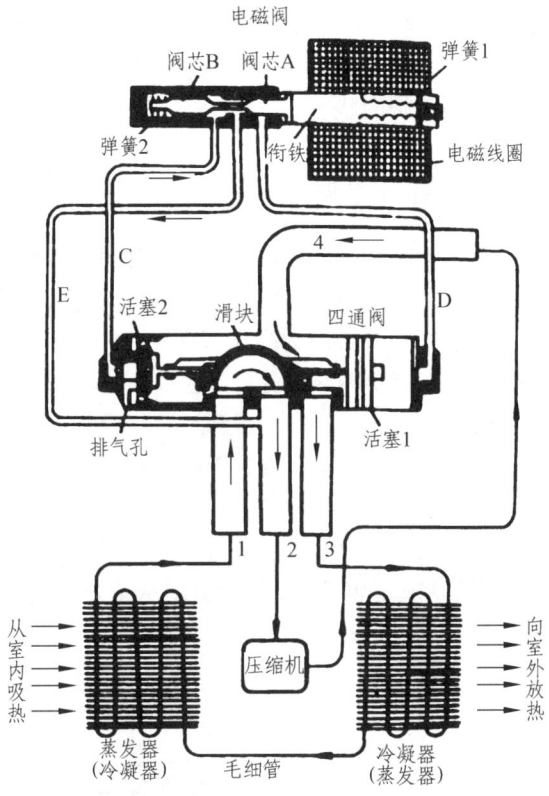

图 4.6　四通换向阀制冷时的工作原理

四通阀有 4 根接管 1、2、3、4 和 3 根毛细导管 C、D、E。阀体内装有滑块和活塞,它们利用支架构成一体,两端活塞上各有小孔,以使活塞两端能互相通气。1 号管与蒸发器出口连接,2 号管与压缩机吸气管连接,3 号管与冷凝器进口连接,4 号管与压缩机排气管连接,而滑块好像一个三通阀门,可以将 1 与 2 连通,也可以将 2 与 3 连通。当 1、2 连通时,3、4 就通过四通阀体而连通;当 2、3 连通时,1、4 就通过四通阀体而连通。3 根毛细管中,C、D 管接在四通阀两端,E 管接在 2 中。电磁阀由阀体、阀芯 A 和 B、弹簧 1 和 2、衔铁及电磁线圈组成,阀芯 A 和 B 与衔铁连成一体,并一起移动。当线圈接通电源而产生磁场时,衔铁被磁场吸引而动作,使阀芯向右移动,阀芯 B 关闭左阀孔,而右阀孔被阀芯 A 打开。当线圈断电而衔铁复位时,阀芯 A 关闭右阀孔,而左面阀孔被阀芯 B 打开。

3. 四通转换阀在制冷时的工作原理

如图 4.6 所示,系统制冷时,由于受电源换向开关的控制,四通换向阀电磁线圈的电源被切断,衔铁在弹簧 1 的推动下左移,使阀芯 A 将右阀孔关闭,而左阀孔就打开。这样,C 与 E 管被接通,而 D 管被关闭而不通。在四通阀体内,除滑块盖住的部分是低压气体外,其他部分都是高压气体。在 D 管堵住不通的情况下,阀体内的高压气体通过活塞 2 的小孔,向四通阀左端盖内充气。因为 C 管与 E 管是连通的，而毛细管孔径又比活塞上的小孔大数倍，故从小孔流过去的气体迅速涌向压缩机吸气管。因此，在活塞 2 的左面不能建立起高压力，滑块左、右端活塞就形成一个压力差，把滑块与活塞组推向左端位置。此时管 1 与管 2 连通，即制冷剂气体从蒸发器流出被压缩机吸入，而管 4 与管 3 连通，即压缩机排出的高压气体进入冷凝器，这就是热泵系统在制冷位时的四通阀的状态。

4. 四通转换阀在制热时的工作原理

如图 4.7 所示，系统制热时，电源换向开关将四通换向阀的电磁线圈的电源接通，线圈产生磁场，衔铁被磁场吸引向右移动，阀芯 A 打开右边阀孔，阀芯 B 关闭左边阀孔，E 管与 D 管连通，C 管被堵住不通。四通阀右端盖内的高压气体从 D 管经 E 管流向压缩机吸气管，使右端盖内压力等于吸气压力。而左端盖内，由于 C 管被堵住不通，高压气从活塞小孔向左端充气，使压力升至排气压力而平衡。这样，左、右两端产生压力差，活塞就带动滑块一起向右移动，滑块将管 2 与管 3 接通，管 1 与管 4 接通，压缩机排气从管 4 经过管 1 进入冷凝器（即制冷运行时的蒸发器），然后经毛细管进入蒸发器（即制冷运行时的冷凝器）。从蒸发器流出的蒸汽，经管 3 与管 2 而进入压缩机吸气管，通过四通换向阀对管路的转向，使原来制冷运行时的蒸发器成为冷凝器，而冷凝器则成了蒸发器，从而实现从室外吸热而向室内放热，这就是"热泵"的工作原理。

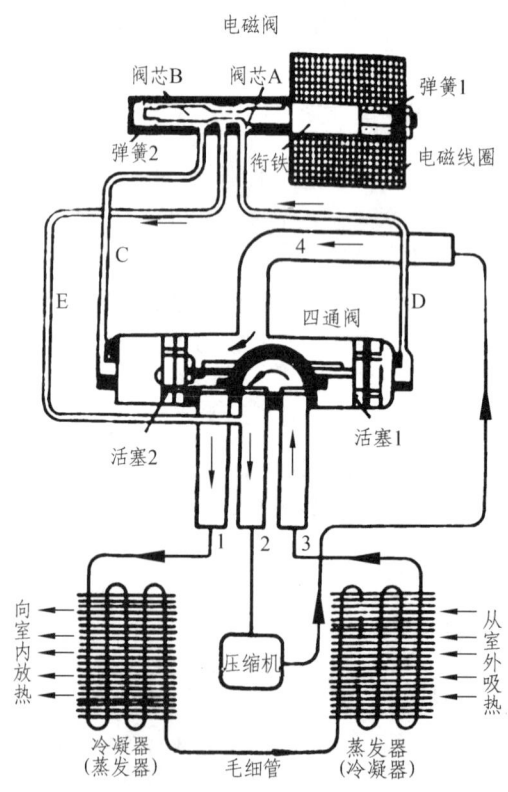

图 4.7 四通换向阀制热时的工作原理

二、典型动车组供热系统

(一) CRH2 型动车组供热系统

1. 供热形式

CRH2 型动车组的供热由装入空调机组的电加热装置来完成，暖气输送时，从回风道吸入空气，与新鲜外空气混合，通过设置在空调装置回风口的过滤网，由电加热器加热，然后通过与输送冷气时相同的通道送暖。CRH2 型动车组在每节车厢中均配置有独立的空调系统，卫生间和通过台的空气调节也是由空调系统来实现，卫生间内设置了直排车外的废气通道。CRH2 型动车组没有设置其他辅助供热装置。

电加热装置在机组的位置如图 4.8 所示。

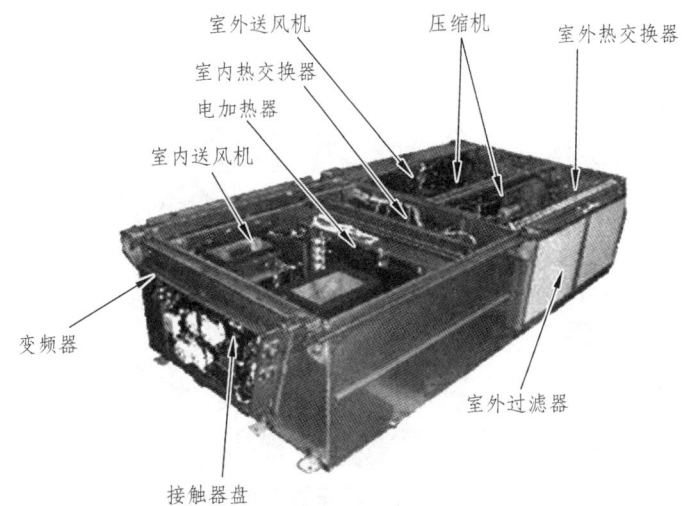

图 4.8　CRH2 型动车组电加热装置在机组中的位置

客室空调机组供热能力为 24 kW/台。司机室空调装置的供热能力分为 3 挡：强供暖工况为 2×（1±10%）kW；中间工况为 1.5×（1±10%）kW；弱供暖工况为 1×（1±10%）kW。

司机室安装了通风制暖机，装有 3 个内置的具有正特性热敏电阻器的发热元件。可按强运行（输出 2 000 W）、中运行（输出 1 500 W）、弱运行（输出 1 000 W）选择进行使用。

2. 基本技术规格

（1）客室供暖系统。

- 主电路输入：单相交流 50 Hz，400×（1−37%）～400×（1+24%）V。
- 控制电路输入：单相交流 50 Hz，100×（1−10%）～100×（1+10%）V；直流 100×（1−10%）～100×（1+10%）V。
- 暖气控制方式：电热器多级控制。
- 暖气能力：24 kW/台以上。
- 循环风量：在静压 666 Pa 时为 60 m³/(min·台)以上。

- 供暖目标：在室外气温为 -15 ℃ 时，车厢温度可保持在 20 ℃ 以上。

（2）司机室供暖系统。
- 额定电压：单相 AC 100 V，60 Hz。
- 供暖能力：强供暖工况，$2\,000 \times (1 \pm 10\%)$ W；中间工况，$1\,500 \times (1 \pm 10\%)$ W；弱供暖工况，$1\,000 (1 \pm 10\%)$ W。
- 出风口温度：100 ℃ 以内。
- 循环风量：2.2 m³/min
- 绝缘耐力：AC 1500 V，1 min（充电部位与接地间）。
- 绝缘电阻：常温时 10 MΩ 以上。
- 供暖目标：在室外气温为 -15 ℃ 时，司机室温度可保持在 20 ℃ 以上。

3. 电加热装置

（1）电加热器的构造。

CRH2 型动车组电加热器由三组管状电热元件构成，分别为 H_1、H_2、H_3，其结构如图 4.9 所示。

图 4.9　CRH2 型动车组电加热器结构

（2）发热元件抵抗温度特性曲线。

发热元件抵抗温度特性曲线如图 4.10 所示。

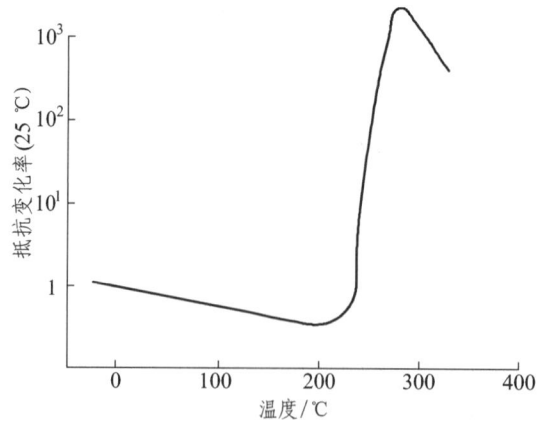

图 4.10　发热元件抵抗温度特性曲线

4. 制热控制

CRH2 型动车组车内制热是根据从空调显示设定器发来的暖气运行指令和温度控制指令，按照被选择的各种模式，空调机组内的电加热器 $H_1 \sim H_3$ 和室内风机 EF 开始工作。电加热器的电源直接使用从主变压器辅助(3 次)绕组来的单向 AC 400 V 50 Hz 辅助电源，通过辅助配电盘上的空开及位于接触器盘上的 HK1\HK2\HK3 接触器进行控制。

空调控制系统将 2 个车内温度传感器检测的温度平均后得到的车内温度和空调显示设定器的温度设定值进行比较，根据系统设计的 6 种制热运行模式（参见表 4.1），按照车内温度与 6 种模式制热运行的关系图（见图 4.11），进行制热运行控制。除 6 种模式外，还有自动减半制热、强制减半制热及传输异常时的模式。

表 4.1 制热运行方式

运行方式	电加热器			室内送风机	制热能力	运行模式		
	电加热器 1	电加热器 2	电加热器 3	EF		自动制热	强制制热	关机
6	ON	ON	ON	60Hz	100%	自动	强制	—
5	将任意 2 台电加热器 ON			60Hz	66%			—
4	将任意 1 台电加热器 ON			60Hz	33%			减半
3	对任意 1 台电加热器进行 A 运行			60Hz	22%		减半	—
2	对任意 1 台电加热器进行 B 运行			60Hz	16%			—
1	停止	停止	停止	60Hz	0%		—	关机

A 运行模式：10 分钟 ON/5 分钟 OFF；B 运行模式：5 分钟 ON/10 分钟 OFF。

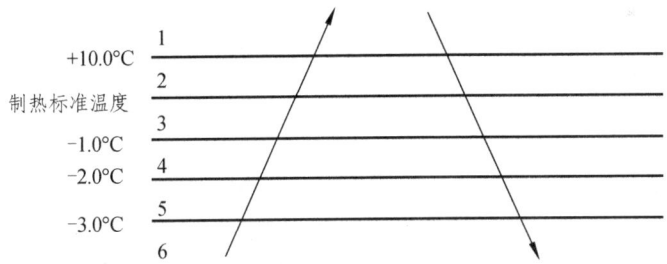

图 4.11 六种模式制热运行方式示意图

其具体的制热运行控制及电加热器运行中的限制条件详见项目五。CRH2 型动车组供热系统采用电加热器恒温器保护。发生 HTH（电加热器恒温器动作）时，使电加热器断开。此后保持 OFF 状态 10 min，如果 HTH 恢复，则可再接通。

(二) CRH5 型动车组供热系统

1. CRH5 型动车组供热形式

CRH5 型动车组供热由安装在空调单元内的电加热器与安放在车厢内的辅助加热器（对流

式暖房器)供热共同来完成,其供热形式与CRH1型动车组相同,属于空调单元预热与辅助加热器供热相结合的供热方式。

客室供热能力:每个客室空调机组中装有两组电热空气预热器,制热能力分别为9.7 kW和19.3 kW;此外客室内装有制热能力为6 kW的两组侧墙加热器。在通过台两侧装有功率分别为800 W和400 W的两组侧墙加热器。每个卫生间内安装有400 W侧墙加热器一台。

司机室供热能力:司机室空调装置可以提供4 kW的制热能力。室内辅助供热包括两侧墙上的800 W辅助加热器供热,以及安装在司机台内侧的两个370 W辅助加热器供热。

2. CRH5型动车组供热系统基本技术规格

(1)客室供暖系统。
- 主电路输入:单相交流230 V、50 Hz,最大电流350 A。
- 控制电路输入:直流100 V,最大电流5 A。
- 空调单元制热能力:11 kW×2。
- 辅助加热器制热能力:23 kW(CM/CMH/TT),27 kW(TTC),30 kW(IM)。
- 供风量:3 000 m³/h。
- 新风量:750 m³/h(室外温度<−20 ℃时);
  1 000 m³/h(室外温度在−20~−5 ℃时);
  1 500 m³/h(室外温度在−5~+26 ℃时)。
- 供暖目标:在室外气温为−25 ℃时,车厢温度可保持在24 ℃。

(2)司机室供暖系统。
- 主电路输入:单相交流230 V、50 Hz,最大电流350 A。
- 控制电路输入:直流100 V,最大电流5 A。
- 空调单元制热能力:4 kW。
- 辅助加热器制热能力:4 kW以上。
- 供风量:(480±90) m³/h。
- 新风量:(180±15) m³/h。
- 供暖目标:在室外气温为−25 ℃时,司机室温度可保持在24 ℃;当空调单元制热不工作时,在室外温度为−36 ℃时,司机室温度可保持+18 ℃。

3. CRH5型动车组空调单元电预热器

(1)空调单元电预热器构造。

客室空调单元电热器包含2个电加热单元,每个电加热单元由3个标定功率3.6 kW的电热元件组成。

司机室空调单元电热器由4个并联连接的电热元件组成,每个电热元件的标定功率为1 kW。

(2)供热过程。

客室空调单元和司机室空调单元中均安装有电热器,电热器安置在空调单元的进风道中。室外空气在进入送风管前,流经电热器后被加热,加热后的空气温度可以达到常温级

4. CRH5 型动车组辅助加热器

（1）辅助加热器布局。

① 客室辅助加热器布局。

客室辅助加热器沿车体方向布置，安装在窗户下靠近地板部分的侧墙上。在门廊、盥洗间、司机室、吸烟区、车长室的侧墙上都布置有这种辅助加热器。在 TC 车体中的厨房内，在吧台区配置有小型径流风机散热器，在厨房设备下的地板上水平嵌入安装。当电热器工作时，暖热气流将吹向厨房工作人员腿部区域。

② 司机室辅助加热器布局。

司机室两侧墙上装有 1 500 W 的辅助加热器，并在司机台内侧装有两个 370 W 小型散热器。驾驶台下的放脚处有表面温度较低的加热器，安放在侧板的后面，类似的一个加热器放在踏脚板的下面。

（2）供热过程。

空气在自然对流的条件下，由靠近地板表面的辅助加热器格栅罩间的缝隙导入，由上部的格栅流出，气流沿着墙体流向车窗方向。

在车体内墙后部和辅助加热器上部，将生成一股热空气流，对内墙实施加热后经过车窗下的缝隙流走。

5. CRH5 型动车组采暖系统控制

CRH5 型动车组采暖系统的运行通过空调控制单元来自动操作和控制。空调控制单元默认的运行模式是"自动"，在该模式下空调控制单元根据室内温度传感器测量的温度值与设定值进行比较，根据偏差来自动实现空气预热器和辅助加热器的开关控制和加热功率选择。根据需要，列车乘务人员也可以将空调控制单元的运行模式设定为"50%加热"和"100%加热"两种模式。

为避免供暖装置（电热空气预热器和辅助加热器）表面温度过高，防止火灾等危险发生，在供暖装置内安装有恒温器和安全温控装置。当温度超过 90 ℃ 时，在恒温器作用下，可以切断供暖装置的主供电回路。如果温控器失效造成供暖装置表面温度持续升高至 125 ℃，则安全温控装置动作，切断供暖装置的主供电回路。这样通过温控器和安全温控装置两道保险，可以保证供暖装置安全可靠运行。

（三）CRH1 型动车组供热系统

1. 供热形式

在 CRH1 型动车组中，客室和司机室的供热均采用电热空气预热与侧墙电加热辅助供热联合供热。其主要供热装置包括安装在空气调节单元中的电热空气预热器和安装于车窗下车体侧墙内的电加热器（电暖器）两部分。供热装置利用电流的热效应原理，基本结构组成为电热元件，电流流过时电热元件发热并将热量传递给流过的空气。空气预热器产生的暖气通过与冷气输送相同的风道送入室内，电暖器产生的热量则通过自然对流的方式直接将热量散发到室内空气中。在加热模式下，来自空气调节单元的送风被加热到约 20 ℃，主要用来补偿来自新风部分的热负荷。车辆传导造成的热量损失通过电暖器进行补偿。通过这样的联合供热方式可以使车厢内维持适宜的空气温度。客室区域的采暖系统可从乘务员室和司机室进行控制。客室电加热器电源由高压电器柜 K3 提供。

2. 供热能力及供热控制

客室空气调节单元供热能力为 30 kW。司机室空调装置的供热能力为 4 kW。

客室区域的采暖系统可从乘务员室和司机室进行控制。客室电加热器电源由高压电器柜 K3 提供。

客室电热器由空调系统根据 UIC553 控制，不同位置的电热器由其附近的室内温度传感器控制相应的固态继电器实现，并且每一个电加热器由一个超温保护器进行温度控制。该超温保护器可以自动复位。

3. 供热装置

（1）电加热器。

空气调节单元中安装了 2 个电加热器，用来预热空气，其安装位置如图 4.12 所示。每个电加热器分为两部分，其结构如图 4.13 所示。每个电加热器中有 2 个不同的过热保护装置：一个是恒温器，另一个是手动复位温度保护器。如果空气温度高于 70 ℃，恒温器将断开并给 FPC 发送信号，FPC 将切断电加热器电源。之后，空气温度下降，当气温降到 40 ℃ 时，恒温器自动启动。如果恒温器发生故障，无法工作，当气温达到 139 ℃ 时，温度保护器将断开并切断电源。电加热器电源采用三相交流 400 V/50 Hz 电源。

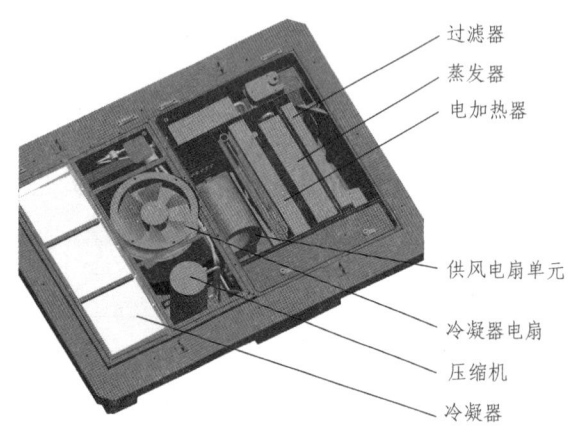

图 4.12 电加热器在空气调节单元中的位置

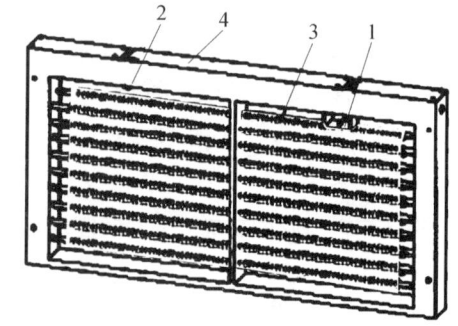

图 4.13 CRH1 型动车组电加热器结构

1—恒温器；2—温度保护器；3—加热元件；4—框架

（2）侧墙电加热器。

如图 4.14 及图 4.15 所示，侧墙电加热器沿车体纵向于侧墙内布置，窗口上面安装有散热格栅。

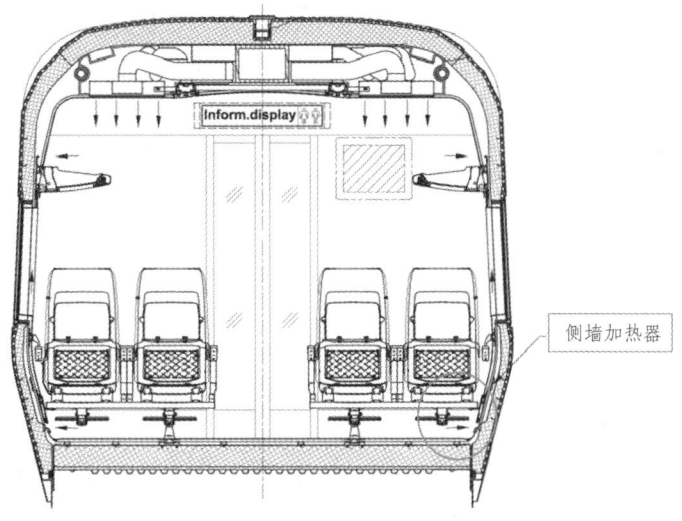

图 4.14 侧墙电加热器

图 4.15 CRH1 型动车组侧墙电加热器及安装位置

（四）CRH3 型动车组供热系统

CRH3 型动车组的供热系统采用全电热采暖方式，由设置在空调机组内的电加热器及风道内加热器承担车内几乎全部的制热任务。

风道加热器的设置在每节车厢的送风道中，其外形如图 4.16 所示。为了防止火灾、保障安全，每个加热器设置了两级保护措施：一级为 90 ℃ 安全断开的超温保护温控器，当温度降到 69 ℃ 安全温度时自动接通，二级温度保护开关在温度到达 109 ℃ 时断开，并需手动复位。

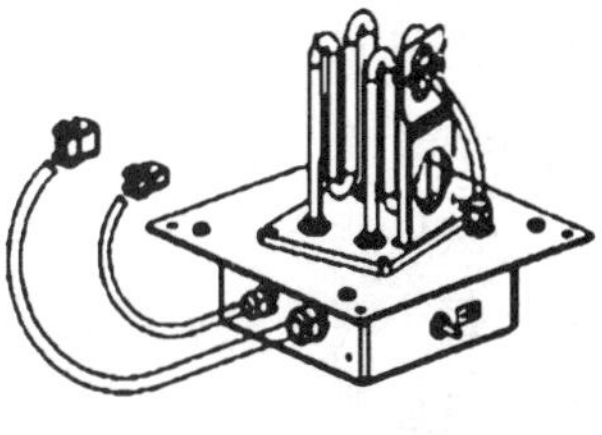

图 4.16 风道加热器

CRH3 型动车组乘客区域只在走廊和通过台附近设置有辅助加热器——风扇加热器，为特定区域提供热量补偿。每节车厢前后共 4 个风扇加热器，其布置图如图 4.17 所示，风扇加热器的安装及结构外形如图 4.18 和图 4.19 所示。

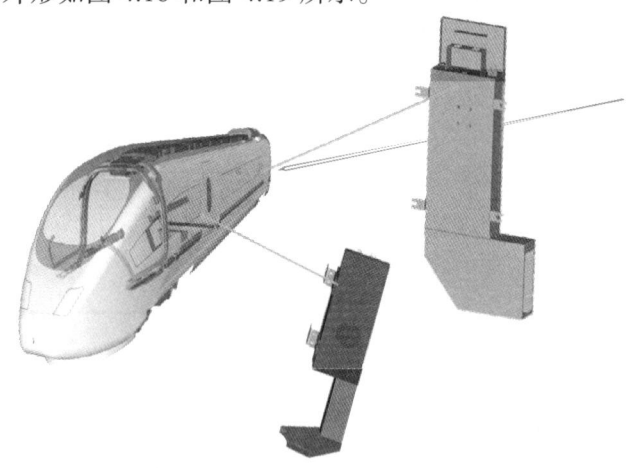

图 4.17　CRH3 型动车组风扇加热器在车上布局

图 4.18　风扇加热器的安装　　　图 4.19　风扇加热器的外形

CRH3 型动车组风扇加热器采用不锈钢材质，安装在门廊处，体积小，加热量大，低噪声，阻止外部冷空气进入车内，加热功率为 1 kW，能够提高通过台处的温度，满足使用要求。CRH3 型动车组风扇加热器采用三种保护措施，即 90 ℃ 可恢复、150 ℃ 不可恢复式保护器及 35 ℃ 出风温度保护，运行安全可靠。

CRH3 型动车组暖风输送采用地板。暖风主要通过 2 个与单独分支管道连接的外侧暖风道供风（大约 80%风量），其他从车顶板风道送出。暖风约 70%被输送到地板区域，约 30%经窗口下方送出。

供热能力：CRH3 型动车组空调系统的供热运行中最大可提供约 47 kW 的热量。其中，每个客室空调机组中装有两组管式电加热器，制热能力各为 17.5 kW；消音风道内布置的电加热器为 3.5 kW；走廊通过台区域布置 1 kW 风扇加热器 4 台；专为餐车设置的一组加热器 4.5 kW。

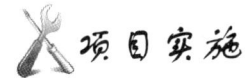 项目实施

【实施条件】

实施地点与要求：拥有 CRH2 型动车组的实训场地或动车组检修基地车间，设备完好。

实施时间：最好在气温合适的季节或动车基地检修库内进行三、四级检修的时段。

教学组织：学生分成学习小组，5~6 人一组，每小组一节车厢；由指导老师进行讲解与现场示范，学生分组进行操作。

安全要求：学生佩戴安全帽、手套等防护用品，确认接触网断电、受电弓已降、止轮器已设并设置安全号志才能作业。

【实施步骤】

任务一 电加热器罩安装与电加热器维护

1. 电加热器罩的安装

电加热器罩的作用是防止旅客触电、烫伤并保护电热管。如在使用中罩变形严重应及时更换。其安装是利用上部两组片状弹簧及下部两个螺钉固定。压紧片簧压不紧电加热器罩时，应旋紧调节螺钉，使其恢复压紧作用。

2. 电加热器的维护

电加热器在使用过程中应进行定期检查，使电热管表面保持干燥、清洁。电加热器一般在环境温度 -20~+40 ℃、空气相对湿度≤90%的条件下使用。每年冬季使用前，应在保证电热管干燥、清洁、绝缘良好和接线牢固的前提下进行试开，确认符合电气标准要求及电热管性能要求后方可正常使用。发现下列情况时，应进行更换（电热管端部及电罩壳上均有生产厂家标记、标牌）：

（1）电热管绝缘值下降，低于标准值；

（2）电热管通电不发热或发热量小，不符合要求；

（3）电热管表面发红、温度过高，不符合要求；

（4）通电后电热管有闪络等现象发生。

在使用电加热器的过程中应注意以下事项：

（1）电热管发生击空或闪络现象，应关闭电源，进行检查更换；

（2）旅客不得随意将手伸入罩内，触摸电热管等配件，以免烫伤或触电；

（3）不得随意踏上电加热器，以免踩坏电热器罩；

（4）不能将水或杂物倒入电热器内；

（5）电加热器停止使用时，应切断电加热控制总电源。

任务二　动车组空调电气装置检查与维护

1. 电气装置的维护

为了保证空调机组电气设备的安全运行，必须坚持经常性的维护保养。通过平常的维护，既能减少故障的发生，又能及时发现隐藏着的故障，从而防止故障的扩大。平时应注意连接导线是否断裂、脱落、绝缘老化，以及接触是否良好，要经常清理电器元件上的污垢和灰尘，雨季要防止绝缘受潮漏电。电气设备的接地线必须可靠，维护时还必须注意安全。

（1）电气控制柜的维护。

电气控制柜内的灰尘、潮湿和污垢易造成电气绝缘电阻下降、触头接触不良、散热条件恶化，甚至造成接地与短路故障，因此应注意检查各电气元件有无污垢和绝缘破损的现象，要经常清扫灰尘和污垢。在列车运行中，电气控制柜内电气连接紧固处易松动，可能引起发热、短路、打火等故障，因此必须经常检查柜内各电器和接线端子的安装紧固情况，对接触器、接线端子、引线有烧焦变色痕迹的地方要进行检查和更换处理。对温度控制器和各保护器整定值的调节要合理适当，不要随意调整。

（2）电气设备的维护。

空调客车电气设备绝缘检查是日常维护保养的重要内容之一，对各主要电气设备每次出乘往返至少要进行一次绝缘检查，如电力连接器插头、压缩机电机、通风机电机和其他电器等。

（3）电加热器的维护。

对于电加热器应定期清扫，检查其引线及绝缘情况。春、夏季，可以将电加热器的电源断开，将布置在卫生间与洗脸室内的电加热器拆下存放，拆下后其电源线柱应认真包扎，以防进水和漏电。在秋季取暖之前，应把电加热器罩壳内的污物、布毛、纸屑等清除干净，以防通电升温后烤焦引燃，造成火情。

（4）电气线路的维护。

对于电气线路，主要进行各分线盒内接点的紧固情况与绝缘检查，一般每年进行 1 次。各接点必须紧固，绝缘板不得有变色、焦痕，必要时更换新绝缘板。

2. 电气系统的检查

空调机组在长期运行中可能会出现各种各样的问题，必须进行电气设备的各种检查。

（1）绝缘电阻的检查。

空调机组长期使用，加上水汽和灰尘的长期积累，使电气零部件的绝缘性能下降。因此必须对电气设备进行必要的绝缘检查。如出现绝缘水平下降的情况，可采取断开有关线路分段测量的方法，找到漏电部位后，更换零部件或加强其绝缘性能。

（2）电器开关元件的检查。

对于这类元件，主要检查选择开关、温度控制器、保护继电器触点是否完好，动作机构是否灵活。平时应掌握各种电器线圈的阻值数据，这是判断电器好坏的重要标志之一。因为在继电器吸引线圈烧毁的故障中，仅从外表观察是不容易发现问题的，这时只有用万用表实际测量吸引线圈的阻值来判断故障点。

（3）压缩机、通风机电机故障检查。

对于这类部件，主要检查电机三相绕组的标准电阻值（按产品说明书要求）是否大于 5 MΩ，三相是否断裂、断路、短路或接地。

任务三　CRH2 型动车组空调装置加热器故障应急处理

动车组应急故障处理是动车组机械师必须掌握的一项技能，本任务介绍 CRH2 型动车组的空调装置加热器应急故障处理方法。

检修工装：电钳工具、数字钳型万用表、500 V 级兆欧表、红外点温计、电动扳手及相应规格套筒、手电筒和更换加热器工具。

1. 故障显示

当 CRH2 型动车组在行驶途中出现空调装置 1 加热器异常故障时，在司机室 MON 监视屏主菜单页面下方闪现故障提示界面，并伴有声音报警。此时，司机会发现有故障发生，在触按故障详细键后，监视屏切换至故障信息页面。示例页面如图 4.20 所示。

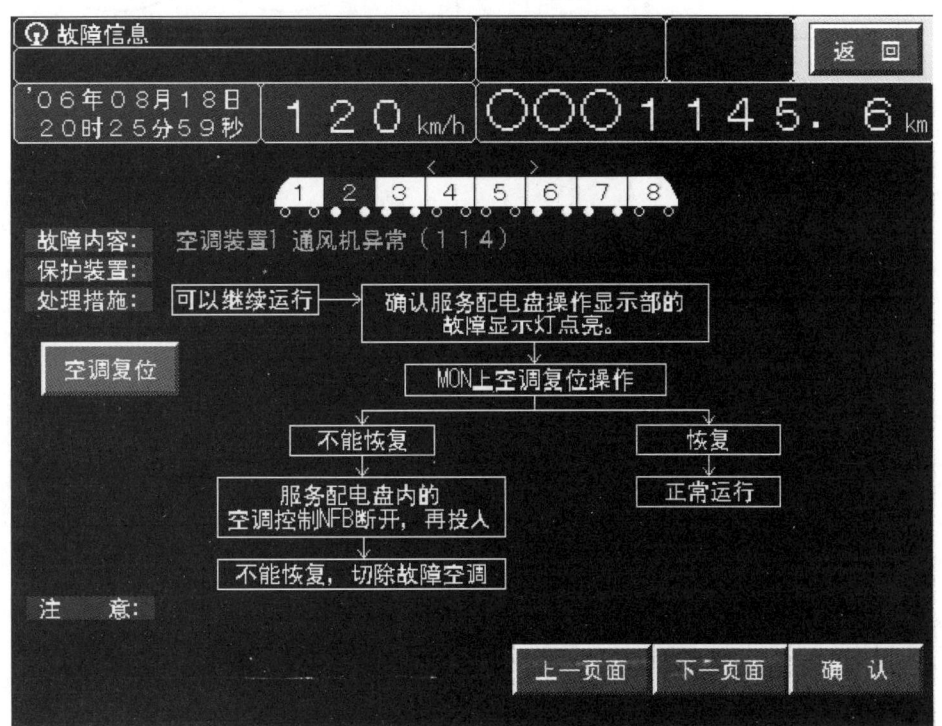

图 4.20　CRH2 型动车组故障信息页面

如果显示 2 号车厢空调装置 1 加热器异常，故障代码为 120。此时，故障信息页面提示的处理措施是：行车控制要求为可以维持运行，同时，司机与动车组机械师还要相互配合，进行相关的应急故障处理。

2. 故障处理流程

故障处理分为两个阶段，一是运行途中的处理，二是入库后的处理。在下面处理流程中，实践框内为司机执行操作，虚线框内为随车机械师执行操作。

（1）动车运行中，按照程序提示分步处理，如图 4.21 所示。

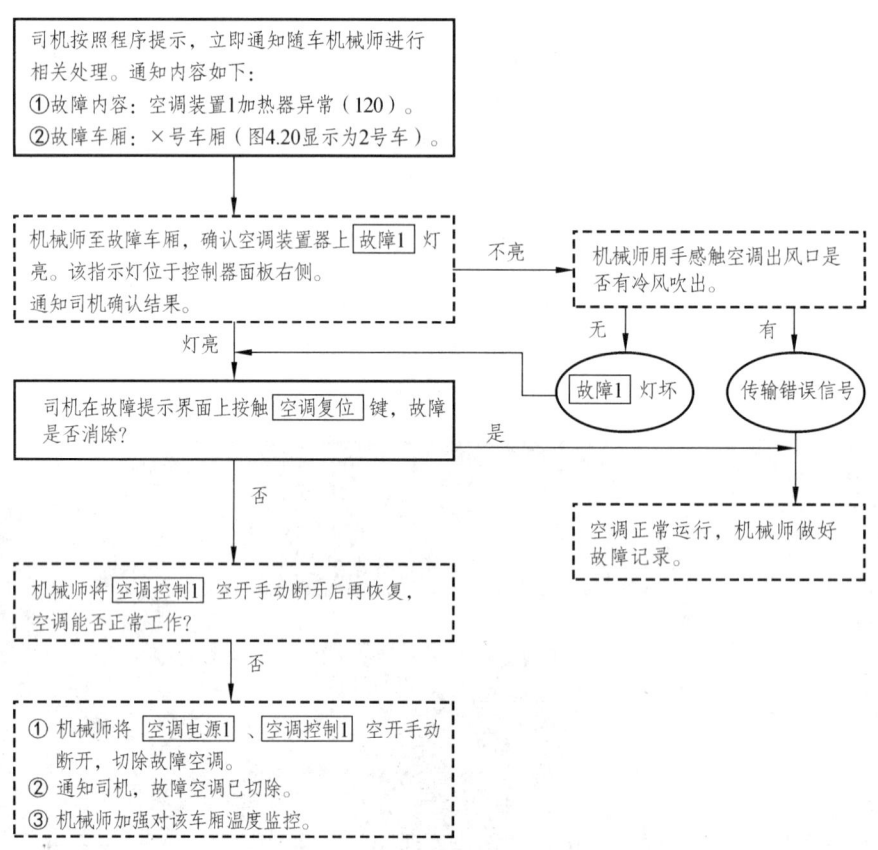

图 4.21　动车运行中的故障处理

（2）动车入库后，按照如图 4.22 所示的步骤进行检修。

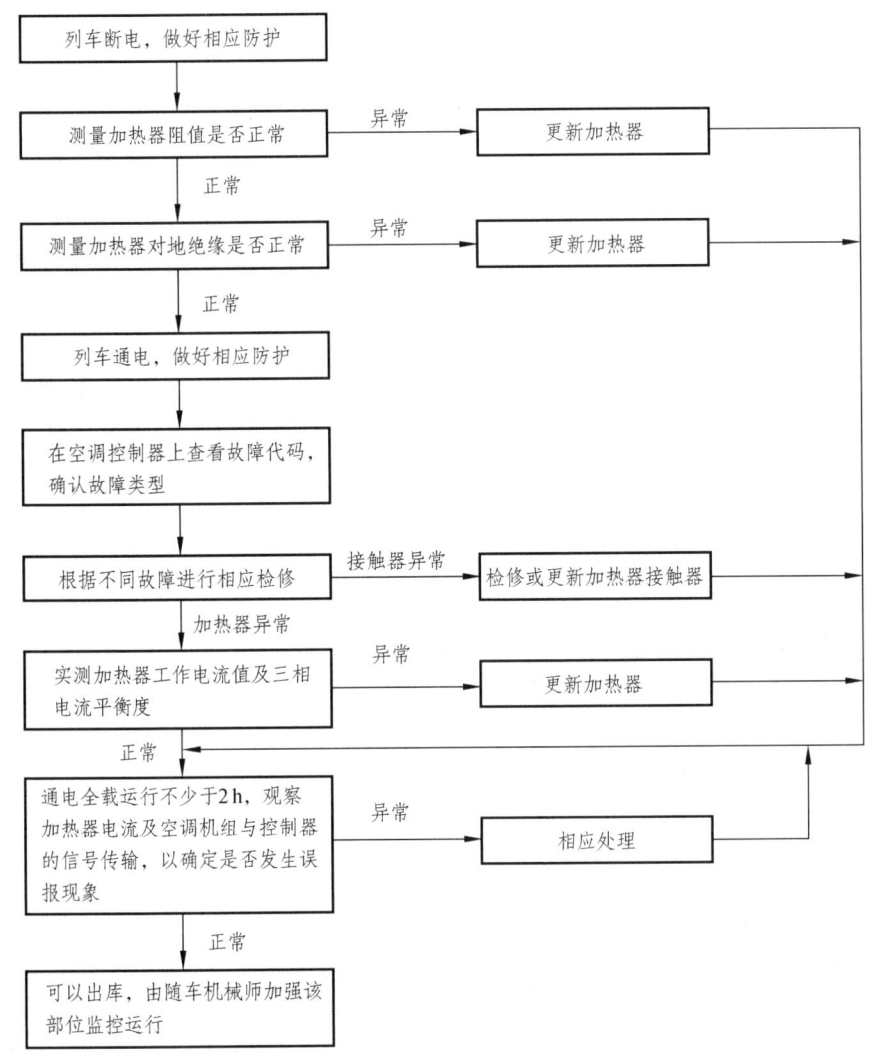

图 4.22 动车入库后的故障处理

项目拓展

任务 空气加湿系统

空气加湿系统仅在某些对车内相对湿度要求较高的客车内安装。在冬季,由于车外空气温度很低,含湿量很小,当空气被加热而温度升高之后,其相对湿度就更低了,而某些客车由于定员少,所以旅客的散湿量也小,这样,有可能使车内空气的相对湿度过低,不能满足舒适性的要求。为此,必须对空气进行加湿处理。

· 217 ·

对空气加湿可以采用直接喷水蒸气加湿、直接喷水雾加湿、水表面自然蒸发加湿和电热加湿等方法。这些加湿方法可归纳成两类：一类是将水蒸气混入空气进行加湿，即等温加湿；另一类是由于水吸收空气中的显热而汽化进入空气的加湿，即等焓加湿。

（一）蒸汽加湿器

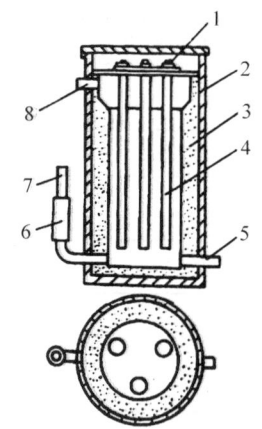

图 4.23 电极式加湿器
1—接线柱；2—外壳；3—保温层；
4—电极；5—进水管；6—橡皮短管；
7—溢水管；8—蒸汽出口

常用的蒸汽加湿器有电极式加湿器、干式蒸汽加湿器、红外线加湿器等。在小型空调设备中，电极式加湿器应用最为广泛。电极式加湿器的结构如图 4.23 所示，在金属或耐裂陶瓷做成的圆筒中盛有一定高度的水，将 3 根不锈钢棒或镀铬铜棒插入其中作为电极，与三相电源连接。电极棒通电后，就有电流从水中通过。水相当于电阻，水被加热而产生蒸汽，蒸汽由排出管引至欲加湿的空气中去，直接与空气混合。显然，水位越高，导电面积越大，则电阻越小，电流越强，发热量越大。因此，水位的高低决定了产生蒸汽量的多少，水位高度可由溢水管的高低来调节。电极也可以采用两根电极棒，或利用两个同心的不同直径的金属作为电极。

电极式加湿器在圆筒内无水时电流切断，因此，相对于电容式更加安全，加湿器也容易控制。其缺点是容易积水垢，电极易腐蚀。

（二）喷水加湿器

喷水加湿器常用于某些余热量较大，余湿量较小，又要求保持较高温度的室内加湿。这类加湿器是直接将常温水雾化，利用水雾吸收室内空气热量蒸发成水蒸气来加湿空气。常用的喷水加湿器有高压喷水雾加湿器、离心式加湿器、超声波加湿器等。

1. 高压喷水雾加湿器

高压喷水雾加湿器是将经过高压泵加压的高压水从喷嘴小孔向空气中喷出，形成粒径细小的水雾，并与周围空气进行热湿交换而汽化蒸发实现加湿。

为防止杂质堵塞喷水小孔，要求水质清洁、无异味，最好用软化水。高压喷水加湿器的优点是体积小，质量轻，加湿量大，耗电量少等。但当被处理的空气温度较低时，喷出的水雾蒸发困难，加湿效果将受影响。

2. 离心式加湿器

离心式加湿器是依靠离心力的作用将水雾化成细小水滴，水滴在空气中蒸发进行加湿的。这种加湿器有一个圆筒状外壳，封闭电机驱动一个圆盘和水泵管高速旋转。水泵管从储水器中吸水并送到旋转的圆盘上面形成水膜，水由于离心力作用被甩向破碎梳，形成细小水滴。干燥空气从圆盘下部进入，吸收雾化了的水滴从而被加湿。

离心式加湿器具有结构简单，安装、维修方便，体积小，使用寿命长等优点，可用于较大型的空调系统。但由于水滴颗粒较大，不能完全汽化蒸发，因此需设置排水设备。

3. 超声波加湿器

超声波加湿器的主要部件是超声波发生器，是由装置于水箱底部的振动子将发振回路产生的超声波发射到水中。由于超声波发生器以每秒170万次的高频电振动产生超声波将水雾化进行加湿，它具有能耗少、发湿量大、喷雾粒子较细、加湿快等特点。超声波喷雾加湿不仅增湿效果好，同时还会产生大量的负氧离子。

项目小结

本项目的主要任务是在理解供热系统的类型、组成、结构原理的基础上掌握CRH2型动车组空调供热系统的特点，熟悉不同形式动车组供热系统的结构与技术特点，知道如何进行CRH2型动车组供热系统的检查与维护作业以及加热系统应急故障处理方法，并通过现场操作学会对动车组空调电气装置进行正确的维护和保养作业。

通过本项目的学习，应能独立地进行以下工作：能根据动车组空调供热系统的检查保养标准进行电加热器的检查与保养；能依据保养维护方法对动车组空调电气装置进行维护和保养作业；能独立观察电气装置工作状态并进行记录；能进行动车组加热系统应急故障处理。

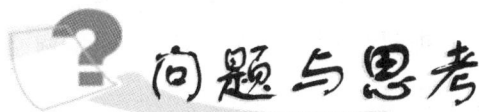

问题与思考

1. 动车组空调供热系统的作用是什么？其主要类型有哪几种？
2. 什么是热泵？说明其工作原理。
3. 简述CRH2型动车组空调供热系统的类型、结构原理与技术参数。
4. 动车组供热系统中电加热装置有哪两种类型？其作用原理及主要特点是什么？
5. 简述CRH1型动车组供热系统的类型、组成元件及作用和技术参数。
6. 简述CRH5型动车组供热系统的类型、主要组成元件及作用和特点。
7. 简述CRH3型动车组供热系统的类型、主要组成元件及作用和特点
8. 简述CRH2型动车组电加热器的检查与维护作业方法。
9. 简述动车组空调电气装置维护和保养的作业范围。
10. 简述动车组空调电气装置维护和保养的作业方法。
11. 角色扮演模拟动车组供热系统应急故障处理过程。

项目五　动车组空调控制系统运用与维护

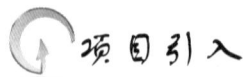项目引入

动车组空调控制系统是用来控制空调各部分在各种工况下协调工作并能实现对系统自动保护的自动控制系统，它是动车组空调系统的"大脑"，是空调系统高效率运行的保障。本项目在介绍空调自动控制系统的组成与原理基础上，详细说明CRH2型动车组空调控制系统的组成、作用和各部分功能，以及CRH1型和CRH5型动车组空调控制系统的基本组成、原理，重点介绍CRH2型动车组空调变频装置与空调显示设定器的运用、维护和检查方法。

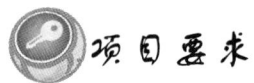项目要求

本项目通过对动车组空调控制系统的实际操作与维护保养，提高学习者对动车组空调控制系统运用与维护的能力；通过对CRH2型动车组空调控制系统的总体介绍，使学习者深入理解动车组空调控制系统的组成、原理和工作特点，加深对动车组空调控制系统的总体理解及熟悉相关操作方法。

【知识要求】

（1）了解动车组空调控制系统的功能与基本组成。
（2）理解CRH2型动车组空调控制系统的构成、控制原理与基本特点。
（3）了解CRH2型动车组空调显示设定器的结构、作用与工作原理。
（4）理解CRH2型动车组空调变频装置的作用、构成与工作原理。
（5）理解CRH2型动车组空气调节的模式及基本原理。

【能力要求】

（1）能在现场对CRH2型动车组空调显示设定器进行设定与操作。
（2）能在现场对CRH2型动车组空调变频装置进行保养与检修作业。
（3）能在现场对CRH2型动车组空调显示设定器进行检查与维护作业。
（4）能在现场观察动车组空调控制系统的工作情况。

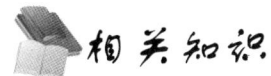

一、空调自动控制系统简介

(一)空调自动控制系统的基本组成

如图 5.1 所示,空调自动控制系统一般包括传感器、变送器、控制器、执行器、控制对象 5 个部分。各部分作用如下:

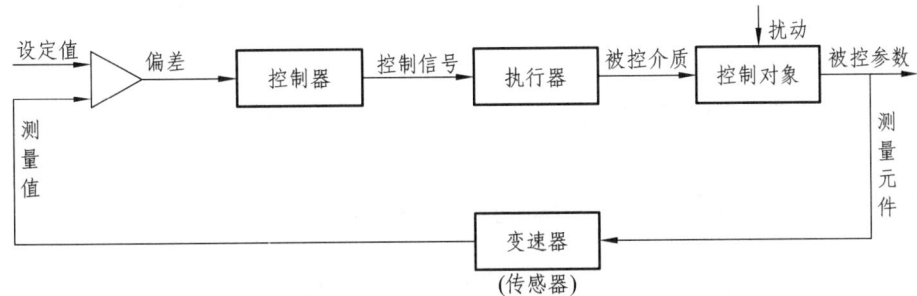

图 5.1 空调自动控制系统组成

1. 传感器

传感器又称测量元件或敏感元件。它的作用是将温度、湿度、压力、风速等物理量转化为电信号。传感器包括温度传感器、湿度传感器、压力传感器等。

2. 变送器

变送器的作用是接收传感器传来的电信号,并将其转化为输出的机械信号或电动信号,输送给控制器。例如传压毛细管就属于变送器。

3. 控制器

控制器又称为调节器,它的作用是将变送器送来的信号与设定值比较后得到偏差,进行综合放大并按一定的规律发出控制信号,如电动、液压动、气压动及机械动的信号,去操作执行器。

4. 执行器

执行器的作用是接收控制器的信号后,自动控制阀门的开或关以及开启度大小等。如电磁阀、电动阀、蒸汽阀等就属于执行器。

5. 控制对象

控制对象包括被控制的设备和被控制的参数,如风量、阀门、电热器及温度、湿度等。

在实际使用中,自动控制一般采用双位控制,即在控制机构中有2个固定位置——开启或关闭——的控制。如图5.2和图5.3所示为对温度的双位调节,其特点是:室温在给定值上下波动呈等幅振荡过程。一般情况下,若波幅不超空调室内允许的波动值,其调节是合理的。

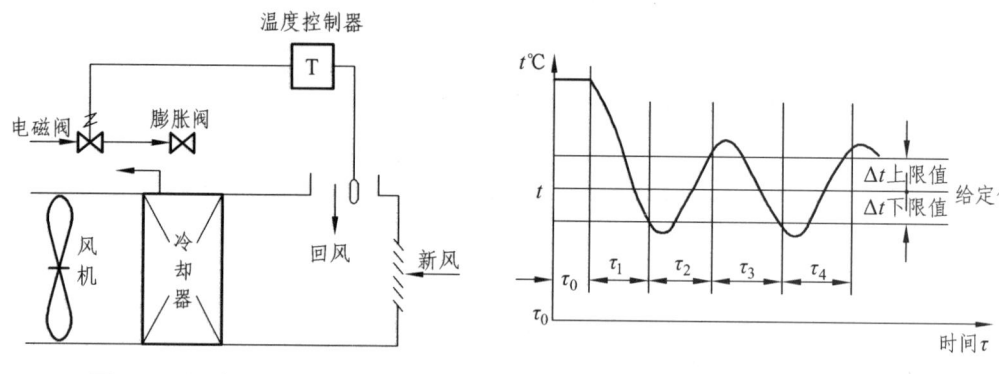

图 5.2 温度双位控制原理　　　　图 5.3 温度双位调节过程

(二)客车空调系统的基本电气控制原则

电气控制系统的作用是控制各系统的电气设备按给定的方案协调地工作,使车内空气参数满足设计要求,同时对各系统进行自动保护和故障显示。

1. 运行控制原则

(1)通风与制冷及制暖正联锁。
(2)冷凝风机与压缩机正联锁。
(3)制冷与制暖反联锁。
(4)控制通风机低速与高速运行的电路反联锁。
(5)为防止压缩机频繁启动及多台压缩机同时启动,在每台压缩机的控制电路中均设有时间继电器,控制每台压缩机在冷凝风机启动后延时启动,并使多台压缩机顺序启动。
(6)为了使同一机组中的两台压缩机运行时间尽量一致,在控制电路中设有转换继电器,使两台压缩机在单机工作时轮流工作。
(7)不同的车型应安装不同数量、不同制冷量的空调机组,同样也应配有不同形式的电气控制系统。

2. 常见保护功能

(1)主电路过、欠压保护。为防止供电干线电压波动对机组造成损坏,设置过、欠压保护电路。
(2)压缩机低温、低吸气压、高排气压、过流保护。压缩机控制电路中串联有压缩机低温运行保护继电器,以防止压缩机在蒸发器前进风温度低于20 ℃时运转,产生液击现象;采用低压继电器以防止制冷系统泄漏、吸气压力低于规定吸气压力时压缩机运转产生过热现象；采用高压继电器以防止排气压力高于规定排气压力时压缩机运行，产生阀片损坏、高压部分管路破裂等现象；采用过流继电器以防止压缩机工作电流超过额定电流时烧坏压缩机。

（3）电加热器过热保护。为防止通风机停转或转速达不到规定值，风道有堵塞现象，机组内电加热器上部的温度过高而引起火灾事故，电加热器控制电路中设有温度继电器及熔丝式温度保护熔断器。当风道温度超过 70 ℃时，温度继电器动作，切断电加热器接触器的控制电源。若温度继电器失灵，电加热器上的温度超过 139 ℃，串联在电加热器主电路中的温度熔断器将会熔断，直接切断电热器的主电路，起到保护作用。

（4）故障显示。为便于了解机组的工作状态，控制系统一般设置了各种故障显示装置。

（三）制冷自动控制元件

1. 热力膨胀阀及毛细管

（1）热力膨胀阀。

热力膨胀阀是一种能自动调节供液量的节流降压机构。它是利用蒸发器出口处制冷剂蒸汽的过热来调节制冷剂流量的。

（2）毛细管。

当流体沿管内流动时，由于管道摩擦阻力而产生压降，管径越小、管子越长，则流动阻力就越大，产生的压降也越大。

2. 电磁阀

电磁阀是一种开关式常闭自控阀门。阀门的打开是依靠线圈在通电以后所产生的电磁力，而阀门的关闭是依靠复位弹簧及阀芯的重力。如图 5.4 所示为直接开启式电磁阀。

电磁阀串联在制冷系统的管路中，用以控制系统管路中流体的通或断。

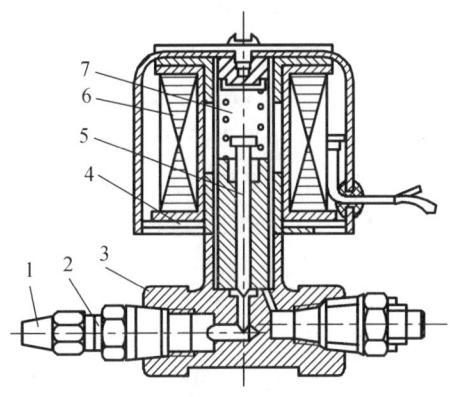

图 5.4　直接开启式电磁阀
1—连接螺母；2—接头；3—阀体；4—垫片；
5—铁心；6—线圈组；7—复位弹簧

3. 温度控制器

温度控制器主要是温度继电器，用电接点水银温度计、感温包、热电阻等作感温元件，通过继电器控制压缩机的启动和停止。

4. 压力保护器件

制冷机的压力保护包括高压保护、低压保护和油压保护等。

高压保护是保护高压系统压力不要超限。如当毛细管堵死、冷凝风机不转等情况出现时，高压系统压力会超高。高压过高，其后果是压缩机负荷变大，排气温度过高甚至高压系统爆破，这是很危险的。所以系统中设置了高压保护器，使压缩机在高压压力超高时停止工作。

低压保护是保护压缩机吸气压力不要过低。吸气压力过低会导致半封闭或全封闭压缩机不能得到良好冷却（吸气压力过低，吸气比容过大，实际吸入压缩机的气体质量就减少）造成压缩机温度过高而烧坏。所以系统中设置了低压保护器，在吸气压力低于限度时，切断压缩机电源。

压缩机润滑油路系统出现故障（油泵损坏、油路堵死、严重缺油等），会使油泵输出压力降低，当输出压力低于一定限度时（如要求油压比曲轴箱压力高 75～150 kPa），意味着润滑系统不能正常供油，所以系统中设置了油压保护器，在压缩机润滑油路出现故障时，切断压缩机电源。

二、CRH2 型动车组空调控制系统

（一）CRH2 型动车组空调控制系统组成

CRH2 型动车组空调系统的控制由温度传感器、变频装置、空调显示设定器和多个控制电路开合的接触器及继电器共同完成。

CRH2 型动车组空调机组采用变频控制。在客室车厢内布置有 2 个温度传感器，将这 2 个温度传感器检测的温度平均后得到车厢内温度，然后传送给变频装置。变频装置将车厢内温度与显示设定器设定的运行模式下的标准温度进行比较，决定相关装置、设备及元器件的开/关控制和运行频率。

此外，空调显示设定器显示从车上监视装置（车辆信息控制装置）传输来的内容，并向变频装置发出空气调节指令。同时，空调显示设定器还显示从变频装置传来的状态信息，并将信息传送到车上监视装置。

CRH2 型动车组空调控制系统控制关系如图 5.5 所示，空调机组控制原理如图 5.6 所示。

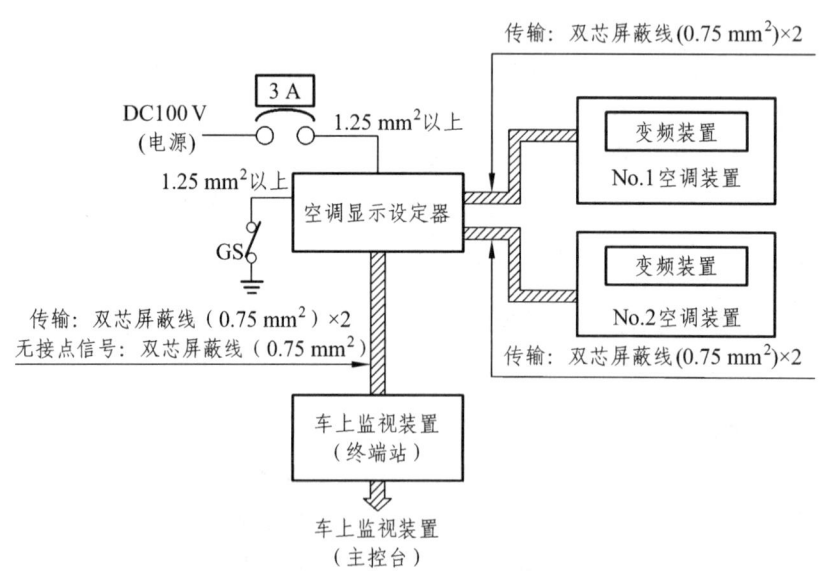

图 5.5　CRH2 型动车组空调控制系统关系图

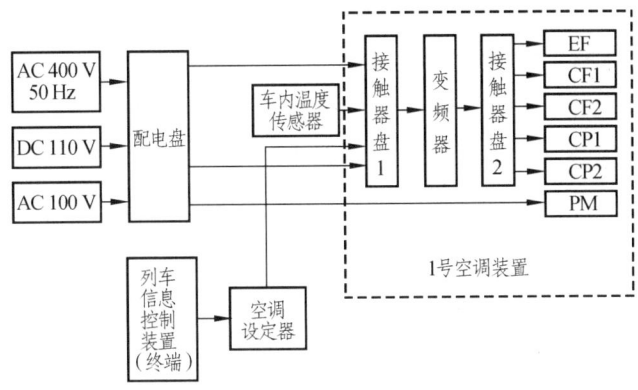

图 5.6 CRH2 型动车组空调机组控制原理图

（二）空调变频装置的作用、构成及技术参数

1. 变频装置的作用

CRH2 型动车组空调变频装置安装于空调装置内，如图 5.7 所示。通过对来自显示设定器的温度设定值和温度传感器检测值的比较，发出控制指令，控制压缩机（CP1\CP2）和室内送风机（EF）、室外送风机（CF1\CF2）、电加热器（H1\H2\H3）等设备的通断及对运行频率进行控制。

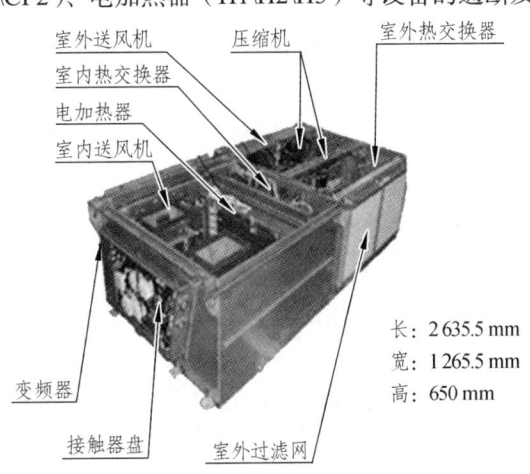

图 5.7 变频装置布局

2. 空调变频装置结构

CRH2 型动车组空调变频装置由变频单元、电容器单元、交流电抗器、直流电抗器、限流电阻、接触器（IVK、CHK）构成。另外，变频装置有 1 个交流变换器回路和 2 个逆变器回路。其中，把驱动压缩机的逆变器回路称为 VVVF（Variable Voltage and Variable Frequency），即变压变频。把驱动室内/外送风机的逆变器回路称为 CVCF（Constant Voltage and Constant Frequency），即恒压恒频。

变频装置主要部件如表 5.1 所示。

表 5.1 变频装置主要部件

器件名称	部件名称	数量
变频单元	IPM	5
	二极管模块	2
	控制电路板	1
	动力电路板（含逻辑电路）	2
	AVR（控制电源）	1
电容器单元	铝电解电容器	6
	电涌吸收器	2
	以上器件所用的保险管	1
接触器柜	电磁接触器（IVK、CHK）	2
	限流电阻	2
	继电器	2
交流电抗器（ACL）	交流电抗器	1
直流电抗器（DCL）	直流电抗器	1

3. 空调变频装置技术参数

空调变频装置的基本技术参数如表 5.2 所示。交流电抗器的技术参数如表 5.3 所示。直流电抗器的技术参数如表 5.4 所示。

表 5.2 变频装置的技术参数

序号	项 目		额 定	
			过载（室外吸入温度 45 ℃）	超过负荷（室外吸入温度 55 ℃）
1	主回路电源	输入电压	AC 400×（1+24%）~（1−37%）V ① 电压变动在 100%~−28%范围内压缩机不停止但制冷能力下降。 ② 电压变动在 −28%~−37%范围内压缩机停止，并转入送风运行	—
		频率/相数	50 Hz/单相	—
		输入电流	80.0 A（400 V）	85.0 A（400 V）
		容 量	32.0 kV·A	34.0 kV·A
2	交流变换器回路	输出电压	300×（1±5%）V 255×（1±5%）V （交流变换器输入直流电压 310 V 以下）	—
		输出瞬时变动	±15%以内	—
		输出电流	80.0 A（300 V）	85.0 A（300 V）

续表

序号	项 目			额 定	
				过载（室外吸入温度 45 ℃）	超过负荷（室外吸入温度 55 ℃）
3	逆变器回路	V V V F	输出电压	AC 200×（1±10%）V（70 Hz）	—
			输出电压瞬时变动	±15%以内	—
			输出电流	54.0 A	63.0 A
			容量	18.7 kV·A	21.8 kV·A
			相数	三相	—
			电压波形	正弦波 PWM 波形	—
			运行频率	40～70 Hz	—
			负荷	压缩机	—
		C V C F	输出电压	AC 217×（1±10%）V（65 Hz）	—
			输出电压瞬时变动	±15%以内	—
			输出电流	24.0 A	—
			容量	8.3 kV·A	—
			相数	三相	—
			电压波形	正弦波 PWM 波形	—
			运行频率	60 Hz、65 Hz	—
			负荷	室内/室外送风机	—
4	控制电源		输入力电压	DC 100×（1±10%）V	
			容量	400 W 以下（包括本逆变器控制的所有接触器）	
5	逆变器保护功能		交流变换器输入低电压	258×（1±5%）V	
			交流变换器输入过电压	756×（1±5%）V	
			交流变换器输出低电压	225×（1±5%）V	
			交流变换器输出过电压	368×（1±5%）V	
			交流变换器输出过电流	243×（1±5%）A	
			VVVF 输出过电流	205×（1±5%）A	
			CVCF 输出过电流	102×（1±5%）A	
			散热片温度异常	100～120 ℃	

表 5.3　交流电抗器技术参数

项　目	规　格
感应系数	2 mH
频　率	50 Hz/60 Hz
电　流	100.0 A
形　式	空心
绝缘种类	F 级
冷却方式	风冷

表 5.4　直流电抗器技术参数

项　目	规　格
感应系数	0.5 mH
频　率	6 kHz
电　流	87.0 A
形　式	空心
绝缘种类	F 级
冷却方式	风冷

（三）空调变频装置基本功能

1. 交流电抗器（ACL）的功能

交流电抗器的功能是抑制变频装置输入电流和事故发生时的电流及电涌。

2. 直流电抗器（DCL）的功能

直流电抗器的功能是抑制交流变换器输出电流及事故发生时的电流。

3. 电容单元的功能

（1）抑制外来电涌。
（2）限制冲击电流。
（3）平滑输出整流后的直流电压及交流变换器的输出电压。

4. 变频器单元的功能

（1）执行 AC/DC 变换及 DC/AC 变换。
（2）交流变换器将不稳定电源转换为稳定电压。
（3）根据空调显示设定器的温度设定值与温度传感器的检测值，控制逆变器的输出电压、输出频率。
（4）向空调显示设定器发出运行状态信号和故障信号。

5.115 线下降时的动作

变频装置停止工作，即变频装置的全部功能停止。

（四）空调变频装置的控制内容

1. 制冷运行控制

1）制冷运行控制过程

当制冷运行指令从空调显示设定器发出后，变频装置比较空调显示设定器的温度设定值和室内温度传感器得到的温度值，根据设计的制冷运行模式（见表 5.5），按照室内温度与制冷运行模式的关系（见图 5.8），通过接触器盘 2 内的电磁接触器 CPK1、CPK2 对压缩机的通断控制（含控制台数），实现对压缩机运行频率（40～70 Hz）的控制，来进行制冷工况的运行控制。

表 5.5 制冷运行模式

运行形式	压缩机		室内送风机	室外送风机	制冷能力	运行状态			
	CP1	CP2	EF	CF		自动制冷		强制制冷	闭
6	70 Hz	70 Hz	65 Hz	65 Hz	100%				—
5	60 Hz	60 Hz	60 Hz	60 Hz	86%	自动		强制	—
4	40 Hz	40 Hz	60 Hz	60 Hz	57%				—
3	60 Hz/—	—/60 Hz	60 Hz	60 Hz	43%			减半	—
2	40 Hz/—	—/40 Hz	60 Hz	60 Hz	29%		减半	—	—
1	停止	停止	60 Hz	停止	0%			—	闭

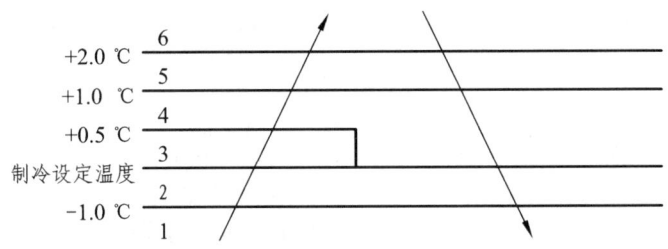

图 5.8 车内温度与制冷运行模式关系图

2）制冷运行控制原则

（1）运行模式的选择。

变频装置比较空调显示设定器的温度设定值和室内温度传感器得到的温度值，根据设计的制冷运行模式运行，在车内温度高于制冷设定温度的状态下，保持同一运行模式持续 3 min 以上，如温度仍不能达到制冷设定温度，运行模式将提高一级。在上一级制冷模式下持续工作，直到车内温度低于制冷设定温度为止。如果在本控制过程中车内温度继续上升，有提高运行模式要求时，将变更至上一级制冷模式。

（2）减半制冷模式。

① 自动减半制冷。

自动制冷运行中，若遇减半运行指令时，在制冷模式 1~3 之间进行自动运行。若在制冷模式 4、5、6 运行中接到减半指令时，压缩机减速至制冷模式 3 的运行频率后，进行 CP1 或 CP2 单机运行。

② 强制减半制冷。

强制制冷运行中，接到减半运行指令时，则采用制冷模式 3 的固定运行。当正在以制冷模式 4、5、6 运行时，接到减半指令，压缩机先减速到制冷模式 3 的运行频率后进行 CP1 或运行。对于制冷模式 3 以下的设定，则继续按照设定的运行方式运行。

（3）压缩机交替动作。

在运行模式 P2 及 P3 状态下，如 A 压缩机（CP1 或 CP2）在运行中停止时，下一次启动时如果运行模式是 P2 及 P3，则由 B 压缩机（CP2 或 CP1）运行。

（4）传输异常时的动作。

2 min 以上没有接收到空调显示设定器发出的信号，判断为传输异常。若异常前的状态是自动运行，就在运行模式 P1~P3 下自动运行。若异常前的状态是强制运行，运行模式是 P4~P6，就进行运行模式 P3 的固定运行；如果是运行模式 P3 以下，则继续以前的运行状态。

（5）运行模式切换上的制约。

① 出现提高运行模式要求时，向该运行模式切换。

② 出现降低运行模式要求时，向该运行模式切换。

③ 在运行模式 P2~P6 运行时，同一模式运行时间最短保持 30 s。

④ 频率的上升/下降的速度为 5 Hz/s。

（6）室内外送风机启动时的制约。

① 室内风机无论在何种运行模式下均正常运行，与空调运行方式无关。

② 室外送风机启动时，CVCF 运行频率减速为 30 Hz，减速开始 2 s（启动时如果有压缩机启动要求则为室内送风机启动后 4 s）后，室外送风机启动。室外送风机 1 启动 2 s 后室外送风机 2 启动。

（7）压缩机运行上的制约。

① 控制电源复位后压缩机最初启动及压缩机停机 5 min 以上后进行再启动时，须在运行模式 P4 状态下运行 3 min。如果在此期间发生瞬停或因其他原因的停机，下一次的启动也以运行模式 P4 状态运行 3 min，以完成上次启动。但在减半运行时，上述动作按运行模式 P2 进行。

② 压缩机至少持续运行 3 min。运行期间如接收到停机指令或发生运行模式切换，将持续运行 3 min 后才停机或切换运行模式。发生故障时，压缩机将立刻停止。

③ 上述①项以外的启动，切换到相应的运行模式。

④ 压缩机一旦停机，6 s 内禁止再启动。通过过分相时从空调全部停止到空调再启动的 7 s[交流变换器启动完成必须有 1 s，所以为 7 s（1 s+6 s）]后再启动。控制电源复位后 6 s 内压缩机不启动。过分相控制如图 5.9 所示。

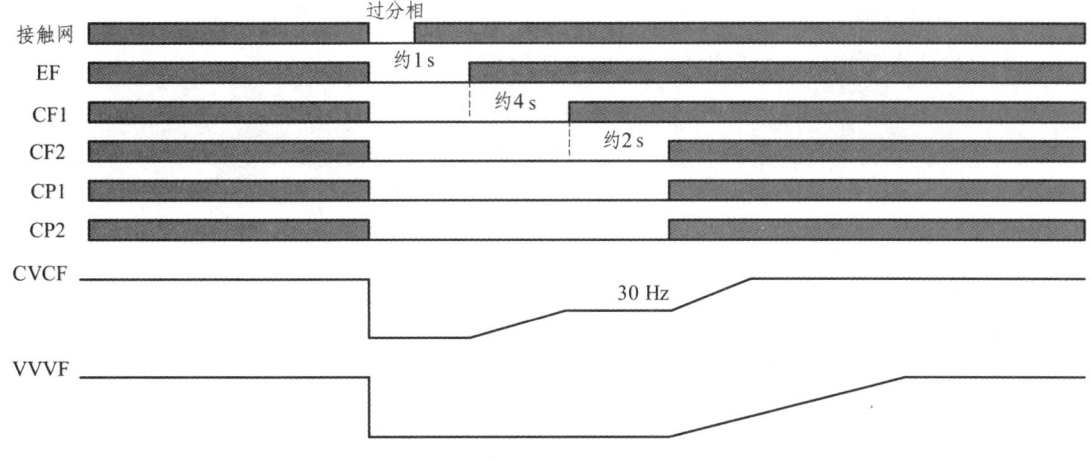

图 5.9 空调系统过分相控制

⑤ 室内送风机及室外送风机停止时,压缩机不可运行。
⑥ 室外送风机无论任何运行模式下均正常运行。
⑦ 两台室外送风机与压缩机同步运行。但在自动制冷运行过程中,如果漂浮开关 1 和 2 持续 1 min 以上在 ON 位的时候,无论运行模式如何,都使室外送风机(排水泵)运行。

3)制冷运行时的保护功能

空调装置制冷运行时的保护动作如表 5.6 所示。

表 5.6 空调装置制冷运行保护动作一览表

标　志	保护内容	向空调显示设定器传输送信号	处　理
CPTH1(CPOCR1)	压缩机 1 过热保护动作	发送重故障/轻故障信号	(a)
HPS1	压缩机 1 高压开关动作	发送重故障/轻故障信号	(b)(c)
ITH1	压缩机 1 内部热保护动作	发送重故障/轻故障信号	(a)
LPS1	压缩机 1 低压开关动作	发送重故障/轻故障信号	(a)
CPTH2(CPOCR1)	压缩机 2 过热保护动作	发送重故障/轻故障信号	(a)
HPS2	压缩机 2 高压开关动作	发送重故障/轻故障信号	(b)(c)
ITH2	压缩机 2 内部热保护动作	发送重故障/轻故障信号	(a)
LPS2	压缩机 2 低压开关动作	发送重故障/轻故障信号	(a)
EFTH	室内送风机热保护动作	发送重故障/轻故障信号	(a)
CFTH1	室外送风机 1 热保护动作	发送重故障/轻故障信号	(a)
CFTH2	室外送风机 2 热保护动作	发送重故障/轻故障信号	(a)
DRPF	排水泵异常	发送重故障/轻故障信号	(d)

对表中处理说明如下：

(a) 保护装置动作后，相应设备及关联设备停止工作。

相应设备 2 min 之内禁止再启动。如果 2 min 后保护装置复位，才能再启动。再启动后 2 min 以内再发生保护装置动作，则视为重故障，并使相应设备及关联设备停止工作。或者 4 min 内连续不能恢复，则定性为重故障。2～4 min 以内恢复，在恢复后可以再启动。再启动后 2 min 以内再发生故障，则视为重故障，使相应设备及关联设备停止工作。

(b) 运行模式为 6 时。

HPS*（表示 HPS1 和 HPS2）动作时，若运行模式为 6，则 VVVF 减速至 65 Hz。如果自发生开始 15 s 后 HPS*复位，VVVF 于 65 Hz 保持运行，30 s 后切换到目标运行模式。

如果自发生开始 15 s 后 HPS*不复位，运行模式下降至 5。如果自发生开始 30 s 后 HPS*复位，60 s 后运行模式切换到目标形式（本动作是运行模式 6 的动作）。

如果自发生开始 30 s 后 HPS*不复位，运行模式下降至 4。如果自发生开始 60 s 后 HPS*复位，60 s 后运行模式切换到目标形式。

如果自发生开始 60 s 后 HPS*未复位，则 VVVF 停止。如果自停止开始 6 s 后 HPS*复位，则可再启动。如果再启动后 2 min 内再发生，则计数为第 1 次，计数到第 3 次就定性为重故障，必须停止该压缩机的运行。如果再启动后能正常运行 2 min 以上时，就可清除此前的计数。如果自发生开始 2 min 内未能恢复，则定性为重故障，该压缩机不能启动，可启动正常的压缩机。

(c) 运行模式为 6 以外时。

HPS*动作时，若运行模式为 5（或 3），则向运行模式 4（或 2）切换。如果自发生开始 15 s 后 HPS*恢复，则在自发生开始 45 s 后向目标运行模式切换。

如果自发生开始 45 s 后 HPS*不恢复，则 VVVF 停止。如果自停止开始 6 s 后 HPS*复位，则可重新启动。如果重新启动后 2 min 以内再发生，则计数为第 1 次，累计满 3 次就作为重故障而停用该压缩机。此外，再启动后正常运行 2 min 以上，故障累计数将被清除。如果自发生开始 2 min 内不能启动，将作为重故障，该压缩机不再启动。正常的压缩机可以启动。

HPS*动作时，若运行模式为 4（或 2），VVVF 被停止。VVVF 停止 6 s 后 HPS*如果恢复就能再启动。重新启动后 2 min 以内再发生计数为第 1 次，累计满 3 次就作为重故障而停用该压缩机。此外，再启动后正常运行 2 min 以上故障累计数将被清除。2 min 内不能启动的将作为重故障，该压缩机不再启动。正常的压缩机可以启动。

(d) 在自动制冷运行中，如果漂浮开关 1 和 2 都持续在 ON 位 1 min 以上，不管模式如何，室外送风机都运转（排水泵运行）。如果持续 30 min，就为重故障，压缩机停止。

但是，在故障复位、控制电源复位及制冷运行向供暖运行切换时，定时器的故障计数将被清零。另外，在强制制冷时即使发生本故障，压缩机也不停止运行。

制冷运行模式时各执行部件状态如图 5.10 和图 5.11 所示。

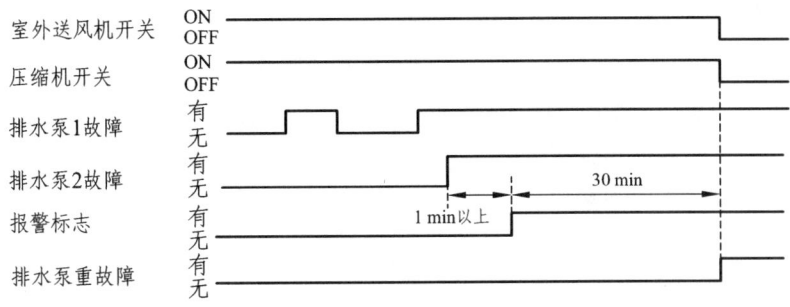

图 5.10 制冷模式 2~6 时各执行部件状态

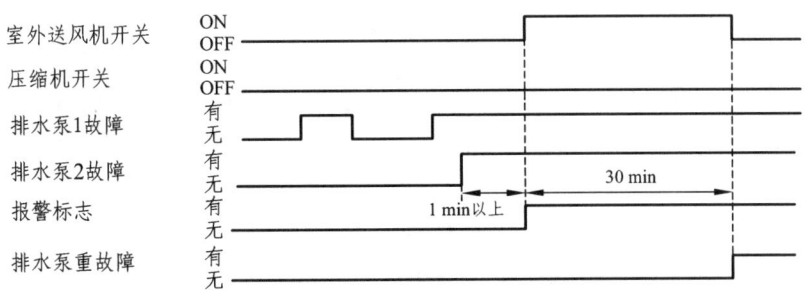

图 5.11 制冷模式 1 时各执行部件状态

4）制冷运行电力供给

来自主变压器辅助（3 相）绕组的电力先供给设在各个车辆上的辅助电路配电盘，经由用于配线的断路器（UN1、UN2）分别连接到 No.1 空调变频装置、No.2 空调变频装置的接触器盘 1 内的电磁接触器 IVK（用于逆变器）。位于辅助配电盘上的各空调断路器如表 5.7 所示。

表 5.7 CRH2 型动车组辅助配电盘上空调系统断路器列表

电源种类	电压	配电盘断路器	负荷	备注
主电路	单相、400 V、50 Hz	UN1	No.1 空调装置	主变压器辅助（3 次）绕组电压
	单相、400 V、50 Hz	UN2	No.2 空调装置	主变压器辅助（3 次）绕组电压
控制电路	单相、100 V、50 Hz	UN12	No.1 空调装置	
		UN22	No.2 空调装置	
		UCN3	空调显示设定值	
		UCN11	No.1 空调装置	
		UCN21	No.2 空调装置	
显示电路	DC 100 V	PLPN1	No.1，2 空调	

2. 制热运行控制

1）制热运行控制过程

将 2 个温度传感器检测的温度平均后得到的客室内温度和空调显示设定器的温度设定值进行比较，根据设计的 6 种制热运行方式，按表 5.8 及图 5.12 所示的运行模式，控制空调机组内的电加热器 H1～H3 和室内送风机工作，进行制热运行控制。

表 5.8 制热运行模式

运行模式	加热器			室内送风机 EF	制热能力	运行模式		
	加热器1	加热器2	加热器3			自动制热	强制制热	闭
6	ON	ON	ON	60 Hz	100%	自动	强制	—
5	其中 2 台 ON			60 Hz	66%			—
4	其中 1 台 ON			60 Hz	33%			减半
3	其中 1 台 A 运行			60 Hz	22%		减半	—
2	其中 1 台 B 运行			60 Hz	16%	减半		—
1	停止	停止	停止	60 Hz	0%			闭

注：A 为 10 分钟 ON/5 分钟 OFF；B 为 5 分钟 ON/10 分钟 OFF。

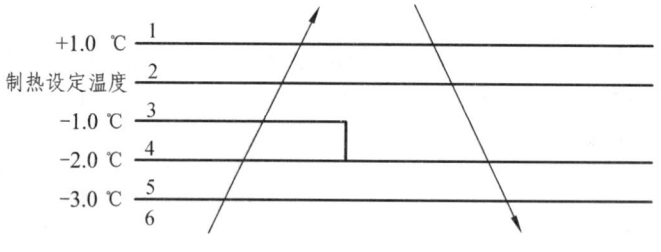

图 5.12 制热运行模式图

2）制热运行控制原则

（1）运行模式的选择。

比较空调显示设定器的温度设定值和室内温度传感器得到的温度值，根据设计的制热运行模式运行，在车内温度低于制热设定温度的状态下，保持同一运行模式持续 3 min 以上后，如温度仍不能达到设定温度，运行模式将提高一级。在上一级制热模式下持续工作，直到车内温度达到设定温度为止。如果在本控制过程中车内温度仍然下降，有提高运行模式要求时，将变更至上一级制热模式。

（2）减半运行模式。

①自动减半制热。

自动制热时，接收到减半运行指令，以运行模式 P4 为上限，进行运行模式 P1～P4 的自动运行。

② 强制减半制热。

强制制热时，接收到减半运行指令，进行上限运行模式 P4 的固定运行（运行模式 P5、P6

正在运行时,接收到减半运行指令后向运行模式 P4 切换。以运行模式 P4 以下的设定模式运行时,继续以设定模式运行)。

③ 加热器切换动作。

运行模式 P4 及 P5 时,连续 10 minON 后,进行切换。

运行模式 P2 及 P3 时,每次置于 OFF 后就进行切换。

④ 传输信号异常时的动作。

持续 2 min 以上没有接收到空调显示设定器发出的信号时,判定为传输不良。传输不良以前的状态如果是自动运行,就以运行模式 P1~P4 自动运行。传输不良以前的状态如果是强制运行时,运行模式如果是 P5、P6,就以运行模式 P4 固定运行;如果是运行模式 P4 以下的模式,就继续之前的运行状态。

(3)加热器运行上的制约。

① 自动制热时,车内平均温度达到 15 ℃ 以上,禁止以模式 6 运行。

② 最短 ON/OFF 时间为 30 s。

③ 室内送风机处于正在停止或已停止时,关闭加热器。

④ 进行制热运行向制冷运行切换时,必须在送风机运行 3 min 后切换。

⑤ 加热器置于 OFF 位后,室内送风机继续运行 3 min。

⑥ 根据加热器温度异常的发生情况设定运行模式的上限。本设定会随着故障复位或控制电源复位而被清零。

⑦ 控制电源复位后,最初启动时的 10 min 内,不输出加热器用温控器(HTH)的检测信号。

⑧ 在上述 10 min 内检测到加热器用温控器信号输出信号时,加热器关闭(保持送风状态),直到温控器复位。复位后,可重新启动加热器。

(4)制热运行时的保护功能。

制热时空调装置保护动作如表 5.9 所示。

表 5.9 空调装置制热保护动作

标志	保护内容	向空调显示设定器发出的信号	处理
HTH	加热器温度保护动作	发出重故障/轻故障信号	(a)

(5)制热运行时的电力供给。

来自主变压器辅助(3 次)绕组的电力先供给设在各个车辆上的辅助电路配电盘,经由用于配线的断路器(UN1、UN2)分别连接到 No.1 空调装置、No.2 空调装置的接触器 1。盘内的接触器 HK1~HK3 用于加热器供电电路开关控制。

用于控制加热器的电磁接触器 HK1~HK3 以及逆变器电磁接触器 IVK 根据从空调显示设定器发来的暖气运行指令和温度控制指令,控制空调装置内的加热器 H1~H3(通过 HK1、2、3 的通断控制)和室内风机(通过 CVCF 控制),按照被选择的各种模式进行工作。

进入加热器停止模式(送风运行)时,释放 HK1、2、3 接触器。

3. 逆变器保护功能

制冷制热时,逆变器保护动作如表 5.10 所示。

表 5.10 逆变器保护动作

标 志	保护内容	向空调显示设定器发出的信号	处 理
AVRF	控制电源下降	重故障/轻故障	（a）
INVKF	IVK 或 CHK 开关异常	重故障/轻故障	（c）
OCDC	交流变换器输出过电流	重故障/轻故障	（a）
OVO	交流变换器输出过电压	重故障/轻故障	（a）
OVI	交流变换器输入过电压	轻故障	自动复位
LVO	交流变换器输出低电压	重故障/轻故障	（a）
MFD	交流变换器元件异常	重故障/轻故障	（a）
STEF	交流变换器启动失败	重故障/轻故障	（a）
OCV1	VVVF 输出过电流	重故障/轻故障	（b）
MFV1	VVVF 元件异常	重故障/轻故障	（b）
CPKF	CPK1 或 CPK2 开关异常	重故障/轻故障	（d）
OCV2	CVCF 输出过电流	重故障/轻故障	（a）
MFV2	CVCF 元件异常	重故障/轻故障	（a）
CFKF	CFK1 或 CFK2 开关异常	重故障/轻故障	（c）
IFEDV	电流回路传输异常	轻故障	自动复位
HKF	HK1 或 HK2 或 HK3 开关异常	重故障/轻故障	（e）

4. 试运行模式

（1）制冷试运行模式如表 5.11 所示。

表 5.11 制冷试运行模式

运行模式	压缩机		室内送风机	室外送风机
	CP1	CP2	EF	CF
7	70 Hz	停止	65 Hz	65 Hz
6	60 Hz	停止	60 Hz	60 Hz
5	40 Hz	停止	60 Hz	60 Hz
4	停止	70 Hz	65 Hz	65 Hz
3	停止	60 Hz	60 Hz	60 Hz
2	停止	40 Hz	60 Hz	60 Hz
1	停止	停止	60 Hz	停止

（2）制热试运行模式如表5.12所示。

表5.12 制热试运行模式

运行模式	加热器			室内送风机
	加热器1	加热器2	加热器3	EF
4	ON	停止	停止	60 Hz
3	停止	ON	停止	60 Hz
2	停止	停止	ON	60 Hz
1	停止	停止	停止	60 Hz

5. 逆变器的基本运行/停止动作

1）自动制冷运行

（1）逆变器控制电源投入后的最初启动。

① 逆变器控制电源输入后，等待从显示设定器发出的启动指令/制冷指令及设定温度值信息。

② 接收到显示设定器发出的启动指令/制冷指令及设定温度值信息后，就投入IVK接触器，为了抑制冲击电流就通过充电电阻CHR1、CHR2向电容CA*（表示CAP1、CAP2、CAN1、CAN2）充电。

③ 电容CA*充电结束后，打开CHK接触器，使充电电阻CHR1、CHR2短路。

④ 确认CHK接触器接通后，交流变换器（斩波器）启动，使电容CB*（表示CBP1、CBN1）电压上升到额定的300 V。

⑤ 交流变换器完成启动后，CVCF输出30 Hz。另外，以CVCF正常动作为条件，在EF启动4 s后投入CFK1接触器，再在2 s后投入CFK2、CPK1两个开关，使CVCF以60 Hz或65 Hz，VVVF加速至运行频率（通过对显示设定器发出的设定温度值和温度传感器的值进行比较以决定运行频率。VVVF的最初启动时及停机5 min以上启动时，进行运行模式4的保持运行）。

⑥ 压缩机停止状态（送风运行）场合，置CFK1、CFK2接触器于OFF，使VVVF停止。

（2）逆变器停止后的再启动。

进行以上①~⑥的动作，压缩机一旦停机时，6 s内禁止再启动。

2）自动制热运行

逆变器控制电源投入后的最初启动步骤如下：

① 逆变器控制电源投入后，等待来自显示设定器的启动指令/制热指令及设定温度值信息。

② 收到来自显示设定器的启动指令/制热指令及设定温度值信息后，打开IVK接触器，使抑制冲击电流通过充电电阻CHR1、CHR2向电容CA*充电。

③ 电容CA*充电结束后，打开CHK接触器，充电电阻CHR1、CHR2短路。

④ 打开CHK接触器并确认后，交流变换器启动，使电容CB*电压上升到额定值300 V。

⑤ 交流变换器启动结束后，CVCF输出60 Hz。另外，以CVCF正常动作为条件，投入

HK1、HK2、HK3 接触器（通过对显示设定器发出的设定温度值和温度传感器的值进行比较以决定 HK1、HK2、HK3 的接触器。）

⑥加热器停止状态（送风运行）时，HK1、HK2、HK3 接触器开放。

（3）强制制冷运行。

强制制冷运行的逆变器的基本动作是把制冷指令作为强制制冷指令，除了作运行模式 6 的固定运行以外，所有动作都和自动运行动作相同。但是，通过显示设定器的 CH 操作可任意设定运行模式。

（4）强制制热运行。

强制制热运行的逆变器的基本动作是把制热指令作为强制制热指令，除了作运行模式 6（车内平均温度 15 ℃ 以下的条件）的固定运行以外，所有动作都和自动运行动作相同。但是，利用显示设定器的 CH 操作，可任意设定运行模式。

制冷运行时序（基本动作）如图 5.13 所示。

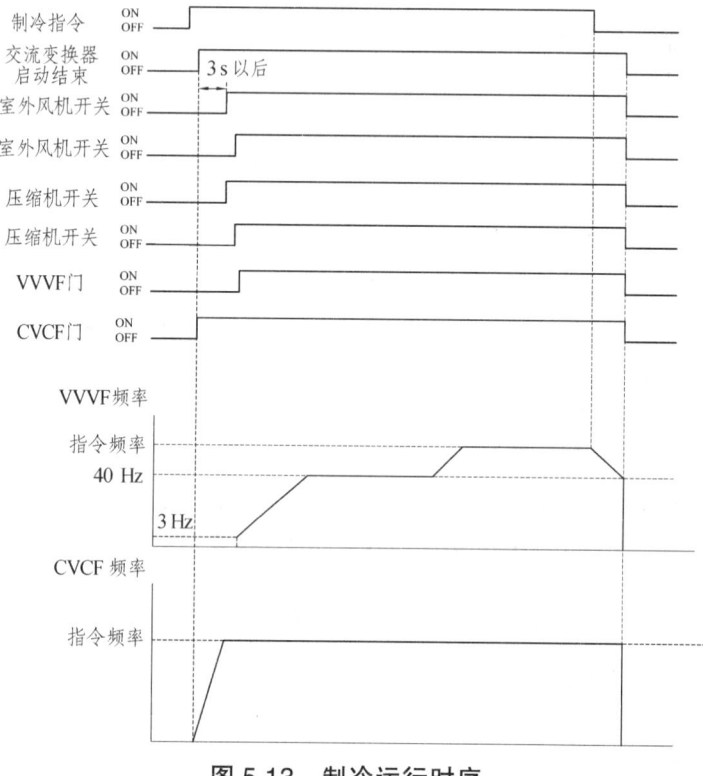

图 5.13　制冷运行时序

（五）CRH2 型动车组空调显示设定器

1. 空调显示设定器的作用

CRH2 型动车组在每辆车的辅助配电盘内都设置有一台空调显示设定器，由它进行与空调系统相关的各种设定，如空调模式设定、温度设定等。

空调显示设定器的工作原理如图 5.5 所示。空调显示设定器显示车上监控装置（车辆信息控制装置）传输来的内容，并向变频装置下达空调指令。同时，它还显示由变频装置传来的状态信息，并将信息传递给车上监控装置。也就是说，空调显示设定器起到了在车上监控装置和变频装置之间传输数据的作用。

空调显示设定器在列车上的配置如表 5.13 所示。

表 5.13 空调显示设定器在列车上配置分布

车辆	T1c	M2	M1	T2	T1k	M2	M1s	T2c
数量	1	1	1	1	1	1	1	1

在进行与空调相关的各种设定（设定空调状态、设定温度）时，执行"后设定优先"的原则，即优先采用"来自车上监控装置设定的指令与空调显示设定器自身设定的指令"设定的指令。

2. 空调显示设定器的操作模式

空调显示设定器的操作界面如图 5.14 所示，它有两种操作模式：通常状态和维修状态。两种状态之间的切换，通过面板表面的"维修状态"开关进行（熄灯时为通常状态，灯亮时为维修状态）。

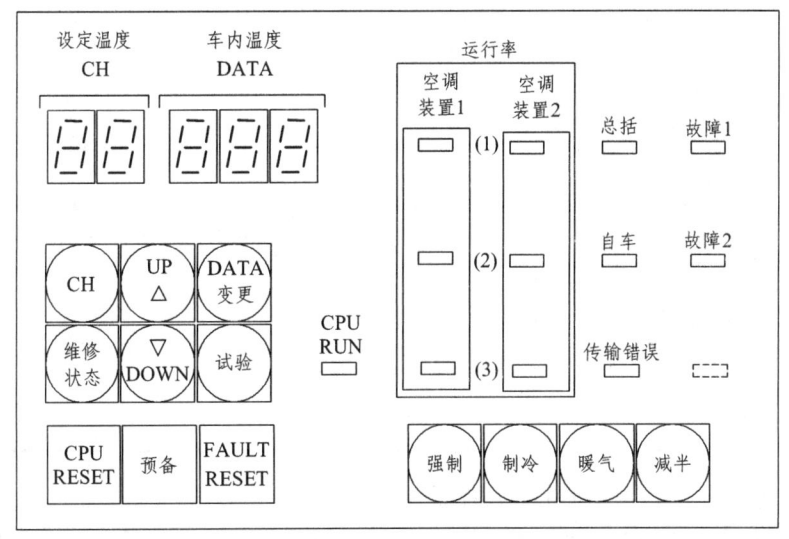

图 5.14 空调显示设定器操作面板

通常状态为乘务员操作的模式，能够进行空调状态的设定和温度的设定。

维修状态为维修作业人员操作的模式，根据 CH 和 DATA 显示读取各种信息。

（1）显示和设定。

如图 5.14 所示，在通常状态下，空调显示设定器操作面板上维修状态灯熄灭。此时，可在面板上进行空调运行模式设定和温度设定，但不接收图中显示的▭▭部的开关信息。

显示和设定的内容如表 5.14 所示。

表 5.14 空调显示设定器操作面板上显示和设定的内容

	记入文字		构成部件		用　　途	内　　容
显示部	设定温度 CH		7SEG LED×2	红	显示设定温度	显示设定温度
	车内温度 DATA		7SEG LED×3	红	显示车内温度	显示传感器检测温度的平均值
	运行率	空调装置1 (1)	LED	绿	空调装置1运行状态	灯亮：模式6的运行
		空调装置1 (2)	LED	绿	空调装置1运行状态	灯亮：模式4、5、6的运行
		空调装置1 (3)	LED	绿	空调装置1运行状态	灯亮：模式2、3、4、5、6的运行
		空调装置2 (1)	LED	绿	空调装置2运行状态	灯亮：模式6的运行
		空调装置2 (2)	LED	绿	空调装置2运行状态	灯亮：模式4、5、6的运行
		空调装置2 (3)	LED	绿	空调装置2运行状态	灯亮：模式2、3、4、5、6的运行
	全体		LED	绿	显示全体空调运行	灯亮：依据车上监控装置的指令运行
	自车		LED	绿	显示自身空调运行	灯亮：依据自身设定的运行
	传送错误		LED	红	车上监控装置间的传送错误	灯亮：传送错误；熄灯：正常
	故障1		LED	红	显示No.1空调机器故障	灯亮：故障；熄灯：正常
	故障2		LED	红	显示No.2空调机器故障	灯亮：故障；熄灯：正常
操作部	UP		按钮开关	—	更新设定温度	设置温度的显示内容+1更新
	DOWN		按钮开关	—	更新设定温度	设置温度的显示内容-1更新
	强制		照明开关	黄	强制运行的设定	灯亮中、强制运行
	制冷		照明开关	绿	制冷设定/显示（全体状态）	灯亮：制冷
	制热		照明开关	红	制热设定/显示（全体状态）	灯亮：制热
	减半		照明开关	黄	减半运行显示	灯亮：减半运行　熄灯：通常
	CPU RESET		—	红	空调显示设定器复位	按动操作复位
	FAULT RESET		—	红	空调装置复位	按动操作复位

（2）空调显示设定器在操作过程中的状态变迁表。

图 5.15 显示了在空调显示设定器的面板上操作时的状态变迁。各个操作后的状态显示在操作后进行。另外，在进行各操作后，空调显示设定器进行状态的判定并向车上监控装置传送相关信息。

空调装置的实际运行状态根据车上监控装置传送的内容来选择。空调显示设定器上变更的空调运行状态根据车上监控装置的传送内容实施。另外，在空调显示设定器上被变更的内容，在向车上监控装置传送后的 10 s 内强制性地显示。当接收到从车上监控装置传输的指令时，空调装置立即转换到相应的状态。当车上监控装置间的传输错误时，继续选择发生传输错误以前的运行状态。

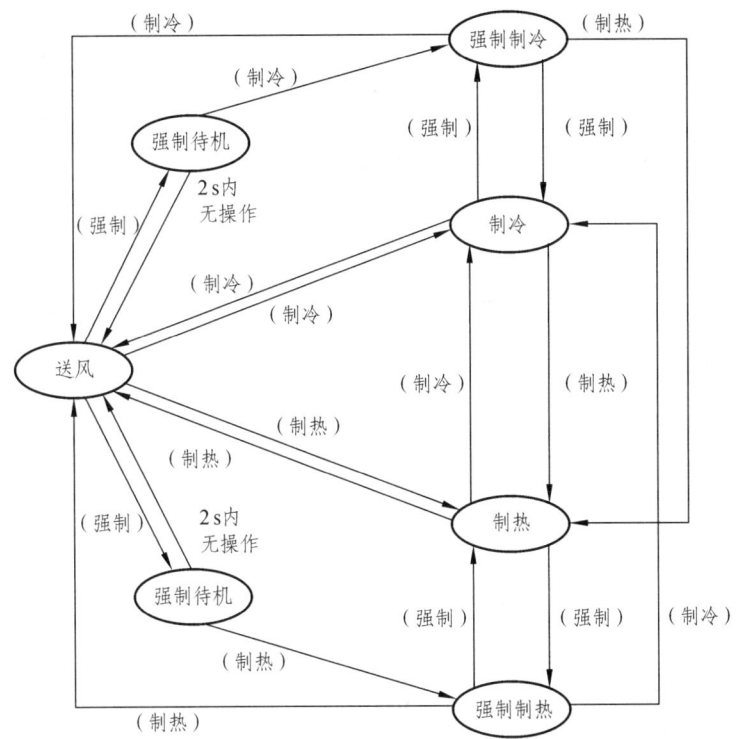

图 5.15 空调显示设定器面板上状态变迁

另外,启动电源时传输错误的情况下,选择空调显示设定器记忆的"电源 OFF 以前的空调状态",但在显示设定器上操作时要及时反映该操作。

从车上监控装置发出的指令有变更的情况下,除去"空调显示设定器的设定变更发出后的 10 s"要立即向指令变更内容转换。

(3)空调显示设定器执行"后操作优先控制"。

图 5.16 所示为空调显示设定器后操作优先控制示意图。该图显示的是关于温度的设定,但其他设定也一样。

以下为后操作优先的控制实例。

【例 1】

① 利用上、下开关修改设定温度时,将空调显示设定器上设定的数值写入"MW:a",显示温度为修改后的数值。

② 每次程序的主周期都向车上监控装置终端局传送。

③ 在车上监控装置(终端局)比较空调显示设定器和从总局传来的内容,判断"后操作"的内容,将结果向空调显示设定器发送。

④ 空调显示设定器通过"MW:b"和"MW:c"比较从车上监控装置传来的内容,若不一致,根据新写入"MW:a"的数值来判断"后操作"的内容,用于实际控制。

⑤ 空调显示设定器自身修改设定的情况下,将上述④项的结果隐藏 10 s,等待从车上监控装置传来的信息变为"自身设定的内容"用于控制。

⑥ 从以上操作来看,以空调显示设定器修改设定温度操作 10 s 后的修改数值来开始控制。

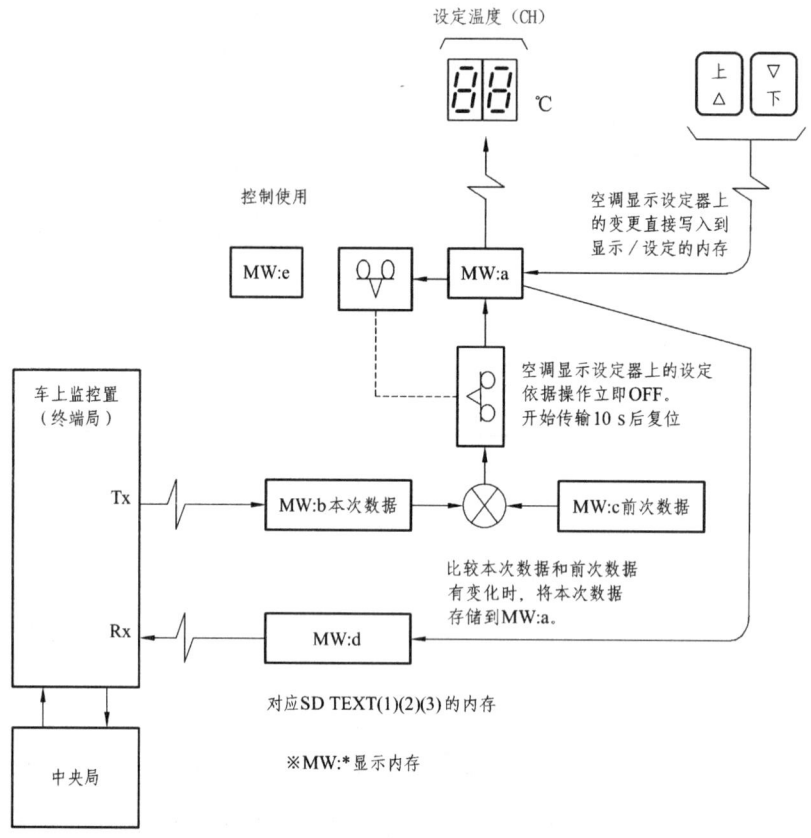

图 5.16 空调显示设定器后操作优先控制示意图

【例 2】

① 车上监控装置设定温度被修改的情况下，通过"MW：b"和"MW：c"进行比较，若不一致，新数值被写入"MW：a"，立即以修改后的设置值开始控制。

② 显示：用新写入"MW：a"的数值显示。

（4）空调显示设定器传输异常时的处理。

① 从监控装置的 SDR 接收传输异常时的处理。

数据保持前次的数值。另外，从电源 ON 到正常接收之间 SDR 的值如下：TEXT0 为 20H，TEXT10 为 CH0 的值，TEXT11 为 CH1 的值，TEXT15 为 1，其他的 TEXT 为 0。

传输异常时即时反映显示设定器输入的指令（运行指令及基准温度变更）。另外，SDR 的 TEXT1 为 0（空调优先时），立即反映显示设定器输入的指令（运行指令及设定温度变更）。

传输异常时对逆变器的运行指令为减半运行（减半开关也灯亮）。但在送风运行的情况下为送风运行。

② 对监控装置的 SDR 发送传输异常时没有特殊的处理。

③ 从逆变器的接收传输异常时的处理。

数据保持前次值。另外，从电源 ON 到正常接收为止的 SDR 值全部为 TEXT0。

④ 对逆变器的接收传输异常时没有特殊的处理。

注意：空调显示设定器和监控器之间的传输异常及与逆变器之间的传输异常一旦变为传输正常，就会自动地恢复到正常。

（5）空调显示设定器电源接通时的处理。

电源接通时，前次运行指令保持制冷及 SDR_TEXT1：00H（空调优先）时，监控器制冷设定温度(SDR_TEXT10)≠显示设定器设定温度的情况下，显示设定器的温度有效（设定显示）。

同样，前次运行指令保持制热及 SDR_TEXT1：00H（空调优先）时，监控器制热设定温度(SDR_TEXT11)≠显示设定器设定温度的情况下，显示设定器的温度有效（设定显示）。

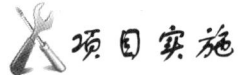项目实施

【实施条件】

实施地点与要求：拥有 CRH2 型动车组的实训场地或动车组运用所，设备完好。
实施时间：最好在动车组检修基地或动车运用所库内进行检修的时段。
教学组织：学生分成学习小组，5～6 人一组，每小组一节车厢；由指导老师进行讲解与现场示范，学生分组进行操作。
安全要求：学生佩戴安全帽、手套等防护用品，确认接触网断电、受电弓已降、止轮器已设并设置安全号志才能作业。

【实施步骤】

任务一　CRH2 型动车组空调显示设定器操作

一、空调运行状态的设定规则认知

通过表 5.15 熟悉 CRH2 型动车组空调运行状态的设定规则，以便进行设定操作。

表 5.15　空调运行状态的设定

空调运行状态		自动设定	操作									空调显示设定器的显示						
			车辆信息控制装置					空调显示设定器										
		减半	送风	制冷	制热	强制制冷	强制制热	制冷	制热	强制	试验	制冷	制热	强制	减半	试验	全体	自车
送风		×	○	×	×	×	×	×	×	×	×	×	×	×	×	×	×	×
全体状态	制冷运行	×	×	○	×	×	×					○	×	×	×	×	○	×
	制热运行	×	×	×	○	×	×					×	○	×	×	×	○	×
	强制制冷运行	×	×	×	×	○	×					○	×	○	×	×	○	×
	强制制热运行	×	×	×	×	×	○					×	○	○	×	×	○	×
	制冷减半运行	○	×	○	×	×	×					○	×	×	○	×	○	×
		○	×	×	×	○	×					○	×	×	○	×	○	×
	制热减半运行	○	×	×	○	×	×					×	○	×	○	×	○	×
		○	×	×	×	×	○					×	○	×	○	×	○	×

续表

空调运行状态		自动设定减半	操作									空调显示设定器的显示						
			车辆信息控制装置					空调显示设定器										
			送风	制冷	制热	强制制冷	强制制热	制冷	制热	强制	试验	制冷	制热	强制	减半	试验	全体	自车
自车状态	制冷运行	×						○	×	×	×	○	×	×	×	×	×	○
	制热运行	×						×	○	×	×	×	○	×	×	×	×	○
	强制制冷运行	×						○	×	○	×	○	×	○	×	×	×	○
	强制制热运行	×						×	○	○	×	×	○	○	×	×	×	○
	试验制冷运行	×						○	×	×	○	○	×	×	×	○	×	○
	试验制热运行	×						×	○	×	○	×	○	×	×	○	×	○
	制冷减半运行	○						○	×	×	×	○	×	×	○	×	×	○
		○						×	×	×	×	×	×	×	○	×	×	○
	制热减半运行	○						×	○	×	×	×	○	×	○	×	×	○
		○						×	×	×	×	×	×	×	○	×	×	○

注：① 从车辆信息控制装置得到的指令和由空调显示设定器自身设定的指令之间，以后面得到的指令为优先决定运行状态。
② 进行强制制冷运行或强制制热运行的时候，被赋予不同的运行状态的情况下，除强制运行以外的运行以最新被赋予的运行状态进行。
③ 从车辆信息控制装置得到"负荷减半的指令"的时候，优先进行减半运行。另外，空调显示设定器的"减半"照明开关，消除了开关机能，只使用在显示上。
④ 依据从车辆信息控制装置得到的指令进行的"强制制冷运行"和由空调显示设定器设定的"强制制冷运行"为同一运行。对于"强制制热运行"也是一样。
⑤ 从车辆信息控制装置得到的 SDR TEXT1 为"空调优先（00H）"的时候，选择空调显示设定器记忆的空调状态（从车辆信息控制装置接收到 00H 以外的数据之后接收到 00H 的时候，继续 00H 接收前的运行状态）。另外，启动电源时，选择空调显示设定器记忆的运行状态，没有记忆的情况下选择送风状态。
⑥ 在自车状态下接收到"减半"指令时，选择各运行状态的减半运行。

二、空调设定温度的设定操作

1. 制冷设定温度的设定

（1）制冷运行中，每次按下 ⬆UP△ 开关增加 1 ℃设定值。

（2）制冷运行中，每次按下 ▽DOWN 开关减少 1 ℃设定值。

（3）制冷设定温度的设定温度为 20～29 ℃。

2. 制热设定温度的设定

（1）制热运行中，每次按下 ⬆UP△ 开关增加 1 ℃设定值。

（2）制热运行中，每次按下 ▽DOWN 开关减少 1 ℃ 设定值。

（3）制热设定温度的设定温度为 20～29 ℃。

注意：① 车辆信息控制装置以 0.5 ℃ 为单位进行设定温度的设定，空调显示设定器不显示小数点以后的数字。

② 送风状态下对 UP△ ▽DOWN 开关的操作无效。

3. 温度显示（见表 5.16）

表 5.16　空调显示设定器上温度显示

项　目	显示的内容
温度设定（CH）	① 通过操作开关选择"制冷"的情况下，显示制冷设定温度。 ② 通过操作开关选择"制热"的情况下，显示制热设定温度。 ③ 显示范围：制冷时，20～29；制热时，20～29。 　　显示"20"时即使按"DOWN"也会保持"20"不变。 　　显示"29"时即使按"UP"也会保持"29"不变。 ④ 从车上监控装置传来的设定值和由空调显示设定器自身设定的设定值选择采用后面的值
车内温度（DATA）	将从变频装置传来的温度数据平均后显示

4. 显示部 LED 显示内容（见表 5.17）

表 5.17　空调显示设定器显示部内容

名　称			亮灯条件
运行率	空调装置1	（1）	从空调装置1传送来的数据中，TEXT2 的内容为 06H
		（2）	从空调装置1传送来的数据中，TEXT2 的内容为 04H，05H，06H
		（3）	从空调装置1传送来的数据中，TEXT2 的内容为 02H，03H，04H，05H，06H
运行率	空调装置2	（1）	从空调装置2传送来的数据中，TEXT2 的内容为 06H
		（2）	从空调装置2传送来的数据中，TEXT2 的内容为 04H，05H，06H
		（3）	从空调装置2传送来的数据中，TEXT2 的内容为 02H，03H，04H，05H，06H
全　体			SDR TEXT15 的内容为"全体"
自　车			SDR TEXT15 的内容为"自车"
传输错误			和车上监控装置的传输持续 10 s 为异常
故障 1			从空调装置1内的逆变器传来的传送信息有故障； 或空调装置1内的变频装置的传送发生异常
故障 2			从空调装置2内的逆变器传来的传送信息有故障； 或空调装置2内的变频装置的传送发生异常

注：逆变器的传输错误持续 10 min 以上时显示，传送恢复后熄灯。

三、空调显示设定器维修状态操作

1. 维修状态的显示与设定

空调显示设定器在维修状态下，其操作面板上显示设定部全部的开关都为有效。维修状态只有在按下"维修状态"按钮使灯亮的时候才有效。

在维修状态下，"设定温度显示"变为"CH 显示"，"车内温度显示"变为"DATA 显示"。

另外， UP△ ▽DOWN 为 CH 变更和数据变更的开关。

在维修状态下，显示设定部的显示内容如表 5.18 所示。

表 5.18 维修状态下空调显示设定器显示与操作内容

	记入文字		构成部件		用　　途	内　　容
显示部	设定温度 CH		7SEG LED×2	红	CH 显示	显示 CH
	车内温度 DATA		7SEG LED×3	红	DATA 显示	显示 DATA
	运行率	空调装置 1 (1)	LED	绿	空调装置 1 运行状态	灯亮：模式 6 的运行
		空调装置 1 (2)	LED	绿	空调装置 1 运行状态	灯亮：模式 4、5、6 的运行
		空调装置 1 (3)	LED	绿	空调装置 1 运行状态	灯亮：模式 2、3、4、5、6 的运行
		空调装置 2 (1)	LED	绿	空调装置 2 运行状态	灯亮：模式 6 的运行
		空调装置 2 (2)	LED	绿	空调装置 2 运行状态	灯亮：模式 4、5、6 的运行
		空调装置 2 (3)	LED	绿	空调装置 2 运行状态	灯亮：模式 2、3、4、5、6 的运行
	全体		LED	绿	全体空调运行的显示	灯亮：依据车上监控装置的指令运行
	自车		LED	绿	自车空调运行的显示	灯亮：依据自车设定的运行
	传送异常		LED	红	车上监控装置间的传送错误	灯亮：传送错误；熄灯：正常
	故障 1		LED	红	No.1 制冷机器故障显示	灯亮：故障；熄灯：正常
	故障 2		LED	红	No.2 制冷机器故障显示	灯亮：故障；熄灯：正常
操作部	CH		照明开关	绿	CH No. 的更新	灯亮时，CH 的更新可能
	UP		按钮开关	—	CH 或 DATA 的显示更新	CH 或 DATA 的显示内容＋1 更新
	DOWN		按钮开关	—	CH 或 DATA 的显示更新	CH 或 DATA 的显示内容－1 更新
	DATA 变更		照明开关	绿	设定数据更新选择	灯亮时，DATA 的更新可能
	维修状态		照明开关	绿	维修状态的设定	灯亮时，CH 的更新可能
	试验		照明开关	绿	试验运行的设定	灯亮时，试验运行
	强制		照明开关	黄	强制运行的设定	灯亮时，强制运行
	制冷		照明开关	绿	制冷设定/显示（全体状态）	灯亮：制冷
	制热		照明开关	红	暖房设定/显示（全体状态）	灯亮：制热
	减半		照明开关	黄	减半运行的显示	灯亮：减半运行；熄灯：通常状态
	CPU RESET		—	红	空调显示设定器的复位	按动操作复位
	FAULT RESET		—	红	空调装置的复位	按动操作复位

2. CH 选择操作及显示

（1）CH 选择操作（见表 5.19）。

表 5.19　CH 选择操作

顺序	目　的	操　作　内　容
1	CH 选择前准备	只有在 [CH] 灯亮的情况下才有可能选择 CH。[CH] 熄灯的情况下，表明正在进行 DATA 变更操作，DATA 变更操作结束后按下 [CH] 使其灯亮
2	CH 选择	依据 [UP△] 或 [▽DOWN] 的操作，选择目的 CH。 按一次 [UP△] 后 CH 进行一次 +1 更新，连续按则 CH 从 1 s 开始，每 0.3 s 进行一次 +1 更新。 按 [▽DOWN] 一次后 CH 进行一次 -1 更新，连续按则 CH 从 1 s 后开始，每 0.3 s 进行一次 -1 更新
3	指定数值	每次按下 [CH] 按照（→ 第 2 位 → 第 1 位 ←）的顺序数位闪烁能够指定应该变更的"数值"。 设定变更的数值后，按照上述 2 项的操作指定 CH

（2）CH 显示。

CH 不同的情况下显示如下：

① 启动电源后，进行 CH 操作之前，在没有故障数据（FLT）的情况下，依据空调状态显示车辆信息控制装置指令、自车设定的各种状态，各种状态的 CH 显示如表 5.20 所示。

表 5.20　空调状态与对应 CH 显示

空调状态	送风	制冷	制热
CH 显示	2	0	1

② 有故障数据（FLT）发生时，自动地显示 CH "FF"。
③ 在进行 CH 选择操作时，CH 按照以下顺序更新显示：

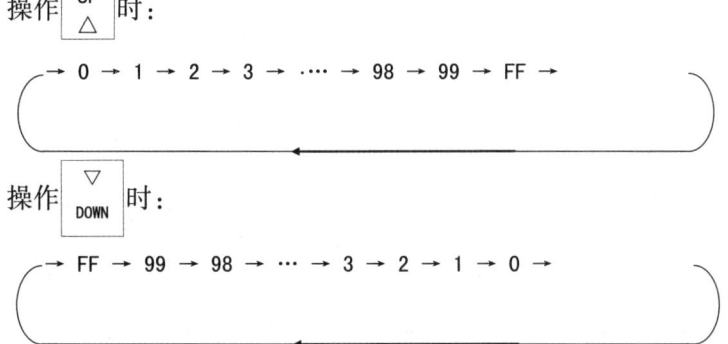

④ CH 更新的同时，对应 CH 的 DATA 显示也被更新。

3. DATA 设定基本操作

DATA 设定基本操作如表 5.21 所示。

表 5.21　DATA 设定基本操作

顺序	目　的	操作内容
1	变更 CH 选择	依据表 5.19 项选择目的 CH
2	变更准备	操作 [DATA 变更] 使其闪烁。仅 [DATA 变更] 闪烁时，DATA 数值可能变更。同时，DATA 显示的第 3 位数的 7 段 LED 闪烁（0.5 s 循环）。另外，[CH] 熄灯
3	选择变更数位	根据 DATA 显示 7 段 LED 的闪烁数位，能够任意设定 DATA 显示数值的更新数位。 每次操作 [DATA 变更] 时闪烁数位按照（→第 3 位→第 2 位→第 1 位→确定→）的顺序移动。 • 第 3 位闪烁：DATA 显示可能以 ±10 单位更新。 • 第 2 位闪烁：DATA 显示可能以 ±1 单位更新。 • 第 1 位闪烁：DATA 显示可能以 ±0.5 单位更新。 • 第 1 位闪烁时进行操作就会确定 DATA。 • 再次进行按下操作就会回到第 3 位闪烁。 • 中途取消按 [CH]
4	DATA 显示数值的更新	操作 [UP△] 或 [▽DOWN] 可使 DATA 显示的数值符合要求。 按 1 次 [UP△]，DATA 显示会进行 +1/+0.5/+10 更新。如果连续按，从 1 s 后开始每 0.3 s 进行 +1/+0.5/+10 更新。 按 1 次 [▽DOWN]，DATA 显示进行 −1/−0.5/−10 更新。如果连续按，从 1 s 后开始每 0.3 s 进行 −1/−0.5/−10 更新
5	第 1 位闪烁	到 DATA 显示的第 1 位闪烁为止重复顺序 3、4 的操作
6	更新数值的确定	操作 [CH] 使其熄灭，则设定结束。同时，DATA 显示的闪烁结束，灯亮，显示设定的数值。变更 DATA 的数值仅在本操作的情况下确定。 DATA 确定前，操作微机式空调控制箱的电源 OFF 或 [CH]、[CPU RESET]，操作的情况下设定值为初值
7	变更的继续	反复执行顺序 1 以后的操作

4. DATA 显示

在进行 CH 操作时，会有与之对应的 DATA 显示，CH 更新的同时，对应 CH 的 DATA 显示也被更新。与 CH 值对应的 DATA 显示内容（名称及值域）如表 5.22 所示。

发生故障时，显示相应的故障代码。信号名称和故障部件所对应的故障代码和故障种类如表 5.23 和表 5.24 所示。

表 5.22 DATA 显示内容

CH	DATA 名称	值域	设定器	监控器	备注
0	冷气制冷设定温度设定值	20.0~29.0	○	○	默认值=25℃（设定单位 0.5℃）
1	制热设定温度设定值	20.0~29.0	○	○	默认值=22℃（设定单位 0.5℃）
2	车内温度	00.0~40.0		○	CH3、CH 4 的平均值
3	No.1 逆变器平均温度	00.0~40.0		○	变频装置传送内容（分解能 0.2℃）
4	No.2 逆变器平均温度	00.0~40.0		○	变频装置传送内容（分解能 0.2℃）
5	空调装置 1、温度传感器 1 测出值	00.0~40.0		○	变频装置传送内容（分解能 0.2℃）
6	空调装置 1、温度传感器 2 测出值	00.0~40.0		○	变频装置传送内容（分解能 0.2℃）
7	空调装置 2、温度传感器 1 测出值	00.0~40.0		○	变频装置传送内容（分解能 0.2℃）
8	空调装置 2、温度传感器 2 测出值	00.0~40.0		○	变频装置传送内容（分解能 0.2℃）
9	No.1 逆变器 运行领域	000~H11		○	变频装置传送内容（TEXT2 b0~4）第 3 位为 TEXT3 b7=1（高压异常中），"H"
10	No.2 逆变器 运行领域	000~H11		○	变频装置传送内容（TEXT2 b0~4）第 3 位为 TEXT3 b7=1（高压异常中），"H"
11	No.1 逆变器 VVVF 运行频率数	00~99		○	变频装置传送内容（TEXT9 b0~7）第 3 位为 TEXT3 b7=1（高压异常中），"H"
12	No.1 逆变器 CVCF 运行频率数	00~99		○	变频装置传送内容（TEXT10 b0~7）第 3 位为 TEXT3 b7=1（高压异常中），"H"
13	No.2 逆变器 VVVF 运行频率数	00~99		○	变频装置传送内容（TEXT9 b0~7）第 3 位为 TEXT3 b7=1（高压异常中），"H"
14	No.2 逆变器 CVCF 运行频率数	00~99		○	变频装置传送内容（TEXT10 b0~7）第 3 位为 TEXT3 b7=1（高压异常中），"H"
15	强制运行领域的设定	1~6	○	○	手动设定制冷/制热的领域
16	预备	00.0~99.9		○	
17	预备	00.0~99.9		○	
18	预备	00.0~99.9		○	
19	预备	00.0~99.9		○	
20	No.1 逆变器间传送异常 1	h00~hFF		○	最新的传送异常内容（下位）
21	No.1 逆变器间传送异常 2	h00~hFF		○	最新的传送异常内容（上位）
22	No.1 逆变器间传送异常 3	h00~hFF		○	第 2 位的传送异常内容（下位）
23	No.1 逆变器间传送异常 4	h00~hFF		○	第 2 位的传送异常内容（上位）

续表

CH	DATA 名称	值 域	设定器	监控器	备 注
24	No.1 逆变器间传送异常 5	h00~hFF		○	第 3 位的传送异常内容（下位）
25	No.1 逆变器间传送异常 6	h00~hFF		○	第 3 位的传送异常内容（上位）
26	No.2 逆变器间传送异常 1	h00~hFF		○	最新的传送异常内容（下位）
27	No.2 逆变器间传送异常 2	h00~hFF		○	最新的传送异常内容（上位）
28	No.2 逆变器间传送异常 3	h00~hFF		○	第 2 位的传送异常内容（下位）
29	No.2 逆变器间传送异常 4	h00~hFF		○	第 2 位的传送异常内容（上位）
30	No.2 逆变器间传送异常 5	h00~hFF		○	第 3 位的传送异常内容（下位）
31	No.2 逆变器间传送异常 6	h00~hFF		○	第 3 位的传送异常内容（上位）
32	车上监控装置间传送异常 1	h00~hFF		○	最新的传送异常内容（下位）
33	车上监控装置间传送异常 2	h00~hFF		○	最新的传送异常内容（上位）
34	车上监控装置间传送异常 3	h00~hFF		○	第 2 位的传送异常内容（下位）
35	车上监控装置间传送异常 4	h00~hFF		○	第 2 位的传送异常内容（上位）
36	车上监控装置间传送异常 5	h00~hFF		○	第 3 位的传送异常内容（下位）
37	车上监控装置间传送异常 6	h00~hFF		○	第 3 位的传送异常内容（上位）
38	显示设定器厂家/ROM Ver 显示	000~199		○	□□□ → ROM Ver 00~99 连号 → 厂家
39	No.1 空调装置厂家/ROM Ver 显示	000~199		○	
40	No.2 空调装置厂家/ROM Ver 显示	000~199		○	
41	试验运行领域的设定	01~11	○	○	设定试验制冷（1~11）/制热（1~4）的领域
42	No.1 逆变器 VVVF 运行电流	00.0~99.9		○	变频装置传送内容（分解能 0.5 A）
43	No.1 逆变器 CVCF 运行电流	00.0~99.9		○	变频装置传送内容（分解能 0.5 A）
44	No.2 逆变器 VVVF 运行电流	00.0~99.9		○	变频装置传送内容（分解能 0.5 A）
45	No.2 逆变器 CVCF 运行电流	00.0~99.9		○	变频装置传送内容（分解能 0.5 A）
46	No.1 制冷压缩机 1 压力值	00.0~99.9		○	仅限日立制空调有效
47	No.1 制冷压缩机 2 压力值	00.0~99.9		○	
48	No.2 制冷压缩机 1 压力值	00.0~99.9		○	
49	No.2 制冷压缩机 2 压力值	00.0~99.9		○	
50	传送数据切换	000~299	○	○	CH70~CH79 的设定
51	传送数据	h00~hFF		○	
52	传送数据	h00~hFF		○	
53	传送数据	h00~hFF		○	
54	传送数据	h00~hFF		○	
55	传送数据	h00~hFF		○	

续表

CH	DATA 名称	值　域	设定器	监控器	备　注
56	传送数据	h00～hFF	○		
57	传送数据	h00～hFF	○		
58	传送数据	h00～hFF	○		
59	传送数据	h00～hFF	○		
60	传送数据	h00～hFF	○		
61	故障类别切换	0～1	○	○	0：重故障显示；1：轻故障显示
62	故障履历刷新	0～3	○	○	0：无/1；重故障刷新/2；轻故障刷新/3；双方刷新
63	故障编码（最初发生的事项）	00.0～99.9		○	按照故障发生顺序,向CH序号大的CH存储编码。故障发生时,记录数超过30个的情况下采取以下措施：① 消除CH64的编码。② CH65～CH92的编码向低一CH的CH切换。③ CH92存储发生的编码。CH63的编码保留。故障发生日期在同一CH上显示
64	故障编码（第2位）	00.0～99.9		○	
65	故障编码（第3位）	00.0～99.9		○	
66	故障编码（第4位）	00.0～99.9		○	
67	故障编码（第5位）	00.0～99.9		○	
68	故障编码（第6位）	00.0～99.9		○	
69	故障编码（第7位）	00.0～99.9		○	
70	故障编码（第8位）	00.0～99.9		○	
71	故障编码（第9位）	00.0～99.9		○	
72	故障编码（第10位）	00.0～99.9		○	
73	故障编码（第11位）	00.0～99.9		○	
74	故障编码（第12位）	00.0～99.9		○	
75	故障编码（第13位）	00.0～99.9		○	
76	故障编码（第14位）	00.0～99.9		○	
77	故障编码（第15位）	00.0～99.9		○	
78	故障编码（第16位）	00.0～99.9		○	
79	故障编码（第17位）	00.0～99.9		○	
80	故障编码（第18位）	00.0～99.9		○	
81	故障编码（第19位）	00.0～99.9		○	
82	故障编码（第20位）	00.0～99.9		○	
83	故障编码（第21位）	00.0～99.9		○	
84	故障编码（第22位）	00.0～99.9		○	
85	故障编码（第23位）	00.0～99.9		○	
86	故障编码（第24位）	00.0～99.9		○	
87	故障编码（第25位）	00.0～99.9		○	

续表

CH	DATA 名称	值 域	设定器	监控器	备 注
88	故障编码（第26位）	00.0~99.9		○	
89	故障编码（第27位）	00.0~99.9		○	
90	故障编码（第28位）	00.0~99.9		○	
91	故障编码（第29位）	00.0~99.9		○	
92	故障编码（第30位）	00.0~99.9		○	
93	预备	00.0~99.9			
94	日历（年）	0~99		○	不用于控制 （日历由于没有钟表IC，也就不能从显示设定器设定）
95	日历（月）	1~12		○	
96	日历（日）	1~31		○	
97	日历（时）	0~23		○	
98	日历（分）	0~59		○	
99	日历（秒）	0~59		○	
FF	故障编码	00.0~99.9		○	

说明：表5.22中FF故障编码见表5.23和表5.24。

表 5.23 重故障编码

| 故障编码 | | 记号 | 故障种类 | | 信号名称 | 对象位置 |
No.1 INV	No.2 INV		重	轻		
00.1	—	—	○		传送异常（对车上监控装置）	车上监控装置
00.3	00.4	—	○		传送异常（对变频装置）	变频装置
10.3	20.3	EFTH	○		室内送风机热动作	空调装置本体
12.2	22.2	CFKF	○		室外送风机接触器异常（CFK1或CFK2）	
12.3	22.3	CFTH1	○		室外送风机1热动作	
13.3	23.3	CFTH2	○		室外送风机2热动作	
14.2	24.2	CPKF	○		压缩机用接触器异常（CPK1或CPK2）	
14.3	24.3	CPTH1	○		压缩机1热动作	
14.4	24.4	HPS1	○		压缩机1高压开关动作	
14.5	24.5	LPS1	○		压缩机1低压开关动作	
14.7	24.7	ITH1	○		压缩机1内部热动作	
15.3	25.3	CPTH2	○		压缩机2热动作	
15.4	25.4	HPS2	○		压缩机2高压开关动作	
15.5	25.5	LPS2	○		压缩机2低压开关动作	

续表

故障编码		记号	故障种类		信号名称	对象位置
No.1 INV	No.2 INV		重	轻		
15.7	25.7	ITH2	○		压缩机2内部热动作	空调装置本体
18.2	28.2	HKF	○		加热器用接触器异常	
18.5	28.5	HTH	○		加热器异常	
19.1	29.1	DRPF	○		排水泵异常	
50.4	60.4	AVRF	○		控制电源低下	
50.6	60.6	INVKF	○		INV用接触器异常（INK或CHK）	
51.3	61.3	OCDC	○		INV输出过电流	
51.6	61.6	OVD	○		INV输出过电压	
51.7	61.7	LVO	○		INV输出低电压	
51.8	61.8	MFD	○		INV元件异常	
51.9	61.9	STEF	○		INV启动异常	
52.3	62.3	OCV1	○		VVVF输出过电流	
52.7	62.7	MFV1	○		VVVF元件异常	
53.3	63.3	OCV2	○		CVCF输出过电流	
53.7	63.7	MFV2	○		CVCF元件异常	
55.0	65.0	OVDC	○		CVCF过电压	
56.1	66.1	GAERV	○		VVVF门（GATE）陈列（array）错误	
56.2	66.2	GAERC	○		CVCF门（GATE）陈列（array）错误	
56.3	66.3	THERV	○		压缩机用逆变器温度异常	变频装置
56.4	66.4	THERC	○		送风机用逆变器温度异常	

注：00.1—从车上监控装置的传送连续10 s接收错误；
00.3—从空调装置1内变频装置的传送连续10 min接收错误；
00.4—从空调装置2内变频装置的传送连续10 min接收错误。

表5.24 轻故障编码

故障编码		记号	故障种类		信号名称	对象位置
No.1 INV	No.2 INV		重	轻		
30.3	40.3	EFTH		○	室内送风机热动作	空调装置本体
32.2	42.2	CFKF		○	室外送风机接触器异常（CFK1或CFK2）	
32.3	42.3	CFTH1		○	室外送风机1热动作	
33.3	43.3	CFTH2		○	室外送风机2热动作	

续表

故障编码		记号	故障种类		信号名称	对象位置
No.1 INV	No.2 INV		重	轻		
34.2	44.2	CPKF		○	压缩机用接触器异常（CPK1 或 CPK2）	
34.3	44.3	CPTH1		○	压缩机 1 热动作	
34.4	44.4	HPS1		○	压缩机 1 高压开关动作	
34.5	44.5	LPS1		○	压缩机 1 低压开关动作	
34.7	44.7	ITH1		○	压缩机 1 内部热动作	
35.3	45.3	CPTH2		○	压缩机 2 热动作	
35.4	45.4	HPS2		○	压缩机 2 高压开关动作	
35.5	45.5	LPS2		○	压缩机 2 低压开关动作	
35.7	45.7	ITH2		○	压缩机 2 内部热动作	
38.2	48.2	HKF		○	加热器用接触器异常	
38.5	48.5	HTH		○	加热器异常	
39.1	49.1	DRPF		○	排水泵异常	
70.4	80.4	AVRF		○	控制电源低下	
70.6	80.6	INVKF		○	INV 用接触器异常（IVK 或 CHK）	
71.3	81.3	OCDC		○	断路器输出过电流	
71.6	81.6	OVD		○	断路器输出过电压	
71.1	81.1	OVI		○	断路器输入过电压	
71.7	81.7	LVO		○	断路器输出低电压	
71.8	81.8	MFD		○	断路器元件异常	
71.9	81.9	STEF		○	断路器启动异常	变频装置
72.3	82.3	OCV1		○	VVVF 输出过电流	
72.7	82.7	MFV1		○	VVVF 元件异常	
73.3	83.3	OCV2		○	CVCF 输出过电流	
73.7	83.7	MFV2		○	CVCF 元件异常	
74.0	84.0	IFEDV		○	电流环形传送异常	
75.0	85.0	OVDC		○	CVCF 过电压	
76.1	86.1	GAERV		○	VVVF 门（GATE）陈列错误	
76.2	86.2	GAERC		○	CVCF 门（GATE）陈列错误	
76.3	86.3	THERV		○	压缩机用逆变器温度异常	变频装置
76.4	86.4	THERC		○	送风机用逆变器温度异常	

注：74.0—空调装置 1 内变频装置接收错误；
　　84.0—空调装置 2 内变频装置接收错误。

5. 开关的操作说明

（1）设定开关。

①"制冷"与"制热"。

通过"制冷"与"制热"开关可设定制冷运行、制热运行的各状态。

相同开关在每次按下操作时，交替从"设定"→"断开"→"设定"进行切换。另外，在"制冷"和"制热"开关之间为"后操作优先"。

从车上监控装置得到"制冷"或"制热"指令时，各自的开关灯亮。空调显示设定器一旦设定，运行状态和从车上监控装置设定的运行状态，在按照"后操作优先"进行显示的同时运行。

②"强制"。

"强制"开关仅在"制冷运行"或"制热运行"时有效。

全体状态及自车状态"制冷运行"时，操作本开关，就成为"强制制冷运行"。在全体状态及自车状态"制热运行"时，操作本开关，就成为"强制制热运行"（按照从车上监控装置得到的指令进行"强制制冷运行""强制制热运行"的情况下也会灯亮）。

实施"强制"时的运行模式，在强制制冷、强制制热状态下为"模式 6"。另外，强制制冷运行、强制制热运行中，显示设定器的电源 OFF/ON 的情况下，电源 ON 后进行"强制"以外的运行。

③"减半"。

依据从监控装置得到的减半指令，显示减半运行（即使是送风和强制运行时减半开关灯也亮）。"减半"运行时，按下强制开关的情况下，为强制减半（制冷或制热）运行。另外，"减半"运行时，按下试验开关的情况下，为试验运行（即使在"减半"时也选择后操作的空调状态）。

④"CH"。

进行 CH 变更时按下，灯亮。

⑤"DATA 变更"。

进行 DATA 部的变更时按下，灯亮。

⑥"维修状态"。

熄灯时为"通常状态"，按下灯亮时为"维修状态"。

⑦"UP"和"DOWN"。

通常状态下用于"设定温度"的变更。

维修状态下用于"CH"和"DATA"的变更。

⑧"试验"。

仅在"制冷运行"或"制热运行"时有效。

全体状态及自车状态下进行"制冷运行"时，如果操作本开关，为"试验制冷运行"。全体状态及自车状态下进行"制热运行"时，如果操作本开关，为"试验制热运行"。

实施"试验"时的运行模式，在试验制冷、试验制热状态下为"模式 1"。另外，试验制冷运行或试验制热运行时，显示设定器的电源 OFF/ON 的情况下，在电源 ON 后服从监控指令。

（2）复位开关。

在空调显示设定器操作面板上有两个复位开关："CPU RESET"和"FAULT RESET"。前者用于空调显示设定器的复位，后者用于空调装置的复位。它们的作用如表 5.25 所示。

表 5.25　复位开关的作用

项目（目的）	CPU RESET	FAULT RESET	备　注
动作的初期化	○	×	故障没有刷新
故障刷新	×	○	解除现在进行的保护动作
故障履历的刷新	×	×	在 CH62 的设定下刷新

6. 显示灯的说明

（1）CPU RUN LED：CPU 正常时灯亮，异常时熄灯。

（2）运行率 LED：按照从空调装置内置的逆变器传送的内容使灯亮，如图 5.17 所示。

（3）全体 LED：根据从车上监控装置得到的指令使空调运行时灯亮。

（4）自车 LED：在空调显示设定器设定的空调状态下运行时灯亮。

（5）传送错误 LED：从车上监控装置得到的指令为错误指令时灯亮。

（6）故障 1、故障 2 LED：从各自的变频装置得到的指令中有故障指令时灯亮。另外，从逆变器得到的指令为错误时，在相同的错误持续 10 min 时灯亮。

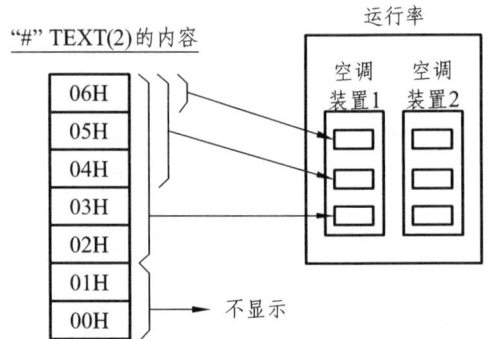

图 5.17　空调装置运行率的显示

（7）7 段 LED：根据状态显示表 5.26 所示的内容。

表 5.26　7 段 LED 显示内容

状　态	显示内容	
	设定温度	车内温度
通常状态	设定温度（CH）	车内温度（DATA）
维修状态	CH 的显示	DATA 的显示

7. CH 的说明

（1）CH0：制冷设定温度设定值。

　　CH1：制热设定温度设定值。

另外，从车上监控装置得到设定值时，显示车上监控装置一侧的设定值。

（2）CH2：车内温度。将从空调装置 1、2 内的变频装置传送来的温度信息平均并显示。1 台传送异常时只使用正常一侧的温度信息，2 台异常时为空白。

（3）CH3：No.1 逆变器平均温度。

　　CH4：No.2 逆变器平均温度。

（4）CH5：空调装置 1 温度传感器 1 检测值。

　　CH6：空调装置 1 温度传感器 2 检测值。

　　CH7：空调装置 2 温度传感器 1 检测值。

　　CH8：空调装置 2 温度传感器 2 检测值。

（5）CH9：No.1 逆变器运行模式。
　　　CH10：No.2 逆变器运行模式。
（6）CH11：No.1 逆变器 VVVF 运行频率。
　　　CH12：No.1 逆变器 CVCF 运行频率。
　　　CH13：No.2 逆变器 VVVF 运行频率。
　　　CH14：No.2 逆变器 CVCF 运行频率。
（7）CH15：强制运行模式。
（8）CH16～CH19：预备。
（9）CH20～CH37：传送异常的显示。

在 HEX 上显示 MW237（No.1 INV 传接收息）、MW238（No.2 INV 传接收息）、MW239（监控传输接收信息）为 CH20～CH37，如表 5.27 所示。

CH20～CH37 的记录由 CH62=1 或 3 刷新。

表 5.27　传送异常的显示

异常代码	MW237（INV1），238（INV2）	MW239（监控）
b0	无接收错误	无接收错误
b1	字符（character）间超时	字符（character）间超时
b2	未使用	BCC2 错误
b3	未使用	BCC1 错误
b4	溢出错误	ETX 错误
b5	奇偶错误	奇偶错误
b6	成帧（framing）错误	成帧（framing）错误
b7	检测出断路	检测出断路
b8	未使用	未使用
b9	发送状态（异常时 1）	文本种类误差
b10	未使用	未使用
b11	未使用	NAK 接收
b12	未使用	无应答错误
b13	未使用	未使用
b14	发送状态（发送超时）	未使用
b15	未使用	发送状态（异常时 1）

（10）CH38：显示设定器的制造厂家和 ROM Ver 显示（见图 5.18）。

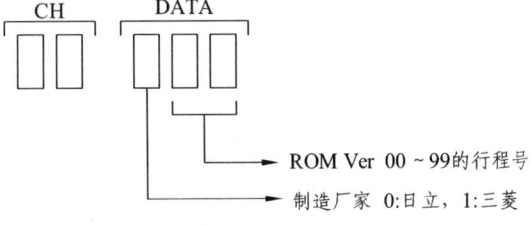

图 5.18　制造厂家和 ROM Ver 显示

CH39：No.1 空调装置制造厂家和 ROM Ver 显示。

CH40：No.2 空调装置制造厂家和 ROM Ver 显示。

（11）CH41：试验运行模式。

设定"试验制冷运行""试验制热运行"之后，任一情况都选择模式1。

（12）CH42：No.1 逆变器 VVVF 运行电流。

CH43：No.1 逆变器 CVCF 运行电流。

CH44：No.2 逆变器 VVVF 运行电流。

CH45：No.2 逆变器 CVCF 运行电流。

（13）CH46~CH49：连接制冷的情况下显示压缩机的压力值（CH46：No.1 制冷压缩机 1 压力值；CH47：No.1 制冷压缩机 2 压力值；CH48：No.2 制冷压缩机 1 压力值；CH49：No.2 制冷压缩机 2 压力值）。

（14）CH50~CH60：传送数据的切换和传送数据。

① 传送数据切换（CH50）。

依据 CH50 的设定，CH51~CH60 的显示如图 5.19 所示。

② 传送数据显示（CH51~CH60）。

依据 CH50 的设定，CH51~CH60 的内容如表 5.28 所示。

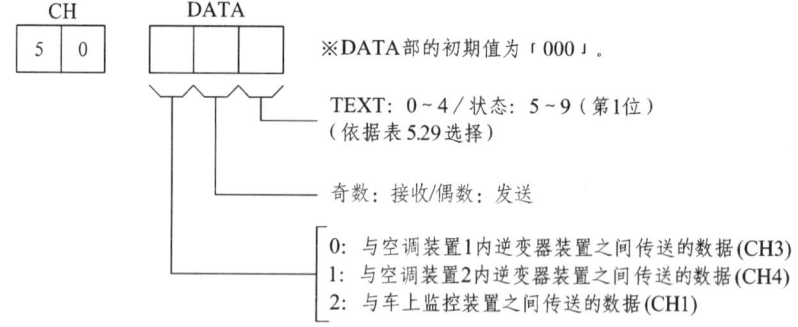

图 5.19 传送数据切换

表 5.28 传送数据显示

CH50 DATA 第1位 设定值	CH									
	51	52	53	54	55	56	57	58	59	60
0	TEXT（0）	TEXT（1）	TEXT（2）	TEXT（3）	TEXT（4）	TEXT（5）	TEXT（6）	TEXT（7）	TEXT（8）	TEXT（9）
1	TEXT（10）	TEXT（11）	TEXT（12）	TEXT（13）	TEXT（14）	TEXT（15）	TEXT（16）	TEXT（17）	TEXT（18）	TEXT（19）
2	TEXT（20）	TEXT（21）	TEXT（22）	TEXT（23）	TEXT（24）	TEXT（25）	TEXT（26）	TEXT（27）	TEXT（28）	TEXT（29）
3	TEXT（30）	TEXT（31）	TEXT（32）	TEXT（33）	TEXT（34）	TEXT（35）	TEXT（36）	TEXT（37）	TEXT（38）	TEXT（39）

续表

CH50 DATA 第1位 设定值	CH									
	51	52	53	54	55	56	57	58	59	60
4	TEXT（40）	TEXT（41）	TEXT（42）	TEXT（43）	TEXT（44）	TEXT（45）	TEXT（46）	TEXT（47）	TEXT（48）	TEXT（49）
5~9	状态 0~7	状态 8~F	00（预备）	00（预备）	00（预备）	00（预备）	00（预备）	00（预备）	00（预备）	00（预备）

注：(1) TEXT0 设定为 "20H"；(2) TEXT 的显示以二进制代码进行显示。

任务二 CRH2 型动车组空调变频装置的保养与检修

一、空调变频装置的认知

1. 空调逆变器单元整体构成

CRH2 型动车组空调逆变器由变频单元、电容器单元、交流电抗器、直流电抗器、限流电阻（CHR1 和 CHR2）、接触器（IVK 和 CHK）构成。

2. 逆变器单元与电容器单元间的连接（见图 5.20）

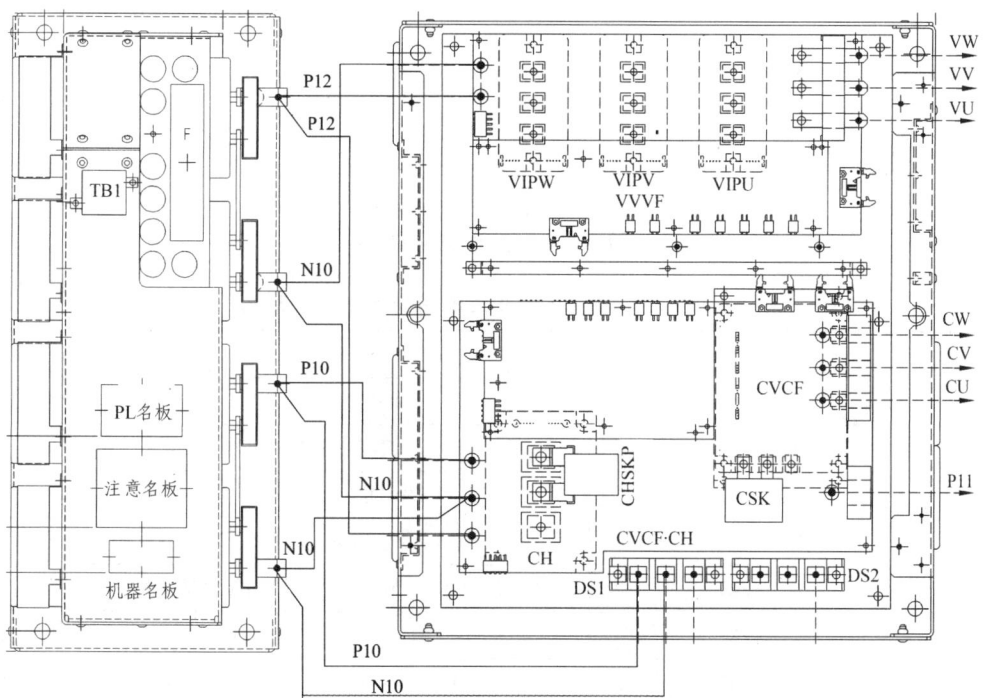

图 5.20 逆变器单元与电容单元间的连接

3. 变频单元结构（见图5.21和表5.29）

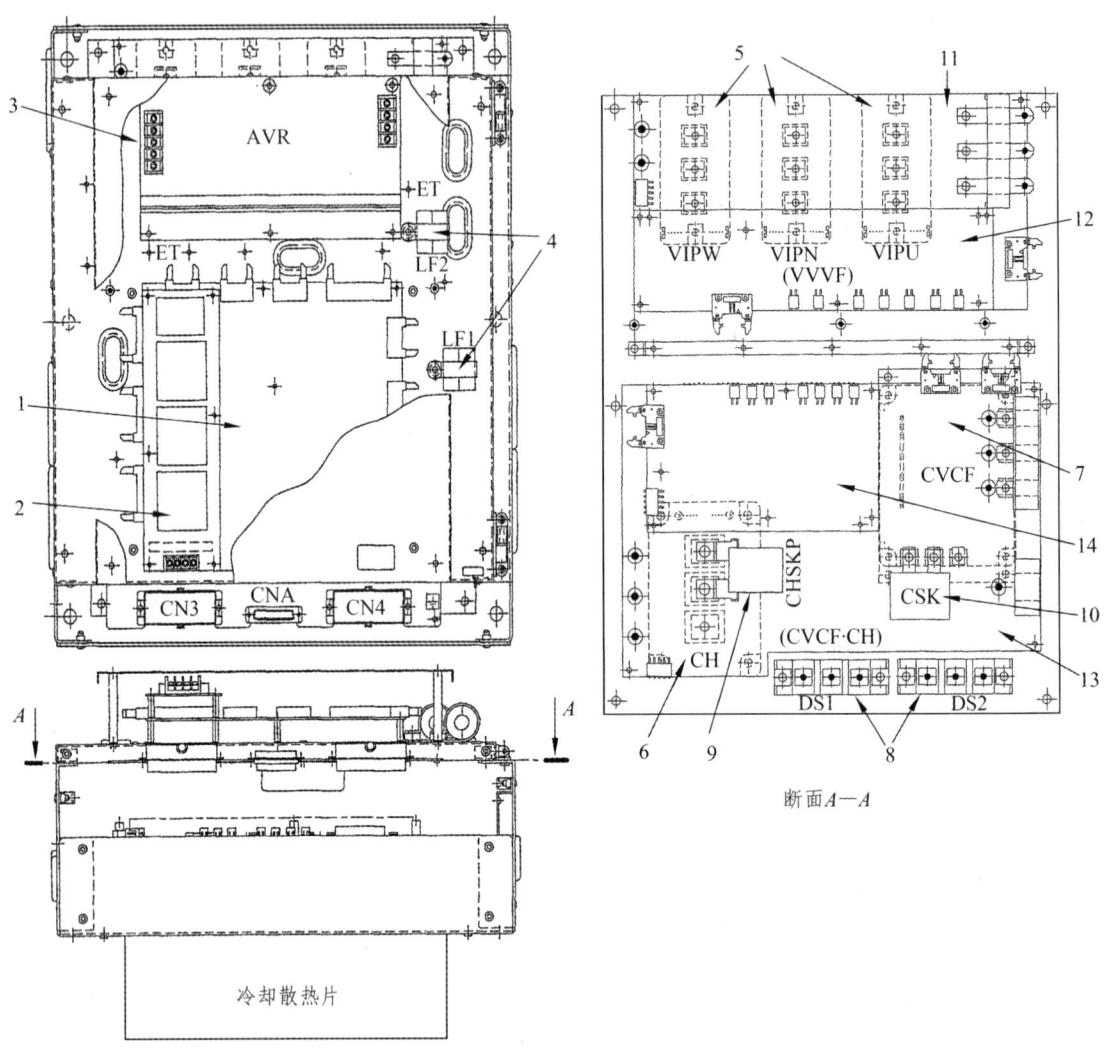

图 5.21 变频单元结构

表 5.29 变频单元的结构部件一览表

序号	部件名称	形　式	数量
1	印刷电路板	R-CDV01A-S2	1
2	印刷电路板	T-CDV01-PS	1
3	控制电源	DA-10007A	1
4	夹紧式过滤器	ZCAT3035-1330	2
5	IPM	PM150DSA120（VIPU、VIPV、VIPW）	3
6	IPM	PM300DSA120（CH）	1
7	IPM	PM100CSA120（CVCF）	1
8	二极管模块	RM100D2Z-50（DS1、DS2）	2

续表

序号	部件名称	形式	数量
9	减振器（snubber）	PC37D125-105K（CHSKP）	1
10	减振器（snubber）	PC35D125-105K-A（CSK）	1
11	印刷电路板	R-POW04	1
12	印刷电路板	T-POW11B	1
13	印刷电路板	R-POW01	1
14	印刷电路板	R-POW11	1

4. 电容器单元结构（见图 5.22 和表 5.30）

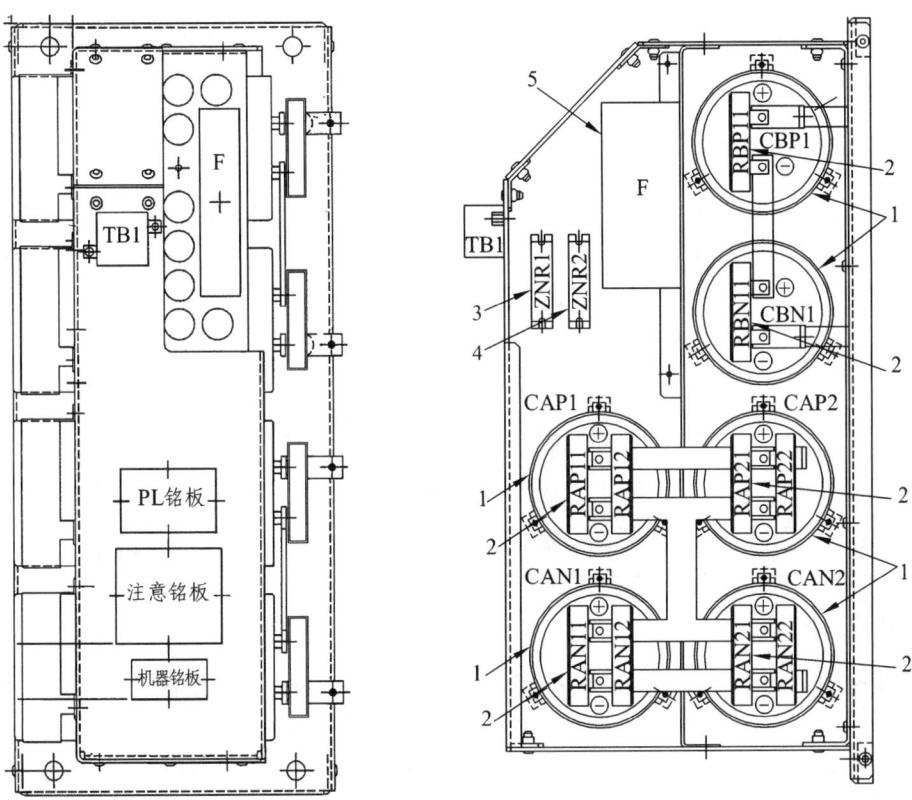

图 5.22　电容器单元结构

表 5.30　电容器单元的结构部件一览表

序号	部件名称	形式	数量
1	铝电解电容	HCGLA2W103YQPHDS	6
2	分压电阻	TCR20W383K	10
3	电涌吸收器	ERZ-C32EK621	1
4	电涌吸收器	ERZ-C32EK781	1
5	熔断器	6，900CPGRC14，51/25	1

二、空调变频装置的保养与检修

1. 保养与检修时的注意事项

（1）检查变频装置时，将控制电源、主回路电源的 NFB 切断后再作业。

（2）变频装置中有大容量电容器，充电电荷在电源切断以后不会马上放电，必须在断电 15 min 或强制放电（在电容单元线号 P12-N10、P10-N10 间连接 10 Ω/400 W 以上的电阻）后，通过测试器确认已放电再进行检修作业。

（3）变频装置内印刷电路板上的电位器是事先设定好的，请勿随便操作。

（4）各种连接器、继电器卸下后必须插回，插回时切勿有接触不良。为做试验进行了拆卸或短路等，试验完毕应恢复原样。

（5）检修开始及结束时，务必检查工具数量，确认无遗漏，同时也要检查有无螺钉、螺母遗留。

2. 绝缘阻抗及绝缘耐力试验

由于变频装置使用 IPM、二极管等半导体和 MOS IC 等集成电路，原则上不进行绝缘阻抗及绝缘耐力试验。测定车体绝缘阻抗时，因其装于空调装置内，所以必须卸掉空调装置的连接器 CN1、CN2 后进行。

绝缘阻抗及绝缘耐力如表 5.31 所示。

表 5.31 绝缘阻抗及绝缘耐力

测定位置	绝缘耐力	绝缘阻抗
主回路与大地间	AC 2 000 V，1 min	500 V，5 MΩ 以上
DC 100 V 与大地间	AC 1 500 V，1 min	500 V，5 MΩ 以上

3. 印刷电路板的处理

印刷电路板如果处理不当，会引起 IC 被静电破坏等事故，故在操作时必须按以下注意事项进行处理。

（1）在接地的金属板上处理，不能在绝缘性高的铺垫物及桌子上处理。

（2）应注意不要直接用手和衣物接触 IC 和集成块。

（3）应注意连接器脚销不能有尘埃污染、不能用手触摸（污垢、皮肤脂肪等的污染，会成为接触不良的原因）。

（4）印刷电路板上装有对冲击脆弱的电子部件，切勿跌落和冲撞。

（5）控制电源未断的状态下切勿插拔。

（6）拆卸印刷电路板时切勿把持板上的电子部件（传输装置及继电器单元的印刷电路板装在卡框架内，要卸拆印刷电路板时应手持卡框或连接器）。

（7）将印刷电路板插入卡框架时，要注意实际安装的部件的导线脚不能和其他部件有接触，如有接触，就必须修正后再插入。

（8）卡框内侧贴有印有卡的型号简称的标签，所以必须把印刷电路板插入指定位置，另外，也应完全插入板后的连接器。

（9）随意插拔印刷电路板会造成连接器的接触不良，应避免。

（10）不要进行不必要的电位器、接触器类器件的操作。

（11）有必要接触集成块和 IC 时，要通过数兆欧姆的电阻使人体接地，电烙铁和检测设备必须完全接地。

（12）计量仪器（示波仪、电压计等）应具有高输入阻抗（1 MΩ 以上）。

（13）更换不良部件时，要使用 60 W 以下的电烙铁，在短时间（5 s）内进行。

（14）保管、运送、转移故障卡等场合，必须采用专用的经防静电处理过的口袋，切勿装入聚乙烯口袋。

4. 空调变频装置保养与检修的方法

空调变频装置保养与检修的内容及方法如表 5.32 所示。

表 5.32 变频装置保养及检修一览表

检修设备	检修部位	检修周期			检查内容及检查方法	部件更换基准
		双日检查	月检查	大修		
逆变器单元	外观检查、内部检查		○	○	确认无氧化（锈）、变色、污染、尘埃、异物混入等	—
	螺栓松动		○	○	目测检查部件安装、端子螺栓，用工具（改锥等）检查加固	—
	配线		○	○	确认接续端子部、连接线部无受热、变色、损伤迹象	—
	连接器		○	○	确认安装位置正确，无接插不良	—
	印刷电路板		○	○	确认安装位置正确并无损伤、变色迹象	一部分印刷电路板上装有铝电解电容，因此需要更换。更换周期的参考标准约为 12 年
	控制电源			○	确认以下输出电压： ·AC 48 V（允许范围 ±15%） ·DC 24 V（允许范围 ±10%）	因为装有铝电解电容，所以需要更换。更换周期的参考标准约为 12 年
电容器单元	外观检查、内部检查		○	○	确认无氧化（锈）、变色、污染、尘埃、异物混入等	—
	螺栓松动		○	○	目测检查部件安装、端子螺栓，用工具（改锥等）检查加固	—
	配线		○	○	确认接续端子部、连接线部无受热、变色、损伤迹象	—
	电阻			○	确认无裂纹、变色、异味迹象	—
	铝电解电容			○	确认防爆阀无膨胀、变色迹象	更换周期的参考标准约为 12 年

续表

检修设备	检修部位	检修周期			检查内容及检查方法	部件更换基准
		双日检查	月检查	大修		
电抗器	外观检查、内部检查			○	确认无氧化（锈）、变色、污染等	—
	螺栓松动			○	目测检查部件安装、端子螺栓，用工具（改锥等）检查加固	—
接触器柜	外观检查、内部检查		○	○	确认无氧化（锈）、变色、污染、尘埃、异物混入等	—
	螺栓松动		○	○	目测检查部件安装、端子螺栓，用工具（改锥等）检查加固	—
	配线		○	○	确认接续端子部、连接线部无受热、变色、损伤迹象	—
	连接器		○	○	确认安装位置正确，无接插不良	—

在表 5.32 中需进行更换的部件的更换基准（推荐）如表 5.33 所示。

表 5.33 中所列部件，由于其结构或物性方面的原因，长期使用会劣化，从而性能下降并可能导致故障，因此，建议定期实施更换。

表 5.33 部件更换基准（推荐）

更换部件		更换周期			收藏设备	备注
部件名称	部件型号	4 年	8 年	12 年		
控制电源	DA-10007A		△	○	逆变器单元	
印刷电路板	R-P0W01		△	○	逆变器单元	
	R-P0W11		△	○	逆变器单元	
	R-P0W04		△	○	逆变器单元	
	T-P0W11B		△	○	逆变器单元	
铝电解电容	HCGLA2W103YQPHDS		△	○	电容器单元	
接触器	SD-N95		△	○	接触器柜	
	SD-N50		△	○	接触器柜	

注：△为检查；○为更换（参考）。

任务三　空调显示设定器的初次通电操作

一、初次通电操作程序

空调显示设定器在初次通电作业时按图 5.23 所示的程序进行操作。

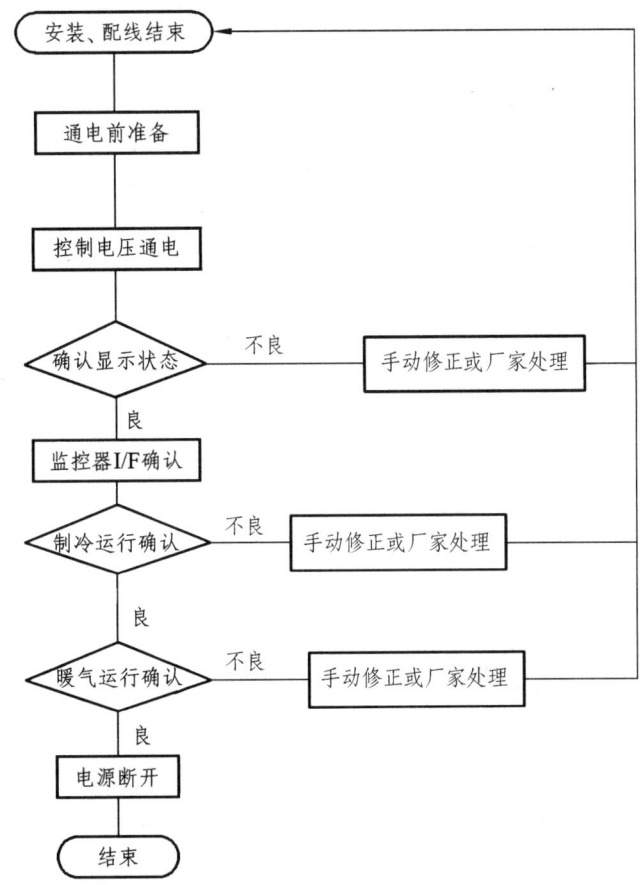

图 5.23　空调显示设定器初次通电操作程序

二、具体操作方法

1. 通电前准备

（1）将空调相关的配线用断路器（空调主回路 1、2，空调控制 1、2、3）全部置于 OFF 一侧。
（2）将车体一侧的空调相关的接地开关关掉。
（3）启动辅助电源，使设定的主电路、控制电路通电。

2. 控制电源通电

（1）将线用断路器（空调控制1、2、3）置于ON一侧。

（2）电源接通后，确认没有异样声音、异臭等现象。

3. 确认显示状态

（1）确认制冷/制热设定温度、其他设定值符合初期值。

（2）确认设定CH。与初期值不同的情况下，重新设定为初期值。

（3）将各种温度传感器显示值与现场车的环境、其他号车进行比较，确认没有异常。异常（如一部分显示为 0.0 ℃ 或 40.0 ℃ 等）的情况下，再次确认电装配线。电装配线正常而显示异常的情况下，检查传感器是否良好。

4. 监控器 I/F 的确认（操作请参照监控装置厂家的资料）

（1）确认没有在监控画面上显示"空调传送异常"。

（2）确认在空调控制器的显示设定部没有显示故障编码"Ch.FF：00.1"（传送异常）。显示传送异常的情况下，再次确认传送线的电装配线。

5. 制冷运行确认

（1）将配线用断路器（空调控制1、2、3）置于"OFF"一侧。

（2）将配线用断路器（空调主回路1、2）置于"ON"一侧。确认没有异样声音、异臭等现象。

（3）将配线用断路器（空调主回路1、2）置于"OFF"一侧。

（4）按照配线用断路器（空调主回路1、2）→（空调控制1、2、3）的顺序置于"ON"一侧。

（5）熄灭显示设定器"维修状态"开关灯。

（6）选择"强制""制冷"，开始强制制冷运行。

（7）确认制冷用各机器被强制运行。另外，确认没有异样声音、异臭等现象。

（8）各机器没有进行所定的动作的情况下，再次确认相关电路的电装配线。

（9）确认"维修"状态后，务必置于"通常状态"。

6. 确认制热运行

（1）将配线用断路器（空调控制1、2、3）置于"OFF"一侧。

（2）将配线用断路器（空调主电路1、2）置于"ON"一侧。确认没有异样声音、异臭等现象。

（3）将配线用断路器（空调主回路1、2）置于"OFF"一侧。

（4）按照配线用断路器（空调主回路1、2）→（空调控制1、2、3）的顺序置于"ON"一侧。

（5）显示设定器熄灭"维修状态"开关灯。

（6）选择"强制""制热"，开始强制制热运行。

（7）确认制热用各机器被强制运行。另外，确认没有异样声音、异臭等现象。

（8）各机器没有进行所定动作的情况下，再次确认相关电路的电装配线。

（9）确认"维修状态"后，请务必置于"通常状态"。

7. 电源断开

（1）按照上述 2~6 项确认装置、电装配线状态正常，结束初次通电作业。

（2）确认结束后，先断开主电路电源，后断开控制电路电源。

任务四　空调显示设定器的维护与检查

一、空调显示设定器的结构认知（见图 5.24 和表 5.34）

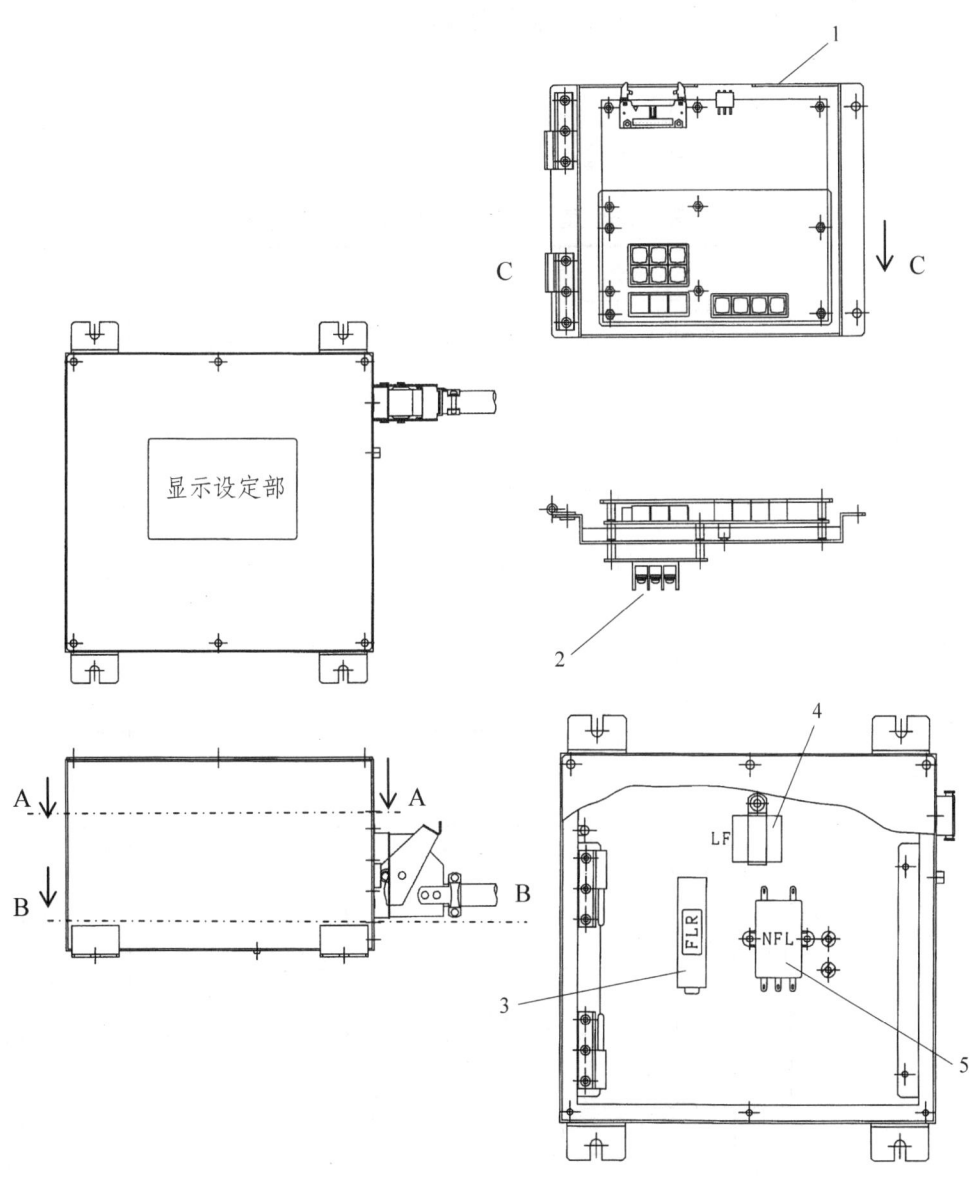

图 5.24　空调显示设定器结构图

表 5.34 空调显示设定器的构成部件

序号	部件名称	部件形式	数量
1	印刷电路板（CPU）	M-SCP53A	1
2	印刷电路板（电源）	M-SPU12A-S1	1
3	继电器	G2R-2-SD DC100V	1
4	铁涂氧磁芯	E04SR301334	1
5	噪声过滤器	ZCB2206-11S	1

二、空调显示设定器的检查方法

空调显示设定器不需要日常检查，但为了防止漏电、短路等，使空调系统安全地工作，必须定期实施以下项目（见表 5.35）的检查。

表 5.35 显示设定器检查项目及检查基准

检查项目	机器		检查周期			检查方法	判定基准	处理
	显示设定器	温度传感器	双日检查	月检	大修			
外观检查	○	○		○	○	目视	没有锈、变色、脏污等异常	清扫、修补、喷漆
安装、端子螺钉类的松动	○	○		○	○	依据目视、触摸、工具拧紧	没有松动、螺钉类的脱落	用工具再拧紧修补
零件类的脱落、损伤	○			○	○	目视	没有异常	修补、交换
内部检查	○			○	○	目视	没有混入锈、变色、脏污、灰尘、异物	清扫、修补、喷漆
配线状态	○			○	○	目视	没有过热、变色、损伤	修补
连接器类的安装状态	○	○		○	○	目视、触摸	确实安装在正规的位置	正常安装
铭牌类	○			○	○	目视	没有铭牌、密封类的脱落	修补
微机卡	○			○	○	目视、触摸	确实安装在正规的位置	正常安装
继电器	○			○	○	听觉	无异样声音	更换
显示灯、LED	○			○	○	目视	确认灯亮	零件更换
动作检查	○	○		○	○	自动/强制运行状态	正常	异常部位调查

三、与显示设定器相关的维护、检查要领

1. 绝缘电阻、耐电压试验

试验注意事项：

绝缘电阻、耐电压试验，是破坏试验，如果频繁地实施会影响产品的寿命，所以除异常时及定期检查时以外不要实施。

试验要领：

① 通常的试验，将车体的地线开关置于"开"，在地线开关两端间施加试验电压。

② 绝缘电阻试验（DC 500 V 兆欧表）判断标准。

空调显示设定器单件：在 5 MΩ 以上为"良"。

③ 耐电压试验判断标准。

控制电路（DC 100 V 和大地间）：在 AC 1 500 V 以下、60 Hz 时，1 min 内无异常。

④ 试验禁止范围。

禁止直接将试验电压施加到空调显示设定器的弱电电路（变频器、监视装置传输接口）。

2. 空调显示设定器换件修（推荐）

换件修的目的：空调显示设定器的组成部件在结构上或物理性能上存在年久劣化的可能，零件的年久劣化会使机器的性能低下甚至导致故障发生，所以推荐定期更换零件。

换件修项目如表 5.36 所示。

表 5.36 空调显示设定器换件修

机器名称	更换部件		更换周期
	品　名	型　号	
空调显示设定器	CPU 板	M-SCP53A	8 年
	电源板	M-SPU12A-S1	8 年

3. 温度输出检查要领

（1）检查注意事项。

① 检查时，停止空调装置运行，选择温度变化小的时间段实施。

② 将温度计放置于检查的温度传感器附近，测定温度传感器附近的温度。

（2）检查内容。

① 电阻值确认。

通过电阻值，判断各温度检测端是否良好。

a. 使温度传感器的安装侧处于打开状态，测量温度传感器端子两端的电阻值。

b. 将测量的电阻值与它的温度-电阻线性特性（见表 5.37）进行比较，判定是否良好。

② 判断标准。

温度会因比较时使用的温度计而不同，但作为标准，在 ± 2.0 °C 以内为正常。

③ 如果电阻确认时发现不良，需更换。

表 5.37 温度-阻抗值标准

电阻值/kΩ	温度/°C
6.000	0
3.934	10
2.637	20
1.812	30
1.266	40

项目拓展

任务一 CRH1 型动车组空调控制系统

一、CRH1 型动车组空调控制系统简述

1. 控制系统的组成

CRH1 型动车组客室空调控制系统由数字控制器 FPC24 和 DIO8 模块控制。DIO8 模块和其他电气件如接触器、继电器、断路器等一同安装在控制面板上。控制面板位于车内,通过 WAGO 端子板与列车电缆连接。控制计算机置于每辆车通过台区域的电气柜中,用于对空调系统的本地控制。客室区域的 HVAC 单元可从乘务员室和司机室进行控制。数字控制器 FPC24 在车内的布置如图 5.25 所示,电气柜实物图如图 5.26 所示。

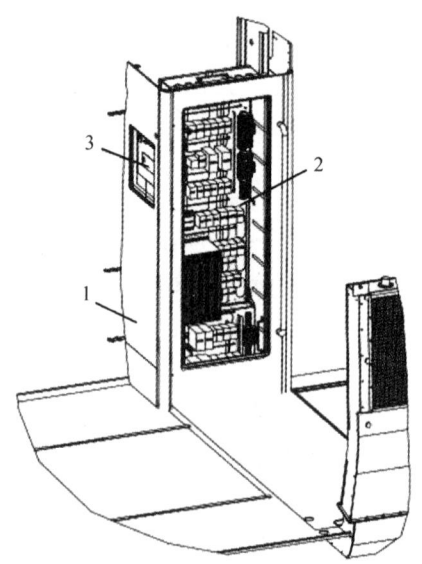

图 5.25 FPC24 在车上的位置
1—车体;2—控制面板;3—FPC24

图 5.26 电气柜

2. 控制方式

通过温度传感器测量每个空气处理单元（AHU）的外部温度，平均温度将通过列车计算机进行计算，并作为外部温度的参考值。每个乘客间的室内温度通过分布在车体内（客室、卫生间、通过台）的温度传感器自动测量。空气调节单元内装有一个新风温度传感器、2个送风温度传感器、1个回风温度传感器，分别安装在新风进风口、送风风机和回风进风口处。这些温度传感器监测客室的制冷/供热需求。通过温度传感器、FPC 24 控制器监测各种不同的温度变化，选择正确的工作模式，为客室提供舒适的空调环境。室内温度调节曲线基于 UIC553 客室标准和 UIC651 司机室标准，适应相应的外部设计条件。新风风量也基于 UIC553 标准要求，并随外部条件不同而不同。

空调系统与列车多功能母线 MVB 相连，由 MVB 来管理电源，发布温度信息，并得到每辆车的空调系统以及子部件的状态信息和诊断信息，通过多功能母线 MVB 还可以实现网络通信。

3. 主要控制装置

1）温度传感器

CRH1 型动车组空调系统装有一套温度传感器，用于检测新风、回风和送风温度，以及车内各隔间的室内温度变化。

2）控制板

空调控制所需的电气电子设备都集成在空调控制电气柜中的控制板上，主要包括模式转换开关、FPC 24 控制器、DIO8 模块、应急电源逆变器及大量的接触器和继电器等。

控制板外形为 1 900 mm×580 mm×238 mm，质量 90 kg，控制柜结构图与主要控制设备分布图如图 5.27 和图 5.28 所示。

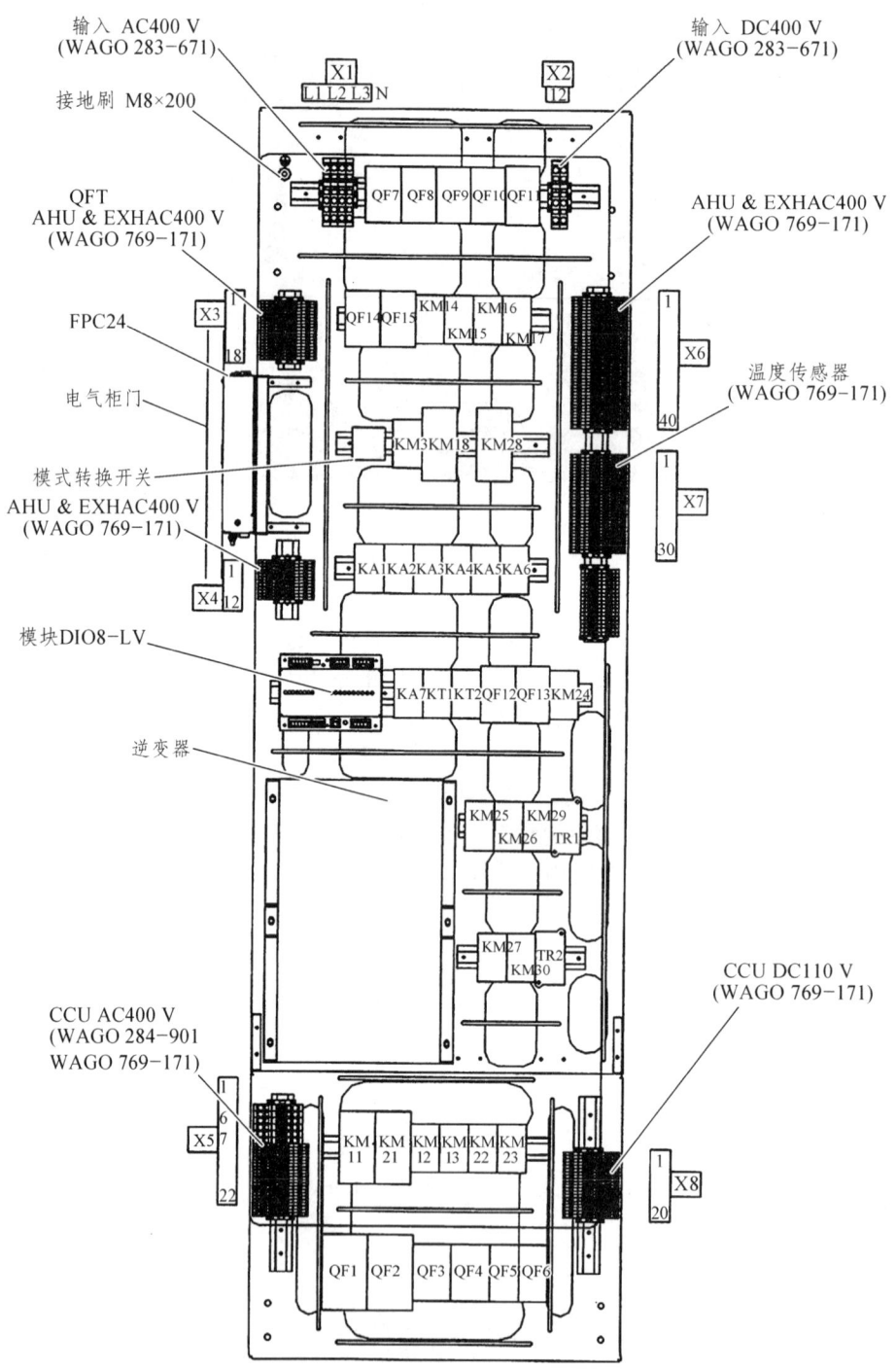

图 5.27 电气柜结构图

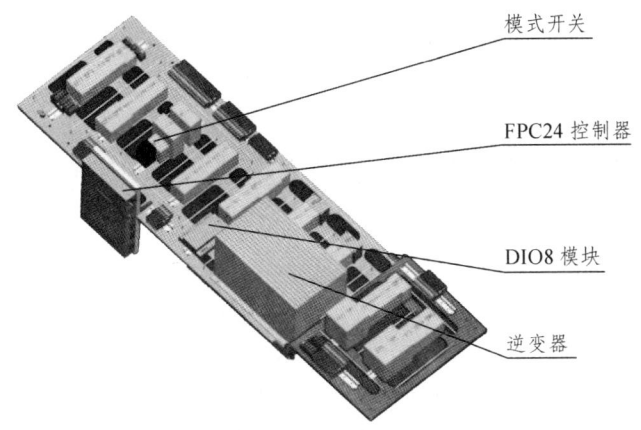

图 5.28 主要空调控制设备在控制板上的布局

（1）控制器 FPC24 和 DIO8 模块。

FPC24 数字控制器和 DIO8 模块是空气调节控制系统的核心部件，用于处理和评估所有的控制和调整数据。FPC24 的主要功能包括：通过 MVB 与 VCU 进行信息交流；温度控制；通过接触器对空调设备进行操控；风门控制；通过 MVB 进行故障信息交换和故障纪录；通过 RS-232 接口进行维护。

FPC24 数字控制器使用 DC 110 V 电源，通过输入输出信号实现对系统的操控调节。

（2）应急电源逆变器。

应急电源逆变器将列车电池直流电转换成交流电。应急电源逆变器在紧急模式下启动。紧急情况下，供、排气风机由逆变器驱动，吸取足够的新风通过空气调节单元的新风格栅将新风吸入客室。

（3）模式转换开关。

在每节车厢的控制板上有一个模式转换开关，工作人员可以手动进行以下位置的转换：

① 手动（Manual）：在空调计算机不工作的情况下，临时使用此位置。供风和排气风机工作，排气风门以及车外风门处于开启位置。在该模式下，空调和列车计算机之间没有通信。

② 测试（Test）：在该模式下，空调单元根据车外温度进行加热或制冷模式。工作时间 15 min。

③ 关闭（OFF）：当前车厢内的空调计算机关闭。

④ 自动（Automatic）：当空调计算机被列车计算机控制时，使用该位置（也是默认位置）。此时，空调系统在计算机的控制下处于正常或非正常运行模式。

二、CRH1 型动车组空调运行控制模式

CRH1 型动车组空调系统的运行状态可分为正常运行、非正常运行和维护运行三种状态，针对不同的运行状态和环境条件，空调系统设计了多种针对性的运行模式。

1. 正常运行状态下

（1）隧道模式。

当司机接近隧道时，或者探测到列车外有烟雾时，司机按下操纵台上的"隧道模式"按钮，

空气调节单元内的新风风门关闭,排风单元将关闭,系统只运行回风。此功能的目的是避免含尘空气、来自内燃机车的异味空气或来自列车外部的烟火进入旅客区域。同时,也可以确保乘客区域大气压力保持在正常大气压力值,避免在列车高速通过隧道特别是长隧道的过程中,或者列车在高原,例如在青藏铁路线上运行时出现失压(低于正常大气压力)状态,造成一般乘客发生"高原反应",特别是高血压、心脏病人发病,可能危及生命安全。

(2)站台模式。

当列车停靠在站台,门释放以后,应当关闭空气调节系统的废排风扇,阻止或者尽量减少室外空气进入通过台。

(3)停放模式。

列车停放、等待投入运营时使用停放模式。此模式只允许供热,可以使室内温度保持在一个固定值(15 ℃)。此模式下所有通风机都停止,只有旅客区和司机室区域的对流取暖装置被激活。如果需要制冷,可以达到在设定温度以上 4 ℃。

(4)正常操作模式(旅客区域)。

空气调节系统运行无任何限制条件,系统运行控制是为了制造良好的内部空气环境,并确保适当数量的室外空气分布到车内各个区域。

(5)正常操作模式(司机室)。

空气调节系统运行无任何限制条件,系统运行控制是为了制造良好的内部空气环境,并确保适当数量的室外空气分布到司机室各个区域。

2. 非正常运行状态下

(1)MVB 通信连接装置缺失。

如果列车计算机和空气调节计算机之间的 MVB 缺失通信,空气调节计算机变为"紧急模式"。废排风机接通到紧急逆变器上。紧急逆变器由电池供电。当旅客区域温度低于 10 ℃ 时,废排风机停止,当温度高于 12 ℃ 时,风机启动。

(2)防火模式(旅客区域/司机室)。

如果在旅客区域/司机室出现烟火,废排风机应当排出烟雾。所有其他风机和对流取暖装置都应当关闭。如果辅助电源正常,则废排风机由正常电源供电。如果没有辅助电源,则废排风机由紧急逆变器供电。紧急逆变器则由电池供电。如果缺失辅助电源,则废排风机以紧急模式启动,保证空气中的 CO_2 浓度不超过极限水平。

(3)紧急模式。

如果辅助电源失效,应启动紧急模式的废排风机,以避免空气中的二氧化碳含量过高。风机电机通过电池驱动的紧急逆变器供电。当旅客区域温度低于 10 ℃ 时,废排风机停止,当温度高于 12 ℃ 时,风机启动。

(4)功率降低模式 1。

一个或多个辅助电源逆变器故障,旅客区域供热和制冷功率消耗将受限制,但司机室不受限制。旅客区域需要制冷时,只允许使用 1 个压缩机;需要供热时,对流取暖装置和空气处理单元中的空气加热器只允许使用 50%。

(5)功率降低模式 2。

只有一个辅助电源逆变器可以使用,则供热和制冷将关闭,司机室也没有供热和制冷。如果外界温度高,则送风风扇和废排风扇将工作;如果外界温度低,则将只运行废排风扇。

任务二　CRH5 型动车组空调控制系统

CRH5 型动车组空调系统具有制冷、制热、通风、预冷、预热和应急通风的功能。这些功能都是通过空调控制系统来协调实现的。

一、CRH5 型动车组空调控制系统简述

1. 控制系统的组成

CRH5 型动车组空调控制系统主要由位于 MC1、MC2 车的司机室空调控制面板，位于其他车辆的客室空调控制面板，位于各车厢的温度传感器，位于 MC1、MC2 车的压力传感器等组成。司机室空调控制面板和客室空调控制面板在车内的位置如图 5.29 所示。安装在控制面板内部的开关装置、控制器和电源接触器用于控制司机室或客室空调系统的运行。

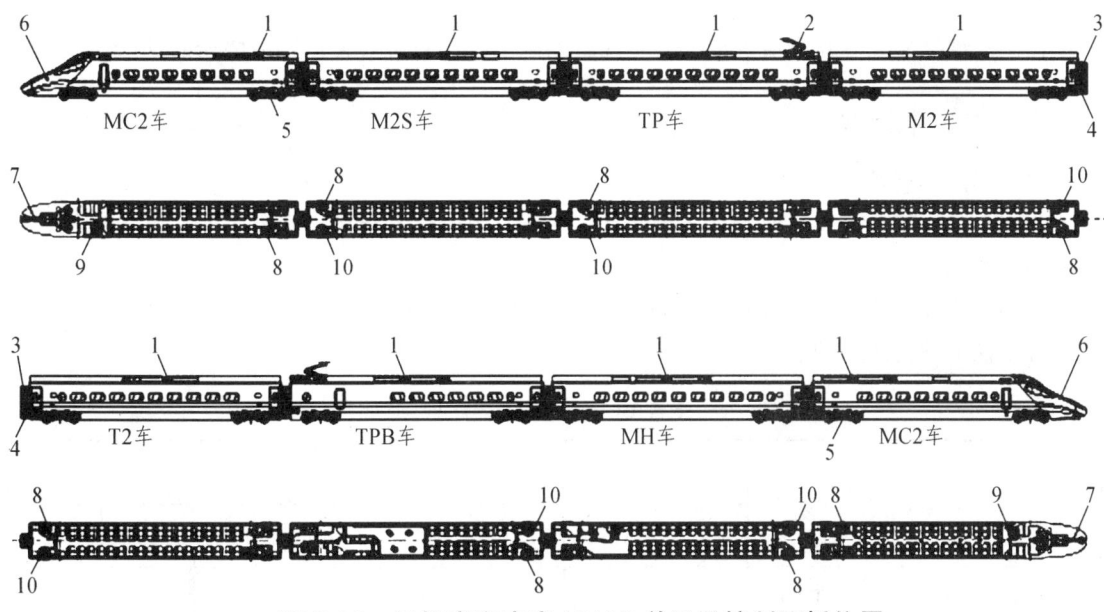

图 5.29　司机室和客室 HVAC 单元及控制面板位置

1—客室 HVAC 单元；2—受电弓；3—风挡；4—半永久车钩；5—转向架；6—空气动力学车头鼻部；7—自动车钩；8—空调系统排风单元；9—司机室和客室 HVAC 控制面板的位置；10—客车 HVAC 控制面板的位置

空调控制器采用 MVB Class 2 与车辆网络实行通信，实现大批量的上行和下行数据交换，使司机能够及时了解所有空调机组的运行状态，或直接控制空调机组的运行。

此外，通过网络控制，车厢与车厢之间的空调系统会定时交换运行信息以互相调节运行状态，使各车厢的温度均衡。同时，在一个车厢内的空调部件出现故障的情况下，该空调系统可自动接收邻近车厢的运行状态和负载等信息来作为依据继续运行，使空调机组不至于停机，从而最大限度地保障了车辆的正常运行。

2. 控制方式

CRH5 型动车组空调系统在回风口、新风口、供风口和客室及相邻区域等处，都安装有温度传感器，这些温度传感器监测司机室或客室的制冷/供热需求，空调控制面板接收位于不同位置的传感器发送的温度信号。位于控制面板中的控制器（微处理器）可执行系统调整功能，该控制器可读取安装在不同位置上的温度传感器的数值。基于温度级的反馈和设置信息，电子控制器可控制并发送必要的指令来激活每种特定情况下所涉及的空调元件，以便在给定时间内达到设定的温度水平，为旅客提供舒适的车内环境。

在外部温度为 40℃、相对湿度为 50% 的气候条件下，所控制的空调设备能够保证车内温度为 27℃（根据 UIC 国际标准）、新风量为每人 15 m^3/h。在外界温度为 −25℃ 的情况下，车内温度为 24℃（根据 UIC 国际标准），新风量为每人 10 m^3/h。

CRH5 型动车组空调控制系统基于不同的需求和运行条件设计了几种可控的运行模式：预处理模式、通风模式、制冷模式、供热模式。

控制面板提供一个用于 PC/笔记本式计算机的连接器，通过该连接器可以使控制面板与专用软件接口，对 HVAC 系统的故障进行诊断。该系统还可通过 MVB 接口向 TCMS 提供信息。

CRH5 型动车组空调控制系统可以实现温度调节、运行模式控制及故障诊断功能。

3. 主要控制装置

（1）温度传感器。

CRH5 型动车组空调系统装有一套温度传感器，用于检测新风、回风、送风和临近客室区域的温度变化。

HVAC 系统在平台、卫生间等位置设有不同数量的温度传感器。表 5.38 列出了安装在动车组各车辆上的传感器数量。

表 5.38 温度传感器布置

温度传感器	每车型的数量							
	MC1	MC2	TPB	M2S	M2	TP	T2	MH
客室回风温度传感器 1（R1）	1	1	1	1	1	1	1	1
客室回风温度传感器 2（R2）	1	1	1	1	1	1	1	1
WC1 温度传感器（R3）	1	1	1	1	1	1	1	1
WC2 温度传感器（R4）	1	1	—	1	1	1	1	1
平台 1 温度传感器（R5）	1	1	1	1	1	1	1	1
平台 2 温度传感器（R6）	1	1	—	1	1	1	1	1
司机室回风温度传感器（R7）	1	1	1	—	—	—	—	—

（2）控制板。

司机室 HVAC 单元的控制面板位于 MC1 和 MC2 车的司机室和检修门之间的走廊上，MC1 和 MC2 车的控制面板如图 5.30 所示；客室 HVAC 单元的控制面板位于其他所有车辆的客室门口的平台上，TPB、M2S、M2、TP 和 T2 车的控制面板如图 5.31 所示。

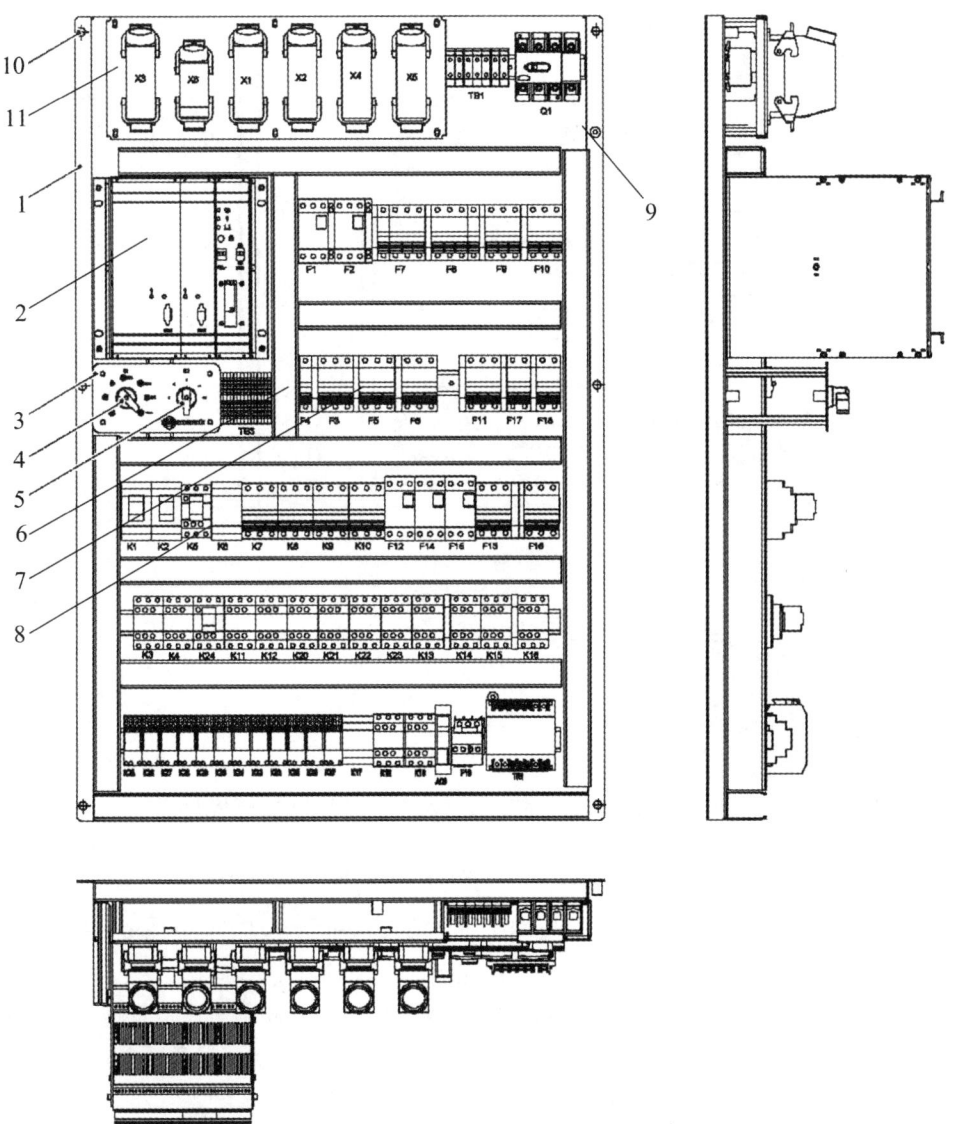

图 5.30 MC1 和 MC2 车的控制面板

1—司机室控制面板；2—电子控制装置；3—指令板；4—选择器开关 S1；5—选择器开关 S2；
6—断路器；7—接触器；8—继电器；9—接地孔；10—安装孔；11—连接器

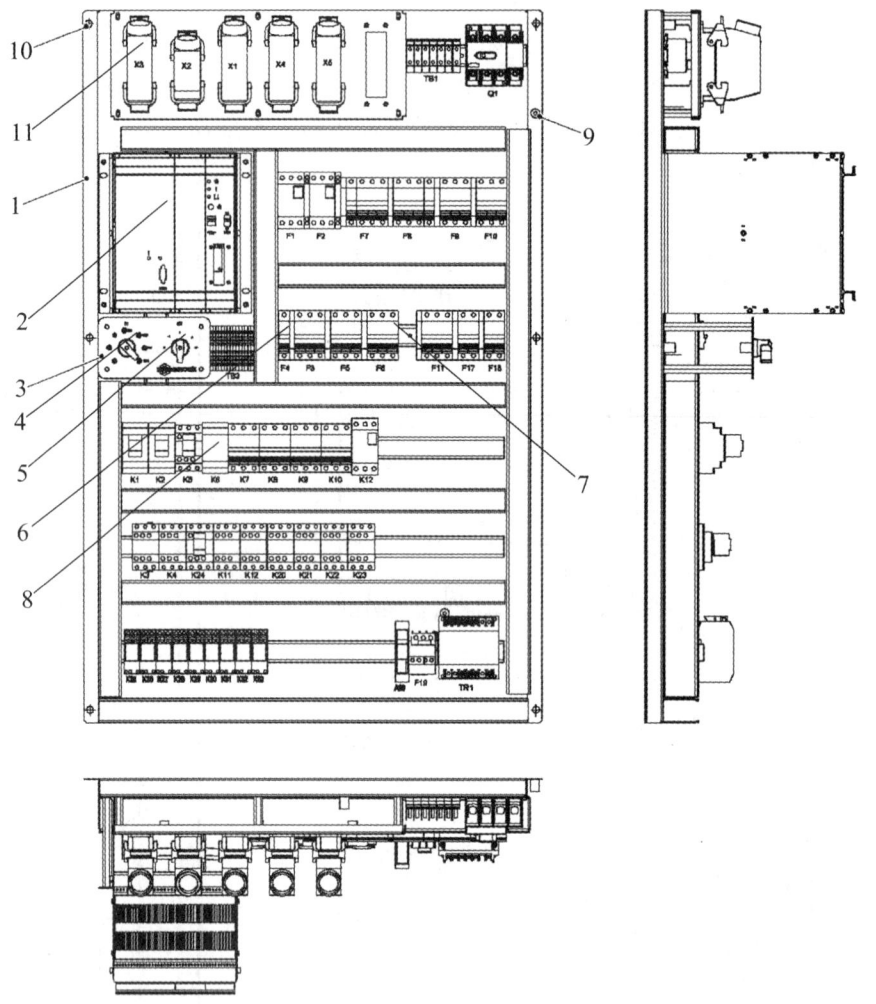

图 5.31 M2S、M2、TP 和 T2 车的控制面板

1—司机室控制面板；2—电子控制装置；3—指令板；4—选择器开关 S1；5—选择器开关 S2；
6—断路器；7—接触器；8—继电器；9—接地孔；10—安装孔；11—连接器

控制面板内置基于微处理器的电子控制装置，执行司机室系统（仅在 MC1 和 MC2 车）和客室系统（其他车辆）的温度调节、运行模式控制、故障诊断等功能。

司机室 HVAC 单元的控制面板不仅对司机室空调系统进行控制，还负责压力波动控制。

控制面板具有其他功能：存储压缩机电机工作时间的相关数据；记录从各传感器处接收到的主要温度值，以备将来维护时使用；在线检查单元的工作性能。

存储器中存储的数据可以通过一个装有软件程序的笔记本式计算机进行读取或处理，该程序专门开发用于获得适当的预防性维护。

HVAC 单元的控制面板配有用于 PC 机的 RS-485 串行接头，便于 HVAC 系统与 PC 机通过专用维护软件进行通信。这样有助于诊断 HVAC 系统的故障、检查故障状况并确定需采取的措施。

系统由位于控制面板的 HVAC 控制单元来自动操作和控制。

（3）指令板。

司机室 HVAC 单元的控制面板上有司机室指令面板（ON/OFF 乘客信号），通过指令板内的选择器 S5 可激活客室系统。乘客 HVAC 系统的工作模式依赖于客室指令面板上的选择器 S1 和 S2 的位置。司机室指令面板如图 5.32 所示，客室指令面板如图 5.33 所示。

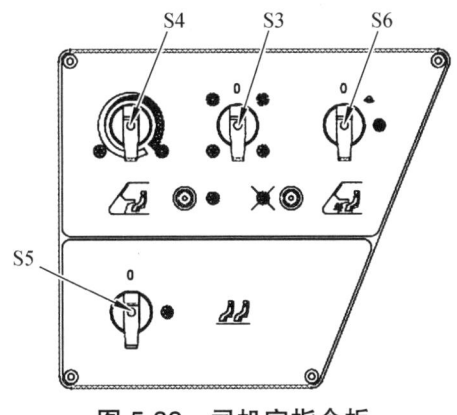

图 5.32　司机室指令板

如图 5.32 所示，司机室 HVAC 单元的工作模式取决于司机室指令板上 S3 选择器开关的位置。司机室设置点温度可通过选择器 S4 进行手动修改（从 18 ℃ 调到 25 ℃）。

选择器开关 S3 和 S4 位于 MC1h 和 MC2 车的车控制面板指令面板上。

选择器开关 S3 是一个多位开关：隔离断开—手动通风—手动供热—手动制冷—自动，这样就可以选择司机室 HVAC 单元运行模式。

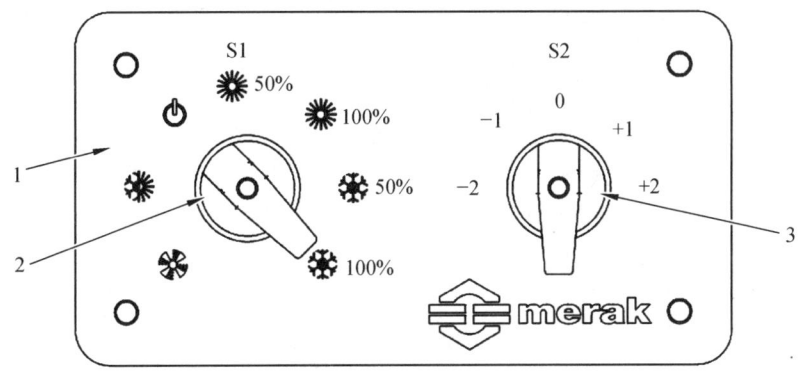

图 5.33　客室指令板

1—客室指令板；2—S2 选择器开关；3—S2 选择器开关

指令面板上带有两个控制灯。当司机室启用时，其点亮条件如表 5.39 所示。

表 5.39　指令板控制灯的功能

控制灯	开	关
自动（绿灯）	选择器 S4 置于自动位置	手动或断开
故障（红灯）	系统故障（仅在自动模式下）	正常模式

如图 5.33 所示，客室指令面板上的选择器 S1 有 6 个位置，用于选择客室 HVAC 系统的以下运行模式：隔离断开、手动通风、手动供热 50%、手动供热 100%、手动制冷 50%、手动制冷 100%、自动模式。

客室设置点温度可通过选择器开关 S2（3）进行手动修改，如表 5.40 所示。

表 5.40 选择器 S2 位置决定的客室设置点温度

位　　置	设置点温度
−2	$T_c - 2$
−1	$T_c - 1$
0	T_c
+1	$T_c + 1$
+2	$T_c + 2$

二、CRH5 型动车组空调运行控制模式

CRH5 型动车组空调系统由位于司机室及各车厢的控制面板的 HVAC 控制单元来自动操作和控制。其主要运行控制模式有：预处理模式、通风模式、制冷模式、供热模式等。

在启动系统后，为了尽可能快地达到设定点的温度，控制单元根据车内环境运行一个预制冷或预加热子程序。

当 HVAC 系统启动后，客室内的温度通过传感器测量比设定值高 2 ℃ 时，运行预制冷程序。

当 HVAC 系统启动后，司机室内的温度通过传感器测量比设定值高 2℃ 时，运行预加热程序。在这些阶段，为了尽快达到所需的温度，外部换气扇自动关闭。

通风、制冷、供热系统的运行通过空调控制系统来自动操作和控制。空调控制系统默认的运行模式是"自动"，在该模式下，空调控制单元根据室内温度传感器测量的温度值与设定值进行比较，根据偏差来自动实现相应设备的开关控制和功率选择。根据需要，列车乘务人员也可以将空调控制单元的运行模式设定为手动通风、手动供热 50%、手动供热 100%、手动制冷 50%、手动制冷 100% 几种模式。

为避免供暖装置（电热空气预热器和辅助加热器）表面温度过高，防止火灾等危险发生，在供暖装置内安装有恒温器和安全温控装置。当温度超过 90 ℃ 时，在恒温器的作用下，可以切断供暖装置的主供电回路。如果温控器失效造成供暖装置表面温度持续升高至 125 ℃，则安全温控装置动作，切断供暖装置的主供电回路。这样通过温控器和安全温控装置两道保险，可以保证供暖装置安全可靠地运行。

三、更多的安全保护

为了保障冬季电加热的正常运行，除了电加热本身带有两级保护外，在通风机的出风口还设有压力传感器和出风温度传感器，用于监控通风机和电加热器的运行状态。

另外，制冷回路内设有压力传感器，时刻监视压缩机的运行状态，任何压缩机的异常会得到反映，以防止压缩机损坏。

四、新风量可调

空调机组新风量根据外界温度可以动态调整。一般情况下，当外界温度处于 －5 ℃ 和 26 ℃ 时，每人的新风量为 20 m³/h，其他状态下为 15 m³/h。新风量的动态调整是通过软件自动实现的，它可以在保证乘客舒适性的前提下，最大限度地降低能耗，降低空调的负荷。

项目小结

本项目的主要任务是在理解动车组空调自动控制系统的基本组成、控制原理、基本功能和技术特点的基础上，掌握 CRH2 型动车组空调控制系统的整体构成、工作原理、部件结构与作用，知道如何进行空调显示设定器的操作与检查，以及如何进行空调变频装置的维护和保养操作；同时，了解 CRH1 和 CRH5 型动车组空调控制系统的组成、控制原理及主要特点。

本项目以 CRH2 型动车组空调控制系统的操作与维护为载体，通过对空调显示设定器的现场实际动手操作和对空调变频装置的保养维护作业，让学生深入理解空调控制原理，明确动车组空调系统的特点，提高学生对动车组空调系统的运用与维护能力，为学习空调系统专项检修打下基础。

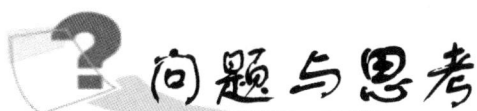

问题与思考

1. 简述 CRH2 型动车组空调控制系统的功能、基本组成及基本特点。
2. 说明 CRH2 型动车组空调显示设定器的结构与工作原理。
3. 试述 CRH2 型动车组空调变频装置的作用、基本构成与工作原理。
4. 简述 CRH2 型动车组空调系统的制冷运行模式及其调节原理。
5. 简述 CRH2 型动车组空调系统的制热运行模式及其调节原理。
6. 简述 CRH2 型动车组空调显示设定器的温度设定与操作方法。
7. 简述 CRH2 型动车组空调显示设定器的保养与维护方法。
8. 简述 CRH2 型动车组空调变频装置的保养与检修方法。
9. 简述 CRH1 型动车组空调控制系统的基本组成与控制过程。
10. 简述 CRH5 型动车组空调控制系统的基本组成与控制原理。

项目六　动车组空调系统专项检修

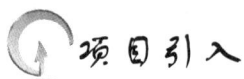 项目引入

动车组检修采用高效率的检修方式，其目的是大幅度提高动车组的安全性和可靠性，提高动车组的使用效率，压缩修车时间，提高检修单位的作业效率，实现修车方式的制造化。动车组检修方式是建立在部件寿命管理系统的基础上，同时以先进的检修设备和设施及零部件制造工厂的配套检修服务为条件和支撑。其主要形式是换件修、集中修、状态修和均衡修，其主要特点是高度的专业化、高度的集约化、高度的社会化、高度的程序化。

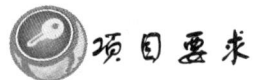 项目要求

本项目通过在动车运用所对 CRH2 型动车组空调系统的一、二级专项检修实践，以及对 CRH1、CRH5 型动车组检修计划、检修项目、检修程序、检修标准的了解，提高学习者对动车组空调系统检修的实践技能；通过对 CRH2、CRH1 型动车组一、二级检修作业办法的熟悉和理解，使学习者对动车组一、二级检修的检修流程、作业程序、作业线路、作业质量有深刻理解，从而树立牢固的质量意识。

【知识要求】

（1）了解各型动车组修程。
（2）了解 CRH2 型动车组一、二级检修作业范围与流程。
（3）了解 CRH2 型动车组空调系统二级专项检修作业程序。
（4）了解 CRH1 型动车组空调系统一、二级专项检修作业程序。
（5）了解 CRH5 型动车组空调系统一级专项检修作业程序。

【能力要求】

（1）能在现场对 CRH2 型动车组空调系统进行一、二级专项检修作业。
（2）能在现场复述 CRH2 型动车组一、二级检修作业流程。
（3）能在现场复述 CRH2 型动车组四级检修作业程序及作业标准。
（4）注意安全、经济、规范作业，有安全意识及质量意识。

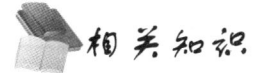

一、动车组检修周期与检修范围

（一）动车组检修周期

我国动车组有 4 个技术序列，分别引进不同国家的技术，其技术特点与检修规程有所不同。通过对国外动车组的检修体系进行研究，结合我国国情，将动车组的修程分为一级维修至五级维修共 5 个等级。表 6.1 列出了我国 3 种动车组检修周期。

表 6.1　3 种动车组检修周期（暂行规定）

检修等级	检修周期		
	CRH5	CRH2	CRH1
一级维修——例行检查	每次运行结束	每次运行结束或 48 h	1/4 月
二级维修——重点检查	60 000 km	30 000 km 或 30 天	1/2 月
三级维修——重点分解检修	1 200 000 km	450 000 km 或 1 年	600 000 km
四级维修——系统分解检修	2 400 000 km	900 000 km 或 3 年	1 200 000 km
五级维修——整车分解检修	4 800 000 km	1 800 000 km 或 6 年	2 400 000 km

（二）各级修程下动车组的检修范围

（1）一级维修——例行检查：更换、调整和补充消耗部件，检查各部分的状态和性能，特别是车下悬吊件的安装情况。

（2）二级维修——重点检查：按照规定要求进行动车组性能试验和安全性检测，重点检查轮对踏面和车轴。

（3）三级维修——重要部件分解检修：对转向架及其主要零部件进行分解检修。

（4）四级维修——系统全面分解检修：对各主系统进行分解检修，必要时进行车体的涂漆。

（5）五级维修——整车全面分解检修：对全车进行分解检修，较大范围地更新零部件，并进行车体的涂漆。

二、CRH2 型动车组一、二级维修

CRH2 型动车组一、二级维修项目、维修方法及维修性质如表 6.2 所示。

表 6.2 CRH2 型动车组空调系统一、二级维修计划表

序号	维修项目			维修方式	维修性质	维修周期		备注
	系统	子系统	部件（性能）			里程（×10⁴ km）	时间/天	
1	空调系统	空调机组	—	检测、清洁	预防性	3[1]	30	[1]4～10月实施
2	空调系统	空调机组	空调冷凝器滤网	清洁	预防性	0.4[1]	4[1]/30[2]	[1]4～10月实施 [2]11～3月实施
3	空调系统	空调机组	空调蒸发器滤网	清洁	预防性	1.5[1]	15[1]/30[2]	[1]4～10月实施 [2]11～3月实施
4	空调系统	空调机组	空调冷凝风机扇叶	清洁	预防性	3[1]	30	[1]4～10月实施
5	空调系统	空调机组	空调排水管路	清洁	预防性	3[1]	30[1]	[1]4～10月实施
6	空调系统	空调机组	室内回风口、厕所废排口滤网	清洁	预防性	3	30	
7	空调系统	司机室空调装置	—	检查	预防性	3[1]	30	[1]4～10月实施
8	空调系统	连续换气装置	换气装置及逆变电源	检查、清洁	预防性	3	30	
9	空调系统	连续换气装置	滤芯	清洁	预防性	0.4	4	
10	空调系统	连续换气装置	逆变器滤网	清洁	预防性	0.8	8	
11	空调系统	空气清洁器	滤网	清洁	预防性	—	30	

三、CRH1 型动车组一、二级维修

CRH1 型动车组一、二级维修项目、维修方法及维修性质如表 6.3 所示。

表 6.3 CRH1 型动车组空调系统一、二级维修计划表

序号	维修项目				维修方式	维修性质	部颁维修周期 时间/天	执行周期/天
	系统	子系统	部件（性能）	项目名称				
1	车内环境控制	客室空调装置	空调计算机	下载空调计算机数据	下载	预防性	30	30
2	车内环境控制	客室空调装置	滤网	更换空调滤网	更换	预防性	15	6

续表

序号	维修项目				维修方式	维修性质	部颁维修周期 时间/天	执行周期/天
	系统	子系统	部件（性能）	项目名称				
3	车内环境控制	客室空调装置	蒸发器	清洁空调蒸发器	清洁	预防性	240	30
4	车内环境控制	客室空调装置	空气处理单元	检查空气处理单元电加热保护	检查	预防性	240	360
5	车内环境控制	客室空调装置	冷凝器	清洁客室空调冷凝器	清洁	预防性	240	30
6	车内环境控制	客室空调装置	压缩机冷凝器	检查压缩冷凝机组	检查	预防性	240	360
7	车内环境控制	客室空调装置	空调计算机、FPC板、各电气设备	检查客室空调控制系统	检查	预防性	240	180
8	车内环境控制	客室空调装置	—	检查客室空调控制面板接线	检查	预防性	30	30
9	车内环境控制	司机室空调装置	滤网	更换司机室空调滤网	更换	预防性	15	6
10	车内环境控制	司机室空调装置	司机室空调	检查司机室HVAC单元	检查	预防性	240	360
11	车内环境控制	司机室空调装置	空调单元	清洁司机室空调单元	清洁	预防性	240	360
12	车内环境控制	司机室空调装置	功能检查	检查司机室空调控制系统	检查	预防性	240	180
13	车内环境控制	司机室空调装置	—	检查司机室空调控制面板接线	检查	预防性	30	30

四、CRH5 型动车组一、二级维修

CRH5 型动车组一、二级维修项目、维修方法及维修性质如表 6.4 所示。

表 6.4 CRH5 型动车组一、二级维修计划

系统	子系统	任务	运行结束后	运行里程		基于走行里程的其他维护计划
				15 000 km	30 000 km	
司机室 HVAC 单元	空气过滤器	更换	—			90 000 km
司机室 HVAC 单元	司机室 HVAC 单元	功能检查				800 000 km
司机室 HVAC 单元	观察孔指示器	检查制冷剂液位				800 000 km

续表

系　统	子系统	任　务	运行结束后	运行里程 15 000 km	运行里程 30 000 km	基于走行里程的其他维护计划
司机室 HVAC 单元	高压和低压开关	测试压力开关设置	—	—	—	800 000 km
司机室 HVAC 单元	制冷系统	检查制冷剂泄漏情况	—	—	—	800 000 km
司机室 HVAC 单元	司机室 HVAC 单元	检　查	—	—	—	800 000 km
司机室 HVAC 单元	控制面板	检　查	—	—	—	800 000 km
司机室 HVAC 单元	蒸发器和冷凝旋管	清　洁	—	—	—	800 000 km
司机室 HVAC 单元	温度传感器（热敏电阻器）	功能试验	—	—	—	800 000 km
司机室 HVAC 单元	温度传感器（恒温器）	功能试验	—	—	—	800 000 km
司机室 HVAC 单元	电机和电加热器	耗电试验	—	—	—	800 000 km
司机室 HVAC 单元	RMPU 的安装紧固件	检　查	—	—	—	800 000 km
客室 HVAC 单元	空气过滤器	更　换	—	—	—	90 000 km
客室 HVAC 单元	客室 HVAC 单元	功能试验	—	—	—	800 000 km
客室 HVAC 单元	观察孔指示器	检查制冷剂液位	—	—	—	800 000 km
客室 HVAC 单元	压力开关和传感器	测试压力开关和压力传感器设置	—	—	—	800 000 km
客室 HVAC 单元	制冷系统	检查制冷剂泄漏情况	—	—	—	800 000 km
客室 HVAC 单元	客室 HVAC 单元	检　查	—	—	—	800 000 km
客室 HVAC 单元	控制面板	检　查	—	—	—	800 000 km
客室 HVAC 单元	蒸发器和冷凝旋管	清　洁	—	—	—	800 000 km
客室 HVAC 单元	温度传感器（热敏电阻器）	功能试验	—	—	—	800 000 km
客室 HVAC 单元	温度传感器（恒温器）	功能试验	—	—	—	800 000 km
客室 HVAC 单元	电机和电加热器	耗电试验	—	—	—	800 000 km
客室 HVAC 单元	新风风门连杆	清　洁	—	—	—	800 000 km
客室 HVAC 单元	RMPU 单元的安装紧固件	检　查	—	—	—	800 000 km

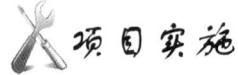
项目实施

【实施条件】

实施地点与要求：动车组运用所或动车检修基地，有专业检修人员进行现场指导。

实施时间：最好在动车运用所或基地库内进行二级检修的时段。

教学组织：学生分成学习小组，5~6 人一组，每小组一节车厢；由指导老师进行讲解与现场示范，学生分组进行操作。

安全要求：学生佩戴安全帽、手套等防护用品，确认接触网断电、受电弓已降、止轮器已设并设置安全号志才能作业。

【实施步骤】

任务一　CRH2型动车组空调系统二级检修

1. 司机室空调装置检查

（1）维修周期：4月—10月，30 000 km/30天；11月—次年3月：30天。
（2）供电条件：无电，升弓供电。
（3）作业工具：基本工具、棘轮扳手、扭矩扳手、毛刷、高压清洗装置。
（4）作业程序：
① 打开驾驶室空调装置室外处底板，并对其进行灰尘清理。
② 检查空调装置室外机外观及安装状态是否良好，固定螺栓是否防松标记清晰、无松动。
③ 检查管路（见图6.1）有无泄漏，配线有无破损。
④ 检查冷凝器有无脏堵，若有，则对其进行清理或用中性洗涤剂清洗。
⑤ 手动转动冷凝风扇，确认转动平稳、无异音。
⑥ 检查室内机外观及安装状态是否良好，排水管路是否畅通（见图6.2）。

图6.1　室外机管路

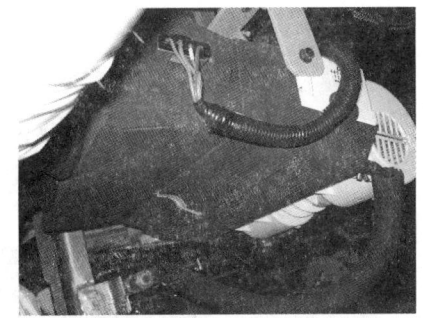
图6.2　室内机外观检查

⑦ 确认配线管路无松动、碰磨，端子无变色。
⑧ 通电后，确认设备工作正常，风机转动无异音，送风状态良好。

2. 空调机组检测及清洁

（1）维修周期：4月—10月，30 000 km/30天；11月—次年3月，30天。
（2）供电条件：无电，升弓供电。
（3）作业工具：基本工具、棘轮扳手、扭矩扳手、毛刷、高压清洗装置。
（4）作业程序：
① 拆卸下空调装置对应部位处的裙板和底板，并对裙板和底板进行清理，确认进、出风

口格栅无松动和损坏（见图 6.3）。

② 确认空调装置箱体外观及安装状态良好，悬挂件状态良好，固定螺栓防松标记清晰、无松动，各柜门安装状态良好。

③ 拆卸下空调装置冷凝器和蒸发器过滤网（见图 6.4），并进行清理，如有破损或变形则进行更换。

图 6.3　空调装置底板

图 6.4　蒸发器过滤网

④ 打开蒸发器托水板排水堵排水，再打开托水板，并清理下底板。

⑤ 检查空调装置冷凝器和蒸发器有无脏堵，有积污时进行清理，确认管路无泄漏。

⑥ 静态检查空调装置冷凝器风机（见图 6.5）状态，确认转动平稳、无异音，表面如有积尘应进行清理，确认各固定螺栓防松标记清晰、无松动。

⑦ 打开接触器盒，确认各部连接线外观状态良好，接触器箱内各配件安装牢固，接线端子无变色。

图 6.5　冷凝器风机

⑧ 安装各部滤网、空调托水板、接触器盒柜门，并确认状态良好，螺栓扭力符合要求。

⑨ 安装对应位置处的裙板和底板，并确认其安装状态良好。

⑩ 做好外接电源供电准备，连接外接电源线。

⑪ 在本车服务配电盘合上空调装置空气开关。

⑫ 在车体两侧对空调装置进行状态试验，确认设备工作正常、转动部件无异常振动、送风量符合要求。

⑬ 检查车上空调出风口处的温度传感器，打开外罩清理灰尘，确认探头安装牢固。
⑭ 工作 10 min 后，通过空调控制器检查压缩机工作电流是否与工况图吻合。

3. 空调冷凝器滤网清洁

（1）维修周期：4月—10月，4 000 km/4 天；11月—次年3月：30天。
（2）供电条件：无电。
（3）作业程序：
① 打开空调滤网相应位置的底板，取下过滤网（见图6.6）。
② 检查进风口侧的换热器，有积污时用吸尘器对其进行清洁，或用水（中性洗涤剂）进行清洗。
③ 清除过滤网周边底板上的灰尘、杂物，如有框架变形则更换新品（见图6.7）。

图6.6　过滤网

图6.7　过滤网框架

④ 更换过滤材料或更换过滤网，换下后使用中性清洗剂清洗。
⑤ 用 1 500～2 000 W 吸尘器对各过滤器框架进行彻底除尘，必要时用中性清洗剂进行清洗。
⑥ 用扭矩扳手按规定力矩安装相应底板的螺栓。
⑦ 确认底板螺栓齐全、紧固。

4. 空调蒸发器滤网清洁

（1）维修周期：4月—10月，15 000 km/15 天；11月—次年3月，30天。
（2）供电条件：无电。
（3）作业程序：
① 打开空调滤网相应位置的底板，取下过滤网。
② 检查进风口侧的换热器，有积污时用吸尘器对其进行清洁，或用水（中性洗涤剂）进行清洗。
③ 清除过滤网周边底板上的灰尘、杂物，如有框架变形则更换新品。
④ 更换过滤材料或更换过滤网，换下后使用中性清洗剂清洗。
⑤ 用 1 500～2 000 W 吸尘器对各过滤器框架进行彻底除尘，必要时用中性清洗剂进行清洗。
⑥ 安装干燥的过滤网，并确认状态良好。
⑦ 用扭矩扳手按规定力矩安装相应底板的螺栓。
⑧ 确认底板螺栓齐全、紧固。

5. 空调冷凝风机扇叶清洁

（1）维修周期：4月—10月，30 000 km/30天；11月—次年3月，30天。
（2）供电条件：无电。
（3）作业程序：
① 打开冷凝风机相应位置的裙板（见图6.8）。
② 用毛刷将风机扇叶中心圆（见图6.9）上的灰土清除。

图6.8　冷凝风机侧裙板

图6.9　冷凝风机扇叶

③ 用扭矩扳手按规定力矩紧固相应裙板螺栓。
④ 确认底板螺栓齐全、紧固。

6. 空调排水管路清洁

（1）维修周期：4月—10月，15天。
（2）供电条件：无电。
（3）作业程序：
① 卸下底板排水堵（见图6.10），排净底板存水。
② 打开空调排水管相应位置的底板。
③ 对滤网、水泵（见图6.11）进水管进行清洗疏通。
④ 清理底板（如图6.12）及周边杂物。
⑤ 用扭矩扳手安装相应底板的螺栓。
⑥ 确认底板螺栓齐全、紧固。

图6.10　底板排水堵

图6.11　排水泵

图6.12　底板

7. 室内回风口、厕所废排口滤网清洁

（1）维修周期：30 000 km/30 天。
（2）供电条件：有电。
（3）作业工具：基本工具、吸尘器、毛刷、螺丝刀。
（4）注意事项：注意车内空调装置、换气装置工作停止状态。
（5）作业程序：
① 断开服务配电盘"供排气""空调控制 1""空调控制 2"空气开关。
② 用 1 500～2 000 W 吸尘器对各车厢座席下及车厢端部各回风网、卫生间废排口滤网进行彻底除尘（见图 6.13～6.15）。

图 6.13　车厢座席下回风口

图 6.14　通过台回风口

图 6.15　卫生间废排口

③ 更换因破损或变形而无法使用的滤网。
④ 将各开关复位。

8. 换气装置和逆变电源检查及清洁

（1）维修周期：30 000 km/30 天。
（2）供电条件：无电，有电。
（3）作业时间：30 min/辆。
（4）作业工具：基本工具、棘轮扳手、扭矩扳手、毛刷、高压风管。

(5) 注意事项：禁止触摸发热部件。
(6) 作业程序：

① 拆卸下换气装置对应部位处的裙板和底板，并对其进行清理，确认进、出风口格栅无松动和损坏。

② 确认换气装置和逆变电源外观及安装状态良好，悬挂梁无裂纹，固定螺栓防松标记清晰、无松动（见图6.16）。

③ 确认外部配线连接牢固，无破损、碰磨（见图6.17）。

图6.16 逆变电源外观

图6.17 外部配线

④ 确认空气滤芯和逆变器滤网无脏堵、破损，安装牢固。
⑤ 确认废气出风管路安装状态良好、无破损。
⑥ 安装对应位置处的裙板和底板，螺栓紧固扭力符合要求，并确认其安装状态。
⑦ 按作业程序升弓供电或外接电源供电。
⑧ 在本车服务配电盘合上换气装置风机空气开关。
⑨ 在车下设备位置检查设备工作状态正常，确认风机运转正常、无异音。

9. 换气装置滤芯清洁

(1) 维修周期：4 000 km/4 天。
(2) 作业时间：30 min/辆。
(3) 供电条件：无电。
(4) 作业工具：基本工具、吸尘器、压缩空气、套筒扳手、扭矩扳手、运输车。
(5) 注意事项：
① 作业中防止滤芯磕碰、损伤。
② 采用换件维修方式。
(6) 作业程序：
① 打开换气装置滤芯相应位置的底板，取下滤芯（见图6.18）。
② 将取下的滤芯用吸尘器、压缩空气清理干净。
③ 清除滤芯周边底板上的灰尘、杂物。
④ 按相反步骤安装滤芯。
⑤ 用扭矩扳手按规定力矩安装相应底板的螺栓。

图6.18 换气装置滤芯

⑥ 确认底板螺栓齐全、紧固。
⑦ 清扫次数不能超过 4 次，超过后更换新品。

10. 换气装置逆变器滤网清洁

（1）维修周期：8 000 km/8 天。
（2）作业时间：20 min/辆。
（3）供电条件：无电。
（4）作业工具：基本工具、吸尘器、压缩空气、套筒扳手、扭矩扳手。
（5）注意事项：作业中防止滤网磕碰、损伤。
（6）作业程序：
① 卸下换气装置逆变器滤网相应位置的底板，打开滤网卡子，取出滤网（见图 6.19）。
② 将取出的滤网用吸尘器、压缩空气清理干净（见图 6.20）。

图 6.19　滤网

图 6.20　清理滤网

③ 清除过滤网周边底板上的灰尘、杂物。
④ 安装滤网。
⑤ 用扭矩扳手按规定力矩安装相应底板的螺栓。
⑥ 确认底板螺栓齐全、紧固。

11. 空气净化器滤网清洁

（1）维修周期：30 天。
（2）作业时间：40 min/辆。
（3）供电条件：升弓供电，外接电源。
（4）作业工具：基本工具、吸尘器、毛刷、螺丝刀。
（5）注意事项：空气净化器空气开关必须处于断开状态。
（6）作业程序：
① 断开空气净化器空气开关。
② 打开空气净化器外罩（见图 6.21、图 6.22）。

图 6.21 空气净化器

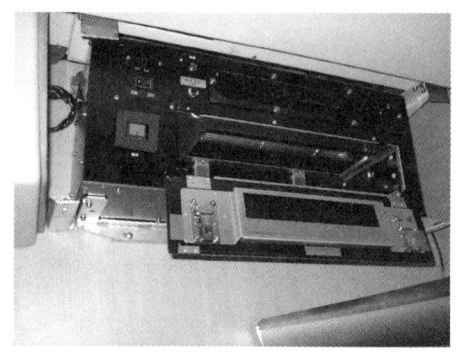
图 6.22 打开外罩

③ 用 1 500～2 000 W 吸尘器对空气净化器进风口进行彻底除尘。
④ 拆开空气净化器,取出过滤网,用吸尘器除去杂物、灰尘(见图 6.23)。
⑤ 安装过滤网,确认安装状态良好(如图 6.24)。
⑥ 装好空气净化器,安装外罩。
⑦ 将空气净化器空气开关复位。

图 6.23 取出过滤网

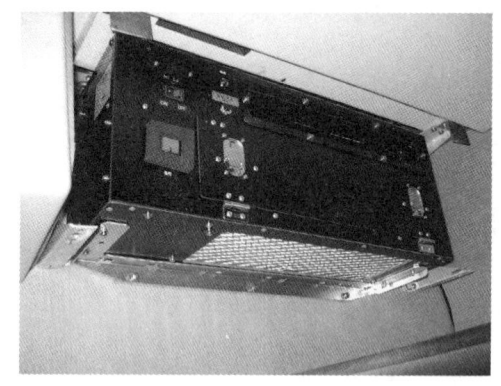
图 6.24 安装好过滤网

任务二　CRH2 型动车组空调系统四级检修

1. 换气装置及逆变器检修

(1)分解、清扫纸芯过滤器,清洗换气装置金属网。
(2)将逆变器箱过滤器清洗干净,并安装良好。
(3)拆卸供气侧的检查盖、排气侧排气吸入消音器,检查风机叶轮旋转状态,出现异常声音时进行修复或更换。
(4)换气装置及逆变器箱检查。
① 确认箱内部干净。

② 确认外部无撞击的痕迹和损伤。
③ 确认铆钉、螺栓齐全无松动。
④ 确认连接器插座、插头外部干净，表面无损伤、裂纹，端子无锈蚀、烧损。
（5）试验。
① 绝缘电阻试验：用 500 V 级兆欧表测量换气装置电机电源线对地绝缘电阻，测量值应在 5 MΩ 以上。
② 通电试验：通电状态下逆变器、继电器显示正常。
- 60 Hz 下，逆变器显示 60 Hz，继电器 T_{TR}、T_{RS}、VF、R_{RS}、X4 指示灯亮。
- 53 Hz 下，逆变器显示 53 Hz，继电器 T_{TR}、T_{RS}、R_{RS}、X4 指示灯亮。
- 逆变器正常工作时，输出电流在 60 Hz 时为（15.2±2）A，在 53 Hz 时为（11.3±2）A。

2. 客室空调装置检修

（1）空调装置整体分解检修，清扫空调装置主体，对内部电加热器、室内送风机、排水泵、浮动开关、室外送风机、压缩机和送风机用逆变器、接触器盘、制冷剂配管的状态进行检查；组装后进行绝缘、耐压、通电及气密试验。
（2）确认温度传感器表面清洁，安装牢固，外观无损伤、锈蚀，通电试验时显示温度准确。
（3）空调装置分解检修见"CRH2 型动车组空调装置分解检修技术要求"。

3. 司机室室外空调装置检修

（1）确认外观及安装状态良好，固定螺栓防松标记清晰、无松动。
（2）确认管路无泄漏、松动、碰磨，配线无破损、松动，端子无变色、损伤、锈蚀。
（3）确认清洗冷凝器、风扇及其他附属品，散热片无腐蚀、倒伏、污物。
（4）确认冷凝风扇转动平稳、无异音。
（5）确认主体各部位及附属品密封垫无破损。

4. 加热装置检修

（1）对寿命周期超过 2 个取暖期的加热装置进行更换。
（2）确认加热管绝缘电阻值（对地）在 200 MΩ 以上（用 500 V 兆欧表测量）。
（3）温控器参数检测，动作温度在（20±3）℃之间。

5. 过滤网、过滤器检修

（1）清扫换气装置的过滤器、过滤网，作用不良或破损时更换新品。
（2）过滤网框架变形时进行修复或更换。

6. 回风过滤网和回风格栅检修

（1）确认各部件配件齐全，安装良好。
（2）确认清理回风过滤网、格栅、滤网检查盖、过滤网罩，确认各部位无灰尘、杂物堵塞；

确认各部件无变形、锈蚀、破损，表面油漆脱落时涂漆。

（3）确认滤网检查盖罩无裂纹。

7. 出风口检查

（1）确认出风口外观状态良好、固定牢固、无松动。

（2）确认出风口通过台车厢顶风道出风口橡胶良好，回风格栅外观良好，顶板固定牢固，无塌陷、开胶，若表面划伤则修复。

8. 除臭发生器检查

（1）确认外观及安装状态良好；配线紧固，没有损伤、变色；压线牢固、可靠。

（2）确认试验时动作良好。

9. 空气净化器检修

（1）确认空气净化器配件齐全，作用良好，安装牢固。

（2）确认进风口、过滤网清洁无污垢。

10. 空调显示设定器检查

确认空调显示设定器安装牢固、表面清洁，各按键作用良好，通电试验动作功能正常。

11. 司机室内空调装置检修

（1）确认司机室上方风量调节板外观无裂纹、开裂、变形，安装状态良好。

（2）确认司机室侧面冷气切换、暖气切换开关动作正常，外观无损伤。

（3）确认司机室空调制冷用格栅的外观无损伤，安装牢固。

（4）确认司机台前部冷气出风格栅动作良好，安装牢固。

（5）确认司机台下部冷气、暖风格栅动作正常，外观无损伤，安装牢固。

（6）确认司机室机罩内暖风机过滤网、空调软风道安装牢固无损伤。

（7）确认空调电源箱、变压器、辅助制动模式发生器安装牢固，连接器及配线无损伤、烧损及松动。

（8）确认车内压力释放阀、设备舱气密隔墙连接器、汽笛加热器连接器、救援用连接器 CN7（CN32）安装牢固，外观无损伤，压线端子无开裂、松动、烧损、变色。

（9）清扫空调加热器灰尘，用 500 V 兆欧表测量绝缘电阻，阻值应在 2 MΩ 以上。

任务三 CRH1 型动车组空调系统二级检修

1. 下载空调计算机数据

（1）维修周期：30 天。

（2）作业时间：10 min/辆。

（3）列车状态：E2。

（4）作业工具：基本工具、带 Mona 软件的便携式计算机。

（5）注意事项：

Mona 是可以对 HVAC 系统执行直接操作的高级维护软件，在一定的工作模式下，软件安全保护被断开，一些不当的命令可能对系统或者人身造成伤害。因此，本软件仅限于经过培训的人员使用。

（6）作业程序：

① 阅读数据。

- 给 HVAC 系统的 FPC 上电。
- 将 PC 通过数据线与 HVAC 系统的 FPC 连接好。
- 打开 Mona 软件，在"视图（View）"菜单中选择子菜单"事件存储器（Event Memory）"，并点击"快速概述（Quick Overview）"，打开如图 6.25 所示的窗口。

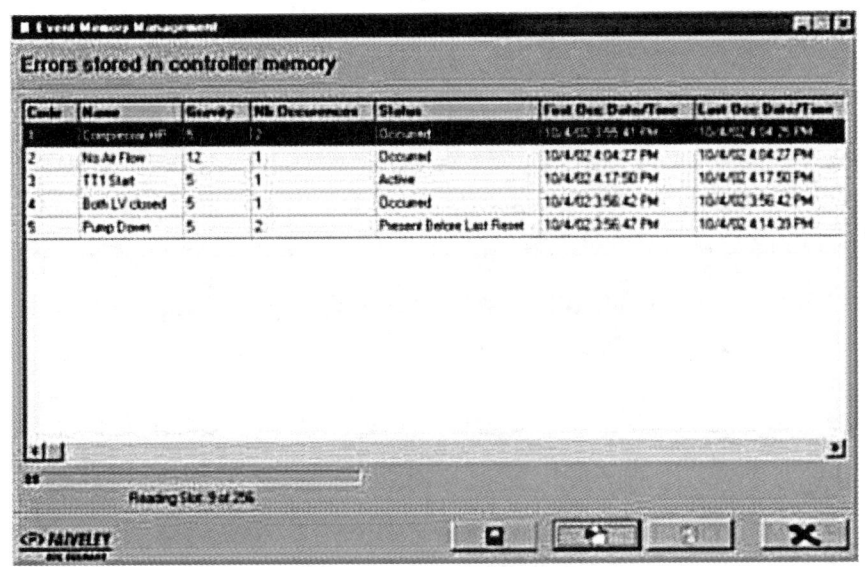

图 6.25　快速概述窗口

- 查看数据信息（见图 6.26）。数据信息说明如下：

——编码：对应软件文件中规定的事件编码。

——名称：对事件的具体描述。

——重要性：从 1（低影响）到 16（重要事件）。

——Nb 发生率：事件发生率计数器。

——状态：有 4 种可能出现的状态。活动的，事件原因依然存在；发生过的，事件发生过，但消失了；最后一次重置之前存在，事件发生过，并且在控制器重置时依然存在；不存在，最后一次清除存储器之后，事件从未发生（但 Mona 之下不显示空闲存储区）。

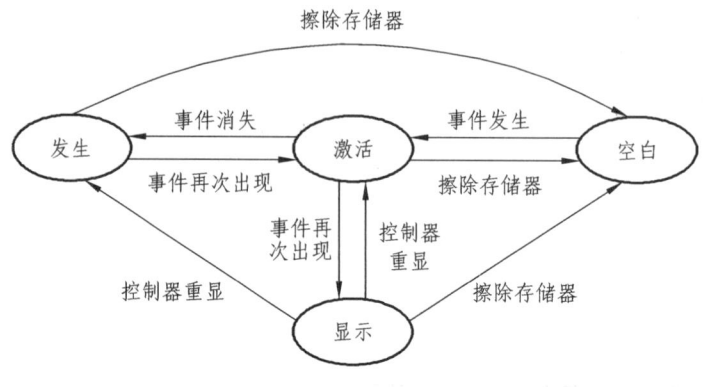

图 6.26 数据信息

—— 首次发生事件的日期/时间。
—— 最后一次发生事件的日期/时间。

• 点击 ![icon]，保存数据信息。打开文件浏览器，选择路径和名称。系统把文件名称设定为现在的时间标记（yymmdd_hhmmss.txt.），如图 6.27 所示。以后可用相应软件，例如 MS Excel 打开文件。

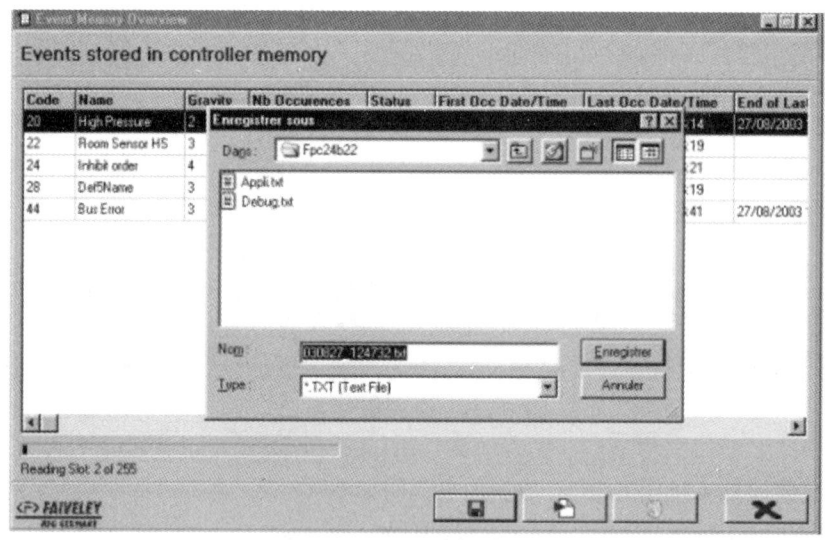

图 6.27 信息窗口

② 转储全部事件历史。
• 在事件存储器子菜单中选择转储事件内容。
• 生成一个包括所有事件结构的文件。使用另外一个应用程序 Eva，从这个已压缩的数据总计中抽取有效信息。
③ 擦除事件存储器。

·298·

- 点击"事件存储器"子菜单中的"擦除存储器"。
- 在执行其他动作之前,等待控制器重置(约30 s之后)。
- 若不可正常操作FPC24控制器,则更换此控制器及控制程序。

④ 更换控制器的程序。
- 切断电源。
- 拔出控制器的插头,松开控制器固定螺栓。
- 更换控制器,紧固固定螺栓,连接控制插头。

2. 更换HVAC单元空气过滤器

(1)维修周期:15天。
(2)作业时间:30 min/辆。
(3)作业工具:基本工具、客室蒸发滤网、新风滤网。
(4)注意事项:
① 网侧电压为25 kV,为防止发生事故,必须按有关规定办理电网断电及登顶作业手续。
② 执行车顶设备维护作业时须小心,必须采取适当的预防措施以避免从车顶上滑落。
(5)作业程序:
① 电网断电:按有关规定办理电网断电及登顶作业手续。
② 更换滤网:站在车顶设备旁时应使用适当的升降平台,以便对车顶设备进行操作。
- 将待换的空调过滤网搬上车顶。
- 拧下将盖板固定在AHU框架上的所有螺栓。
- 打开盖板并借助AHU两侧的支撑杆将盖板支住(见图6.28)。
- 参考图6.28更换客室HVAC单元的空气过滤器。
- 参考图6.29抽出空调蒸发器滤网。

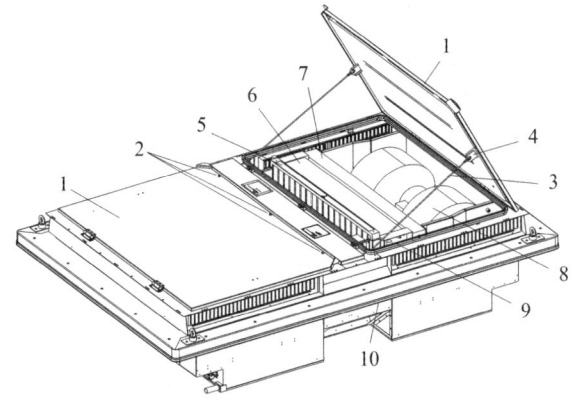

图6.28 AHU简图

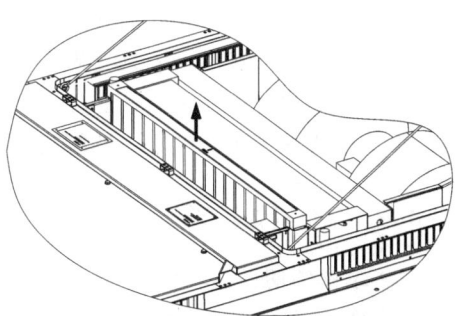

图6.29 空气过滤器网抽出方向

1—盖板;2—将盖板固定到框架的螺栓;3—支撑杆;
4—支架;5—混合空气过滤器;6—蒸发器;
7—电加热器;8—送气风扇;9—U形密封条;
10—O形密封圈

- 按指定方向将空调蒸发器滤网装好。

- 从 AHU 两侧抽出新风滤网。
- 装好新风滤网。
- 松开支撑杆，盖上盖板，将固定盖板到框架上的螺栓拧紧。
- 查看换下空调蒸发滤网上的清洗记录标签，将清洗记录未满 6 次的送到清洗间待清洗区，将清洗记录已满 6 次的滤网送回材料室，由材料室负责处理。
- 将新风滤网搬到清洗间待清洗区。

③ 恢复电网供电：按有关规定办理电网供电手续，恢复电网供电。

3. 清洁空调蒸发器表面

（1）维修周期：30 天。
（2）作业时间：60 min/辆。
（3）作业工具：基本工具、压缩空气枪及风管、毛刷、防护工作服、防护眼镜、压缩空气、吸尘器、抹布。
（4）注意事项：
① 压缩空气十分危险，注意做好安全防护。
② 执行车顶设备维护作业时须小心，必须采取适当的预防措施以避免从车顶上滑落。
③ 为防止事故发生，清洁蒸发器时请切断空调主电源、控制电源。
（5）作业程序：
① 切断供电。
② 拧下将盖板固定在 AHU 框架上的所有螺钉（每盖板有 3 个 M8 螺钉）。
③ 打开盖板，并借助 AHU 两侧的支撑杆将盖板支撑。
④ 向上抽出混合空气过滤器框。
⑤ 用压缩空气清洁蒸发器。将空气喷口逆着气流方向对准蒸发器或从粘有很多灰尘处的侧面吹走灰尘。
⑥ 如有特别污渍，可使用软毛刷蘸中性洗涤剂轻柔地刷洗。
⑦ 用吸尘器及抹布将残留在蒸发器单元底部的灰尘清除。
⑧ 将混合空气过滤器装到导轨上。
⑨ 松开支撑杆，盖上盖板。
⑩ 将把盖板固定到框架上的螺钉拧紧。

4. 检查空气处理单元电加热器保护

（1）维修周期：240 天。
（2）作业时间：35 min/辆。
（3）作业工具：基本工具、带 Mona 软件的便携式计算机。
（4）注意事项：

Mona 是可以对 HVAC 系统执行直接操作的高级维护软件，在一定的工作模式下，软件安全保护被断开，一些不当的命令可能对系统或者人身造成伤害。因此，本软件仅限于经过培训的人员使用。

（5）作业程序：

① 检查温控器。

- 将带 Mona 软件的便携式计算机与控制 FPC24 连接。
- 打开 Mona 软件，启动送风机和电加热器。
- 关掉送风机，等几分钟后，出口空气的温度应有明显的增加。当温控器传感器的温度高于设定值（70 ℃）时，加热器会停止工作。
- 加热器停止后，出口空气的温度将会降低。当温度低于设定值（40 ℃）时，加热器就会启动。

② 检查热断路器。

- 将带 Mona 软件的便携式计算机与控制 FPC24 连接。
- 打开 Mona 软件，测试开始之前打开温控器旁路。
- 启动送风机和电加热器。
- 关掉送风机，等几分钟后，出口空气的温度应有明显的增加。当热断路器传感器的温度高于设定值（139 ℃）时，加热器会停止工作。
- 关闭温控器的旁路。当热断路器关掉后，可以通过手动复位开关将热断路器复位。

5. 空调冷凝器清洁

（1）维修周期：30 天。
（2）作业时间：90 min/辆。
（3）作业工具：基本工具、压缩空气枪及风管、毛刷、防护工作服、防护眼镜、压缩空气。
（4）注意事项：

① 为防止事故发生，清洁蒸发器时必须切断空调主电源、控制电源。
② 为防止对身体造成伤害，必须穿戴防护用品。
③ 压缩空气十分危险，注意做好安全防护。

（5）作业程序：

① 切断 CCU 的供电。
② 从车体两侧打开并卸去 CCU 处的裙板。
③ 从 CCU 底部打开冷凝风机安装盖板。
④ 用压缩空气清洁冷凝器。将空气喷口逆着气流方向对准冷凝器或从粘有很多灰尘处的侧面吹走灰尘。
⑤ 如有特别污渍，可使用软毛刷蘸中性洗涤剂（水）轻柔地刷洗。
⑥ 装上冷凝风机安装板，装好车体两侧裙板。

6. 检查压缩冷凝机组

（1）维修周期：240 天。
（2）作业时间：30 min/辆。
（3）作业工具：基本工具、带 Mona 软件的便携式计算机。
（4）注意事项：

① Mona 是可以对 HVAC 系统执行直接操作的高级维护软件，在一定的工作模式下，软件安全保护被断开，一些不当的命令可能对系统或者人身造成伤害。因此，本软件仅限于经过培训的人员使用。

② 为防止事故发生，检查空调压缩冷凝单元时必须切断空调主电源、控制电源。

（5）作业程序：

① 检查空调压缩冷凝单元。

- 确认裙板无变形，锁扣、吊绳作用良好，防护网无破损。
- 确认压缩冷凝单元安装螺栓紧固。
- 确认压缩机安装紧固，接线良好；曲轴加热器安装紧固，作用良好。
- 确认储液器安装紧固，视液镜作用良好。
- 确认单向阀、电磁阀、充注阀作用良好，各管路无泄漏。
- 确认冷凝器安装紧固，散热片无变形（变形的散热片必须矫正），铜管无泄漏。
- 确认冷凝风机防护罩无破损，安装紧固。
- 确认冷凝风机安装紧固，扇叶无变形，电机轴承无异音，电源线捆扎良好。
- 确认排水管无破损、脱落。

② 检查高压开关。

- 检查高压开关的状态，要确保单元停止后，高压开关打开。
- 将一个压力表连到位于 rotalock 排气阀上的压力表端口以观察高压。
- 将一个便携式计算机通过 RS-232 端口连到控制器 FPC24，以便使用 Mona 软件运行 HVAC 系统。
- 启动送风机。
- 若上述步骤完成，启动冷凝风机，否则，完成以上步骤。
- 若上述步骤完成，启动压缩机，否则，完成以上步骤。
- 若上述步骤完成，通过 Mona 软件停止冷凝风机工作，以增加高压。
- 观察压力表，如果压力达到了设定值，高压开关关闭，压缩机会自动停止工作。否则，立即停止压缩机的工作，检查高压开关和控制器 FPC24 之间的电线和设定值。
- 过段时间后，高压降低，当压力降低到（24±1）bar 时，高压开关即打开。

③ 检查低压开关。

- 检查低压开关状态，确保单元停止工作后，低压开关打开。
- 将一个压力表连到位于 rotalock 吸气阀上的压力表端口以观察压力。
- 将一个便携式计算机通过 RS-232 端口连到控制器 FPC24，以便使用 Mona 软件运行 HVAC 系统。
- 启动送风机。
- 若上述步骤完成，启动冷凝风机，否则对系统进行维修。
- 若上述步骤完成，启动压缩机，否则对系统进行维修。
- 若上述所有步骤完成，通过 Mona 软件停止送风机工作，以降低蒸发器压力。
- 观察压力表，如果压力达到了设定值，低压开关关闭，控制器 FPC24 会收到一个信号，然后通过 Mona 立即停止压缩机工作。检查压力开关和控制器 FPC24 之间的电线和设定值。
- 过段时间，低压将会增加，当压力增大到（3.2±0.5）bar 时，低压开关会打开。

④ 检查冷凝风机的压力开关设定值是否为（22±0.25）bar。
- 将一个压力表连到位于排气管路上的 Schrader 阀以观察高压情况。
- 将一个便携式计算机通过 RS-232 端口连到控制器 FPC24，以便用 Mona 软件运行 HVAC 系统。
- 启动送风机。
- 若上述步骤完成，启动冷凝风机，否则检修系统，在此状况下，风机应低速运行。
- 若上述步骤完成，启动压缩机，否则，完成上述步骤。
- 观察压力表，如果压力达到了设定值，压力开关关闭，并且冷凝风机将自动以高速运行。

7. 检查空调控制系统

（1）维修周期：240 天。

（2）作业时间：30 min/辆。

（3）作业工具：基本工具、带 Mona 软件的便携式计算机、万用表。

（4）注意事项：

① Mona 是可以对 HVAC 系统执行直接操作的高级维护软件，在一定的工作模式下，软件安全保护被断开，一些不当的命令可能对系统或者人身造成伤害。因此，本软件仅限于经过培训的人员使用。

② 为防止事故发生，检查空调配电柜时必须切断空调主电源、控制电源。

③ 为防止对身体造成伤害，必须穿戴防护用品。

（5）作业程序：

① 检查配电柜。

- 确认柜门无变形、破损、松脱；确认门锁、合页齐全，作用良好，对不良者进行调整或更换。
- 确认配线无老化、热损，如有则更换。
- 确认线端子无氧化，接线紧固，各线号标志清晰，标志不清者更换。
- 确认线槽盖板无丢失、安装整齐。
- 确认线与厢体过渡处防抗磨护套良好。
- 确认元件安装紧固，各保护元件的参数符合要求（参照表 6.5、表 6.6）。
- 确认通风逆变器安装紧固，输出电源电压符合要求。
- 确认 FPC24 和 DI08 安装紧固，各接口插件紧固。

表 6.5　配电柜螺栓紧固扭矩标准

螺钉规格	扭矩范围/N·m
M4	≥1.5
M5	≥3.0
M6	≥5.0
M8	≥16
M10	≥24.5
M12	≥35

表 6.6　客室空调控制柜断路器及热继电器保护参数

名　称	参数/A	名　称	参数/A
QF1	20	QF10	2.5
QF2	20	QF12	3.4
QF3	6	QF13	4
QF4	6	QF15	20
QF7	3.6	FR1	2
QF8	2.5	FR2	2
QF9	3.6		

② 空调配电柜除尘。

用吸尘器、毛刷等对空调配电柜电器元件除尘，确保柜内无积尘、无异物。

③ 功能测试。

- 给空调主电路、控制电路供电。
- 以测试模式操作控制面板，查看是否每一项控制功能都正常。

8. 检查客室空调控制面板接线

（1）作业周期：30 天。

（2）作业时间：20 min/辆。

（3）作业工具：基本工具、带 Mona 软件的便携式计算机、万用表。

（4）注意事项：

① Mona 是可以对 HVAC 系统执行直接操作的高级维护软件，在一定的工作模式下，软件安全保护被断开，一些不当的命令可能对系统或者人身造成伤害。因此，本软件仅限于经过培训的人员使用。

② 为防止事故发生，检查空调配电柜时必须切断空调主电源、控制电源。

（5）作业程序：

① 确认柜门无变形、破损、松脱；确认门锁、合页齐全，作用良好，对不良者进行调整或更换。

② 以测试模式操作控制面板，检查是否每个控制功能都正常。

③ 检查控制面板的接地状态（接地线是否处于良好的连接状态）。

④ 检查螺钉和螺栓的连接情况，按照表 6.5 设定的紧固扭矩进行紧固。

9. 更换司机室空调滤网

（1）维修周期：15 天。

（2）作业时间：20 min/辆。

（3）作业工具：基本工具、司机室空调蒸发滤网。

（4）注意事项：
① 网侧电压为 25 kV，为防止发生事故，必须按有关规定办理电网断电及登顶作业手续。
② 执行车顶设备维护作业时须小心，并采取适当的预防措施以避免从车顶上滑落。
（5）作业程序：
① 电网断电：按有关规定办理电网断电及登顶作业手续。
② 更换作业程序：
- 将待换的空调过滤网搬上车顶。
- 拧下将盖板固定在空气处理单元框架上的所有螺栓。
- 打开盖板并借助空气处理单元内支撑杆将盖板支撑住。
- 参考图 6.30 抽出空调蒸发器滤网。
- 按指定方向将空调蒸发器滤网装好。
- 松开支撑杆，盖上盖板，将把盖板固定到框架上的螺栓拧紧。
- 查看换下的空调蒸发滤网上的清洗记录标签，将清洗记录未满 6 次的送到清洗间待清洗区，将清洗记录已满 6 次的滤网送回材料室，由材料室负责处理。
- 将新风滤网搬到清洗间待清洗区。
③ 恢复电网供电：按有关规定办理电网供电手续，恢复电网供电。

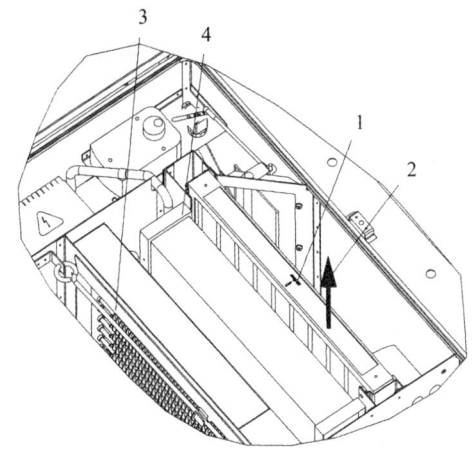

图 6.30　滤网
1—混合空气过滤器；2—过滤器抽出方向；3—电加热器；4—蒸发器

10. 检查司机室 HVAC 单元

（1）维修周期：240 天。
（2）作业时间：45 min/辆。
（3）作业工具：基本工具、带 Mona 软件的便携式计算机、压力计。
（4）注意事项：
① 网侧电压为 25 kV，为防止发生事故，必须按有关规定办理电网断电及登顶作业手续。
② 执行车顶设备维护作业时须小心，并采取适当的预防措施以避免从车顶上滑落。
（5）作业程序：
① 检查司机室 HVAC 单元（见图 6.31）。

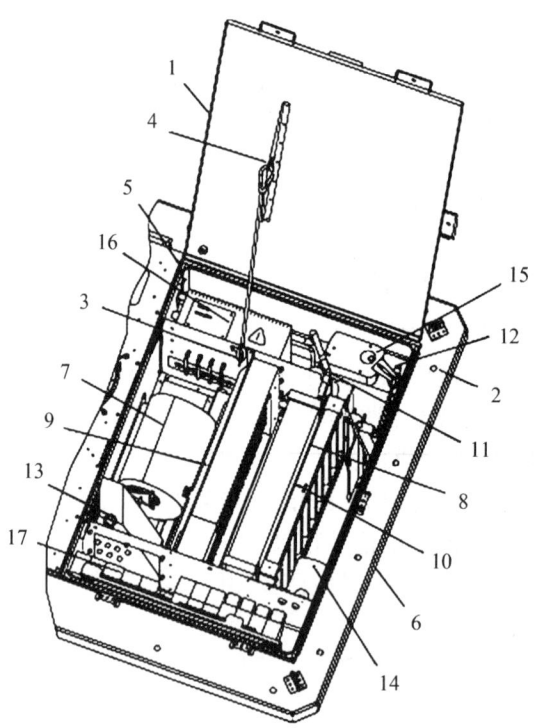

图 6.31 HVAC 单元略图

1—盖板；2—框架；3—支撑杆；4—支架；5—U形密封条；6—O形密封圈；7—送气风扇；8—蒸发器；9—电加热器；10—混合空气过滤器；11—膨胀阀；12—回风温度传感器；13—送风温度传感器；14—新风风门执行器；15—回风风门执行器；16—变频器；17—控制面板

- 确认盖板合页良好，固定螺栓紧固。
- 确认送风机、冷凝风机、压缩机安装紧固，电机轴承无异音。
- 确认制冷系统各配件安装紧固，无漏氟现象。
- 确认逆变器安装紧固，输入输出线良好。
- 确认各温度传感器安装紧固，传感器线良好。
- 确认新风风门、回风风门安装紧固，作用良好。

② 检查恒温器。
- 启动供风风扇和电加热器。
- 关闭供风风扇，几分钟之后，出风温度应显著增加。当恒温器传感器温度高于设定值（70 ℃）时，加热器将停止工作。
- 加热器停止之后，送风温度将下降。当温度低于设定温度（40 ℃），加热器将开始启动。

③ 检查高温保护器。
- 启动之前，将恒温器旁通。
- 启动送风风扇和电加热。
- 关闭送风风扇，几分钟之后，出风温度将明显增加。当高温保护器传感器的温度高于设定值（139 ℃）时，加热器将停止。
- 拿出恒温器旁通。高温保护器断开之后，需要手动复位。

④ 检查高压开关。

高压开关设定值为（29±1）bar。
- 检查高压开关的状态，确认当单元停止时，高压开关打开。
- 将一个压力计连接到位于排放管的压力计端口，进行高压观测。
- 通过 RS-232 端口将一个便携式计算机连接到控制器 FPC08，用 Mona 软件运行 HVAC 系统。
- 开启送风风扇。
- 如果以上程序没问题，开启冷凝器风扇，否则对系统进行维护。
- 如果以上程序没问题，开启压缩机，否则对系统进行维护。
- 如果以上所有程序没有问题，则通过 Mona 软件停止冷凝器风扇，增加高压压力。
- 观察压力计，如果压力达到设定值，高压开关关闭，压缩机将自动停止工作，否则立即停止压缩机并检查高压开关和控制器 FPC08 之间的电缆以及设定值。
- 一段时间之后，高压降低，当压力降至（24±1.6）bar 时，高压开关将打开。

⑤ 检查低压开关。

低压开关设定值为（1.9±0.5）bar。
- 检查低压开关的状态，确认当单元停止工作时，低压开关打开。
- 将压力计连接到位于吸入管上的压力计端口，观察压力变化。
- 通过 RS-232 端口将一个便携式计算机连接到控制器 FPC08，用 Mona 软件运行 HVAC 系统。
- 开启送风风扇。
- 如果以上程序没问题，则开启冷凝器风扇，否则对系统进行维护。
- 如果以上程序没问题，开启压缩机，否则对系统进行维护。
- 如果以上所有程序没有问题，则通过 Mona 软件停止送风风扇，降低蒸发器压力。
- 观察压力计，如果压力达到设定值，低压开关断开，控制器 FPC08 将接收到一个信号，然后通过 Mona 立即停止压缩机。检查压力开关和控制器 FPC08 之间的电缆以及设定值。
- 一段时间之后，低压压力将开始增加，当压力增至（3.2±0.5）bar 时，低压开关将打开。

11. 清洁司机室空调单元

（1）维修周期：240 天。
（2）作业时间：50 min/辆。
（3）作业工具：基本工具、压缩空气枪及风管、毛刷、防护工作服、防护眼镜、压缩空气。
（4）注意事项：
① 压缩空气十分危险，注意做好安全防护。
② 执行车顶设备维护作业时须小心，并采取适当的预防措施以避免从车顶上滑落。
③ 为防止事故发生，清洁空调单元时必须切断空调主电源、控制电源。
（5）作业程序：
① 清洗冷凝器。
- 切断电源。
- 拧下所有将压缩机-冷凝器部分（见图 6.32）盖板固定到框架的螺钉。
- 打开盖板，并用本部分的支撑杆将盖板支撑住。
- 使用压缩空气清洗冷凝器。将空气嘴对准与气流方向相反的方向，或者从附着灰尘较多的一侧吸取灰尘（见图 6.33）。

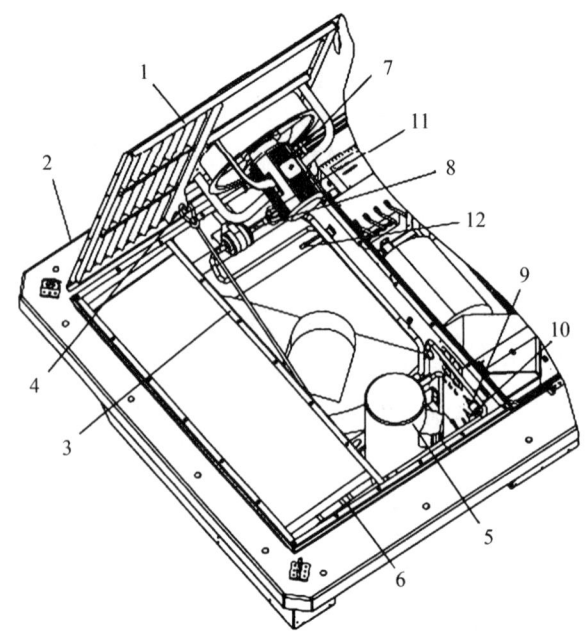

图 6.32 压缩机-冷凝器部分略图

1—盖板；2—框架；3—支撑杆；4—支架；5—压缩机；6—冷凝器；7—冷凝风机；8—干燥器过滤器；
9—高压开关；10—低压开关；11—视液镜；12—针阀

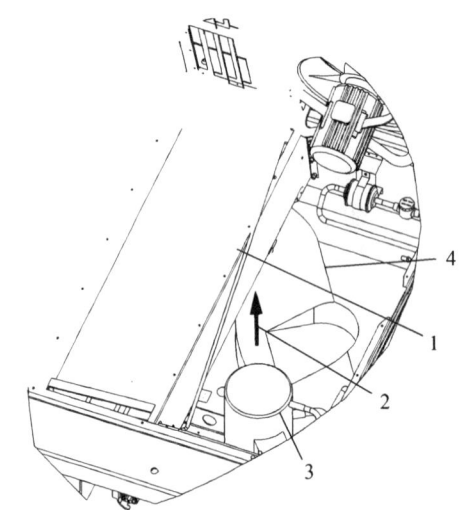

图 6.33 冷凝器清洗方向

1—冷凝器；2—气嘴方向；3—压缩机；4—供风管道

- 如果特别脏，使用软毛刷蘸取中性清洁剂（水）轻轻刷洗。
- 松开支撑杆并关闭盖板。
- 拧紧将空气处理部分的盖板固定到框架上的螺钉。

② 清洗蒸发器。
- 切断电源。
- 拧下所有将空气处理部分盖板固定到框架上的螺钉。

- 打开盖板，并用本部分内的支撑杆将盖板支撑住。
- 将混合空气过滤器框架向上拉出。
- 使用压缩空气清洗蒸发器。将空气嘴对准与气流方向相反的方向，或者从附着灰尘较多的一侧吸取灰尘（见图 6.34）。

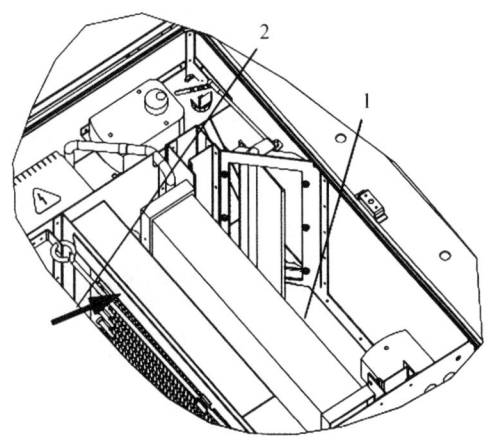

图 6.34　清洗蒸发器的方向
1—蒸发器；2—空气喷射方向

- 如果特别脏，使用软毛刷蘸取中性清洁剂轻轻刷洗。
- 将混合空气过滤器框架放进导轨内。
- 松开支撑杆并关闭盖板。
- 拧紧将本区域的盖板固定到框架上的螺钉。

12. 检查司机室空调控制系统

（1）维修周期：240 天。
（2）作业时间：25 min/辆。
（3）作业工具：基本工具、带 Mona 软件的便携式计算机。
（4）注意事项：
① 网侧电压为 25 kV，为防止发生事故，必须按有关规定办理电网断电及登顶作业手续。
② 执行车顶设备维护作业时须小心，并采取适当的预防措施以避免从车顶上滑落。
（5）作业程序：
① 检查控制系统（见图 6.35）。
- 确认控制板安装紧固。
- 确认控制器 FPC08、接触器、继电器、断路器等电气元件安装紧固，断路器热继电器整定值符合要求。
- 确认接线排接线良好，接地线紧固。
② 检验控制系统功能。
- 将带 Mona 软件的便携式计算机与控制器 FPC08 连接。
- 以测试模式操作控制面板，检查是否每个控制功能均正常。

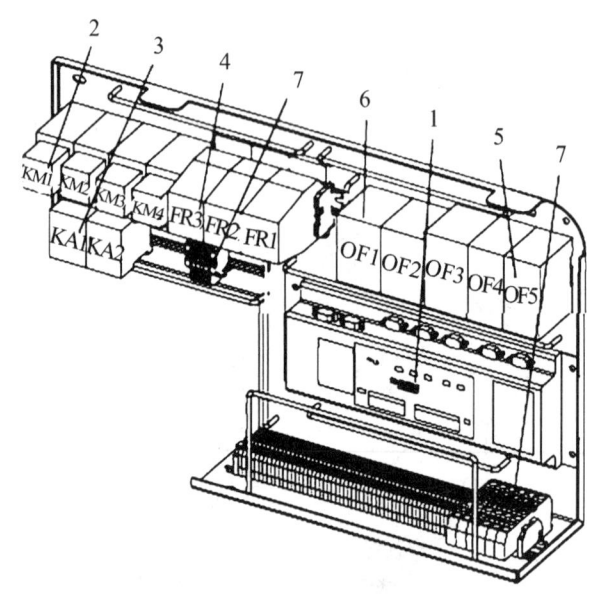

图 6.35 控制面板主要部件

1—控制器 FPC08；2—接触器；3—中间继电器；4—恒温器；
5—断路器；6—手动电机开关；7—接线端子排

13. 检查司机室空调控制面板接线

（1）维修周期：30 天。

（2）作业时间：25 min/辆。

（3）作业工具：基本工具、带 Mona 软件的便携式计算机。

（4）注意事项：

① 网侧电压为 25 kV，为防止发生事故，必须按有关规定办理电网断电及登顶作业手续。

② 执行车顶设备维护作业时须小心，并采取适当的预防措施以避免从车顶上滑落。

（5）作业程序：

① 在测试模式下操作控制面板，检查是否每个控制功能均正常。

② 检查控制面板的接地状态（接地线是否处于良好的连接状态）。

③ 检查螺钉和螺栓的连接情况，按照设定的紧固扭矩（参考表 6.5）进行紧固。

项目拓展

任务一　CRH5 型动车组空调系统一级检修

1. 更换司机室 HVAC 单元空气过滤器

（1）更换周期：90 000 km。

（2）注意事项：

① 在对 HVAC 单元执行维护作业之前，须阅读必要的警告和安全注意事项。

② 对 HVAC 单元执行维护作业时，须佩戴头盔和其他必要的保护装备。

③ 执行车顶设备维护作业时须小心，并采取适当的预防措施以避免从车顶上滑落。

④ 开始作业前，确保该单元组件的温度正常，否则可能会导致烧伤。

（3）作业程序：

① 过滤器拆卸。

司机室 HVAC 单元内空气过滤器的位置如图 6.36 所示，按以下步骤进行拆卸。

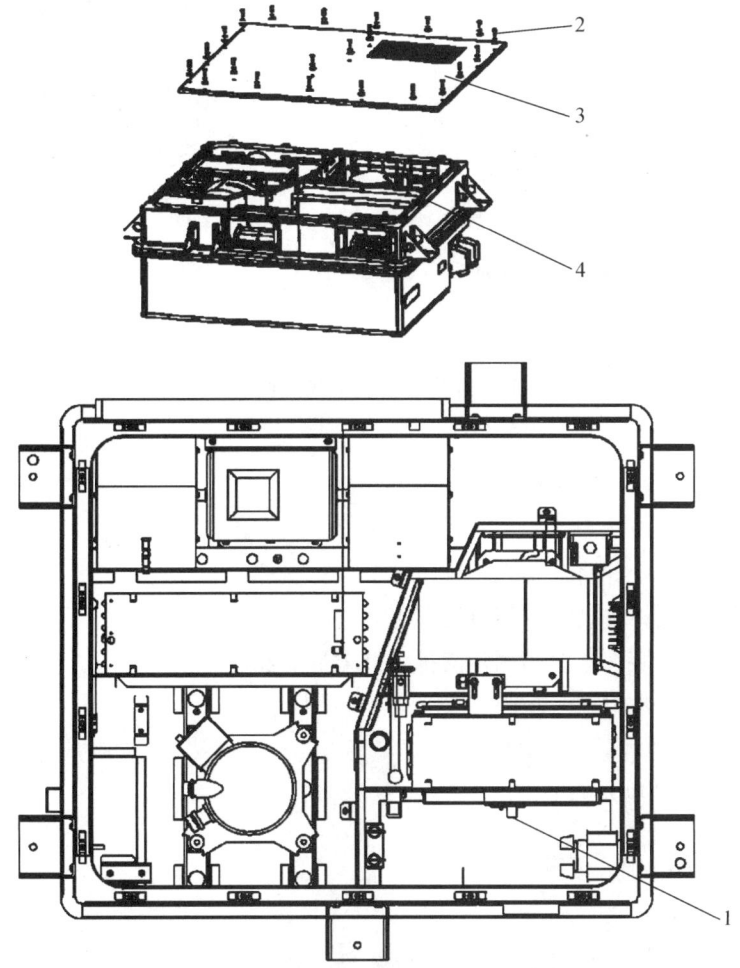

图 6.36　司机室 HVAC 单元内空气过滤器的位置

1—空气过滤器；2—M6 螺钉；3—顶盖；4—RMPU 单元

- 断开 HVAC 单元的电源。
- 打开车顶导流罩，以操作司机室 HVAC-RMPU 单元。
- 旋松并拆除顶盖的固定螺钉 M6。
- 旋松并拆除过滤器固定支撑的螺钉和垫圈。

- 拆除过滤器固定支撑。
- 通过回风进口对空气过滤器进行操作。
- 从 HVAC 单元取出空气过滤器并将其拆除。

② 过滤器安装。

图 6.37 所示为安装空气过滤器示意图，按以下步骤进行安装。

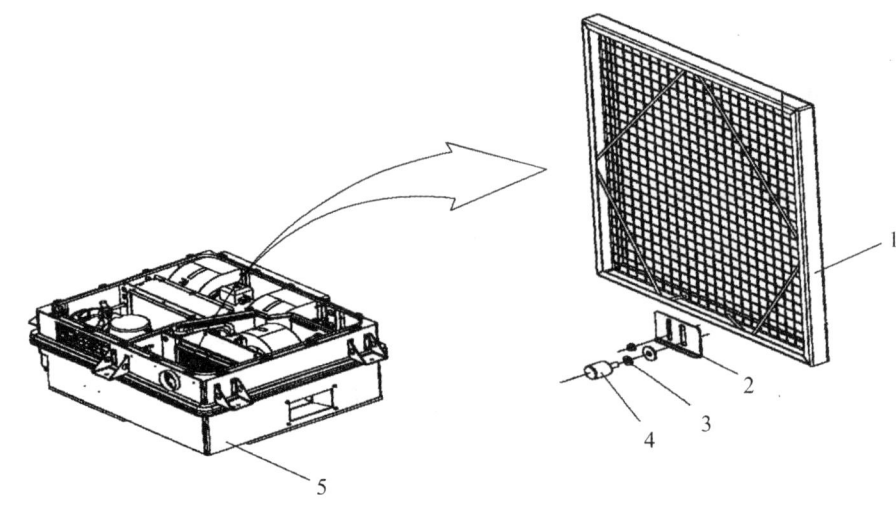

图 6.37　安装空气过滤器

1—空气过滤器；2—过滤器固定支撑；3—垫圈；4—M4 螺钉；5—RMPU 单元

- 如需要，应更换所有紧固件和橡胶零件。
- 确保空气过滤器清洁。
- 稳住空气过滤器，并将其推入正确位置。
- 将过滤器固定支撑安装在空气过滤器上。
- 将螺钉和垫圈安装在过滤器固定支撑上并紧固，将其固定。
- 闭合顶盖并拧紧螺钉。
- 关闭车顶导流罩。
- 重新接通 HVAC 单元的电源。

2. 司机室 HVAC 单元功能试验

（1）周期：800 000 km。
（2）作业工具：笔记本式计算机、MERAK 维护软件。
（3）注意事项：
① 在对 HVAC 单元执行维护作业之前，须阅读必要的警告和安全注意事项。
② 对 HVAC 单元执行维护作业时，须佩戴头盔和其他必要的保护装备。
（4）作业程序：
① 对 HVAC 单元进行功能试验。
图 6.38 和图 6.39 分别为司机室 HVAC 单元主要组件和控制面板的位置。

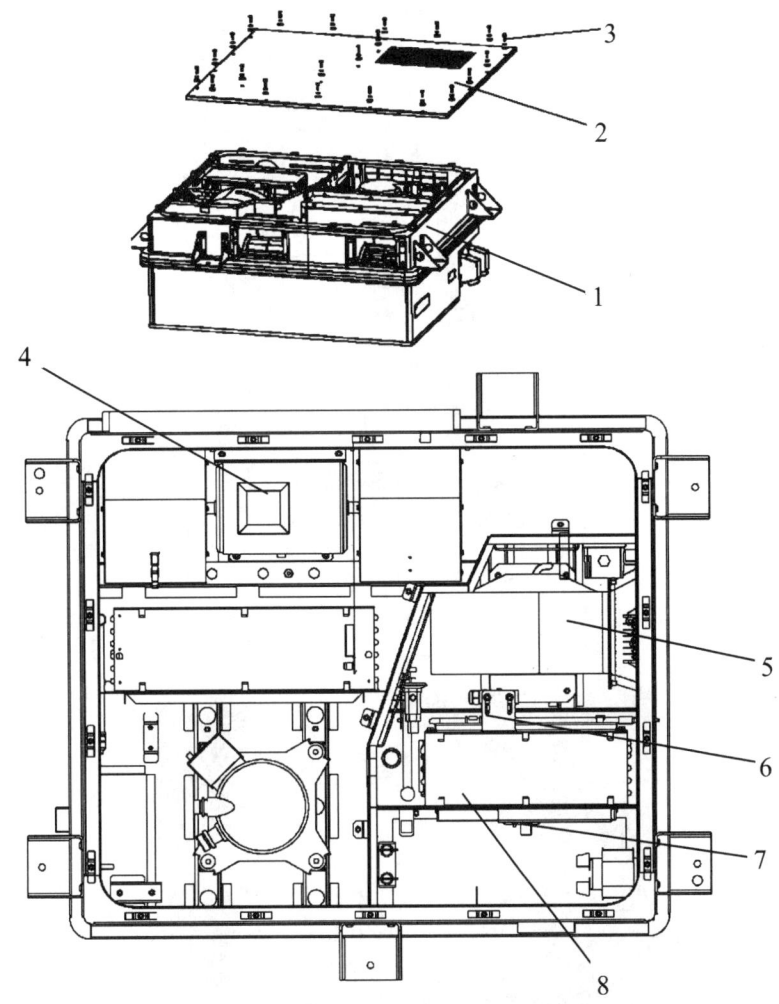

图 6.38 司机室 HVAC 单元主要组件

1—RMPU 单元；2—顶盖；3—M6 螺钉；4—冷凝器电机；5—蒸发器电机；6—电加热器；7—空气过滤器；8—蒸发器旋管

- 确保空气过滤器清洁且正确安装。
- 安装并紧固所有阀、杆密封盖。
- 检查轴上的冷凝器电机和蒸发器电机是否正确对齐和紧固。
- 确保 HVAC 单元和控制器的电源（分别为三相 AC 400 V/50 Hz 和 DC 24 V）开关位于"ON"位置。
- 启动 HVAC 单元并使其运行 20 min。

② 检查 HVAC 单元的状况。

- 检查冷凝器电机和蒸发器电机的旋转方向是否正确。
- 通过观察液体管线的观察孔湿度指示器检查制冷系统的湿度级。
- 如液体管线观察孔湿度指示器显示 CAUTION 或 WET，应更换 RMPU 单元。
- 确保制冷剂液位正常且该系统内无制冷剂泄漏现象。

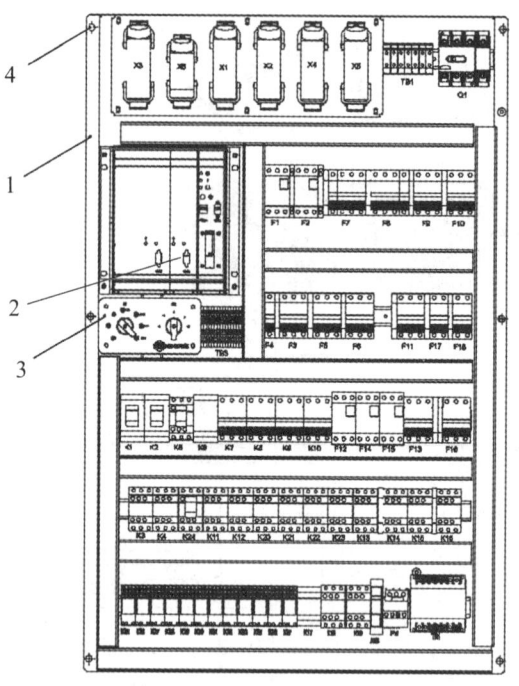

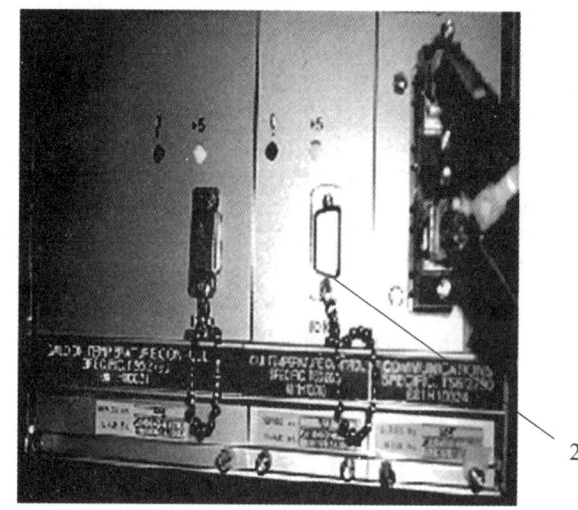

图 6.39 司机室 HVAC 单元的控制面板
1—控制面板；2—RS-232 连接器；3—指令板；4—安装孔

- 将笔记本式计算机与 HVAC 控制面板内的 RS-232 串行接头连接，并启动司机室 HVAC 单元维护程序。
- 选择"监控器 HVAC"屏上的"故障"选项。笔记本式计算机屏幕上将显示如图 6.40 所示的界面。
- 检查靠近各元件的指示器。如这些指示器中任一个处于"打开"状态，则表示相关元件有故障且必须进行维修。
- 如未发现故障，可使 HVAC 单元恢复完全运行状态。

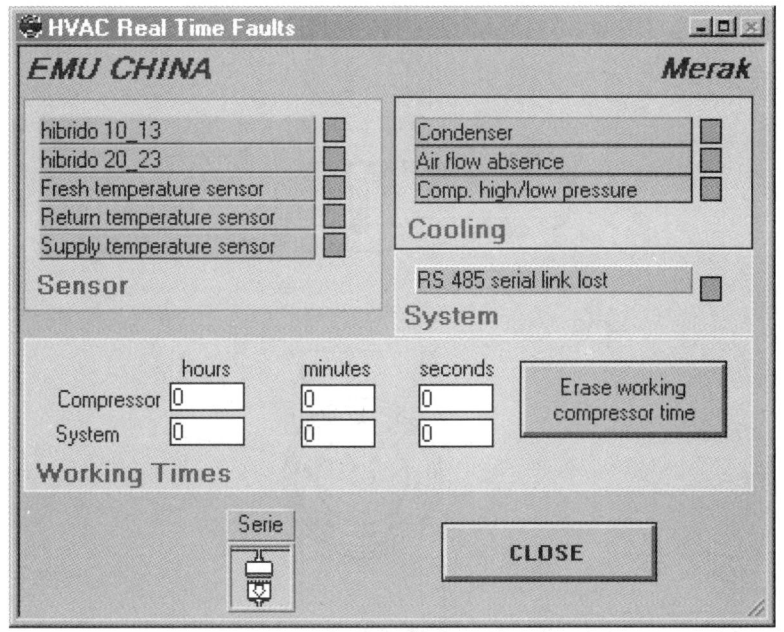

图 6.40 HVAC 实时故障监控器界面

3. 检查制冷剂液位

（1）检查部位：司机室 HVAC 单元观察孔指示器。
（2）检查周期：800 000 km。
（3）注意事项：
① 在对 HVAC 单元执行维护作业之前，须阅读必要的警告和安全注意事项。
② 对 HVAC 单元执行维护作业时，须佩戴头盔和其他必要的保护装备。
（4）作业程序：

图 6.41 所示为观察孔指示器的位置。图 6.42 所示为观察孔指示器示意图。按以下步骤进行检查。

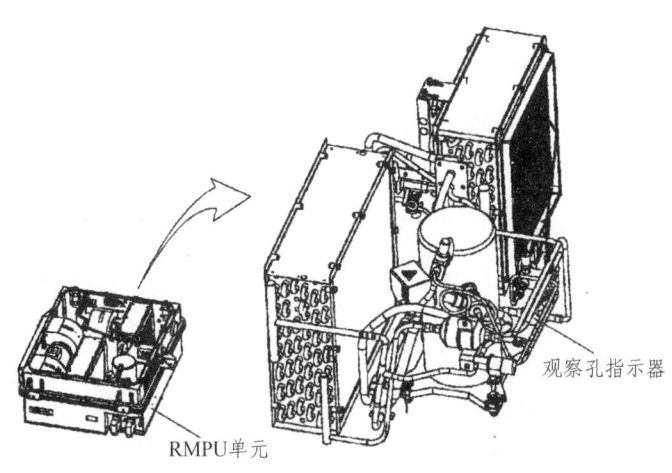

图 6.41 观察孔指示器的位置

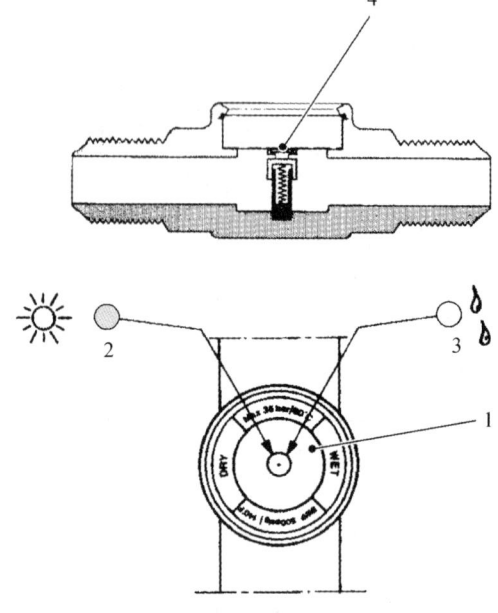

图 6.42 观察孔指示器示意图

1—观察孔指示器;2—绿色指示"干燥";3—黄色指示"潮湿";4—颜色指示器

① 当该系统运行一段时间后,应通过液体管线观察孔检查制冷剂液位。

② 制冷剂液位因外部温度和湿度而异。外部温度和湿度越高,该系统运行的时间越长,反之亦然。这两个参数相互依赖,所以不可能设定某一固定参考值。因此,本书中假定外部温度为 25~30 ℃,给出的时间仅供参考。

③ 该系统启动时,会看到观察孔指示器内有气泡。开始运行 5~10 min 时,还可看到气泡,直至循环制冷剂的量稳定为止。

④ 10~15 min 后,观察孔指示器中的气泡基本消失或数量极少。

⑤ 运行 15 min 后,由于恒温膨胀阀的调节,可能偶尔会出现气泡。

⑥ 任何情况下,当回路中的制冷剂液位低于规定值时,则会不断出现许多大气泡。此外,抽风和排风压力值会低于正常值。

⑦ 如低压安全开关未激活(假定 HVAC 单元置于约 18 ℃ 的车间内),可确保合适的制冷剂液位。

⑧ 参考表 6.7 按以上步骤检查制冷剂液位。

表 6.7 制冷剂液位检查

制冷剂液位	自系统启动后的运行时间 (假定 25℃ < T_{ext} < 30 ℃,T_{ext} 为外部/环境温度)		
	0~10 min	10~15 min	>15 min
适量	气泡涌出直至循环制冷剂稳定	无可见气泡流	由于膨胀阀的调节偶尔会出现气泡
不足	不断涌出许多大气泡 抽风和排风压力值低于正常值		

4. 测试压力开关设置

（1）测试部位：司机室 HVAC 单元高压和低压开关。
（2）作业工具：高压表。
（3）测试周期：800 000 km。
（4）注意事项：
① 在对 HVAC 单元执行维护作业之前，须阅读必要的警告和安全注意事项。
② 对 HVAC 单元执行维护作业时，须佩戴头盔和其他必要的保护装备。
③ 压力切断开关既不可调节也不可现场维修，如损坏必须进行更换。
（5）作业程序：
① 作业准备。

图 6.43 所示为司机室 HVAC 单元内低压开关和高压开关的位置。参照该图测试高压开关和低压开关的开关设置，详情见表 6.8。

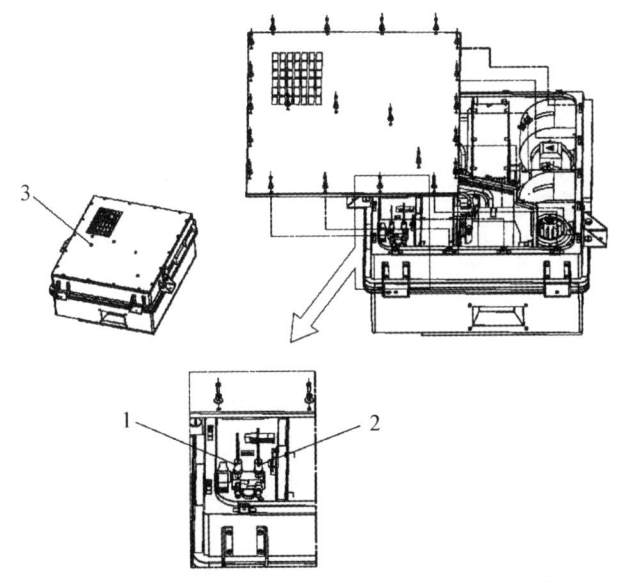

图 6.43 司机室 HVAC 单元内压力开关的位置
1—低压开关；2—高压开关；3—HVAC 单元

表 6.8 该单元压力切断开关的压力设置

控制类型	断开（打开触点）压力/bar	连接（闭合触点）压力/bar
低压安全切断开关	0.3～1.3	2.3～3.3
高压安全切断开关	29～31	23～25

注：23～25 bar 为估算值并可自动重新连接。

需要注意的是，低压开关设置只能在静态试验台上进行精确测试，并需使用适当校准的标准压力表。

② 高压运行测试。
● 将选择器开关设置为手动制冷模式 100%。

- 在制冷模式下启动该系统,并使其运行 15 min 以稳定压力和温度。
- 将高压表安装于制冷控制器组件的高压检修端。
- 用纸板盖住冷凝旋管,逐渐减小冷凝器进风口处的气流,这样会导致排风压力增加。
- 读取高压表上高压开关的激活压力。断开压力应符合规定。
- 拆除冷凝器进风口上的盖子,随着排风压力下降,压缩机会重新启动。

③ 低压运行测试。
- 将选择器开关设置为手动制冷模式 100%。
- 在制冷模式下启动该系统,并使其运行 15 min 以稳定压力和温度。
- 将低压表安装于压缩机抽风管线的低压检修端。
- 断开液体管线的电磁阀以停止制冷剂流动,这样可模拟降下抽风压力。注意:压缩机抽风关闭(无制冷剂循环)后,压缩机不得延时运行。
- 随着抽风压力减小至设定范围,低压开关将打开,压缩机停止运行。低压表上显示低压开关的激活压力。
- 压缩机停止运行后,连接液体管线电磁阀,同时应观察到抽风压力上升。压缩机必须在设定范围内启动。

5. 检查制冷剂泄漏情况

(1)检查位置:司机室 HVAC 单元制冷系统。
(2)作业工具:检漏仪。
(3)检查周期:800 000 km。
(4)注意事项:
① 在对 HVAC 单元执行维护作业之前,须阅读必要的警告和安全注意事项。
② 对 HVAC 单元执行维护作业时,须佩戴头盔和其他必要的保护装备。
③ 估算制冷剂液位之前,设备必须运行至少约 15 min。
(5)作业程序:
图 6.44 所示为司机室 HVAC 单元内制冷剂管线的位置,参照该图按以下步骤进行检查。

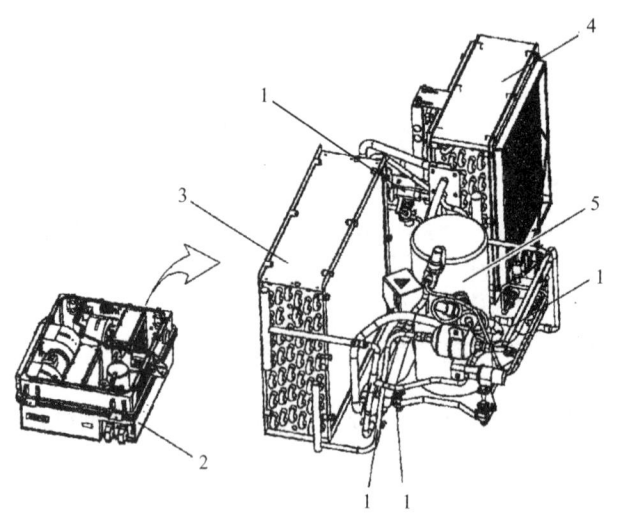

图 6.44 制冷剂管线的位置

1—制冷剂管线;2—RMPU 单元;3—冷凝旋管;4—蒸发器旋管;5—压缩机

① 检查管线接缝处是否有油,若有,则仅可使用刷子或干净的布进行清洁。
② 使用检漏仪检查制冷剂管线是否泄漏。
③ 如发现泄漏,用肥皂水溶液检测泄漏的确切位置。
④ 更换车顶上的故障 RMPU 单元。
⑤ 在以下情况下执行泄漏测试:
- 完成对制冷剂回路的维修后。
- 发现上述任何一种系统故障时。

6. 司机室 HVAC 单元检查

(1) 检查周期:800 000 km。
(2) 注意事项:
① 在对 HVAC 单元执行维护作业之前,须阅读必要的警告和安全注意事项。
② 对 HVAC 单元执行维护作业时,须佩戴头盔和其他必要的保护装备。
(3) 作业程序:
图 6.45 所示为司机室 HVAC 单元主要组件的位置,参照该图按以下步骤进行检查。

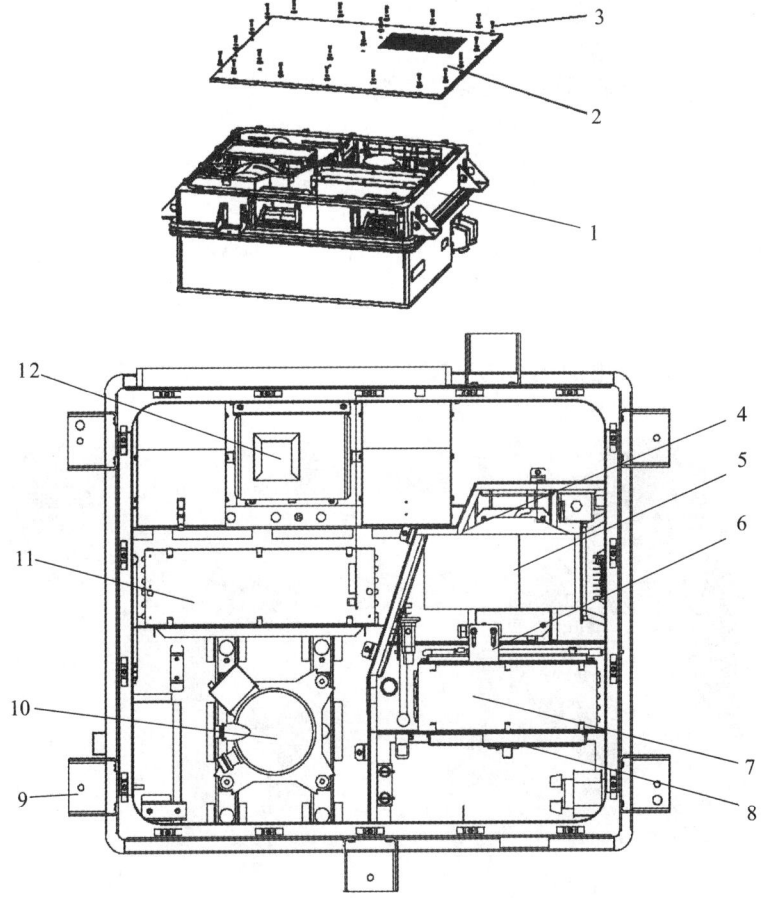

图 6.45 司机室 HVAC 单元主要组件的位置

1—司机室 HVAC 单元;2—顶盖;3—M6 螺钉;4—空气压力开关;5—蒸发器送风机电机;6—电加热器组件;7—蒸发器旋管;8—空气过滤器;9—安装构架;10—压缩机电机;11—冷凝旋管;12—冷凝器风扇电机组件

① 断开车上 HVAC 单元的电源。
② 打开司机室 HVAC 单元的车顶导流罩和顶盖。
③ 检查 HVAC 单元是否有损坏、松动或缺失零件,确认其安装紧固件。
④ 检查 HVAC 单元和电气接头的外部状况。检查接头的内表面是否有损坏的端子,检查是否有漏油现象。
⑤ 检查冷凝旋管和蒸发器旋管是否出现以下故障:
- 散热片弯曲或损坏;
- 旋管保护装置上的螺栓不紧固;
- 旋管保护装置破裂、弯曲或损坏。
⑥ 检查冷凝器风扇电机是否出现以下故障:
- 叶片有刻痕或损坏;
- 电机轴上驱动连接松动;
- 过多积垢和油脂。
⑦ 检查蒸发器送风机组件是否出现以下故障:
- 蒸发器送风机轮弯曲或损坏;
- 送风机电机组件安装托架处的紧固件损坏、松动或缺失;
- 电机轴上驱动连接松动。
⑧ 检查送风机和蒸发器风扇电机是否完整,检查安装紧固件的紧固情况,是否出现摩擦、振动、噪声,以及旋转方向是否正确。
⑨ 检查风扇电机电气连接的紧固情况。若未紧固,则需紧固至标准力矩值。
⑩ 拧紧风扇电机的紧固螺栓。
⑪ 检查风扇电机的总体状况。如发现电机有任何功能劣化迹象,应更换电机以避免可能发生的故障。
⑫ 检查制冷剂液位。
⑬ 参照图 6.46,检查电加热器的连接状况,检查电气接头和温度传感器是否正常。接头严重松动可能导致升温。如需要,应重新紧固。

图 6.46 蒸发器组件和电加热器

1—蒸发器旋管组件;2—蒸发器送风机组件;3—电加热器

⑭ 参照图 6.47 按以下步骤检查空气过滤器：

图 6.47　空气过滤器视图

- 从支架上拆除空气过滤器。
- 用干净的布擦去空气过滤器构架和支座上的污垢。
- 通过光照透射检查空气过滤器是否存在过多的污垢。
- 如需要，应更换空气过滤器。

⑮ 检查 HVAC 单元构架上的进风口和出风口是否完整。
⑯ 关闭顶盖并拧紧螺钉，关闭车顶导流罩。

7. 司机室 HVAC 单元控制面板检查

（1）检查周期：800 000 km。
（2）注意事项：
① 在对 HVAC 单元执行维护作业之前，须阅读必要的警告和安全注意事项。
② 对 HVAC 单元执行维护作业时，须佩戴头盔和其他必要的保护装备。
（3）作业程序：
图 6.48 所示为司机室控制面板，参照该图按以下步骤进行检查。
① 检查控制面板的完整性。
② 检查安装孔和接地孔上安装紧固件的完整性。
③ 检查面板上安装的组件，确保无损坏零件，无安装件松动、缺失。
④ 检查该组件和电气连接的外部状况。
⑤ 检查端子板连接是否松动，接头上是否有损坏的端子。
⑥ 检查电源和控制器的所有连接是否紧固，以避免可能出现的升温和故障。
⑦ 检查所有电气开关装置是否出现以下故障：
- 继电器内出现振动或咔嗒声，如发现，应更换继电器。
- 接触器内出现振动或咔嗒声，如发现，应更换接触器。
- 因触点损坏导致接触不良，如需要，应更换故障设备。

⑧ 检查断路器和各设备的总体状况。如发现任何功能劣化迹象，应更换设备以避免可能出现的故障。

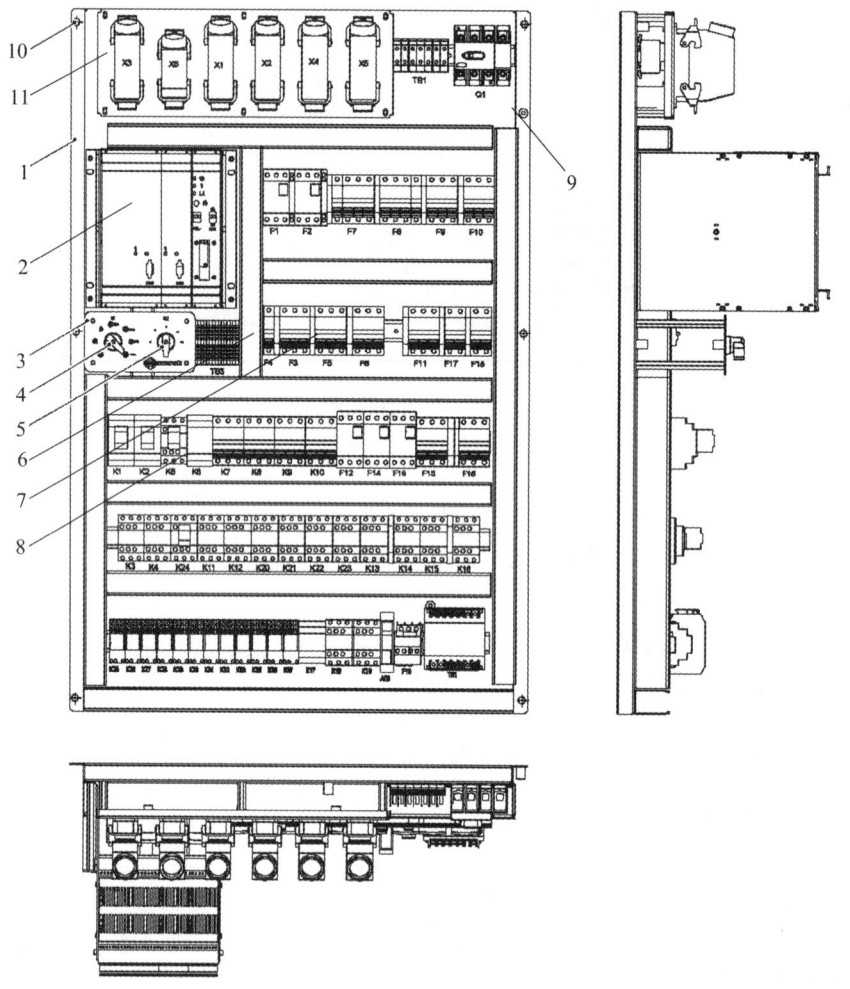

图 6.48 司机室 HVAC 单元的控制面板

1—司机室控制面板；2—电子控制装置；3—指令板；4—选择器开关 S1；5—选择器开关 S2；
6—断路器；7—接触器；8—继电器；9—接地孔；10—安装孔；11—连接器

8. 司机室 HVAC 单元温度传感器（热敏电阻器）功能试验

（1）作业工具：数字温度计、数字万用表。

（2）周期：800 000 km。

（3）注意事项：

① 在对 HVAC 单元执行维护作业之前，须阅读必要的警告和安全注意事项。

② 对 HVAC 单元执行维护作业时，须佩戴头盔和其他必要的保护装备。

（4）作业程序：

图 6.49 所示为司机室 HVAC 单元温度传感器的位置，参照该图按以下步骤完成功能试验。

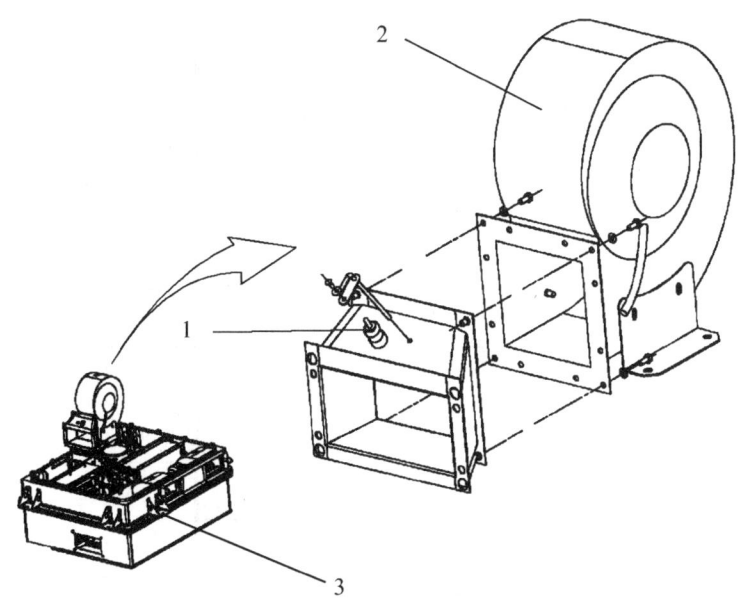

图 6.49 司机室 HVAC 单元温度传感器的位置

1—温度传感器；2—蒸发器电机；3—HVAC 单元

① 从 HVAC 单元处断开温度传感器。
② 用数字万用表测量温度传感器端子间的电阻并记录测量值。
③ 用数字温度计测量温度传感器周围的温度并记录测量值。
④ 检查电阻值和温度值。NTC 热敏电阻器温度、电阻对应值如表 6.9 所示。

表 6.9　NTC 热敏电阻器温度、电阻对应表
（型号 K3DX PH008）

电阻/Ω	温度/℃	温度/℉	电阻/Ω	温度/℃	温度/℉	电阻/Ω	温度/℃	温度/℉
11 176.36	−8	17.6	4 936.84	8	46.4	2 353.31	24	75.2
10 880.88	−7.5	18.5	4 818.55	8.5	47.3	2 302.02	24.5	76.1
10 594.11	−7	19.4	4 703.44	9	48.2	2 252.00	25	77
10 315.77	−6.5	20.3	4 591.42	9.5	49.1	2 203.21	25.5	77.9
10 045.59	−6	21.2	4 482.40	10	50	2 155.61	26	78.8
9 783.30	−5.5	22.1	4 376.28	10.5	50.9	2 109.17	26.5	79.7
9 528.66	−5	23	4 272.99	11	51.8	2 063.87	27	80.6
9 281.42	−4.5	23.9	4 172.43	11.5	52.7	2 019.67	27.5	81.5
9 041.34	−4	24.8	4 074.54	12	53.6	1 976.54	28	82.4
8 808.19	−3.5	25.7	3 979.23	12.5	54.5	1 934.45	28.5	83.3

续表

电阻/Ω	温度/°C	温度/°F	电阻/Ω	温度/°C	温度/°F	电阻/Ω	温度/°C	温度/°F
8 581.76	−3	26.6	3 886.43	13	55.4	1 893.38	29	84.2
8 361.83	−2.5	27.5	3 796.06	13.5	56.3	1 853.29	29.5	85.1
8 148.20	−2	28.4	3 708.05	14	57.2	1 814.17	30	86
7 940.67	−1.5	29.3	3 622.34	14.5	58.1	1 775.98	30.5	86.1
7 739.05	−1	30.2	3 538.86	15	59	1 738.71	31	87.8
7 543.15	−0.5	31.1	3 457.55	15.5	59.9	1 702.32	31.5	88.7
7 352.80	0	32	3 378.34	16	60.8	1 666.79	32	89.6
7 167.83	0.5	32.9	3 301.17	16.5	61.7	1 632.10	32.5	90.5
6 988.06	1	33.8	3 225.99	17	62.6	1 598.24	33	91.4
6 813.33	1.5	34.7	3 152.74	17.5	63.5	1 565.17	33.5	92.3
6 643.50	2	35.6	3 081.37	18	64.4	1 532.87	34	93.2
6 478.40	2.5	36.5	3 011.81	18.5	65.3	1 501.33	34.5	94.1
6 317.90	3	37.4	2 944.03	19	66.2	1 470.53	35	95
6 161.85	3.5	38.3	2 877.96	19.5	67.1	1 440.45	35.5	95.9
6 010.12	4	39.2	2 813.57	20	68	1 411.07	36	96.8
5862.58	4.5	40.1	2 750.80	20.5	68.9	1 382.36	36.5	97.7
5719.10	5	41	2 689.62	21	69.8	1 354.32	37	98.6
5579.55	5.5	41.9	2 629.97	21.5	70.7	1 326.93	37.5	99.5
5443.82	6	42.8	2 571.81	22	71.6	1 300.17	38	100.4
5311.79	6.5	43.7	2 515.10	22.5	72.5	1 274.02	38.5	101.3
5183.36	7	44.6	2 459.81	23	73.4	1 248.46	39	102.2
5058.41	7.5	45.5	2 405.89	23.5	74.3	1 223.50	39.5	103.1

9. 检查制冷剂的泄漏情况

（1）检查部位：客室 HVAC 单元制冷系统。

（2）作业工具：检漏仪。

（3）周期：800 000 km。

（4）注意事项：

① 在对 HVAC 单元执行维护作业之前，须阅读必要的警告和安全注意事项。
② 对 HVAC 单元执行维护作业时，须佩戴头盔和其他必要的保护装备。
③ 估计制冷剂液位之前，必须使设备运行至少约 15 min。
（5）作业程序：
图 6.50 所示为客室 HVAC 单元内制冷剂管线的位置，参照该图按以下步骤完成检查。

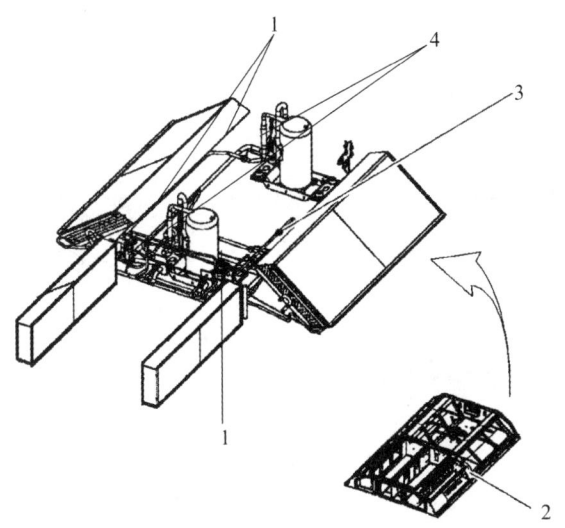

图 6.50 制冷剂管线的位置
1—制冷剂管线；2—RMPU 单元；3—观察孔指示器；4—压缩机

① 检查管线接缝处是否有油。若有，则仅可使用刷子或干净的布进行清洁。
② 使用检漏仪检查制冷剂管线内是否泄漏。
③ 如发现泄漏，使用肥皂水溶液查找泄漏的确切位置。
④ 更换车顶上的故障 RMPU 单元。在完成对制冷剂回路的维修后实施，或在发现上述任一系统故障时实施。
⑤ 再次执行泄漏检查。

10. 客室 HVAC 单元检查

（1）检查周期：800 000 km。
（2）注意事项：
① 在对 HVAC 单元执行维护作业之前，须阅读必要的警告和安全注意事项。
② 对 HVAC 单元执行维护作业时，须佩戴头盔和其他必要的保护装备。
（3）作业程序：
图 6.51 所示为客室 HVAC 单元主要组件的位置，图 6.52 所示为客室 HVAC 单元的主要组件，参照两图按以下步骤完成检查。

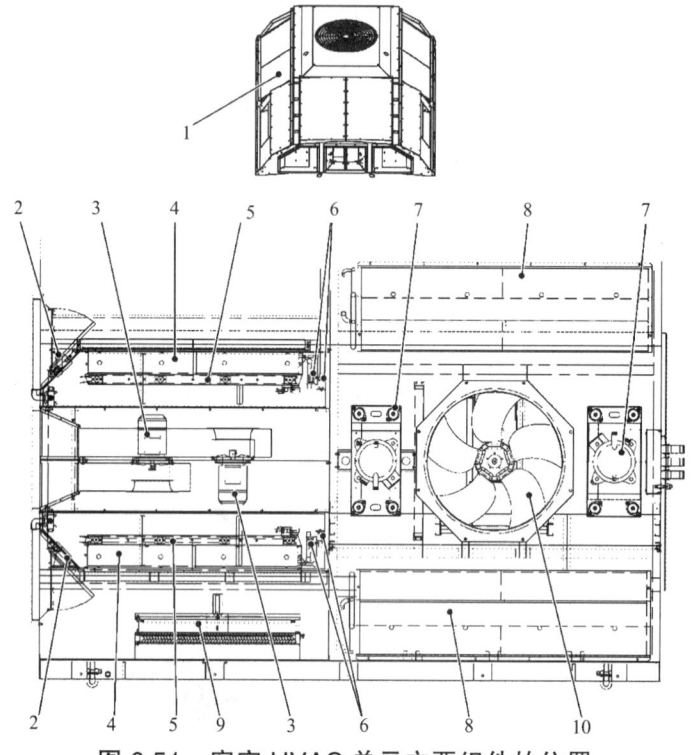

图 6.51 客室 HVAC 单元主要组件的位置

1—客室 HVAC 单元；2—回风风门；3—蒸发器电机；4—蒸发器旋管；5—电加热器；6—膨胀阀；
7—压缩机；8—冷凝旋管；9—新风风门；10—冷凝器风扇电机

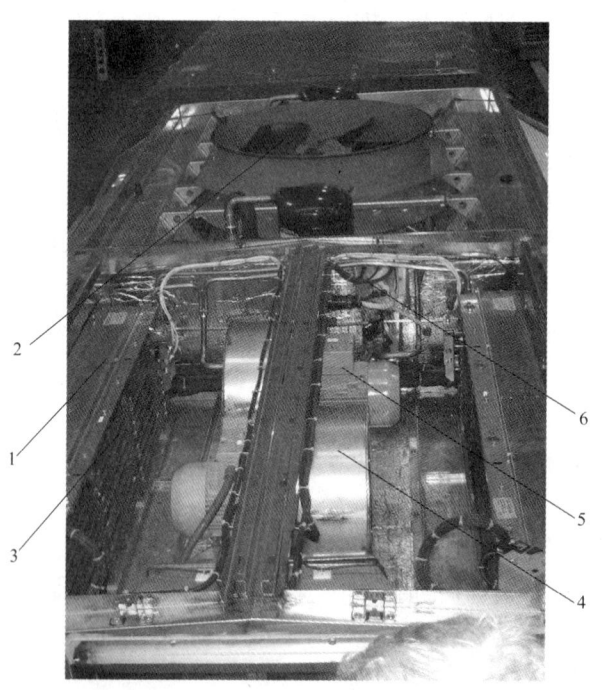

图 6.52 客室 HVAC 单元主要组件视图

1—蒸发器旋管；2—冷凝器风扇；3—电加热器；4—蒸发器送风机；5—蒸发器风扇电机；6—制冷剂管线

① 从车辆处断开 HVAC 单元的电源。
② 打开 HVAC 单元的车顶导流罩和入口盖。
③ 检查 HVAC 单元是否有损坏，安装件是否有松动或缺失零件等。
④ 检查 HVAC 单元和电气接头的外部状况，检查接头内表面是否有损坏的端子，检查是否漏油。
⑤ 检查冷凝旋管和蒸发器旋管是否出现以下故障：
- 散热片弯曲或损坏；
- 旋管保护装置上螺栓不紧固；
- 旋管保护装置破裂、弯曲或损坏。
⑥ 检查冷凝器风扇电机是否出现以下故障：
- 叶片有刻痕或损坏；
- 电机轴上驱动连接松动；
- 过多积垢和油脂。
⑦ 检查蒸发器送风电机是否出现以下故障：
- 蒸发器送风机轮弯曲或损坏；
- 送风电机组件安装托架上的螺栓和锁紧垫圈损坏、松动或缺失；
- 电机轴上驱动连接松动。
⑧ 检查送风机和蒸发器风扇电机是否完整，检查安装紧固件的紧固情况，是否出现摩擦、振动、噪声，以及旋转方向是否正确。
⑨ 检查风扇电机电气连接的紧固情况，如需要，应旋紧紧固件。
⑩ 紧固风扇电机的安装螺栓至标准力矩值。
⑪ 检查风扇电机的总体状况。如发现电机功能劣化，应更换电机以避免可能出现的故障。
⑫ 检查制冷剂液位。
⑬ 检查制冷剂管线是否泄漏。接头严重松动会导致升温。如需要，应重新紧固。
⑭ 检查电加热器的连接状况，检查电气接头和温度传感器是否正常。
⑮ 按以下步骤检查空气过滤器：
- 从支架上拆除空气过滤器组件；
- 用干净的布擦去过滤器组件构架和支座上的污垢；
- 通过光照透射检查空气过滤器组件是否存在过多的污垢；
- 如需要，应更换空气过滤器组件。
⑯ 检查 HVAC 单元构架上的进风口和出风口是否完整。
⑰ 关闭客室 HVAC 单元的入口盖并拧紧螺钉。
⑱ 关闭车顶导流罩。

11. 客室 HVAC 单元控制面板检查

（1）周期：800 000 km。
（2）注意事项：
① 在对 HVAC 单元执行维护作业之前，须阅读必要的警告和安全注意事项。

② 对HVAC单元执行维护作业时，须佩戴头盔和其他必要的保护装备。

（3）作业程序：

图6.53所示为MC1和MC2车的控制面板，图6.54所示为TPB、M2S、M2、TP、T2和MH车的控制面板，参照两图按以下步骤完成检查。

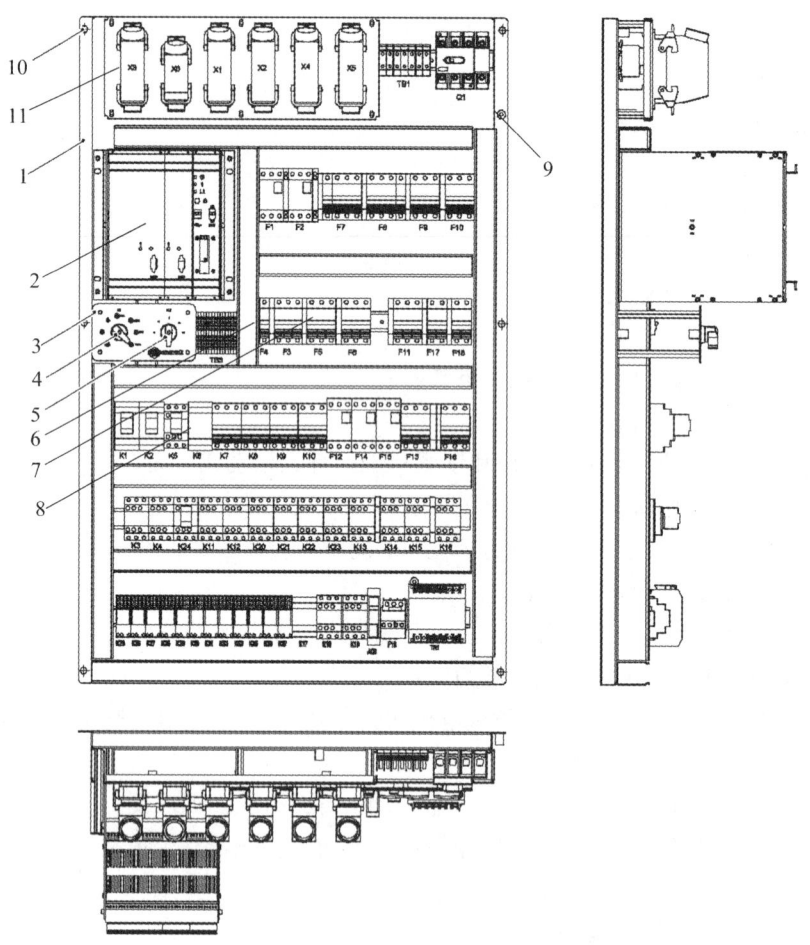

图6.53　MC1和MC2车的控制面板
1—司机室控制面板；2—电子控制装置；3—指令板；4—选择器开关S1；5—选择器开关S2；
6—断路器；7—接触器；8—继电器；9—接地孔；10—安装孔；11—连接器

① 检查安装孔和接地孔上的紧固件是否完整。
② 检查安装在司机室控制面板上的组件，确保无损坏零件或安装件松动缺失。
③ 检查组件和电气连接的外部状态。
④ 检查端子板连接是否松动和接头内表面是否有损坏的端子。
⑤ 检查所有连接是否紧固，包括电源和控制器，以避免可能发生的升温和故障。
⑥ 检查所有电气开关装置是否出现以下故障：

- 如发现继电器内有振动或咔嗒声，应更换继电器。
- 如发现接触器内有振动或咔嗒声，应更换接触器。

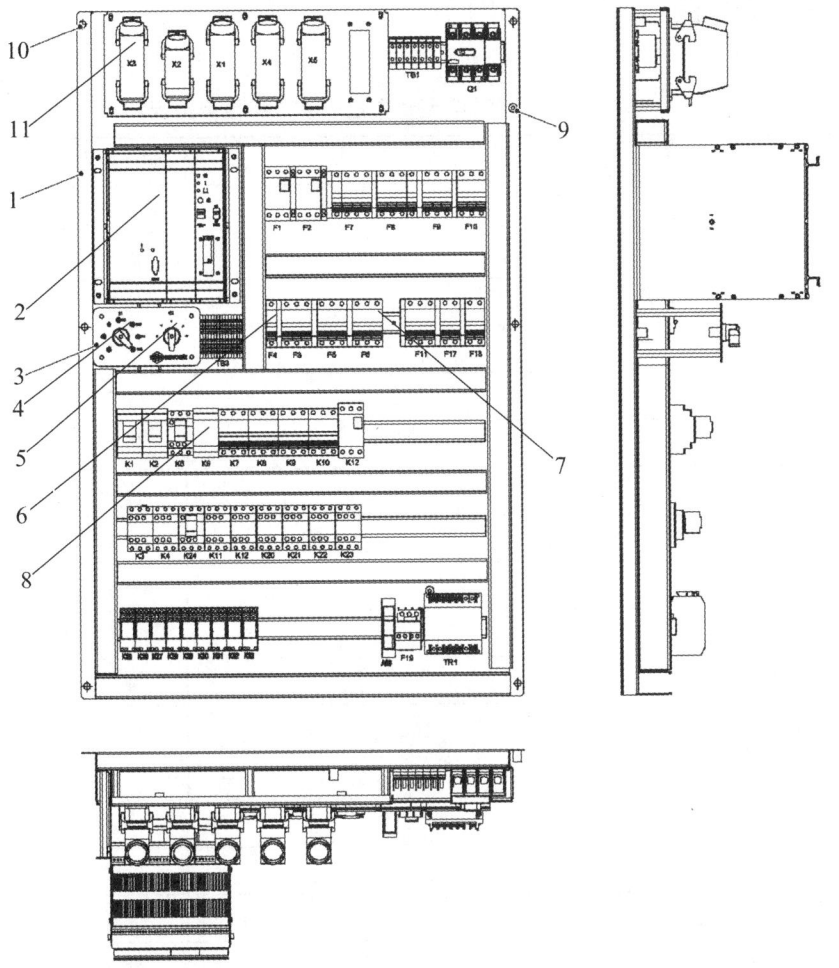

图 6.54 TPB、M2S、M2、TP、T2 和 MH 车的控制面板
1—司机室控制面板；2—电子控制装置；3—指令板；4—选择器开关 S1；5—选择器开关 S2；
6—断路器；7—接触器；8—继电器；9—接地孔；10—安装孔；11—连接器

- 因损坏触点导致接触不良，如需要，应更换故障设备。

⑦ 检查断路器和各设备的总体状况。如发现任何功能劣化迹象，应更换设备以避免可能发生的故障。

任务二 CRH2 型动车组一、二级检修范围与检修流程

一、检修周期

（1）一级检修：每次运行结束后或 48 h 以内进行一次（累计运行不超过 4 000 km）。

（2）二级检修：每运行 30 000 km 或每月进行一次。

· 329 ·

二、检修范围（见表6.10）

表6.10 CRH2型动车组一、二级检修范围

检修项目		检修要求	一级	二级
转向架	轮对	检查	◎	◎
		诊断	◎	◎
	轴箱及定位装置	检查	◎	◎
	空气弹簧及附属装置	检查	◎	◎
	油压减振器	检查	◎	◎
	构架	检查	◎	◎
	排障器	检查	◎	◎
	牵引电机、速度传感器	检查	◎	◎
	挠性轴接头	检查	◎	◎
	齿轮箱	检查	◎	◎
	制动盘	检查	◎	◎
	制动管系	检查	◎	◎
	踏面清扫器	检查	◎	◎
	牵引装置	检查	◎	◎
	接地回流装置	检查	◎	◎
制动装置	夹钳装置	检查	◎	◎
	增压缸	检查	◎	◎
	BP管、MR管、油路管	检查		◎
	空气压缩机及附属装置	检查		◎
	常用制动	试验	◎	◎
	综合制动	测试		◎
头车外部设备	前罩	检查	◎	◎
	排障器	检查	◎	◎
	车下信号天线	检查	◎	◎
	分并装置	检查		◎
		测试		◎
	DC 110 V 连接器座	检查		◎
车端连接装置	车钩连接及托板状态	检查	◎	◎
	电气连接器	检查	◎	◎
	跨接连接线	检查	◎	◎

续表

	检修项目	检修要求	一级	二级
车下设备	车底架各梁	检查		◎
	车下设备箱体	检查		◎
	主变压器及附属装置	检查		◎
	电动送风机	检查		◎
	牵引变流器及附属装置	检查		◎
	辅助变流器及附属装置	检查		◎
	辅助整流器及附属装置	检查		◎
	空调及换气附属装置	检查		◎
	高压设备箱	检查		◎
	真空断路器	检查		◎
	接地电阻器	检查		◎
	空气压缩机装置	检查		◎
	辅助空气压缩机装置	检查		◎
	制动控制装置	检查		◎
	接线箱	检查		◎
	接触器箱	检查		◎
	蓄电池及箱	检查		◎
	水箱、污物箱	检查		◎
车体	车体外墙板、侧裙板、玻璃及车底板	检查	◎	◎
	车外显示器、指示灯	检查	◎	◎
		测试		◎
	内外风挡、防雪风挡	检查	◎	◎
	侧门	检查	◎	◎
	侧门开关功能	试验	◎	◎
	侧门综合性能	测试		◎
	各检查盖及内部设备	检查	◎	◎
司机室	驾驶台设备	检查	◎	◎
	驾驶台附属设备	检查	◎	◎
		测试		◎

续表

检修项目		检修要求	一级	二级
车内设备	乘务室设备	检查	◎	◎
		测试		◎
	车厢内显示器及各指示灯	检查	◎	◎
	盥洗室、卫生间设备	检查	◎	◎
	小卖部吧台设备	检查	◎	◎
	电茶炉、饮水机	检查	◎	◎
	照明、空调、通风、座椅、车窗、玻璃、窗帘、扶手、行李架、大件行李等各设备及各指示牌	检查	◎	◎
	紧急破窗锤、灭火器	检查	◎	◎
	车内各门及附属设施	检查	◎	◎
	车内地板、墙板及顶板	检查	◎	◎
	配电柜	检查	◎	◎
	随车搭载品	检查	◎	◎
车顶设备	受电弓	检查	◎	◎
		测试		◎
	无线电信号天线	检查	◎	◎
	车顶盖板	检查	◎	◎
	车端内、外风挡	检查	◎	◎
	特高压连接装置	检查	◎	◎
	接地保护开关	检查	◎	◎
		测试		◎
电气绝缘		测试	◎	◎
车载信息系统综合测试		测试		◎

三、检修流程（见图 6.55 及图 6.56）

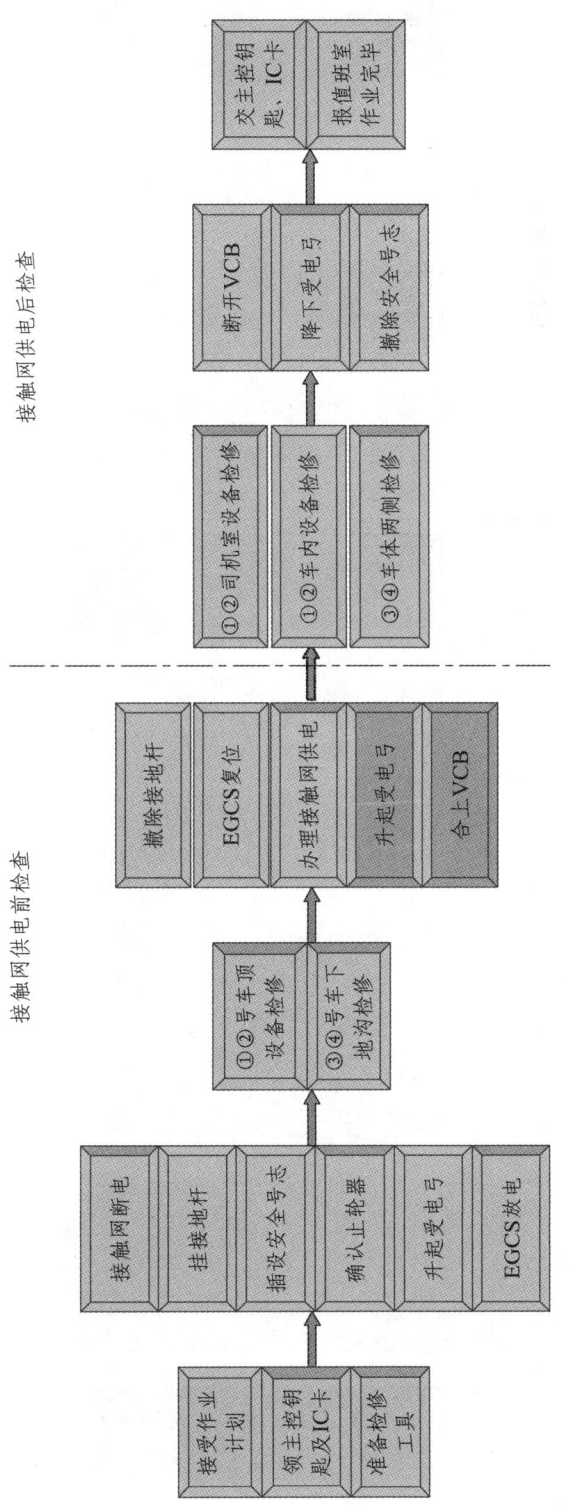

图 6.55 一级检修流程

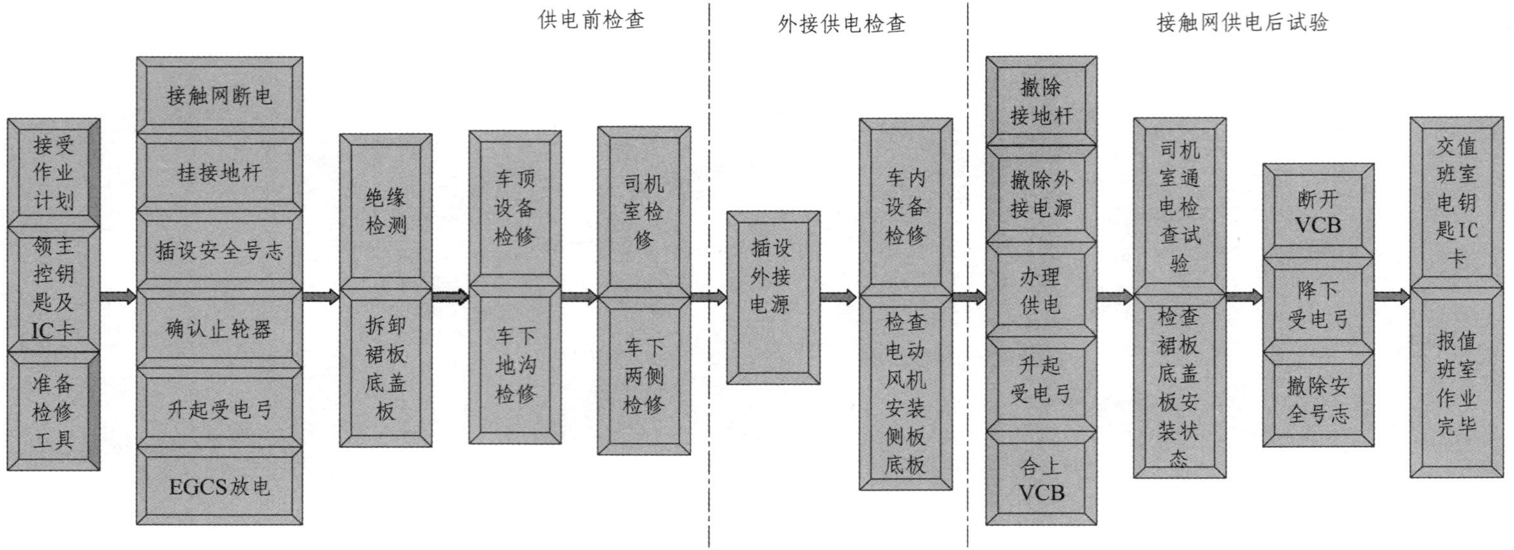
供电前检查
外接供电检查
接触网供电后试验
接受作业计划
领主控钥匙及IC卡
准备检修工具
接触网断电
挂接地杆
插设安全号志
确认止轮器
升起受电弓
EGCS放电
绝缘检测
拆卸裙板底盖板
车顶设备检修
车下地沟检修
司机室检修
车下两侧检修
插设外接电源
车内设备检修
检查电动风机安装侧板底板
撤除接地杆
撤除外接电源
办理供电
升起受电弓
合上VCB
司机室通电检查试验
检查裙板底盖板安装状态
断开VCB
降下受电弓
撤除安全号志
交值班室电钥匙IC卡
报值班室作业完毕

图 6.56　二级检修流程

四、一级检修作业流程与作业步骤

1. 检修作业分工

检修作业小组共4名人员，编号为①、②、③、④。其中①、②号负责车内设施、司机室设备、车载信息系统、车顶设备检查及相关性能试验及维修，③、④号负责车体、裙板、底板、转向架、钩缓连接、制动等下部检查、维修。

2. 检修作业路线图

（1）车顶作业路线（①、②号作业流程，见图6.57）：

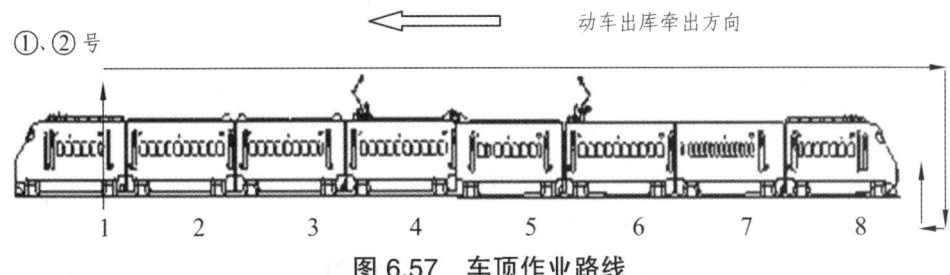

图 6.57 车顶作业路线

（2）车内作业路线（见图6.58）：

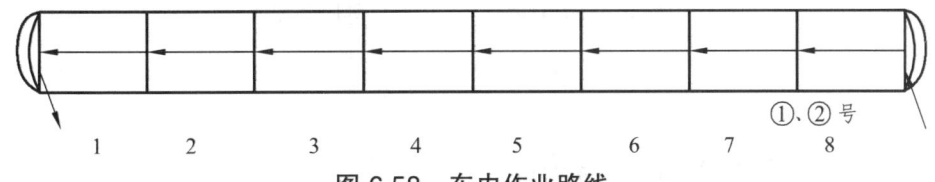

图 6.58 车内作业路线

（3）车下作业路线（③、④号作业流程，见图6.59）：

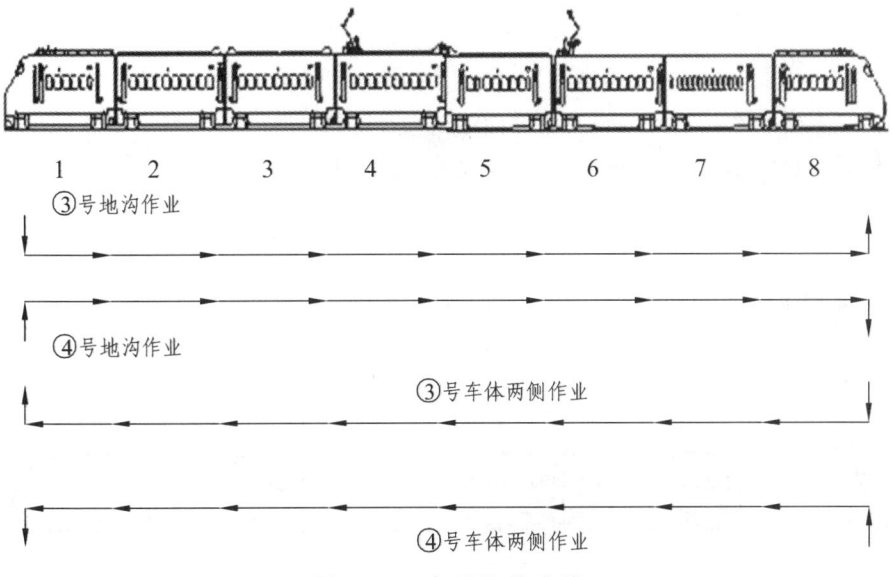

图 6.59 车下作业路线

3. 作业步骤

（1）接触网供电前检修。

步骤一：①、②、③、④号共同到值班室接受作业计划，掌握运行故障及维修重点，领取司机室电钥匙及 IC 卡，检查检修工具后列队出发，在检查库等待动车组到达。

步骤二：①、②号共同办理接触网断电，确认已断电、接地保护已设置。

步骤三：③、④号插设安全号志。

步骤四：①、②号进入司机室，升起受电弓，按下 EGCS 放电。

步骤五：①、②、③、④号会合，准备开始作业。

步骤六：①、②号进行车顶设备检修，③、④号进行车下地沟检修。

步骤七：①确认②、③、④号供电前作业完毕。

步骤八：①、②号断开 EGS，降下受电弓，确认接地保护撤除，申请接触网供电。

（2）接触网供电后检修。

步骤一：①、②号升起受电弓，合上 VCB，确认供电正常。

步骤二：①、②号对司机室设备检修和车内设备检修，③、④号对车体两侧检修。

步骤三：作业完毕后，①、②号在司机室断开 VCB，降下受电弓，③、④号撤除安全号志。

步骤四：①、②、③、④号会合后共同到值班室，交还电钥匙及 IC 卡，报告作业情况，等待下次作业。

五、二级检修作业流程与作业步骤

1. 检修作业分工

检修作业小组共 4 名人员，编号①、②、③、④。其中①、②号负责车内设施、司机室设备、车载信息系统、车顶设备检查及相关性能试验及维修，③、④号负责车体、裙板、底板、转向架、钩缓连接、制动、车下设备等下部检查、维修及试验配合工作。

2. 检修作业路线图

（1）车顶作业路线（①、②号作业流程，见图 6.60）：

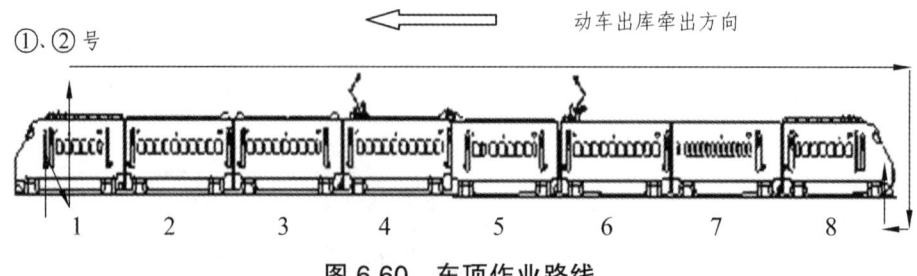

图 6.60　车顶作业路线

（2）车内作业路线（见图 6.61）：

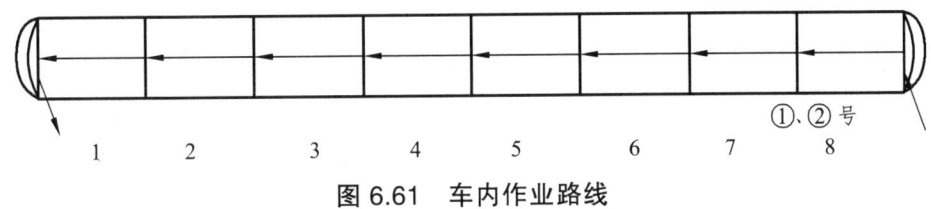

图 6.61　车内作业路线

（3）车下作业路线（③、④号作业流程，见图 6.62）：

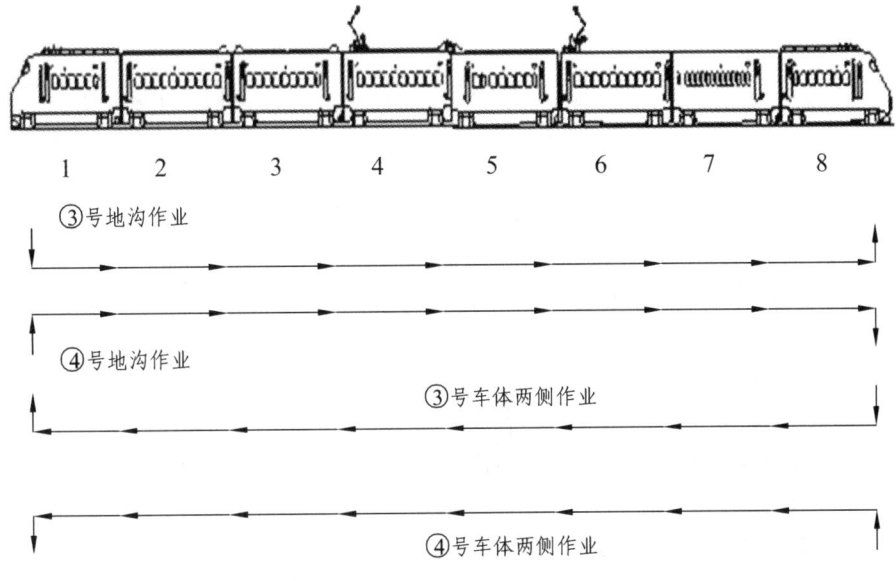

图 6.62　车下作业路线

3. 作业步骤

（1）供电前检查。

步骤一：①、②、③、④号共同到值班室接受作业计划，掌握运行故障及维修重点，领取司机室主控钥匙及 IC 卡，检查检修工具后列队出发，在检查库等待动车组到达。

步骤二：①、②号共同办理接触网断电，挂接地杆。

步骤三：①号进入司机室，升起受电弓，按下 EGCS 放电；②号在车下确认受电弓升起；③、④号共同插设安全号志。

步骤四：①、②、③、④号会合，准备开始作业。

步骤五：①、②号进行绝缘检测，③、④号指挥辅助人员拆卸裙板及底盖板。

步骤六：①、②号进行车顶设备检修，③、④号进行车下地沟检修。

步骤七：①、②号进行司机室检修，③、④号进行车下两侧检修。

（2）外接供电检查。

步骤一：①号确认②、③、④号作业完毕，插设外接电源。

步骤二：①、②号进行车内设备检修，③、④号检查电动送风机和风管路状态，配合制动试验动作确认,指挥辅助人员安装裙板、底盖板并检查确认。

(3)接触网供电检查。

步骤一:①号确认外接供电作业完毕,①、②号撤除外接电源、接地杆、EGCS复位,降下受电弓,办理接触网供电。

步骤二:①、②号进行司机室通电检查试验,③、④号进行裙板安装状态检查。

步骤三:作业完毕后,①、②号在司机室断开VCB,降下受电弓,③、④号撤除安全号志。

步骤四:①、②、③、④号会合后共同到值班室,交还主控钥匙及IC卡,报告作业情况,等待下次作业。

任务三 CRH2型动车组空调装置分解检修技术要求

1. 空调装置主体

(1)清扫室外热交换器、室内热交换器散热片污物。

(2)电加热器、室内送风机、排水泵、浮动开关、室外送风机、压缩机和送风机用逆变器、接触器盘、制冷剂配管发生变形、损伤、脱漆时进行修复或更换。

(3)确认排水系统无堵塞。

(4)确认清除排水泵吸入口网格污物。

(5)确认制冷剂管道的焊接部无油渗漏。

(6)连接器破损、松动、变形、变色时修复或更换,电线老化、损伤时更换。

(7)确认压线端子螺钉无松动,变色、生锈时更换;清扫内部及送风机用变压器、电抗器灰尘。

(8)更换室内过滤器、室外过滤器滤芯。

(9)确认室外送风机、室内送风机叶轮转动顺畅。

(10)绝缘电阻的测定符合表6.11中要求。

表6.11 绝缘电阻标准值

测定部位	绝缘电阻
100 V电路与非充电金属部之间	2 MΩ以上
400 V电路与非充电金属部之间	5 MΩ以上
100 V电路与400 V电路之间	5 MΩ以上

2. 逆变器和控制装置

(1)清扫污物,端子和电线变色、损坏时进行修复或更换。

(2)确认安装螺钉无松动,插入正常。

(3)确认连接导体、电线、端子台、印刷电路板无变形、损伤。

(4)确认控制器动作无异常。

(5)检查压缩机、送风机用逆变器。

① 主电路绝缘电阻试验:用电线使 R、T、PD、P、N、RB、U、V、W 端子短路,用 DC 500 V 级兆欧表测量绝缘电阻,测量值应在 5 MΩ 以上。

② 逆变器、变频器:测量逆变器的端子台 R、T、U、V、W、RB、P、N 的导通状态,不符合表 6.12 中要求的进行修理或更换。

表 6.12　各端子导通状态

元　件		电路检验器极性		测量值
		⊕（红）	⊖（黑）	
变频器	D1	R	PD	不导通
		PD	R	导通
	D2	S	PD	不导通
		PD	S	导通
	D3	T	PD	不导通
		PD	T	导通
	D4	R	N	导通
		N	R	不导通
	D5	S	N	导通
		N	S	不导通
	D6	T	N	导通
		N	T	不导通
变流器	TR1	U	P	不导通
		P	U	导通
	TR2	V	P	不导通
		P	V	导通
	TR3	W	P	不导通
		P	W	导通
	TR4	U	N	导通
		N	U	不导通
	TR5	V	N	导通
		N	V	不导通
	TR6	W	N	导通
		N	W	不导通
BRD 部	TR7	RB	P	不导通
		P	RB	导通
		RB	N	不导通
		N	RB	不导通

③ 确认平滑电容器无漏液,安全阀无凸出、鼓起;测量静电电容量,应在额定值的80%以上。

④ 检查控制电路各相间输出电压的平衡:通过逆变器单体运行,测定输出端子 U/V/W 相的电压。检查电压平衡:压缩机用逆变器电压在 8 V 以内,送风机用逆变器电压在 4 V 以内。

⑤ 确认冷却风扇转动顺畅,无异常振动、异常声音。

3. 空调装置试验

(1)耐压试验。

AC 400 V 回路:耐压值为 AC 1 500 V(额定值 2 000 V 的 75%)1 min 内无击穿或闪络。

AC 100 V 回路:耐压值为 AC 1 125 V(额定值 1 500 V 的 75%)1 min 内无击穿或闪络。

(2)通电试验。

空调组装完成后,在 AC 400 V 的状态下,进行通电试验,制冷与制热工况各运行 30 min 以上,记录输入电流及进、出风温差。

制冷状态下温度差应在 8 ℃ 以上,总输入电流在 35~80 A。

制热状态下温度差在 10 ℃ 以上,总输入电流在 60~80 A。

(3)气密试验。

从 3.9 kPa 到 0.98 kPa 时间大于 60 s。

任务四 CRH5 型动车组空调系统常见故障处理

CRH5 型动车组空调系统在运用过程中常见的故障现象有很多,表 6.13 中列出了的 12 种空调故障,并对主要故障原因进行判断,提出了故障处理的基本方法,可供大家参考。

表 6.13 CRH5 型动车组空调系统常见故障处理

序号	故障现象	故障原因判断	故障处理方法
1	空调系统不启动、无动作	1. 无中压。 2. 无网络信号	1. 检查车辆中压分配是否正常,如果正常,则检查控制板上空气开关是已经闭合。 2. 检查车辆网络是否畅通,K25 继电器是否得电,如果 K25 不得电,则手动将 K25 短接
2	自动控制失效,电加热器不启动	将空调状态旋钮调至手动全暖位,如果 K8、K9 接触器同时吸合,则可以判断为空调系统 PCB 控制卡故障	1. 重启 PCB 电源 F4。 2. 如果重启 F4 无效,则更换 PCB 控制卡。 3. 如果无控制卡更换,则将空调状态旋钮调节到 100%加热位置,这时空调机组内两组电加热器同时启动,加热功率达到 29 kW

续表

序号	故障现象	故障原因判断	故障处理方法
3	某一车厢温度明显低于其他车厢	空调控制板上F8空开跳	将F8空开复位即可
4	整列车通风量明显小,用手接触行李架下方出风格栅只能感觉到微风	司机室内误操作整列车紧急通风按钮	将紧急通风按钮复位
5	客室回风口下方所对应的窗口隐光源灯罩处滴水	塞拉门罩板内用于空调机组排水阀供气的阀门没有打开,导致机组内排水阀无法开启	将塞拉门罩板内的供气阀门打开,清除空调机组内的积水
6	司机室与客室连接的通过台顶板检查门处滴水	1. 司机室空调过滤网太脏,滤网粘到蒸发器上,产生冷凝水。2. 塞拉门罩板内用于空调机组排水阀供气的阀门没有打开,导致机组内排水阀无法开启	1.将通过台上方及回风箱上检查门打开,取出过滤网清洁后重新安装。2.塞拉门罩板内供气的阀门打开,清除空调机组内的积水
7	空调系统压缩机不启动	空调系统制冷剂泄漏	检测并修复泄漏点,重新添加制冷剂(此项工作由机组厂家完成)
8	自动位启动压缩机时跳空开F3	冷凝风机电机损坏	更换冷凝风电机
9	自动位时,压缩机不启动	将空调状态旋钮调至手动全冷位,如果两台压缩机都可以启动,则可以判断为空调系统PCB控制卡故障	重启PCB电源F4,如果故障没有解除,则根据客室内温度将空调状态旋钮调至手动半冷或手动全冷位置
10	客室空调机组压缩机不启动(自动位及手动位均不启动)	将控制柜门打开,观察空调控制面板上K27、K28接触器有无脉冲信号,如果没有,则为网络故障	1.列车运行途中处理方法是将K27、K28接触器上的绿色手柄向下扳至垂直位,然后将空调状态旋钮调至手动半冷位置。2.库中处理方法是找网络工程师解决网络问题
11	客室空调机组压缩机不启动(自动位及手动位均不启动)	将控制柜门打开,查看空调控制面板上压缩机送电空气开关F1、F2是否为断开状态	将空气开关闭合
12	司机室空调机组压缩机不启动(自动位及手动位均不启动)	将控制柜门打开,查看空调控制面板上压缩机、冷凝风机送电空气开关F15是否为断开状态	将空气开关闭合

任务五　CRH380A（L）空调机组检查与清洁

一、作业准备

维修周期：30 000 km/30 天。
修程：二级修。
车号：全列。
作业人员：机械师 2 名。
作业时间：30 min/辆。
供电条件：无电和外接电源。
作业工具：基本工具、棘轮扳手、扭矩扳手 100 N·m、六角套筒（17 mm、13 mm 各 1 个）、高压清洗装置、化油器清洗剂、毛刷、白棉布、物料盒。

二、注意事项

（1）作业人员按规定穿戴工作服、防护鞋、安全帽等劳保用品。
（2）作业人员按规范携带对讲机、手电筒、"车统-15"本、记录笔等随身工具。
（3）"车统-15"本、检修台账使用蓝黑钢笔或中性笔填写，禁止使用圆珠笔、铅笔以及其他颜色的笔填写。
（4）作业前确认动车组安全号志按规定设置，动车组满足作业条件，确认作业工具校验不超期，物料型号正确，未过期；作业中作业工具、材料及配件定置摆放，规范使用联控用语，小组内作业人员同步作业，加强互控；作业完毕及时清理现场，做到"工完、料尽、场地清"。
（5）作业时应严格遵守现场的安全规定。
（6）禁止触摸发热部。

三、作业程序

1. 工前准备

（1）穿戴劳保用品、工具物料确认。
① 1、2 号作业者相互确认工作服、防护鞋、安全帽等劳保用品按规定穿戴。
② 2 号作业者负责领取工具、材料，检查确认作业工具校验周期不超期。
（2）办理作业手续。
①工长确认作业车组号及股道正确，受电弓已降下，接触网已断电，接地杆已挂，停放制动已施加或止轮器已设置，如图 6.63～6.66 所示。

图 6.63 车组号正确

图 6.64 受电弓已降下

图 6.65 接地杆已挂

图 6.66 止轮器已设置

② 工长通知作业者可以开始无电作业。

2. 打开底板

(1) 2 号作业者拆卸排水盘螺栓、压缩弹簧卡栓，并旋转 90°，使栓柱处于"开"位，即缩回状态，拆下空调排水盘，如图 6.67 所示。

(2) 2 号作业者在蒸发器排水盘拆卸时先拆卸底部螺堵进行排水，再拆卸排水盘并清理排水泵吸水口污物，如图 6.68 所示。

(3) 2 号作业者用棘轮扳手、六角套筒逆时针旋转拆除空调机组相应位置的底板螺栓

(4) 1 号作业者协助拆卸冷凝器、蒸发器底板，并将底板放置地垫上，如图 6.69 所示。

(5) 2 号作业者使用毛刷对底板进行清理。

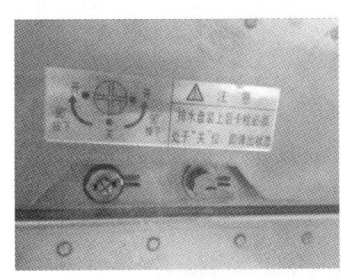
图 6.67 CRH380A 弹簧卡栓

图 6.68 CRH380A 排水盘

图 6.69 冷凝器底板

3. 拆出裙板

（1）2号作业者用棘轮扳手、六角套筒（17 mm）逆时针旋转拆除空调机组相应位置的裙板螺栓，确认进、出风口格栅无松动、损坏，底板无积尘。

（2）1号作业者协助拆除裙板，并将裙板放置地垫上，如图6.70所示。

（3）2号作业者使用毛刷对裙板进行清理。

4. 空调装置外观检查

（1）1号作业者确认空调装置箱体外观及安装状态良好，悬挂件状态良好，固定螺栓防松标记清晰、无错位，如图6.71所示。

（2）1号作业者检查各柜门安装状态良好。

图6.70　裙板

图6.71　空调装置

5. 检查空调装置各部件

（1）空调滤网检查

① 2号作业者检查空调装置冷凝器和蒸发器过滤网的外观及安装状态，如图6.72所示。

② 2号作业者拆卸冷凝器和蒸发器滤网，并使用高压风对过滤网安装框架及周边底板进行清洁。

（2）冷凝器和蒸发器检查。

① 1号作业者确认空调装置冷凝器和蒸发器无脏堵，管路无泄漏，有积污时用毛刷进行清理，并用水进行清洗，如图6.73所示。

② 高温及柳絮季节，1号作业者对空调冷凝器进行冲洗，冲洗前须用铝片专用清洗液泡1 h。

图6.72　空调滤网

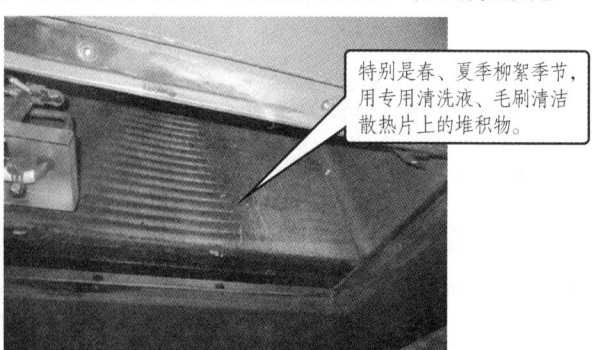

图6.73　空调滤网上的脏污

（特别是春、夏季柳絮季节，用专用清洗液、毛刷清洁散热片上的堆积物。）

(3)外温传感器检查。

1号作业者检查外温传感器外观,确认接线状态良好、无松动,如图6.74所示。

(4)检查空调机组冷凝器风机状态,如图6.75所示。

图6.74 外温传感器

图6.75 冷凝器风机

① 2号作业者用手拨动冷凝风机扇叶,转动平稳,无异音,表面如有积尘时用高压风管进行清理。

② 2号作业者确认各固定螺栓无松动,防松标记清晰、无错位,空调附近底板调风板和端板辅助进风口设置状态正确。

(5)调风板设置(在必要时)。

1号作业者拆下空调底板的固定螺栓,2号作业者平移底板调风板到开位,并重新紧固螺栓,如图6.76和图6.77所示。

注:进风口的调风板在夏季5月—10月应处于开位,11月到次年的4月处于关位。

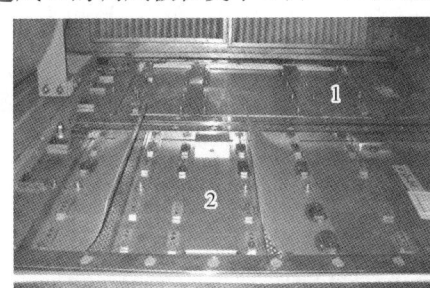
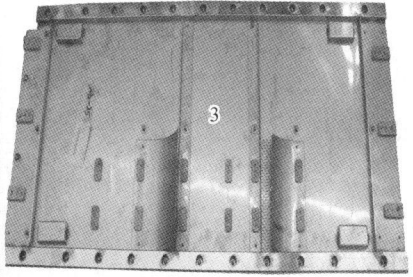

图6.76 底板与调风板

1—靠近空调的底板;2—远离空调的底板;3—调风板

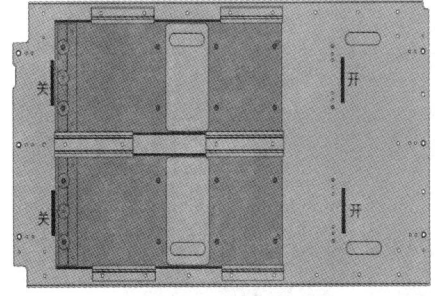
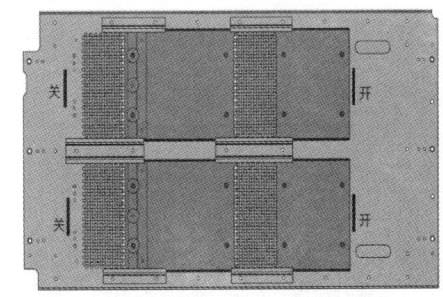

(a)调风板关位　　　　　　　　(b)调风板开位

图6.77 调风板

（6）端部辅助进风口设置（必要时）。

① 1号作业者调整进风口摆页的固定螺栓，松开摆页的锁紧螺母，拉动把手到相应位置，打开辅助进风孔，再紧固锁紧螺母，如图6.78所示。

② 若开关过程中拉动把手时出现卡滞现象，不要强制拉动把手，2号作业者将端部进风口拆卸下来对摆页连接轴周围的灰尘进行清洗，然后调整摆页到相应位置。

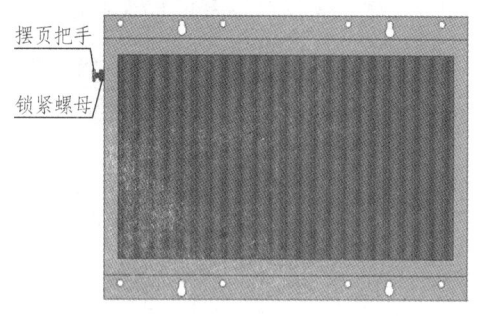
（a）端部进风口关位

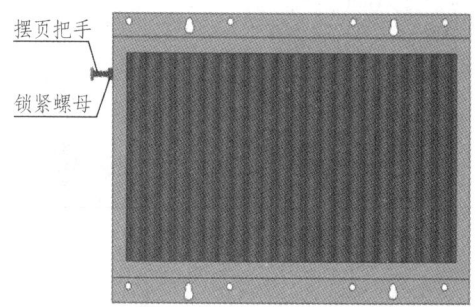
（b）端部进风口开位

图6.78 端部进风口

注意：在夏季5月—10月应处于开位，11月到次年的4月处于关位（进风口的开和关可以通过摆页把手外露的长短判断，摆页外露短说明摆页处于关位，反之处于开位）。

6. 恢复各部滤网

2号作业者更换滤网周转件，安装排水盘，确认安装牢固无松动，螺栓扭力符合要求。

7. 恢复底板

1号作业者将底板安装到位，用力矩扳手、六角套筒按照25 N·m的力矩顺时针旋转紧固底板螺栓和排水盘底部螺堵，紧固后使用油漆笔涂打防松标记。

注意：相关螺栓规格及扭力值如表6.14所示。

表6.14 螺栓规格及扭力值

部位描述	螺栓规格	扭力值/N·m	备注
国祥空调机组排水堵、排水盘	SUS304 M10×20	25	国祥空调
日立空调机组排水堵、排水盘	A2-70 M8×20	9	380A/380AL 日立空调
日立空调机组排水盘	A2-70 M10×20	25	380A（统型）日立空调
空调机组冷凝滤网	A2-70 M8×16	13.5	
裙板/底板1安装	8.8级 M10×20	22.5~26.2	
调风板安装	GB/T 5783—2000 M6×16	7~10	

8. 恢复裙板

① 1号作业者将裙板安装到位，用力矩扳手、六角套筒（17 mm）按照 25 N·m 的力矩顺时针旋转紧固螺栓，紧固后使用油漆笔涂打防松标记。
② 2号作业者协助进行裙板安装。

9. 车内空调温度传感器检查

1、2号作业者检查车内空调的温度传感器（4个，呈对称分布），打开外罩清理灰尘，确认探头安装牢固，如图 6.79 所示。

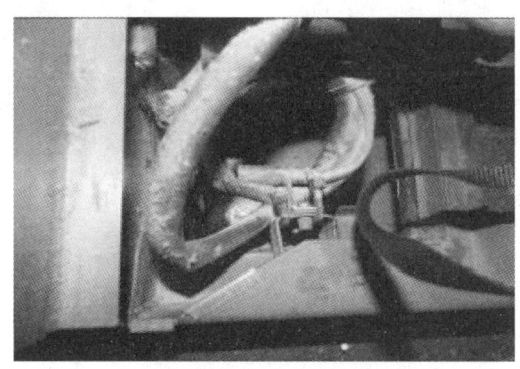

图 6.79 温度传感器

10. 申请送电

① 1号作业者在无电检查结束后，同工长联系"无电作业结束申请有电作业"。
② 工长确认作业车组号及股道正确，止轮器已设置，送电完毕后办理有电作业手续，如图 6.80 所示。

（a）车组号正确　　　（b）接触网已送电　　　（c）止轮器已设置

图 6.80 工长确认事项

③ 工长通知1号作业者可以开始有电作业。

11. 通电检查

① 2号作业者在任一司机室投入主控，升弓送电，车上确认各车车厢服务配电盘空调机组空气开关处于闭合状态，如图 6.81 所示。

② 2号作业者在 MON 屏将动车组全列空调温度设定为 24 ℃（制冷季节），制热季节设定为 18 ℃，1号作业者在车侧设备位置处检查设备的工作状态，确认设备工作正常，转动部件无异常振动。

③ 2号作业者在 MON 屏将空调打到"强冷"位，工作 10 min 后，通过空调控制器确认压缩机工作电流 CH【42】、CH【44】正常，工作电流为 30～80 A，如图 6.82 所示。

图 6.81　空气开关

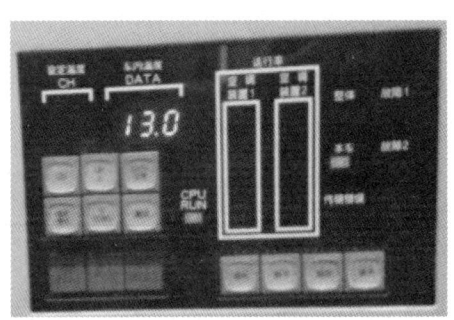

图 6.82　空调控制器

12. 完工确认

① 1号作业者确认车下裙板、底板紧固、无松动，各标记齐全、清晰；2号作业者确认室内各配电柜锁闭良好。

② 作业完毕后，应做到工完、料净、场地清，并及时通知工长。

项目小结

本项目的主要任务是通过学习各型动车组检修规程、检修计划及检修范围和相关检修程序等，熟悉 CRH2 型动车组空调系统的一、二级检修流程和四级修程，了解 CRH1 型动车组二级检修作业程序和 CRH5 型动车组一级检修作业程序及其常见故障处理方法，了解 CRH380A（L）型动车组空调机组检查与清洁作业方法，并能进行 CRH2 型动车组空调系统的二级检修操作，同时，理解动车组空调系统检修的基本方法和基本原则。

本项目以动车组空调系统一、二级检修为载体，通过现场实际动手操作和观察以及相关知识拓展，提高学生的实践操作技能和培养"安全高于一切，责任重于泰山"的职业意识，加深对动车组检修技术方法的理解，也让学生在老师指导、小组协作、动手实践中养成良好的工作习惯，为今后的顶岗实习和职业发展打下基础。

问题与思考

1. 简述 CRH2 型动车组一、二级检修范围。

2. 简述动车组检修周期与检修范围。
3. 简述CRH2型动车组一级检修流程与作业步骤。
4. 简述CRH2型动车组空调系统二级检修范围。
5. 简述CRH2型动车组空调系统四级修程。
6. 简述CRH1型动车组空调系统二级检修范围。
7. 简述CRH2型动车组空调机组检测作业规程。
8. 简述CRH2型动车组空调系统二级检修流程与作业步骤。
9. 简述CRH5型动车组空调系统常见故障有哪些？如何进行处理？
10. 简述CRH380A（L）动车组空调机组检查与清洁作业步骤。

参考文献

[1] 铁道部运输局装备部. 铁路动车组运用维修作业标准（一）[M]. 北京：中国铁道出版社，2007.
[2] 铁道部运输局装备部. 铁路动车组运用维修作业标准（二）[M]. 北京：中国铁道出版社，2007.
[3] 曾青中，邓景山. 车辆空调与制冷装置[M]. 成都：西南交通大学出版社，2008.
[4] 张宝霞. 铁道车辆制冷与空气调节[M]. 北京：中国铁道出版社，2005.
[5] 何涛. 动车组车内环境控制系统[M]. 北京：北京交通大学出版社，2012.
[6] 张曙光. CRH1 型动车组[M]. 北京：中国铁道出版社，2008.
[7] 张曙光. CRH2 型动车组[M]. 北京：中国铁道出版社，2008.
[8] 张曙光. CRH5 型动车组[M]. 北京：中国铁道出版社，2008.